新时代财商教育系列教材

财富管理学

Wealth Management

白光昭◎主编

清华大学出版社
北京

内 容 简 介

本书分为上下两篇。上篇为财富管理基础篇，从财富、财富观和财富管理的概念入手，以财富管理相关理论为基础，阐述了财富管理的过程与环境。同时，分析了社会上出现的各类财富管理现象，以及心理、财商教育和公益慈善等，是全书的逻辑起点与理论基础。下篇为财富管理业务篇，包括开展财富管理业务的机构、提供的产品与服务、财富管理的市场、客户以及财富管理发展新趋势，最后介绍了财富管理的风险与监管以及国内外著名的财富管理中心。这一篇是全书的主体部分，构建了财富管理业务的整体框架。

本书可作为相关课程的高等教育教材和培训教材，也可作为相关专业研究人员的参考书。

本书封面贴有清华大学出版社防伪标签，无标签者不得销售。
版权所有，侵权必究。举报：010-62782989，beiqinquan@tup.tsinghua.edu.cn。

图书在版编目（CIP）数据

财富管理学 / 白光昭主编. —北京：清华大学出版社，2020.8（2024.2重印）
（新时代财商教育系列教材）
ISBN 978-7-302-55820-0

Ⅰ. ①财⋯　Ⅱ. ①白⋯　Ⅲ. ①投资管理－高等学校－教材　Ⅳ. ①F830.593

中国版本图书馆 CIP 数据核字（2020）第 108912 号

责任编辑：张　伟
封面设计：李伯骥
责任校对：宋玉莲
责任印制：杨　艳

出版发行：清华大学出版社
　　　网　　址：https://www.tup.com.cn, https://www.wqxuetang.com
　　　地　　址：北京清华大学学研大厦 A 座　　　邮　编：100084
　　　社 总 机：010-83470000　　　邮　购：010-62786544
　　　投稿与读者服务：010-62776969，c-service@tup.tsinghua.edu.cn
　　　质量反馈：010-62772015，zhiliang@tup.tsinghua.edu.cn
　　　课件下载：https://www.tup.com.cn，010-83470332
印 装 者：小森印刷霸州有限公司
经　　销：全国新华书店
开　　本：185mm×260mm　　　印　张：23　　　字　数：526 千字
版　　次：2020 年 8 月第 1 版　　　印　次：2024 年 2 月第 2 次印刷
定　　价：59.00 元

产品编号：088243-01

本书编写组

主　　编：白光昭

副 主 编：梁　星　张广现　于凤芹

编写人员（按照姓氏笔画排序）

　　　　　王　旭　王伊攀　尹玉琳　孙　宇　沈得芳
　　　　　苗恩光　宫　权　耿迎涛　殷金朋　喻晓平

丛 书 序

"人猿相揖别。只几个石头磨过……"诗人毛泽东在其《贺新郎·读史》一词中,以其特有的政治家的豪放和幽默,为我们解读了历史。人类从其他动物中脱颖而出,主要是生存的本能促使人类劳动方式的转变,不仅可以利用石头等天然工具,而且可以自己有意识地制造工具。所以,恩格斯说"劳动创造了人本身"。

人类的发展史,从一定意义上说也是一部财富的发展史。人类生产方式的演变,很大程度上就是财富生产方式的演变,就是人类获取财富、生产财富、创造财富、分配财富、消费财富、传承财富的演变过程。生产力表现为财富的生产和创造能力,生产关系则表现为在财富生产中形成的社会关系。

财富最原始、最恒久的源泉,是土地和人口。动物一般都占有自己的领地,和人类近亲的动物都是群居,以适应生存竞争的需要,这正是"物竞天择,适者生存"的具体体现。原始社会的氏族、部落等的生存,更是主要依赖于领地的面积和物产,以及人口的繁衍。奴隶社会(中国是否存在过与西方同样的奴隶社会,史学界尚有争议)时期,国家间通过战争征服其他国家,占领土地,并把从战败国掠夺来的人作为奴隶,为奴隶主阶级无偿地创造财富。封建社会时期,土地更是财富的主要来源。资本主义的原始积累,靠的不仅是殖民掠夺,还有奴隶贸易。

"劳动是财富之父,土地是财富之母。"(配第)土地之上的瓜果以及江河中的鱼类等天然食物,地上地下的各种资源,都构成生产和生活资料,但一切都需要通过劳动这一中间环节,才能变成真正现实意义上的财富。所以,人本身才是最重要的生产要素,是活的力量。正是人类伟大的好奇心和无畏的探索精神,使科学技术最终成为第一生产力。土地和人口的数量及质量,在今天,对一个国家的综合竞争力仍然具有决定性的影响。

人类的进化是单向度的,是"波浪式前进、螺旋式上升"的,我们永远不可能与猿类相别千万年后,再回过头去投奔那些老朋友,再次返回"自然"。未来的共产主义绝不是原始的共产主义的简单回归。这提醒我们,对待人类历史,人类只能发现规律,顺应规律,而无法改变规律。由动物到人,再到人类的原始社会、奴隶社会、封建社会、资本主义社会、社会主义社会和共产主义社会,马克思已经发现这样的发展规律,这对于人类是值得庆幸的。规律是不以人的意志为转移的,人们不能够简单地以好恶、道德、价值来评判。人类历史受本身的规律支配着、制约着,固有的规律本身既是自然的,也是神奇的。所以,有的人会以科学的精神来面对这一切,而有的人则将这一切归结为神的力量。人类对人类本身的进化和"进步",是怀着极大的矛盾心理的:一方面为生产方式的每一次革命而欢欣鼓舞,认为是一种"进步";另一方面,每一种"进步"的生产方式也带有自身无法克服的许多"落后"现象。过去的历史一再重复着这样的实践。但天性决定了人类始终对未来充满美好的憧憬,并激发出为之奋斗的无穷力量。所以,资本主义终将会被社会主义和共产主义所代替。

财富的最主要、最集中、最简单明了的表现形式是货币。财富的多寡,往往可以用货币数量的大小来衡量。货币是交易的产物,是在交易过程中诞生的一般等价物。货币的形态多种多样,即使不是所有物品都可以成为货币,至少许多产品都可以成为货币,而且事实上的确许多产品曾经成为货币。通常来讲,货币最初是贝壳,后来是铜、铁,再后来是金银,最后是纸张,现在是电子卡,未来可能是数字。

"金银天然不是货币,但货币天然是金银。"(马克思)当今时代,金银作为货币更主要的只是履行储备的功能,纸币早已成为主要的货币。但纸币究其本质不过就是一张纸,人们怎么可以如此地相信这样的一张纸呢?信用是人类智慧的最伟大体现,更是人类理性的最伟大折射。研究货币史我们会发现,任何政治的、军事的、宗教的力量,都无法从根本上强制人们接受这种或者那种货币,是智慧和理性形成了人们的强大自觉,让人们心甘情愿地接受能够给他们的生活带来实际价值的事物。智慧和理性,让我们对人类自身和人类未来充满了无限的信心:真理和正义最终会战胜一切,任何力量也无法阻挡!所以,人类并不惧怕经历了那么漫长的蒙昧时代,也不惧怕那么残酷的奴隶社会,更不惧怕那么黑暗的中世纪封建社会;即使始终充满着血与火的资本主义社会,在那么令人绝望的两次世界大战面前,人类总是会在苦难中铸就辉煌,奋勇向前。历史可以遭遇挫折甚至倒退,但总的前进方向是不可阻挡的。

经济学其实就是财富学。古希腊的色诺芬被认为第一个使用"经济"一词的人,他的"经济"概念原意为"家庭管理"。他的小册子《经济论》是"关于财产管理的讨论",讨论的是奴隶主如何管理财产。斯密因《国富论》而被认为是古典经济学的"开山鼻祖",《国富论》的全称是《国民财富的性质和原因的研究》,研究的是国民财富的性质及其产生和发展的条件。马克思的《资本论》"是马克思主义最厚重、最丰富的著作"(习近平)。《资本论》是围绕剩余价值而展开的,深刻分析了剩余价值的产生、交换、分配、消费,从而得出结论:"整个'资本主义生产方式'必定要被消灭。"(恩格斯)

陈焕章的《孔门理财学》,是20世纪早期"中国学者在西方刊行的第一部中国经济思想名著,也是国人在西方刊行的各种经济学科论著中的最早一部名著"(胡寄窗)。陈焕章是晚清进士,是康有为的学生和朋友,于1907年赴美哥伦比亚大学经济系留学,1911年获哲学博士学位,《孔门理财学》是其博士论文。论文由英文写成,其英文题目的原意是《孔子及其学派的经济思想》,陈焕章自己将其翻译成中文《孔门理财学》。该书按照西方经济学原理,分别讨论了孔子及其学派的经济思想,特别是在消费、生产、公共财产等方面的思想。当时哥伦比亚大学著名的华文教授夏德和政治经济学教授施格分别为其作序,高度评价了陈焕章采用西方经济学框架对孔子及其学派的经济思想所做的精湛研究。该书出版的第二年(1912年),凯恩斯就在《经济学杂志》上为其撰写书评,韦伯在《儒教与道教》中把《孔门理财学》列为重要参考文献,熊彼特在其名著《经济分析史》特意指出了《孔门理财学》的重要性。

经济学是十分热门的学问,也是十分高大上的学问,许多人投身其中,许多人也望而却步。相比较而言,"经济"一词显得扑朔迷离不容易被理解,而"财富"就简单明了更容易被掌握。陈焕章先生用中国特色的《理财学》,对应西方的《经济学》,是有其道理的,也是用心良苦的。

中国经济发展的奇迹,创造和积累了巨大的社会财富,于是个人、家庭、企业、各类社会组织直至国家,都面临着财富的保值增值问题,财富管理相应地成为方兴未艾的新兴产业。财富管理服务,已经成为银行、保险、证券等传统的金融机构新的业务增长点,各家金融机构也因此纷纷成立专业理财子公司。同时,财富管理也催生了一大批新型的专业财富管理机构。尽管如此,面对市场的巨大需求,财富管理服务供给明显不足,机构数量少、实力不强,产品不丰富,服务不规范,法制不健全,风险频发,等等。其中,最突出的还是人才缺乏,特别是高端专业人才奇缺。

财富来自社会,最终还要服务于社会。党的十九届四中全会指出,要"重视发挥第三次分配作用,发展慈善等社会公益事业"。第一次分配主要是靠市场的力量,第二次分配主要是靠政府的力量,第三次分配则主要是靠道德的力量。人们通常把市场的作用称作"看不见的手",把政府的作用称作"看得见的手"。在计划经济时代,我们主要靠政府,几乎完全忽视市场。改革开放以来,市场的作用日益突出。习近平总书记反复强调,要"充分发挥市场在资源配置中的决定性作用,更好发挥政府作用"。当前,中国国民生产总值将近100万亿元人民币,人均达到近1万元。在全社会的财富积累到一定程度,人均财富达到一定水平之后,特别是社会上涌现出大批经济效益好的大企业和大批成功的企业家,强调公益慈善的时机就成熟了。发挥好市场、政府和公益三个方面的作用,会使中国经济的发展更加行稳致远,以德治国也将进入新境界。我国的经济发展方式,从此进入了从"两只手"到"三足鼎立"的新的历史阶段。相对于未来的发展需要,当前公益慈善在教育普及、人才培养、科学研究等许多方面,都还存在着巨大的差距。

人类已进入信息化时代。随着人工智能、大数据、云计算、区块链、5G技术的广泛应用,财富管理和公益慈善事业都面临着历史性的机遇和挑战。数字货币已经呼之欲出,这不仅会带来货币和金融的革命,还会引起人们对财富的颠覆性认识:从一定意义上说,"其实,财富不过是一组数字"。党的十九届四中全会指出:"健全劳动、资本、土地、知识、技术、管理、数据等生产要素由市场评价贡献、按贡献决定报酬的机制。"数据第一次被确定为生产要素。信息技术在给人类带来难以想象的便捷的同时,也给人类带来了难以想象的巨大风险,需要全人类共同面对,趋利避害。历史的规律从来如此,在无声无息中顽强地发挥作用,让你欢喜让你忧。

人类天生是社会动物,相互交往既是天性,也是生存的必然需求。今天,经济全球化和世界经济一体化,决定了人类是命运共同体,全人类只有团结起来,才能够更好地应对各种共同的挑战。迄今为止,一切阶级社会的历史都是阶级斗争的历史。社会达尔文主义者把生物进化论中弱肉强食的理论应用到了人类社会,但人类毕竟早已从动物界分化了出来。那种极端的个人主义,以我为中心、自我优先的意识,总是梦想着靠霸权、战争、掠夺的手段,把自己的幸福建立在别人的痛苦之上的行为,已经远远落后于时代了,应该被抛进历史的垃圾堆了。自由、平等、博爱、民主、人权、法制等人类的崇高理想,曾经是资本主义登上历史舞台的旗帜,但今天已经被糟蹋得面目全非了,也许这才是资本主义最真实的本来面目。习近平新时代中国特色社会主义思想,作为二十一世纪的马克思主义、当代中国的马克思主义,为中国特色社会主义建设指明了方向。中国特色社会主义正以无比的生机和活力,勇往直前。

正确的财富观,是社会主义核心价值观的重要内容。如何看待财富,如何对待财富创造、交易、分配、消费、传承,等等,对一个人、一个家庭乃至一个国家,影响都是巨大的。青少年是祖国的未来,如果青少年成了物质主义、拜金主义者,把无限追求财富作为人生的唯一目标,那么一个民族、一个国家的未来会是什么?如果党员领导干部为政不廉、贪污腐败,那么国家的治理会走向何方?如果企业家唯利是图、不择手段,一心追求利润最大化,不顾社会责任,不关心生态环境,创造出来"带血"的GDP又有何意义?

财富安全问题需要引起高度重视,应该成为总体国家安全观的重要内容。财富安全同粮食安全、能源安全等一样,对国家的长治久安有着重大的影响。随着国家经济的发展和经济全球化的深入,我国居民个人和国家的财富配置,也必然日益国际化。我国的外汇储备、外债、人民币国际化、对外直接投资、反洗钱问题,信息化时代的金融科技安全问题,等等,都与我国的国家安全息息相关。

加强财商教育已经成为当今时代的重大课题,教育不仅要重视智商教育、情商教育,也要重视财商教育。唯利是图还是重义轻利?"邦有道,贫且贱焉,耻也;邦无道,富且贵焉,耻也。"(孔子)"天下熙熙,皆为利来;天下攘攘,皆为利往。"(司马迁)"仓廪实而知礼节,衣食足而知荣辱。"(管仲)如何理解、如何应对?财商教育不仅事关人类生存和发展的问题,还事关精神和道德的问题;不仅事关个人和家庭的问题,更事关社会、民族、国家和世界的问题。创造财富,消除贫困,缩小贫富差距,共同致富,社会财富极大丰富,人们精神高度文明,是人类走向最高理想的必由之路。从中国诸子百家的"大同思想"到空想社会主义的"乌托邦",再到科学社会主义的"按需分配",处处彰显着财商教育的重要影响。

财商教育应该纳入国民教育体系,让孩子们从小就能够树立正确的财富观,学会珍惜财富、勤俭生活、乐于奉献。财商教育也应该纳入党员领导干部培训体系,使公职人员树立正确的义利观,"当官就不要发财,发财就不要当官,这是两股道上跑的车"(习近平语)。财商教育还应该纳入企业家精神培养,使企业家能够正确处理经济效益和社会效益的关系,树立新发展理念,充分履行好社会责任。财商教育又应该纳入老年教育范畴,面对老年社会的到来,老年人财富管理不仅关系个人的生活质量,还关系家庭和谐甚至社会稳定。通过加强财商教育,在全社会形成尊重财富、崇尚劳动、热爱创造、奉献社会、科学理财的浓厚氛围,形成健康向上的财富文化。

加强财富管理和公益慈善高等教育势在必行,加快财富管理和公益慈善专业人才培养,推动相关理论研究,为国家制定相关政策提供智力支撑,为国家相关法律法规建设建言献策。需要设立专门的财富管理、公益慈善大学,需要有更多的综合性大学建立财富管理、公益慈善二级学院。山东工商学院为此作出了积极努力,我们把建设财商教育特色大学作为长远的奋斗目标,并在金融学院、公共管理学院、计算机科学与技术学院、数学与信息科学学院、创新创业学院,分别加挂了财富管理学院、公益慈善学院、人工智能学院、大数据学院、区块链应用技术学院的牌子,并配备了专职副院长。我们努力在全校建立财富管理和公益慈善的学科集群,所有的学科和专业都突出财富管理和公益慈善特色,协同创新,形成合力。我们已经开始了在相关专业开设本科试验班,并招收了相关研究方向的硕士生。我们还开展了相关课题的研究,并建立了相关的支撑体系。

编写新时代财商教育系列教材,是推进财富管理和公益慈善高等教育发展的基础工程。我们规划了《财富管理学》《中国历代财富管理思想精要》《公益慈善项目管理及能力开发》等相关教材,将会尽快陆续推出。由于是开拓性的工作,新时代财商教育系列教材的编写一定存在这样或者那样的问题,我们衷心希望得到各方面的批评指正,我们也会积极地进行修改、完善和再版。我们还希望有更多的高校和研究机构,以及政府部门、金融监管机构、金融机构、公益慈善组织及其工作人员,积极参与到相关教材的编写中来,不断有精品教材面世。希望通过教材的编写,为推动财富管理和公益慈善教育教学打下坚实的基础,加快培养锻炼专业人才,推动相关科学研究,形成大批高质量的科研成果,造就大批优秀的专家学者,推动中国财富管理和公益慈善事业持续健康发展。

白光昭

2020 年 6 月

前言

党的二十大报告明确指出，中国式现代化是"全体人民共同富裕的现代化"，并要求"坚持按劳分配为主体、多种分配方式并存，坚持多劳多得，鼓励勤劳致富，促进机会公平，增加低收入者收入，扩大中等收入群体，规范收入分配秩序，规范财富积累机制"。现阶段，我国正处于扎实推动共同富裕的关键时期，亟需积极探索更多实现共同富裕的实践途径。财富管理作为服务实体经济的重要渠道之一，直接作用于资本要素配置与居民财产性收入，在促进共同富裕方面具有重要作用。

现代意义的财富管理，起源于18世纪的欧洲，盛行于20世纪的美国，21世纪以来在亚太地区不断发展，成为风靡全球的支柱性金融业务。我国自改革开放以来，经济快速增长，社会财富不断增加，居民对财富管理的需求也与日俱增。同时，我国的金融市场逐渐完善，创新产品层出不穷，促使财富管理市场蓬勃发展，目前已经成为金融机构业务竞争的焦点。2019年，我国银行、信托、基金、证券、保险和期货等各类金融机构财富管理总额超过100万亿元人民币，且有进一步上升的趋势。

虽然近些年我国财富管理行业发展较快，但总体仍处于初级阶段，与国外差距明显；突出表现为市场潜力大而专业人才不足，相关的理论、政策亟待完善，不能够对财富管理发展形成强有力的智力支持。为满足社会发展对财富管理人才的需求，同时为响应国家"双一流"建设的号召，坚持合理定位、差别化发展的办学思路，山东工商学院确定了以"财富管理"为特色的建设目标。2018年12月，学校印发了《关于加强财富管理特色建设的意见》；2019年6月，下发了《关于印发〈山东工商学院财富管理特色建设实施办法〉的通知》。围绕特色建设，山东工商学院推出了一系列措施，包括特色课程、特色课题研究、财商讲座、"财商教育月"、对外合作办学以及与金融机构的合作交流等活动。编写"新时代财商教育系列教材"，是推动财富管理特色课程建设的重要一环，而《财富管理学》是系列教材的第一本，也是基础。

财富管理学是在金融学、管理学、法学等学科基础上建立起来的新兴学科，其内涵和外延仍在不断发展之中。虽然学科框架尚未完全确定，但其综合性、包容性的特点已经得到学界和业界认可。因此，本书的内容覆盖了与财富管理密切联系的方方面面，试图向读者展示一个丰富的分析视角和完整的财富管理内容。本书以时间为线索，梳理了不同历史时期的财富观、财富管理的过程以及环境对财富的影响；又以空间为轴线，展示了不同国家财富管理的发展和国际财富管理中心的变迁。本书可以作为专业教育或通识教育的教材使用,以供高等院校金融专业及其他相关专业的学生学习阅读,同时可以作为业内相关领域从业人员的参考书。

本书内容共分为15章。第一章至第八章为财富管理基础篇,从财富、财富观和财富管理的概念入手,以财富管理相关理论为基础,阐述了财富管理的过程与环境。同时,分析了社会上出现的各类财富管理现象及心理,财商教育和公益与慈善等,是全书的逻辑起点与理论基础。第九章至第十五章是财富管理业务篇,包括开展财富管理业务的机构、提供的产品与服务、财富管理的客户、市场以及财富管理发展新趋势;最后介绍了财富管理的风险与监管以及国内外著名的财富管理中心。这一篇是全书的主体部分,构建了财富管理业务的整体框架。

本书由山东工商学院党委书记白光昭主编,负责制定教材总体框架、写作规范和行文风格,并对全书内容进行了修改和总纂。山东工商学院多位老师参与了编写,教材终稿主要由金融学院老师统一修改定稿,他们是:苗恩光(第一章)、喻晓平(第二章、第九章)、殷金朋(第三章)、耿迎涛(第四章、第十三章)、孙宇(第五章、第八章)、沈得芳(第六章)、官权(第七章)、王伊攀(第十章、第十一章)、尹玉琳(第十二章、第十四章)、王旭(第十五章)。梁星、张广现、于凤芹负责全书审核统稿,书稿还得到孙国茂教授和翟立宏教授的专业指导。

谨对本书编写过程中努力付出的各位编者、组织人员和指导专家表示衷心感谢!同时感谢清华大学出版社各位编辑老师的辛勤工作!

在本书编写过程中,我们参阅了大量专著、教材、学术期刊和其他网络出版物,并引用了部分内容,在此特做说明并对作者表示衷心感谢!因编写水平有限,书中疏漏与不足在所难免,敬请业内各位专家学者批评指正。

编写组

2024年1月

目 录

上篇　财富管理基础

第一章　财富管理概念 ………………………………………………………… 2
- 第一节　财富 ……………………………………………………………… 2
- 第二节　财富管理 ………………………………………………………… 7
- 第三节　财富观 …………………………………………………………… 16
- 第四节　财商教育 ………………………………………………………… 21
- 本章术语 …………………………………………………………………… 26
- 本章练习题 ………………………………………………………………… 26
- 即测即练 …………………………………………………………………… 26

第二章　财富管理理论 ………………………………………………………… 27
- 第一节　马克思主义的财富管理理论 …………………………………… 27
- 第二节　经济学中的财富管理理论 ……………………………………… 31
- 第三节　金融学中的财富管理理论 ……………………………………… 41
- 第四节　管理学中的财富管理理论 ……………………………………… 44
- 本章术语 …………………………………………………………………… 49
- 本章练习题 ………………………………………………………………… 49
- 即测即练 …………………………………………………………………… 49

第三章　财富管理过程 ………………………………………………………… 50
- 第一节　财富的创造 ……………………………………………………… 50
- 第二节　财富的消费 ……………………………………………………… 54
- 第三节　财富的传承与转移 ……………………………………………… 58
- 第四节　财富的保值与增值 ……………………………………………… 62
- 本章术语 …………………………………………………………………… 64
- 本章练习题 ………………………………………………………………… 65
- 即测即练 …………………………………………………………………… 65

第四章　财富管理环境 ………………………………………………………… 66
- 第一节　战争与财富管理 ………………………………………………… 66
- 第二节　文化与财富管理 ………………………………………………… 69

第三节	法制与财富管理	70
第四节	土地与财富管理	75
第五节	人口与财富管理	78
第六节	经济周期与财富管理	81
本章术语		84
本章练习题		84
即测即练		84

第五章　财富管理现象 ································· 85

第一节	贫富差距现象	85
第二节	首富现象	92
第三节	"富不过三代"现象	95
第四节	"人为财死，鸟为食亡"现象	98
第五节	贪污腐败现象	101
本章术语		103
本章练习题		103
即测即练		103

第六章　财富管理心理 ································· 104

第一节	一夜暴富	104
第二节	炫富	108
第三节	仇富	113
第四节	看涨不看跌	117
第五节	羊群效应	122
本章术语		126
本章练习题		126
即测即练		126

第七章　公益与慈善 ································· 127

第一节	公益与慈善概述	127
第二节	公益与慈善组织	133
第三节	公益与慈善项目	143
本章术语		146
本章练习题		146
即测即练		146

第八章　财商教育实践 ································· 147

第一节	大众理财教育	147
第二节	青少年教育	150

第三节　老年教育 ·· 154
第四节　大学生教育 ·· 155
第五节　领导干部教育 ·· 159
本章术语 ··· 161
本章练习题 ··· 161
即测即练 ··· 161

下篇　财富管理业务

第九章　财富管理机构 ·· 164
第一节　传统金融机构 ·· 164
第二节　专业财富管理机构 ·· 173
第三节　财富管理组织 ·· 180
第四节　其他服务机构 ·· 187
本章术语 ··· 194
本章练习题 ··· 194
即测即练 ··· 194

第十章　财富管理产品及服务 ·· 195
第一节　标准化金融产品 ·· 195
第二节　非标准化金融产品 ·· 198
第三节　金融衍生品 ·· 202
第四节　投资咨询 ·· 206
第五节　避税方案 ·· 210
第六节　投资管理 ·· 213
第七节　退休规划 ·· 217
第八节　增值服务 ·· 219
本章术语 ··· 223
本章练习题 ··· 224
即测即练 ··· 224

第十一章　财富管理市场 ·· 225
第一节　货币市场 ·· 225
第二节　资本市场 ·· 229
第三节　保险市场 ·· 235
第四节　房地产市场 ·· 240
第五节　大宗商品市场 ·· 243
第六节　贵金属市场 ·· 245

第七节	艺术品市场	250
本章术语		254
本章练习题		254
即测即练		254

第十二章 财富管理客户 … 255

- 第一节 国家 … 255
- 第二节 企业与社会组织 … 259
- 第三节 家族 … 266
- 第四节 家庭 … 272
- 第五节 个人 … 277
- 本章术语 … 280
- 本章练习题 … 280
- 即测即练 … 280

第十三章 财富管理发展新趋势 … 281

- 第一节 大数据与财富管理 … 281
- 第二节 人工智能与财富管理 … 284
- 第三节 区块链技术与财富管理 … 287
- 第四节 数字货币与财富管理 … 291
- 第五节 实体经济与财富管理 … 294
- 第六节 资产的全球配置 … 297
- 本章术语 … 301
- 本章练习题 … 301
- 即测即练 … 301

第十四章 财富管理风险与监管 … 302

- 第一节 非法集资风险与管控 … 302
- 第二节 金融泡沫 … 306
- 第三节 金融危机 … 311
- 第四节 财富管理行业监管 … 315
- 本章术语 … 322
- 本章练习题 … 322
- 即测即练 … 322

第十五章 财富管理中心 … 323

- 第一节 全球主要财富管理中心 … 323
- 第二节 财富管理中心建设的国际经验 … 330
- 第三节 中国财富管理中心建设 … 338

本章术语	343
本章练习题	344
即测即练	344
参考文献	345
后记	349

财富管理基础

第一章　财富管理概念

第二章　财富管理理论

第三章　财富管理过程

第四章　财富管理环境

第五章　财富管理现象

第六章　财富管理心理

第七章　公益与慈善

第八章　财商教育实践

第一章

财富管理概念

【教学目标】

1) 熟悉财富的内涵及其演变过程
2) 掌握财富管理的含义和基本原则
3) 理解财富观的含义和主要内容
4) 了解财商的内涵和财商教育的主要内容

【教学重点】

1) 马克思对财富内涵的界定
2) 我国发展财富管理的必要性
3) 财富管理的基本原则
4) 健康财富观的主要内容
5) 财商教育的主要内容

【教学难点】

1) 对财富内涵的不同理解
2) 树立健康财富观的重要意义
3) 如何开展财商教育

随着历史和经济社会的不断发展,财富的内涵越来越丰富,财富的外延越来越宽广,正确理解财富的概念是学习财富管理的开始。结合国内外财富管理的发展历程,联系财富管理实践,深入理解财富管理的本质、财富管理的基本原则是本章的重要内容。财富管理内容丰富,开展财富管理意义重大,我们要积极接受财商教育,树立正确的财富观。

第一节 财　　富

财富是人类社会特有的概念,对财富的追求推动着人类社会走向文明,我们的生活被财富包围,住的房屋是财富,银行的存款是财富,人际资源是财富,甚至呼吸的空气也是财富,我们关心财富的多少,然而,却很少人真正了解"财富"。

一、财富的内涵

什么是财富？有人认为财富是金银，是货币，是物；也有人认为财富是知识、是创造，也可以是精神。有人认为财富是有用的东西，侧重其使用价值；也有人认为财富是创造价值的东西，侧重其内在价值。有人认为财富是美的，象征着人世间的真善美；也有人认为财富是丑的，是所有假恶丑的具体体现。其实，财富本身并不复杂，其复杂性源于财富是如何被创造的、如何被使用的，人们看待财富的角度不同，认识就不同，从而赋予了财富不同的内涵。

人类自诞生以来，从未停止过对财富的探索。《管子·牧民》中有"天下不患无财，患无人以分之"，说明早在封建社会初期，财富管理已经受到重视。美国富达公司（Fidelity）副主席彼得·林奇曾说过："不进行研究的投资，就像打扑克从不看牌一样，必然失败！"突出了财富管理知识的重要性。沃伦·巴菲特曾说过："一个人一生能积累多少财富，不取决于你能够赚多少钱，而取决于你如何投资理财，钱找钱胜过人找钱，要懂得让钱为你工作，而不是你为钱工作。"强调了通过投资理财可以实现财富增值的道理。然而关于财富的内涵至今仍没有统一的论述。《财富管理学》作为一门新兴的学科，所研究的财富是指任何有市场价值并且可用来交换货币或商品的东西，具体研究内容包括财富是如何被创造、分配、消费、传承以及财富观的形成，财富观又如何指导财富形成的各环节。财富观作为价值观的一部分，会影响社会关系和生产力的发展。本书将层层递进为大家揭开财富与财富管理的神秘面纱。

（一）财富内涵的演变

随着社会经济的发展和社会形态的不断演变，财富的内涵也不断扩展，分析财富的视角也不断丰富。传统的自然经济下，物品的有用性，即满足人的生产需要和消费需要的使用价值构成财富的内涵。随着社会分工和商品经济的发展，商品生产成为社会生产的主要方式，商品交换成为商品价值实现的前提，商品的价值构成财富内涵的主要部分，作为度量商品价值尺度的货币成为财富的代表和象征。伴随着金属货币向信用货币的转变，货币内在价值与交换价值的分离，金融业的兴起，人们意识到通货膨胀可以吞噬个人的货币财富，同时财富自身是可以增值的。此时，财富的内涵变得复杂，除了货币之外，股票、债券、衍生产品等金融资产成为财富的重要构成。

古希腊史学家、思想家色诺芬在其代表作《经济论》中指出：财富是具有使用价值的东西，使用价值是衡量财富多少的标准，物品是否有用决定其是否属于财富。在古希腊，"经济"一词指家政管理，色诺芬用"经济"一词来概括奴隶主对生产、经营和财产的管理，阐述了奴隶主的经济任务是管理好自己庄园的财产并使之不断增加。可见色诺芬是一个奴隶主自然经济的拥护者，重视财富的生产，但对商品经济于财富的作用认识不足。18世纪的重农学派认为财富是物质产品，财富的来源是生产而不是流通。在各经济部门中，只有农业是生产的，工业只改变或组合已存在的物质财富形态，商业仅促进产品的交换，二者都是不生产财富的。在工业社会发展阶段，财富是由金钱的数量来度量的，金钱充当货币符号的角色，指代的是商品，商品积累象征着财富增长，拥有大量的货币意味着拥有巨大的财富,财富的集聚和积累代表对过去收入的积累程度。产生于欧洲封建制度瓦解和资本主义的资本原始积累时期的重商主义者认为,财富的唯一代表是金银货币,财富来源于流通领域,其他物品是财富的前提,必须通过转换变为货币才能成为财富。古典学派将一般商品视为具体的财富,具有时间和空间的特性,而把金银货币视作一般的财富,即不受时间和空间所限制。到 19 世纪后半期,经济学家认为,财富的特性在于其具有可交换性或购买力的特征,即凡是可作为交换之物都可视为财富,财富大致分为三类,即财物、人的品质和抽象的权利。英国经济学家戴维·W.皮尔斯在《现代经济词典》中对"财富"所下的定义是:"任何有市场价值并且可用来交换货币或商品的东西都可被看作是财富。"它包括实物和实物资产、金融资产,以及可以产生收入的个人技能。当这些东西可以在市场上换取商品或货币时,它们被认为是财富。财富可以分成有形财富和无形财富。资本或非人力财富属于有形财富的范畴;而人力资本属于无形财富。

随着虚拟经济的不断发展,财富的定义进一步扩展。在后工业社会发展时期,财富的多少主要是通过资本来衡量,即财富资本化的过程。随着财富日益资本化,财富多寡由资本数量的高低来体现。资本作为一种价值符号,可指代货币,还可以指代如股票、债券、期权、期货等金融产品。从价值生产的视角来看,资本是可以带来增值的货币,不仅体现为目前投资所获收益,即当下收益,还体现为折现收益,即投资未来获得预期利润的折现值。

(二) 马克思对财富的解释

"财富"的概念在马克思的著作中多有提及,马克思对财富的解释包括以下四个方面。

1. 自然视域下的财富概念

在自然视域中,马克思认为财富是能够满足人的生产需要和消费需要的自然对象和自然条件。这种财富即马克思所说的"自然财富"。他认为:"外界自然条件在经济上可以分为两大类:生活资料的自然富源,例如土壤的肥力、渔产丰富的水域等等;劳动资料的富源,如奔腾的瀑布、可以航行的河流、森林、金属、煤炭等等。""在文化初期,第一类自然富源具有决定性的意义;在较高的发展阶段,第二类自然富源具有决定性的意义。"[①]生活资料富源具体指各种动植物生产的环境总和,人们不能改变只能协助这种生产,如人们可以通过施肥、浇水提高小麦的产量,但是不能改变小麦的生长方式。这类资源主要存在于农、林、牧、渔业。与人们的生活必需品生产息息相关,因此在生产力不发达的人类社会初期,生活资料的自然富源是财富的主要表现形式。劳动资料的自然富源则必须要借助于一定的工具才能使用,如金属要借助于冶炼工具,河流要借助于帆船才能参与生产过程。在生产力发达的工业社会,劳动资料的自然富源则成为财富生产的重要支撑。

2. 经济学视域下的财富概念

在经济学视域下,马克思认为,"商品在能够作为使用价值实现以前,必须先作为价值来实现"。同时,商品在能够作为价值实现以前,必须证明自己是使用价值,因为耗费在商品上的人类劳动,只有耗费在对别人有用的形式上,才能算数。并且"这种劳动对别人是否有用,它的产品是否能够满足别人的需要,只有在商品交换中才能得到证明"。因此,马

---

① 马克思恩格斯全集:第 23 卷[M].北京:人民出版社,1972:560.

克思认为,"不论财富的社会形式如何,使用价值总是构成财富的物质内容。"① 有用性是马克思经济学视域下财富概念的第一个特征。同时,马克思认为,财富首先是一种"物","人们只是给予这些物以专门的(种类的)名称,因为他们已经知道,这些物能用来满足自己的需要……他们可以把这些物叫作'财物'"。因此,物质性是马克思经济学视域下财富概念的第二个特征。如铁匠耗费劳动打制了一把斧头,斧头是有使用价值的,因为樵夫需要,但是樵夫要获得斧头的使用价值(砍柴),必须进行购买,通过购买过程,铁匠获得了斧头的价值,樵夫利用斧头砍柴则实现了斧头的使用价值。假如铁匠用泥巴捏了一把斧头,虽然耗费了劳动,但樵夫不需要,则不会形成使用价值,因此也就不具有价值。也即体现了财富的有用性,其本身也具有物质属性。

3. 法学视域下的财富概念

在法学视域下,马克思认为财富与私有财产和所有权关系有关,因此它是"归具体主体(如自然人或法人)所占有和支配的财富"。马克思说:"财产最初意味着:劳动的(进行生产的)主体(或再生产自身的主体)把自己的生产或再生产的条件看作是自己的东西这样一种关系。"② 在法学中,主体的权利要求总是以对一定财富的占有关系作为出发点和落脚点,人们常常把这个意义上的财富称为"财产"。马克思这里说的是财产的最初含义,即人们把自己在生产劳动中常用的工具理解为财产。其实,财产就是可以从所有制上确定归属的财富。

4. 哲学视域下的财富概念

哲学视域下的财富所从属的对象是个体生命价值的意义,是人通过其劳动而实现的人的"对象性本质""社会性本质""主体性本质"的统一。在这种意义上,财富首先是作为人活动的对象而存在,它的存在必须以人为尺度;其次,它是人得以实现不同目的的一种工具;再次,财富也可以作为由"物"向"人"转变的"中介",它是目的性和方法性的统一,是人的主观能动性的反映,人的自由全面发展是它的表现。因为人类生产的财富是为满足人们自身需要的,在这个意义上是以人为尺度的。在满足人们不同需要的过程中表现为不同的工具,如房子是用来住的,粮食是用来吃的,房子、粮食在这里是满足人们不同需求的工具。最后,我们生产出来的作为财富的物质产品,即创造出的客观世界,不过是我们本质的反映。

(三) 财富与财产、资产的关系

财产是指从所有权意义上归具体主体(自然人或法人)所占有和支配的财富。财产必然属于财富,但财富未必都是财产,如空气是人类的财富但却不是某个主体的财产。资产与财产既有统一性,又有差异性。从不同层面进行分析,对于个人而言,财产与资产具有统一性,个人资产是指公民通过劳动或其他合法手段取得的财产,指拥有的金钱、物资、房屋、土地等物质财富。对于企业、国家而言,二者则具有差异性。从财富的所有权与使用权进行分析,财产是指一个企业(国家)拥有所有权的财富。而资产是从投资经营的角度

---

① 资本论:第1卷[M]. 北京:人民出版社,1975:48.
② 马克思恩格斯全集:第19卷[M]. 北京:人民出版社,1963:586.

来看待财富,凡是能带来经济利益的资源都属于资产,侧重强调财富的使用权与增值功能。对于一个企业(国家)而言,资产不仅包括拥有所有权的财富,同时也包括通过举债等方式获得的可利用的财富。

二、财富的重要性

人类的生存和发展,离不开物质需要和精神需要的满足。从一定意义上说,正是通过劳动和对于财富的追求,才使得人类告别了动物的本性,可以说人类历史的整个发展过程,始终是围绕着财富这个充满魔力的主线而一往无前的。

亚当·斯密作为经济学的鼻祖,其代表作是《国民财富的性质和原因的研究》,简称《国富论》。马克思一生著作丰富,但《资本论》被普遍认为其最伟大的理论著作,是马克思主义的重要百科全书,更是研究资本主义经济形态的巅峰之作,也是揭示财富来源的经典作品。马克思在描绘未来共产主义社会美好前景时,指出其根本特点就在于社会产品极大丰富,实现按需分配。由此可见,从一定意义上说,经济学就是财富学,就是揭示财富的本质,以及如何创造财富、如何分配财富等规律的学问。

司马迁在《史记》中引用管仲的名言:"仓廪实而知礼节,衣食足而知荣辱。"个人如此,国家也是同样道理。改革开放以来,我们走上了以经济建设为中心的正确发展道路,人们的生活得到了极大改善,国家的国际地位得到了空前的提高。由此可见,财富对于每一个人、每一个国家乃至整个人类而言,都是富强文明的基础。

三、财富的分类

(一)根据持有主体的不同进行分类

通常,根据持有主体的不同可将财富划分为私人财富、法人财富和主权财富,这些财富的总和构成社会财富。

私人财富又可进一步细分为个人财富和家庭财富,持有主体的目的是实现私人对财富的创造、保值、增值和享受。个人财富和家庭财富既紧密联系也相互区别,有时候会混为一谈。随着我国财产制度改革的日益深入,产权关系日益明晰,个人财富与家庭财富的关系也会日益明确。从财富管理角度看,在企业家个人、企业和家庭之间确立科学的财产关系,对于很好地处理潜在的法律纠纷,促进企业健康发展和财富的顺利传承等,都是十分必要的。

法人财富即企事业单位、政府部门以及各类社会组织拥有的财富,持有主体的目的是对资产、负债、权益和现金流做具有持续性和成长性的规划,以求实现财富保值、增值、防范和规避风险的目的。其中,各类社会组织机构的财富,如大学基金、医院基金、企业基金等,也称为机构财富。随着市场经济的不断发展,机构财富会大量增长,需要通过财富管理很好地运营。

主权财富,也称为国家财富,即一国因财政盈余和外汇储备盈余积累起来的财富,如国家外汇储备、社保基金等。对这一财富进行管理主要是为了实现平滑国家财政收入波动和外汇储备波动。随着我国经济社会的发展进步,国家财富的规模已经十分庞大,而且会不断增长,更需要通过财富管理实现保值、增值。

(二)知名财富管理机构对财富的分类

在金融领域,财富管理机构从其业务视角来界定财富:财富是个人(家庭)或组织机构的可投资资产,特别是金融资产。个人或家庭的自用住房、汽车、珠宝、收藏品等,通常情况下不会被用来投资,所以不成为财富管理的财富。只有那些满足了日常所需和长期收藏所需之后的"富余的"可投资资产,随时准备用来投资的资产,才是财富管理的财富。由此可见,财富管理所指的财富,是有特定内涵的特殊概念和具体概念,而不是一般意义上的概念和抽象的概念。

波士顿咨询公司(BCG)和中国建设银行共同发布的《2011年中国财富管理市场报告》指出:可投资资产(investable assets)指家庭存款、国债、基金、股票、理财产品和另类投资产品市值的总和,不包括自住或可投资性房地产、收藏品、消费品和耐用消费品等私人资产、个人企业实体资产或是有权但未开发的土地资源等。

招商银行和贝恩公司联合发布的《2013中国私人财富报告》采用如下概念:可投资资产包括个人的金融资产和投资性房产。其中金融资产包括现金、存款、股票(指上市公司流通股和非流通股)、债券、基金、保险、银行理财产品、境外投资和其他境内投资(包括信托、私募股权、阳光私募、黄金和期货等)等,不包括自住房产、非通过私募投资持有的非上市公司股权及耐用消费品等资产。可投资资产是个人投资性财富(具备较好的二级市场、有一定流动性的资产)总量的衡量指标。

《福布斯》中文版与宜信财富联合发布的《2013中国大众富裕阶层财富白皮书》采用如下概念:私人财富,包含个人持有的现金及存款、公开市场交易的股票、基金、债券、房地产等。私人可投资资产,应将私人财富中流动性较差的收藏品、消费耐用品和自住型房地产剔除。金融资产,是指私人可投资资产中的现金与存款、股票、债券等有价证券和基金、银行理财产品、信托产品、商业保险等收益类资产。

第二节 财 富 管 理

自从人类有了财富,就有了财富管理(wealth management),财富管理的出现早于金融。金融系统作为社会分工的一个服务行业,从诞生起,就是专门为了打理财富而存在的。但作为比较专业的财富管理,是中世纪末期欧洲的银行为贵族提供的个性化服务。19世纪后期,财富管理流传到了北美并得到了较大发展,20世纪后期逐渐在亚洲得到发展。在瑞士,"财富管理"这一专业名词最早出现于20世纪50年代中期。财富管理作为金融领域一个产业,得到世界范围的广泛认同,是20世纪末期以来的事情。财富管理的产生和发展,是全球财富的总体增长、金融服务专业化水平的迅速提高、金融创新的不断进步、经济金融全球化的日益加深、互联网通信技术的高度发达等诸多因素共同作用的结果。

一、财富管理的含义

对财富管理的理解可以分为不同口径。窄口径的财富管理是指金融机构专为高净值人士(high net worth individuals,HNWIs)提供的个性化的高端金融服务。中口径的财富管理是指金融机构和其他相关机构受客户委托,对其财富进行规划和投资,从而实现财富保值、增值和代际传承的金融服务以及其他相关服务。宽口径的财富管理则贯穿社会财富的生产、分配、消费、传承的各个环节。

(一) 财富管理的目的

财富管理的目的主要是如何创富、守富、享富、传富,即如何创造财富,如何使财富保值增值,如何很好地享受财富,如何使财富实现代际的顺利传承。财富管理,通常是对既有的财富进行打理,即实现守富、享富和传富。创造财富是财富管理的直接目的,但不是主要目的。从客户来讲,财富管理主要是为了实现财富的保值增值;从服务机构来讲,财富管理是为了获得服务费或者佣金,增加收入;从国家来讲,发展财富管理是为了实现金融业的健康发展。现阶段,客户财富管理的目的日益多元化,除了传统的金融价值之外,如健康、养老、移民、旅游、教育等许多方面,也都成为财富管理追求的目标。

(二) 财富管理的主体

长期以来,财富管理的主要机构是私人银行;现阶段,财富管理的主体也日益多元化,包括各类传统金融机构,如商业银行、投资银行、证券公司、保险公司、期货公司、基金公司、信托公司、资产管理公司等;还包括新型金融机构和类金融机构,如投资咨询公司、金融服务公司、财富管理公司及其他第三方理财机构等。同时,除了金融机构外,也有其他提供财富管理服务的机构,如律师事务所、审计事务所、会计事务所、独立财务顾问(IFA)公司等。

(三) 财富管理的客体

财富管理的客体,也是财富管理的对象,是指客户委托的可投资资产,即财富。客户是财富管理机构的服务对象,主要是个人或家庭,也包括各类社会组织,如企业、事业单位、政府机关、军队等。随着财富管理内容的日益丰富和多元化,财富管理的客体也发生了巨大的变化,由传统的只限于可投资资产,向财富管理各类延伸服务的指向物开拓发展。

(四) 财富管理的内容

财富管理所提供的具体服务内容主要包括投资服务、咨询服务和延伸服务三类。投资服务是财富管理的基础服务,通常是指金融服务本身,主要包括传统的商业银行服务,如活期账户、定期存款、现金管理、银行卡、银行信贷、保险、各类投资组合等。咨询服务是在投资服务基础上发展而来的服务,不进行直接投资,而对资产类、财务类、遗产类、退休金类、慈善类、税收和信托类的内容进行规划和建议。延伸服务,也叫增值服务,是在前两类服务基础上发展而来的各类非金融服务,如高尔夫球俱乐部会员资格、机场贵宾服务、优先医疗服务、健康保健服务、海外移民、旅游服务、有针对性的艺术活动或高端客户聚会等。这体现了客户对财富管理机构的信任和依赖关系,也体现了财富管理机构的服务能力和水平。提供延伸服务,是财富管理的趋势之一,不断扩大延伸服务的内容和提升延伸服务的水平,是提升财富管理机构竞争力的重要方面。财富管理的服务内容,往往与其提供的产品紧密相关。

(五) 财富管理的分类

目前,根据财富管理的规模不同,财富管理机构通常把财富管理分为低端、中端、高端和超高端四类,相对应的分别是大众理财、贵宾理财、私人银行和家族理财。① 大众理财主要是面对可投资资产在 50 万元以下的客户。大众理财的对象是普通大众,其主要特点是客户数量巨大,但单个客户的可投资资产规模十分有限,多数在几万元人民币。贵宾理财主要面对可投资资产在 50 万~500 万元的客户。贵宾理财的对象是较富裕的阶层,这类客户的可投资资产多数集中在 50 万~100 万元人民币,通常是指中产阶层。私人银行服务面对的是富人,这类客户的可投资资产一般在 500 万元人民币或 100 万美元以上。家族理财面对的是极少数亿万富翁,这些是富人中的富人,多数为家族,需要通过家族办公室(family office),或者家庭事务所、银行家事务所等,专门为其家族进行全方位的资产管理。

(六) 财富管理与资产管理的比较

资产管理业务是指资产管理人根据资产管理合同约定的方式、条件、要求及限制,对客户资产进行经营运作,为客户提供证券、基金及其他金融产品,并收取费用的行为。在内容、产品、客体方面,资产管理和财富管理有以下几个区别:①资产管理的内容核心在于投资,为客户提供具体的投资产品,客户依据自己的偏好进行选择;而财富管理更偏向于为客户提供一种咨询服务,进行财富规划,帮助客户实现财富的保值增值,而这又离不开资产管理。②资产管理的产品多为金融产品,而财富管理的产品则更加多样化,不仅包括金融产品,还包括房地产、古玩等。③资产管理的客体范围非常广泛,上自国家主权基金这样的超级机构投资者,下至普通居民,都是资产管理的客户。但在狭义的财富管理概念下,客体仅包括高净值人士。广义的财富管理客体范围与资产管理客体类似。从以上比较不难看出,资产管理业务通常是财富管理机构提供服务的一部分,但服务对象更具针对性。

二、财富管理发展历程

(一) 国外财富管理的发展历程

1. 财富管理起源于欧洲

早期的财富管理主要是私人财富管理。中世纪末期,欧洲的商人银行家就开始为贵族提供个性化、私密化金融服务,比较专业的财富管理服务起源于瑞士的私人银行。18世纪,在瑞士日内瓦出现了专门为高端客户及家庭提供金融服务的私人银行,成为财富管

---

① 不同金融机构对财富管理对象的分类标准不尽相同,而且会动态调整。

理的主要形式。瑞士的私人银行活跃在国内外市场,为客户提供货币兑换、资金转移、资产管理等金融服务。这一时期私人银行的特点是私人所有、无限责任。第一次世界大战和第二次世界大战期间,由于中立国地位以及其独特的保密原则,大量财富和金融专业人员流向瑞士,推动了财富管理业的发展。第二次世界大战后,传统意义的私人银行数目下降,综合性银行和投资银行登上历史舞台,从而形成了包括私人银行、综合性银行、金融顾问等机构在内的现代财富管理服务体系。此时欧洲管理的财富主要来源于遗产和不动产,而且更加重视资产的安全。

2. 财富管理盛行于美国

美国早期的财富管理服务形成于 20 世纪 30 年代,股票暴跌激发了人们对资产管理的需求,主要形式是理财业务。最初是保险公司为客户提供投资规划、收益分析等服务,其目的是推销保险产品。

第二次世界大战以后,美国成为全球经济霸主和第一大经济体。国民财富增长和理财需求的增长、金融创新的发展、美国社保体系陷入困境等多种因素,共同驱动美国理财业务的快速发展。20 世纪 70 年代先后成立的国际金融理财协会(international association for financial planning,IAFP)和美国教育理财机构也起到了重要作用。

20 世纪 80 年代以后,越战结束、技术创新、证券市场发展等因素推动了社会财富的积累和个人财富的较快增长。加之银行管理理论的完善,由商业银行提供的财富管理服务融入资产管理、负债管理、流动性管理和投资顾问服务,商业银行提供私人银行和财富管理服务成为主流。

20 世纪 90 年代以后,随着金融管制的放松,特别是 1999 年《金融服务现代化法案》的颁行,金融服务的产品线进一步丰富。私人股权基金、风险资本、对冲基金、结构性金融产品成为重要的财富管理业务形式。

美国财富管理市场是全球最大、最成熟、竞争最激烈的市场,财富管理主要提供者包括投资银行、家庭办公室和独立财务顾问,它们为高净值客户提供多元化金融服务。

3. 财富管理壮大于亚太

亚太地区集聚了众多新兴市场经济体,近几十年来随着经济的快速发展和私人财富的大幅增加,财富管理日益兴盛。

亚太地区的财富管理以中国、新加坡和日本为主。日本的财富管理业务主要源于美国金融机构财富管理的海外扩展:1987 年,花旗银行在东京设立分行,为纽约、香港、新加坡的日本客户提供全球化私人理财服务。1997 年日本泡沫经济崩溃后,银行私人理财业务得以兴起并广泛发展。

中国香港财富管理业务发展的主要驱动因素包括四个方面:一是宏观层面,政府放宽市场准入限制并完善监管及法规制度;二是银行为应付亚洲金融风暴带来的严峻挑战,寻求更多增长点;三是居民的理财意识和投资欲望增强;四是非银金融机构抢占财富管理市场。

根据波士顿咨询统计,2016 年全球私人金融财富增长 5.3%,而以中国为龙头的亚太地区增速达 9.5%,且中国增速高达 13%。波士顿咨询预计 2021 年亚太地区私人财富总额将达 61.6 万亿美元。此外,亚太地区资产配置仍以储蓄为主,占比高达 65%,权益类资产和债券占比仅 35%,低于 60% 的全球平均水平,有很大提升空间。

（二）我国财富管理的发展历程

我国曾长期处于短缺经济时代，在温饱问题尚没有解决的情况下，人们的理财意识自然十分淡薄，即使有理财的想法，也无财可理。所以，很长时间里人们把银行储蓄作为主要理财手段，把省吃俭用节省下来的钱存入银行，获取一定的利息收入，而把活期储蓄变成定期存款已经是灵活理财了。改革开放之后，我国的财富管理经历了萌芽、初步发展、快速发展三个阶段。

1981年，我国重新发行国债，居民逐渐摆脱单一的银行存款理财方式，作为"金边证券"，国债成为当时人们除储蓄外最主要的投资手段，我国步入财富管理萌芽阶段。

20世纪90年代，我国财富管理步入初步发展阶段。一方面，1990年11月、1991年4月，上海证券交易所和深圳证券交易所先后成立，极大地激发了人们的投资理财欲望，一度形成"全民炒股"的壮观场面。另一方面，20世纪80年代末90年代初，中国房地产市场开始起步。一波波楼市大潮，不仅造就了一批批房地产富豪，也使无数炒房者收获颇丰。2018年，我国居民储蓄占投资的40%左右，不动产占近30%。

21世纪以来，我国金融市场逐渐开放，金融创新步伐不断加快，财富管理的内容逐渐丰富起来；从存款、债券、股票扩展到基金、信托、私募股权投资等领域，财富管理步入快速发展阶段。2003年，中国银行发行了我国首款外币理财产品——"汇聚宝"。同年，光大银行发行了首只人民币理财产品——阳光理财B计划，开启了人民币理财新时代。2007年3月28日，中国银行设立私人银行部，成为国内首家设立私人银行部的中资银行。与此同时，证券公司、保险公司、信托公司、基金公司等机构，也纷纷开展了财富管理业务。外汇市场、贵金属市场、大宗商品市场、金融衍生品市场、艺术品市场、奢侈品市场等日益活跃，财富管理成为金融行业的核心业务，成为金融行业服务实体经济发展和居民增加财产性收入的重要渠道。

实践证明，财富管理的出现和迅速发展，顺应了国际国内经济金融发展的大趋势，受到广大投资者的普遍欢迎和金融机构的追捧，显现出勃勃生机。当前，社会的财富管理需求极其旺盛，供给也取得了很大的进步，但总体而言，我国的财富管理市场仍处在发展的初级阶段，财富管理理念还不够科学和理性，财富管理机构服务能力弱、知名品牌不多，财富管理专业人才不足，基础设施薄弱、法律法规不健全，等等。财富管理行业的发展任重道远。

三、我国发展财富管理的必要性

（一）适应社会财富增长的需要

改革开放40多年来，我国取得了巨大成就，社会财富获得了巨大的积累，经济规模世界第二，外汇储备世界第一，居民储蓄世界第三，高净值人士和中产阶级的规模迅速扩大。随着"两个一百年"奋斗目标的实现，社会财富还会有极大的增长。大力发展财富管理，满足个人、家庭、社会组织、国家各层面财富管理的需要，有利于实现全社会财富的保值增值，避免财富的缩水、流失。

(二) 有效防范金融风险的需要

近几年来,全国范围内非法集资等金融违法大案时有发生,其中很多是打着投资理财的旗号从事非法金融行为。这一方面说明社会上对投资理财有着迫切的需求;另一方面则说明我们的财富管理不够发达,财富管理的供给还不能够很好地满足人们多样化的需求,也给不法分子提供了可乘之机。大力发展财富管理,主动满足人们的各种理财需求,有利于积极化解大量潜在的金融风险。针对非法集资的问题,2019 年 1 月 30 日起实施的《最高人民法院　最高人民检察院　公安部关于办理非法集资刑事案件若干问题的意见》对非法集资的个人、单位认定,处罚作出了明确的规定,在一定程度上遏制了非法集资的发生。

(三) 促进实体经济发展的需要

服务实体经济发展是金融的天然职责,然而,我国金融与经济发展出现矛盾。一方面,我国有着世界上最高的储蓄率,社会财富有着巨大的积累,社会资金有着极大的供给能力;但另一方面,社会对金融的需求又不能很好地得到满足,特别是大量中小微企业对资金的需求始终处于饥渴状态。金融服务的供需矛盾,表现为投融资渠道不畅,一个重要原因在于财富管理不发达,不能够高效率地配置金融资源。大力发展财富管理,畅通投融资渠道,有利于促进实体经济更好发展。作为财富管理重要内容之一的资产管理行业,资管产品互相嵌套,复杂的产品结构使得部分资金滞留在金融体系内部,没有真正流向实体经济。2018 年 4 月 27 日实施的《关于规范金融机构资产管理业务的指导意见》将通过打破刚性兑付、禁止资金池、净值化管理、去通道、控嵌套等措施,优化金融资源的合理配置,助力实体经济发展。

(四) 提升金融核心竞争力的需要

中国已经成为全球金融大国,许多金融机构资产规模和盈利水平处在世界的前列。但规模领先的同时,核心竞争力并没有真正处于优势地位,其差距主要表现为财富管理不发达。财富管理处于金融服务的高端层次,财富管理的水平往往决定着一个机构的服务能力和水平,也决定着一个国家整体金融服务的竞争力。大力发展财富管理,促进各金融机构提高服务水平,有利于提升我国金融业的整体竞争力。

(五) 人民币国际化的需要

人民币国际化是大势所趋,不仅是中国的需要,也是世界的需要。从财富管理的角度看,人民币国际化的必然结果之一,就是以人民币计价的资产在世界范围内可以自由配置。一方面,中国人要实现全球资产的配置,要对外投资理财;另一方面,外国人要分享中国发展的成果,搭中国发展的顺风车,也要对中国进行投资理财。在人民币国际化的宏观背景下,大力发展财富管理,有利于促进中国资本、技术、人员的输出,也有利于外国资本、技术、人员的输入。特别是在"一带一路"建设推进过程中,与各相关国家建立命运共同体,财富管理有着得天独厚的优势。

（六）加强资金监管的需要

发达的财富管理，一方面可以提高在岸金融的服务水平，在国内满足人们的各种理财需求，把财富留在国内；另一方面可以促进离岸金融的发展，方便人们到境外投资、移民、留学、旅游、购买奢侈品等。加强财富管理，有利于监督资金流动，防止资金集中大进大出，保持金融稳定，促进经济社会发展。2005年9月，中国银监会制定并颁布了《商业银行个人理财业务管理暂行办法》和《商业银行个人理财业务风险管理指引》来规范理财产品与理财环境，防范系统性风险的发生。

（七）加强反腐倡廉的需要

党的十八大以来，我党的反腐倡廉取得了国内外公认的重大进展。从长远来看，要由治标转向治本，必须建立制度化的体制机制。加强财富管理，建立科学规范的居民个人理财状况登记查询制度、追索制度等，与领导干部个人财产申报制度相结合，在依法合规的前提下，有利于监督居民个人的财产状况，预防和惩治腐败。

（八）供给侧结构性改革的需要

党的十八大明确提出：要多渠道增加居民财产性收入，实现居民收入增长和经济发展同步，到2020年实现城乡居民人均收入比2010年翻一番。这充分体现了党中央对财富问题的高度重视，也为财富管理指明了方向。随着中国经济的不断发展进步，国人的财富不断积累，财富管理需求会不断增加。面对极其旺盛的财富管理需求，我国财富管理的供给明显落后。大力发展财富管理，有利于加快财富管理的供给侧结构性改革，提高服务能力和水平。

（九）完善全球治理的需要

人类社会正处在一个大发展、大变革、大调整时代，我们需要从世界和平与发展的大义出发，贡献完善全球治理的中国方案，为人类社会应对21世纪的各种挑战作出自己的贡献。中国特色的社会主义必然造就中国特色的财富管理，中国特色的财富管理方案是全球治理的中国方案的重要内容。中国不仅在扶贫、减贫、脱贫上取得了举世瞩目的巨大成就，在实现中华民族伟大复兴中国梦的征程上还会谱写许多创富、守富、享富、传富的精彩故事。大力发展财富管理，有利于加大在反洗钱、避税、保密、外汇管理等领域的国际合作，统筹好国际惯例与中国特色的关系。

四、发展财富管理的基本原则

（一）要树立正确的财富观

关于财富观，目前学术界尚未形成系统的理论体系和广泛的思想共识。财富观是世界观、人生观、价值观的具体体现，是社会主义核心价值观的有机组成部分，应该引起全社会的高度重视。什么是财富，如何创造、分配、消费、传承财富，如何实现财富的保值增值，这些都属于财富观的基本内容。历史上，土地、矿山、牛羊、奴隶、贝壳、金银、美元、人民币等等，都曾是或者现在仍然是财富。人类作为高级动物，一辈子的生活目的是否就是无止境地追逐财富呢？美国在世界范围内打贸易战，是不是就是说美国人民可以无限地追求财富，可以不管不顾其他国家人民生活的好坏呢？中国今天发展经济、追求财富，是不是就可以只注重速度和以牺牲生态环境为代价呢？进入数字货币时代，未来的财富是不是就是一堆数字呢？财富观不仅是个人的，也是民族的和国家的，更是全人类的。要重视财商教育，把智商教育、情商教育和财商教育统一起来，使教育更加全面。同时，借鉴国际上财商教育的经验和教训，把财商教育纳入国民教育体系，加强投资者教育和金融消费者权益保护，引导全社会树立正确的财富观。

（二）要统筹好高端金融与普惠金融的关系

财富管理发端于对富裕人士、高净值客户的个性化金融服务。财富管理机构为了取得较高的效益，重视高端金融业务的开发，是完全正常的。但同时，从市场的角度而言，我国人口众多，虽然每一户普通家庭的财富不多，但累积起来就是天文数字，这个市场是非常巨大的。财富管理机构为了获得稳定的市场，重视面向普通大众的普惠理财服务，是十分重要的和富有远见的。随着金融科技的发展，大数据、云计算、人工智能等技术越来越广泛应用于财富管理，越来越多的人会很方便地成为财富的客户和服务对象。再者，我国社会主义制度的巨大优越性之一，就是以人民为中心，实现共同富裕。由此可见，高端金融和普惠金融都需要引起财富管理机构、金融监管部门等的高度重视，要统筹好两个方面的关系。

（三）要坚定服务实体经济和社会发展的方向

金融往往被认为是一种虚拟经济，虚拟经济很容易出现炒作和投机现象。历史上股市和楼市不断有山呼海啸，总有人在其中呼风唤雨，结果往往是哀鸿遍野。从17世纪荷兰的郁金香泡沫，到前些年我国的"蒜你狠""豆你玩""姜你军"等金融泡沫事件可见，历史的悲剧总是反复上演。这些都警示我们，财富管理必须坚持正确的发展方向，必须坚持以服务实体经济和社会发展为导向，而不能"脱实向虚"，否则迟早会对自身、对客户、对社会造成巨大伤害。财富管理机构要始终清醒这一点，不要企图靠炒作维持长久发展；金融投资者也必须清醒这一点，不要幻想一夜暴富和天上掉馅饼；监管部门也要密切关注这一点，既要加强对经营性机构的监管，又要加强对金融消费者的教育和权益保护。

（四）要坚持创新发展的理念

人类社会的历史就是一部创新史，人类为了自身的生存和发展，不断地创新，推动着生产方式的不断进步。创新是财富创造的源泉，工业革命造就了一批批钢铁大王、石油大王、船舶大王、汽车大王、铁路大王，还造就了房地产大王、娱乐大王等。20世纪的计算机时代，造就了软件和硬件方面许多超级富豪。今天的数据经济时代，在大数据、云计算、人工智能等领域已经并还在不断造就财富的巨人。要让这些创新成为推动社会进步的重要力量，同时要让这些创新成为人们财富的重要来源，要让这些创新成为人们创造财富、管理财富的重要工具和手段。从财富管理的角度来看,人类历史无疑进入一个全新的时代。从财富的内涵和外延到财富的存在形态和表现形式,从财富的生产和创造到财富的分配、转移、交换、传承,从财富管理服务方式到财富管理监管方式等,都发生了和正在发生着革命性的变化。人们要做的就是发现其中的规律,顺应规律和利用规律,实现个人、家庭、组织、国家和全人类对美好生活的向往。

(五)要注重发展延伸服务

财富管理的直接目的往往是实现财富的保值增值,重点往往是投资。所以,财富管理传统的服务主要是金融服务、投融资服务。财富管理中除了金融服务以外,其他服务可以统称为"延伸服务"。延伸服务的内容包罗万象,几乎包括客户任何合理合法的需求,如移民、养老、旅游、健康、教育等方方面面。延伸服务内容广泛,增长迅速。围绕客户需求,提供专业、便捷、个性化的延伸服务,是财富管理机构提高财富管理综合能力、开拓财富管理市场的关键,也是整个财富管理行业发展的趋势所在。在做好传统金融服务的基础上,财富管理要高度重视延伸服务,提供丰富多彩的产品,充分满足财富管理市场的多方面需求。

(六)要坚持中国特色

财富管理有着极强的专业性和技术性,需要专业人才、专门机构和特殊机构的监管。但财富管理的关键是对人的个性化服务,文化的因素在其中发挥着极其重要的作用。近年来,我国出现了一批扎根于中国大地的专业财富管理机构,这些新兴机构具有明显的中国特色,虽然还不十分成熟,还有这样那样的缺陷,但生机勃勃,前途远大,对我国财富管理事业的发展产生了积极影响。对于这些新生事物,我国老百姓还需要有一个认识的过程,国际上也需要有一个认识的过程。在充分借鉴国际经验和教训的基础上,我们要坚定不移地走中国特色社会主义财富管理发展道路,勇于探索中国特色社会主义财富管理发展模式,完全照搬照抄是没有前途的。也只有这样,我们的财富管理才能真正满足人们的需求,实现健康持续发展。

(七)要坚定不移防范风险

金融的主要内容之一就是风险管理,财富管理首先是要保证财富安全。财富管理中的客户、投资者,首先要树立正确的财富观,要正确对待风险和回报,要在确保财富安全的基础上注重收益。要建立严格的市场准入制度,监管部门要在机构、人才、产品、服务等方面,建立健全相应的制度规范。要建立严格的信息披露制度,财富管理机构要向合适的消费者提供合适的产品和服务。要建立严格的资金托管制度,确保财富管理的资金安全。监管部门和财富管理机构都要加强投资者教育,加强消费者权益保护,有效防范风险,维护健康的财富管理市场秩序。

(八)要实行宽严适度的监管

当前,我国的财富管理仍处在发展的初级阶段,需要精心培育和引导,需要实行适度的监管。监管过于严格,或者过于宽松,都不利于整个行业的健康发展。监管过于严格,很可能会扼杀掉许多探索和实践,使整个行业失去发展的机会;监管过于宽松,很可能会造成泥沙俱下、鱼龙混杂,损害整个行业的声誉,也会摧毁整个行业。一方面要坚守质量和安全底线,保护相关利益主体的合法权益,维持行业健康运行,确保不发生系统性金融风险。另一方面要鼓励创新,留足发展空间。对看得准、有发展前景的,要引导其健康规范发展;对一时看不准的,要设置一定的"观察期",不能简单封杀或放任不管。

(九)要大力弘扬公益慈善精神

财富管理不仅仅是投资,是金融,还包括金融之外的许多其他内容;财富管理也不仅仅是财富的创造、保值增值和传承,还包括慈善和公益。中国是礼仪之邦,乐善好施、助人为乐、舍己为人等传统美德深入人心。随着我国经济的不断发展,公益慈善意识不断增强。在财富管理发展过程中,在鼓励人们合理合法创造财富的同时,更要在全社会大力提倡公益慈善精神。要让财富回馈社会,要让财富造福更多人。要通过公益慈善,实现社会财富的第三次分配,创造更加公平、合理、和谐、正义的社会。

(十)要发展财富管理高等教育

财富管理未来将成为我国一个重要的产业和行业,因此,亟须大量的机构和人才,以及相关的理论、政策、法律法规。当前,我国几乎还没有一所专门的财富管理大学,还不能够对财富管理发展形成强有力的智力支撑。要加强综合性大学、财经类大学的财富管理学科和专业建设,逐步向建立专门的财富管理大学发展,充分发挥高等教育在人才培养、理论研究、政策咨询、社会服务等方面的特殊作用,推动财富管理健康可持续发展。同时,还要充分发挥高等教育的独特作用,引导全社会树立正确的财富观。

第三节 财 富 观

"观"是指人们对事物的根本认识与看法。认知的形成需经历实践—总结—再实践—再总结这样一个不断循序凝练的过程。因此,对于同一事物的认知与看法并不是一成不变的。不同的历史阶段,不同的社会阶层,不同的知识储备,人们往往对同一事物存在不同的认知。

一、财富观的含义

(一)财富观的概念

财富观是人们对于财富的认知与态度,影响着财富生产、分配、交换、消费、储藏、传承的方式。财富观是价值观的重要组成部分,是财商教育的根基。"义利观""重农轻商""黜奢崇俭"是我国古代财富观的主要代表,充分体现了我国古代财富主要源于农业,财富的积累以"节流"为主,而不注重财富的交换。早期的西方财富观主要从生产的角度阐述财富的起源,从"劳动价值论"到"要素价值论",展现了早期西方财富观的发展。现代西方财富观更加注重需求对财富的创造,主要以凯恩斯为代表。同时,马克思主义财富观则阐述了财富与人类发展之间的关系,指出财富是人类实践的产物。当今社会的财富观越来越呈现出趋同的特征,如何利用有限的资源创造最多的财富,最大限度地满足人们的需求,已成为各国共同重视的课题。

(二) 财富与财富观

1. 财富决定财富观

物质第一性,意识第二性,物质决定意识,意识反映物质,这是辩证唯物主义的基本观点。人们所说的有形的财富,总是以某种具体的物质形式存在的。因此,就财富与财富观之间的关系而言,财富决定财富观。首先有财富的存在,与此相对应的财富观才会产生。在现实生活中,虽然不同个体会表现出不同的财富观,但都以财富为主要内容。其次,财富观是不固定的,它会随着财富的变化而变化,财富的变化是财富观变化的前提。

2. 财富观对财富有反作用

马克思的唯物论在肯定物质决定意识的同时,又承认意识对物质存在反作用。因此,财富观对财富也具有能动的反作用。观念支配人的行为,故财富观也可指导人们的财富行为。正如马克斯·韦伯在《新教伦理与资本主义精神》中所说,"理念与理想并非总是物质环境的反映,它可以成为引发社会经济变迁的真正独立自发的动力"。健康的财富观,可以引导人们用适当的方式去获得财富。相反,不健康的财富观,会扭曲和异化人们的财富行为,从而造成社会动荡。

二、财富观的历史演变

(一) 中国古代伦理财富观

财富思想最早起源于我国的奴隶制时代,由于我国古代的重农抑商政策,财富思想并没有形成一个系统的体系,而是相当分散的。其中,以儒家为本位的财富思想占据主流地位。在先秦至清朝2000多年的封建时代中,中国逐渐形成了以儒家伦理为本位的中国古代财富思想。这一思想以义利观为标准,强调获取财富和使用财富的正当性与合法性。因此,我国古代的财富观受儒家思想的影响而具有一定的伦理色彩,以下三个方面体现了这种伦理财富观:第一,以义利观为基础的生财观。正如义利观的开创者孔子所言,"不义而富且贵,于我如浮云"。这充分体现了孔子对通过"不义"手段获取财富(生财)的鄙视。第二,以重农抑商为特征的生产观。这种生产观实际上是义利观的继承与发展,因为在儒家看来,农业在一国的经济发展中起着根本性作用,农业是国家财政税收的来源,而商业被他们看作通过"不义""非礼"等途径获取财富的手段,从而遭到他们的唾弃。第三,以黜奢崇俭为核心的消费观。"黜奢崇俭"是我国古代消费观的主导价值取向,也是我国古代理财家的共识。《史记·孔子世家》讲,齐景公问政于孔子,孔子曰:"政在节财。"墨子也提倡合理开支,反对铺张浪费,他提出"俭节则昌,淫佚则亡"。古人如此重视节约,实属难能可贵,这值得我们借鉴与思考。

(二) 西方财富观

西方的财富思想起源于古希腊时期,最早的理财观念是"财富就是具有使用价值的东西",由著名哲学家苏格拉底的学生色诺芬在历史上第一本经济学著作——《经济论》中提出。后来亚里士多德、托马斯·阿奎那和皮埃尔·布阿吉贝尔都提出了自己的财富观。然而,受当时经济条件的影响,他们的财富思想都具有相同的特点或局限性——基于"实物形态"或"货币形态"为主导的财富观。以下介绍对我们现代财富观影响最为深远的几位近代经济学家的财富观,他们的财富观则是以"价值形态"为基础的主流财富观。

1. 劳动价值论

"政治经济学之父"威廉·配第首次提出"劳动价值论",其在著作《赋税论》中写道:"土地为财富之母,而劳动则为财富之父和能动的要素。"他认为劳动和土地共同创造了财富。经济学的主要创立者亚当·斯密重新梳理了威廉·配第的观点,并且系统地阐明了"劳动价值论""劳动才是财富的唯一源泉"这一著名观点。亚当·斯密认为"一国国民每年的劳动,就是供给他们每年消费的一切生活必需品和便利品的源泉"。古典经济学集大成者大卫·李嘉图又对亚当·斯密的观点做了补充与发展。大卫·李嘉图指出,劳动不是财富的唯一源泉,财富的源泉除了劳动外还有其他自然因素,这与威廉·配第的观点不谋而合。他还对直接劳动和间接劳动进行了区分,认为资本是"过去的劳动",并不会创造新价值。

2. 要素价值论

大约与大卫·李嘉图在同一时期,"生产要素论"由法国经济学家让·巴蒂斯特·萨伊提出,他指出产品直接带来价值,而产品则是由资本、土地和劳动这三大生产要素共同创造的。英国经济学家威廉·西尼尔的观点与让·巴蒂斯特·萨伊的"生产要素论"一脉相承,他们认为财富和价值来自三个要素——"劳动、节欲和自然力"。另一位英国古典经济学家约翰·斯图亚特·穆勒继承了前辈的思想,他指出任何社会生产都必须具备三个要素,即"劳动、资本,以及由自然提供的原料和动力"。

3. 西方现代财富观

现代西方经济学的先驱凯恩斯出生于"萨伊定律"被视为黄金法则的时代,但是,他却提出了与古典经济学相反的观点。他主张扩大消费支出、刺激私人需求的扩张性的财政政策,主张政府通过收入分配政策刺激社会投资需求来达到充分就业的目的。为刺激投资需求,他主张政府扩大公共工程、基础设施建设等方面的开支,增加货币供应,采用赤字财政政策来刺激国民经济活动,以增加国民收入,实现充分就业。

凯恩斯主义一直是西方经济学的主流,但自20世纪60年代末以来,资本主义国家普遍陷入经济滞胀的泥潭,凯恩斯主义无法应对现实和理论的挑战,日渐式微。随着新凯恩斯主义的出现,凯恩斯主义逐渐从困境中走了出来。新凯恩斯主义阐述了价格和工资黏性形成机制,增加了传统凯恩斯主义贫乏的供给理论的内容,奠定了宏观经济理论的微观基础。

4. 马克思主义财富观

马克思并没有专门创作财富观理论的著作,但是他的哲学、政治经济学以及科学社会主义的思想都体现了光辉的财富理论。尤其是《资本论》,集中体现了他的财富思想。

马克思主义哲学下的财富观围绕财富、人和历史的关系展开。在马克思看来,财富构成了人的全面自由发展和社会历史进步的基本条件。

关于财富与人的发展,马克思指出:"我们首先应当确定一切人类生存的第一个前提,也就是一切历史的第一个前提,这个前提就是:人们为了能够'创造历史',必须能够生活。但是为了生活,首先就需要吃喝住穿以及其他一些东西。"因此"第一个历史活动就是生产满足这些需要的资料,即生产物质活动本身"。他指出,财富是"通向真正人的现实的道路"。财富不仅是维持人生存的必要条件,也是实现人自由全面发展的重要途径。

马克思的哲学不仅是历史哲学,也是经济哲学,因为马克思哲学的最终目的是要回答人类历史社会之链,他通过检验和批判经济现实来解答这个问题。在这一过程中,他发现了商品、货币、资本等是构成财富的必要元素。他发现人类历史是与财富勾连在一起的,财富对人类的进步和历史的发展起到推波助澜的作用。马克思政治经济学视域下的财富观主要讨论的是财富的生成,他认为,财富是在人的劳动实践过程中生成的,是人类实践的产物。

马克思认为财富的来源主要有三方面:自然界、劳动、生产要素,三者相结合,为财富的生成提供了基础。然而,财富的生成不只是各种财富要素的简单堆积,而是表现为一种复杂多变的动态过程。马克思通过对资本主义社会几百年来的生产过程的分析得出:财富的生成过程是由生产、分配、交换、消费等环节组成的一个统一体。"在生产中,社会成员占有(开发、改造)自然产品供人类需要;分配决定个人分取这些产品的比例;交换给个人带来他想用分配给他的一份去换取的那些特殊产品;最后,在消费中,产品变成享受的对象,个人占有的对象。"

三、培养健康的财富观

(一)正确的金钱观

1. 不鄙视财富

在商品经济时代,金钱财富是直接和物质生活挂钩的,是物质生活的前提和保证。但是由于受到我国长期以来的"君子不言利"的传统思想的影响,我们社会上有一些人过分轻视财富、羞于谈论财富。根据马克思对于财富的划分,财富应当包括物质财富和精神财富。鄙视财富实际上是割裂了物质财富和精神财富的关系,是一种不健全的财富观。

2. 不贪恋财富

与鄙视财富相对立的另一个极端是贪恋财富,认为金钱是万能的。改革开放以来,市场经济的迅速发展以及大量资本的涌入逆转了许多人的金钱观,一些人对金钱盲目追捧与崇拜。很多人在金钱面前迷失了自我,成为完全物化了的人。

3. 尊重他人的财富

随着贫富差距的日益扩大,一部分人心中涌动了"不患寡而患不均"的仇富心理,这种心理产生的根本原因是我国贫富差距的拉大以及人们对"先富带动后富"政策的曲解。在我国社会经济转型期间,确实有少数人利用法律规范的不健全获得了一些非法财富,但是,绝大多数人是通过自己的诚实劳动和合法经营富起来的,我们应当保持理性的态度,学会尊重别人的财富。

(二)积极的劳动观

从个人角度看,劳动是自我生存和自我发展的唯一手段。从社会角度看,劳动创造了物质财富和精神财富,是人类文明的起源。如何引导人们通过合法劳动获取财富,通过先进科学技术、生产方式和管理模式去为个人和国家共同利益创造出更多的财富,是财富观教育的重要内容。

(三) 理性的消费观

消费观是指人们对待其可支配收入的指导思想和态度以及对商品价值追求的取向,是消费者主体在进行或准备进行消费活动时对消费对象、消费行为方式、消费过程、消费趋势的总体认识评价与价值判断。我们获取财富的最终目的是使用财富,消费观是财富观教育的重要环节。

理性的消费观应该包含两方面内容:一方面,量入为出,适度消费。要在消费和自己的经济能力相适应的前提下,学会适度消费。过度消费会造成财务危机,影响人们的正常生活。相反,如果一味地聚财敛财,不敢消费,那么人们的生产和劳动也就失去了最终的意义。另一方面,崇尚节约、绿色消费、艰苦奋斗、勤俭节约是中华民族的传统美德,是我们宝贵的精神财富。

(四) 科学的理财观

科学理财就是以资金为约束,以效益为中心,以安全为目的,聚财有方、生财有道、理财有效。通俗讲,理财是对于财产的经营。中国有句老话叫"你不理财,财不理你",在市场经济社会,理财已经同使用计算机一样成为一项必备技能。

现今社会,经济高速发展,理财产品日益多样化,传统的储蓄理财观念已不能很好保证资产的收益性,片面追求高收益理财产品又会承担过高的风险。如何在风险与收益之间进行权衡,如何配置自己的流动性资产,不仅需要丰富的理财知识,还需要过硬的心理素质。

(五) 强烈的法律责任意识

法律制度是创造和保护财富的必要条件,通过法律给予创造财富的人应有的尊重,并且确保他们获取财富的手段正当合法。我国现行的法律体系虽然比较完善,但是制定法律是一方面,遵守法律又是另一方面。法律责任的缺乏会导致我们对财富的非理性追求,因此,我们应该在经济发展和人民生活水平进步的同时,培养人们的法律责任感,增强法律意识,使正确的财富观深入人心并最终外化为正确的财富行为,实现民族的振兴、国家的富强和个人的全面自由发展。

(六) 坚定的诚信意识

如果说法律是依靠国家的强制力量来保障行为准则的实施,强调的是"他律"的话,那么,道德则通过公序良俗、社会舆论以及内心信念来调节人与人之间的利益关系,强调的是一种"自律"。诚信自古以来就是我国的传统美德,是古代商人的发财之道,也是传统财富观的精髓。在现代,诚信是个人实现自我财富目标以及国家宏观经济健康发展的必要手段。目前,我国正处在社会转型时期,由于社会结构的调整和利益格局的变动,一部分社会成员道德滑坡。一些人认为只要能够赚钱,就可以不择手段,这是一种典型的错误财富观。如果只追求物质利益而抛弃了道德和尊严,最终会使人们失去奋斗目标和人生动力。因此,我们在经济发展的同时,诚信意识的教育一定要跟上。

第四节　财商教育

财富管理需要科学的财富观做指导,需要专业的知识做支撑,同时又需要与时代特色、制度环境相结合,需要不断地发展、传承。而教育则是观念凝练、思想发展、知识传承的重要途径。要走出具有中国特色的财富管理道路,必须加强财商教育。

一、财商的含义

(一)财商的内涵

从字面意思看,"财商"是由"财"和"商"组成的复合型概念。"财"是指财富,"商"是指商数,在对某种事物的属性赋予数字意义的时候,这个数字就成为它所在的属性类别的商数。因此,"财商"的字面意思是关于财富的商数,即我们对待财富的能力。

财商包括观念、知识、行为三个层次的素质:观念是指对财富的意义、财富创造过程的认识,诸如正确的金钱观、理性的消费观、积极的创业观、自觉的投资观、科学的理财观以及强烈的法律意识和诚信意识等。知识是指提高财商能力所必不可少的正规而系统的知识积累,《穷爸爸和富爸爸》认为,财商是由四个方面的专门知识所构成的:第一是会计,也就是学会计算;第二是投资,目的是以有限的本金增生出更多的财富,而这离不开金融理念、金融意识或金融思想的培养与形成;第三是了解市场,及时了解市场的供给和需求情况;第四是法律,它可以帮助企业和个人,在合乎法律底线的范围内进行操作。行为反映的是人运用金钱的能力,这种运用的行为能力包括消费财富和创造财富两个方面,它是以观念的更新、知识的掌握为前提的,是观念的载体和知识的实现。这三种素质相互作用,成为一个理性的经济人必备的素质。

(二)财商与智商的关系

1. 财商与智商的联系

财商与智商都是一种商数,都体现着人的能力。智力是人们认识客观事物并运用知识解决实际问题的水平和能力。它包括多个方面,如观察能力、记忆能力、想象能力、分析判断能力、思维能力、应变能力等。财商是个人根据当前的实际经济状况,在规定的时间内,采用一种或多种金融工具,运用一种或多种方法,合理地规划和使用财富的能力。从某种意义上看,财商归属于智商,是智商的一种类型。财商体现的是一个人在理财方面的智力,良好的智力是理财能力形成和发展的基础,可以为理财能力的发展创造必要的条件。同时,理财能力的提高也能促进智商的成熟和发展。

2. 财商与智商的区别

首先,财商与智商分别属于不同的范畴。智商是通过一系列专门的标准测试而衡量得到的人们在其年龄段的智力发展水平,与一个人的智力和年龄有关。财商是指人们理解和运用财富以及财富运行规律的能力,主要包括观念、知识、行为三方面的素质。其次,财商与智商分别代表不同的能力。智商代表人的智力水平,它体现的是人的一种一般能力和综合能力。任何人不管智力水平如何都有智商,而且智商能在许多日常的基本活动中得到表现。财商代表人的理财能力,是一种特殊能力。并不是所有人都有财商,而且财商只能在人们从事理财活动的时候得到表现。可以说,智商高的人不一定财商高,但是财商高的人一定智商高。

二、财商教育的含义

财商教育是指社会自觉培养受教育者财商素质的教育活动,它借助智商、情商教育等方式,培养受教育者的财富观、财富管理知识和财富管理能力,通过教育提高他们对获取财富和享用财富的方式的认识,培养正确的金钱观念和理财技巧,提高人们的财商素养。

财商教育主要包含三个方面的内容:财富观的树立、财富管理知识的学习和财富管理能力的培养。上一节介绍了树立健康财富观的相关内容,这里主要介绍后两方面的内容。

(一)财富管理知识

财富管理知识,也称为财经知识,是公民通过教育或者经验了解和掌握的,涉及财经领域的,与个人生活息息相关的重要概念和原理。财富管理知识主要涉及四个方面:第一,日常收支方面的知识。为满足日常生活需要,需要维持收支平衡,涉及的知识包括货币、货币的时间价值、收入、交易等。第二,金融投融资方面的知识。当财富不足或盈余时,需要借助金融途径获取财富或实现财富增值,具体涉及借贷、信用、储蓄、投资等方面的知识。第三,风险防范方面的知识。在较长的生命周期中,需要利用金融产品应对未来可能面临的风险。养老计划和其他各种保险方面的知识都属于这一范畴。此外,对基本经济学原理和国家宏观经济政策的理解同样影响个人的财富管理决策。因此,财富管理知识体系中还应包含第四个方面——财经视野,它指公民对于基本经济学原理和国家宏观经济政策的理解,包括对资源稀缺、沉没成本、通货膨胀等概念,以及利率变化、税收、财经公共政策等现象的理解。

(二)财富管理能力

能力与知识是两个不同的概念,后者是通过学习掌握到的陈述性信息,前者则是某种相对稳定的心理资源。财富管理能力指的是人们运用适当的手段和方法,合理规划财富、使用财富的能力。在财富管理能力中最重要的是决策能力,如个体决定如何管理自己的金钱,选择购买什么样的金融产品,提前作出财务计划安排,这些行为都与个体的决策能力密切相关。此外,财富管理还需要个体加工各类财经信息,如账单、房租信息、银行流水、租赁与贷款合同、金融产品说明书、股市指数、消费品信息等,这就要求个体还必须具备流畅、迅速、精确加工上述信息的能力。不仅如此,个体还需要具备对内部与外部干扰的抵抗能力。举例而言,某人去银行购买理财产品,首先必须阅读产品说明书并计算其收益与损失,通过对不同产品的优劣进行排序选择某一产品进行购买。在此过程中,他不仅需要防止过于冒险的购买倾向,还需要排除对某些理财产品非理性的个人偏好。

三、财商教育的必要性

(一) 形成正确财富观的需要

中国人自古受儒家传统"义利观"的影响,对财富的创造、消费、传承缺乏科学的认知。近代一些国人受到"金钱至上"思想的影响,会通过一些违法的手段获得财富。同时,发生在青少年身上的"校园贷"现象,表现为不合理的过度消费。在财富的配置上则比较单一,多以银行储蓄为主,缺乏对财富的多元化配置。因此树立正确的财富观必然是财商教育的重要内容。

(二) 适应社会发展的需要

随着收入分配方式、资产持有形式以及投资途径多元化和消费潮流个性化的发展,人们在对待财富的问题上越来越复杂化,要在复杂多变的环境中实现财富的保值、增值,掌握充分的财商知识是必要的前提。

(三) 防范金融风险的需要

财商知识、素质的缺乏,往往表现为投资的"羊群效应",从而加大金融资产的价格波动,形成金融体系的系统性风险。同时表现为资本的"脱实向虚",大量资金滞留金融部门,形成泡沫。财商教育则有助于拓宽居民的投资渠道,实现资金的合理配置,降低金融风险。

(四) 提升国际竞争力的需要

随着人民币国际化的发展和资本账户的放开,我国的金融市场逐渐开放,外来资本对国内市场的冲击越来越大,同时国内资本也有"走出去"的需求。在此背景下,要降低财富缩减的风险,实现保值增值,必须加大财商教育力度,为之提供有力的保障。

四、国外财商教育的实践

国外财商教育实践相对成熟,在专业组织设置、多方合作机制条件保障、评价方式等方面都有比较多的探索。

(一) 成立专门组织负责财商教育

近年来,西方国家越来越重视财商教育,特别是金融危机以后,众多国家将财商教育置于更加重要的位置,一些国际组织和国家纷纷成立专门的组织负责财商教育,如2008年经合组织成立财经素养教育国际网络(International Network on Financial Education),包括100多个国家和经济体的200多个公共机构。

(二) 开展面向不同群体的财商教育

国外开展的财商教育侧重于学校教育,主要针对学生。学校教育作为一种相对公平的教育方式,覆盖面较广,从幼儿园延伸到大学,可以开展系统的财商教育。在学校开展财商教育具有正面溢出效应,不仅有利于提高学生本身的财商水平,而且有利于学生下一代的间接教育,同时,也有利于学生的父辈亲友的间接教育。

除了针对学生的财商教育外,一些国家会根据国情和重点关注的群体,对女性、移民、低收入群体、老年人、小微企业经营者等不同群体开展财商教育。如在女性财商教育方面,美国劳工部妇女局(U. S. Department of Labor Women's Bureau)为20世纪60年代中期到90年代中期出生的女性创建了在线和课堂课程"Wi＄MeUp"计划。

(三) 学校、家庭、社会多方共同参与财商教育

财商教育是多学科交叉的领域,不同部门参与财商教育,不同的力量共同推进财商教育,形成学校、家庭和社会三结合的教育体系。学校是财商教育的主战场,开展一系列有目的、有计划、有组织的财商培养活动,成为学生成长的重要场所。家庭教育在学校教育的基础上,延续与升华了学校教育,对于学生财商教育也起到重要作用。社会参与财商教育的途径有多种:一是要求金融机构必须为客户或社区提供财商教育,或者规定金融机构利润的一部分用于财商教育;二是对金融机构进行依法收费以提供资金支持,如英国的理财咨询服务(money advice service)是由金融行为监管局(Financial Conduct Authority)对金融机构依法收取的费用提供资金支持服务;三是公共机构可以对财商教育质量提供认证,或者认可非公共机构从事财商教育活动;四是利益相关方直接参与财商教育国家战略或具体方案的设计和实施;五是自愿支持,如一些行业协会、金融机构或非政府组织等自愿支持国家战略或某些项目。

(四) 财商教育内容丰富、形式多样

根据一些国际组织和国家发布的财商教育标准,财商教育涉及经济生活的各个方面,包括微观行为到宏观环境。例如,2015年经济合作与发展组织发布的《青年财商素养核心能力框架》,包括四个维度:货币与交易,规划和理财,风险和回报,金融格局,阐述了15～18岁青少年的财商素养要求。

国外开展财商教育活动有多种形式,主要有以下几种:一是设立专门的网站,发布财商教育资源,为目标受众提供帮助。经济合作与发展组织、美国、澳大利亚、荷兰、新加坡、英国等都有专门的网站。二是利用电视、广播、广告牌等广泛进行财商教育宣传活动,如在电视节目中就财经相关的具体问题开展讨论等。三是为学生及其他财商教育的受众提供相关的场所进行参观学习,如建立博物馆等。四是通过活动、竞赛等形式提高大家参与财商教育的积极性。五是培训财商教育培训师,让培训师能够培养更多的人,以便实现倍增效应。

(五) 具备课程教材、师资队伍等财商教育条件保障

财商教育离不开课程教材、师资队伍的建设。在教材编制上,有设置专门的财商教育相关的教材,如美国的《高中经济学》(*High School Economics*);也有将财商教育与其他教育相结合的教材,如美国的《初中世界地理聚焦经济学》(*Middle School World*

Geography Focus on Economics),将地理知识与每个国家的经济发展状况、比较优势等结合起来。

(六)实施多样化的财商教育评价

评价是促进财商教育发展的重要途径,评价的公平性和客观性直接影响着财商教育的发展方向。国际组织和各国也在不断探索财商教育评价方式、评价的内容和评价的应用等。例如,经济合作与发展组织从2012年开始将财商素养的测评纳入国际学生测评项目(PISA)。

五、我国开展财商教育的建议

(一)加强顶层设计,统筹协调内外部因素

开展财商教育,顶层设计是关键,这不仅有利于明确财商教育的定位和发展目标,而且有利于整合财商教育发展所需资源,形成协同力量,也有利于明晰财商教育的推进路径。必须加强前期的需求调查和现状分析,加大宣传和推广,以获得更广泛的支持。顶层设计需要全面把握财商教育的受众、目标、参与机制、推进计划等,预判可能的困难及对策,形成设计与整合、实施与推进、反馈与提升的顶层设计逻辑。在我国,财商教育可以依托于学校教育,明确财商教育目标及推进路径,寻求教育系统、金融系统、社会机构、企业、家长群体等相关方的利益平衡点,形成学校、家庭、社会共同支持财商教育发展的局面。

(二)循序渐进,协同推进财商教育实践落地

我国地缘辽阔,地区、城乡差异较大,学校在师资队伍、课时安排、教育经费等具体保障条件上也存在很大的差异。在推进过程中,教育内容、教育形式等可根据实际情况进行差异化的选择,不超越发展阶段,有所侧重,循序渐进地开展财商教育。在教学内容上,每个学段的学生由浅入深,逐渐深化财商教育,根据经济发展水平、学生需求、学校条件保障等,财商教育内容如投资理财、风险意识、慈善资助、创新创业等方面的侧重点应该不同。在教育形式上,可以采取渗透式教育、选修课、必修课、课外活动等多种形式。与此同时,由于财商教育涉及多个利益相关者,在推进过程中,以育人为目的,对参与财商教育的各方制定相应的规章制度约束,以保持各方支持财商教育的目标一致性和资源可持续性。

(三)探索有效的评价机制,促进财商教育的发展

一是建立以学生为中心的评价理念。财商教育的评价重点关注的是学生的成长,更注重的是学生认知的提高、行为的优化和态度的转变,而不是活动开展的次数、硬件建设的数量等。二是对财商教育进行差异化评价。由于不同地区、不同学校开展的财商教育差异性较大,评价内容、评价方法等也要做相应的调整,个性化评价可以在一个相对统一的评价框架下进行,既便于不同学校、学生之间的比较,以寻找差距,也便于各地区、各学校找到适合自身发展的方式,并随着现代技术的不断发展,不断优化财商教育评价。

本章术语

财富　财富管理　财富观　私人财富　法人财富　主权财富　财商教育

 本章练习题

1. 什么是财富？如何理解马克思对财富的界定？
2. 实践中是如何对财富管理进行分类的？
3. 简述财富管理的发展历程。
4. 试述我国大力发展财富管理的必要性。
5. 试述我国当前发展财富管理应该坚持的基本原则。
6. 简述中国古代伦理财富观。
7. 试述健康财富观的主要内容。
8. 试述西方财商教育的成功经验。
9. 结合现状分析我国应该如何有效开展财商教育。

 即测即练

第二章

财富管理理论

【教学目标】

1) 了解财富管理理论,掌握财富管理理论的主要内容
2) 提升财富管理认识,构建系统的财富管理理论体系
3) 指导财富管理实践,阐释和解决财富管理相关问题

【教学重点】

1) 财富管理理论的主要内容
2) 财富基本内涵和管理策略

【教学难点】

1) 财富管理的保值增值策略
2) 财富管理理论的实践应用

改革开放以来,中国经济快速发展,创造了令世界瞩目的奇迹。经济增长使人们的收入大幅增加,财富迅速积累。于是人们开始高度关注财富问题,思考财富是什么和怎样对待财富,财富管理意识日益增强。为了摆脱"财富困境",克服扭曲的财富理念,本章以理论界学者们关于财富管理的研究为中心,考察了财富管理理论的产生和发展,重点梳理了经济学、金融学、管理学和马克思主义财富理论的基本内容,阐释了财富的形式、源泉及其保值增值策略,在此基础上总结对财富管理的启示,构建系统的财富管理理论体系,从而有效地指导财富管理实践活动,实现财富的保值增值。

第一节 马克思主义的财富管理理论

马克思主义运用科学的世界观和方法论,在政治经济学的视野内,从科学的意义上探讨了财富问题的本质规律,对于财富管理作出了符合社会实际的解答,形成了关于财富管理的丰厚思想成果,因而学习马克思主义财富管理理论具有十分迫切的现实意义。本章节在马克思的文本中梳理马克思财富管理理论产生、发展的社会历史背景及其思想根源,并从马克思原著中丰富的财富管理思想出发,以劳动价值论和剩余价值理论为切入点,系统归纳和诠释马克思财富管理理论的基本内容。

一、马克思主义的劳动价值论

马克思在继承古典政治经济学科学成分的基础上,在运用历史唯物主义的原理研究资本主义经济关系的基础上形成了马克思劳动价值论,并运用劳动价值论进一步发现了剩余价值理论,从而揭示了资本主义社会的剩余价值的来源、资产阶级与工人阶级的剥削与被剥削的对抗关系和资本主义为社会主义替代的必然趋势。

(一)马克思劳动价值论的发展历程

第一阶段,萌芽阶段(19世纪40年代),这一阶段马克思对于古典劳动价值论从否定到肯定。马克思和恩格斯从19世纪40年代开始研究政治经济学,当时他们认为价格和价值的不断脱离和围绕价值的波动是对价值的否定。这一时期马克思的《巴黎笔记》、恩格斯的《政治经济学批判大纲》表达了这类观点。在19世纪40年代中期马克思和恩格斯合作撰写的《神圣家族》中,马克思认为撇开竞争,在物质生产领域,价值取决于生产费用。在19世纪40年代末期,马克思在《哲学的贫困》中肯定了大卫·李嘉图的劳动价值论,并把劳动价值学说和唯物史观统一起来,但是这时还没有把价值和交换价值严格区分开来。

第二阶段,建立阶段(19世纪50年代),马克思劳动价值论基本建立。马克思在《1857—1858年经济学手稿》《政治经济学批判》中明确提出了商品二因素理论,并阐述了劳动二重性学说。这表明马克思劳动价值论中两大重要理论已经形成。

第三阶段,完成阶段(19世纪60年代),马克思劳动价值论最终完成。1867年,马克思出版了《资本论》第1卷,他在书中说:"对价值实体和价值量分析,我已经尽可能地做到通俗易懂","更加科学而严密地从每个交换价值的等式的分析中引出了价值,明确了价值实体和由社会必要劳动时间决定的价值量之间的联系"(马克思,1975),这表明经典马克思劳动价值论最终形成。

(二)马克思劳动价值论的基本内容

马克思劳动价值论的内容主要体现在《资本论》中,特别是在《资本论》第1卷第一篇中进行了大量阐述,在马克思的手稿中也有不少相关论述。综合起来,其基本内容包括以下几方面。

1. 商品二因素

马克思认为,一方面,商品的使用价值和价值共存于一个商品中,使用价值是价值的物质承担者,没有使用价值,价值无法单独存在,二者相互统一;另一方面,使用价值是商品的自然属性,价值是商品的社会属性,二者相互排斥。"一切商品对它们的所有者是非使用价值,对它们的非所有者是使用价值。"(马克思,1975)

2. 劳动二重性

马克思把生产商品的劳动区分为具体劳动和抽象劳动:一方面,劳动都是拥有不同形式或特点的或者说具体的劳动;另一方面,任何劳动都是体力和脑力的支出,都是抽象的、一般的劳动。劳动的二重性决定了商品的二重性,具体劳动创造使用价值,即不同的具体劳动创造不同的使用价值;抽象劳动则形成商品的价值。劳动二重性是马克思对古典劳动价值论的重大变革,是马克思劳动价值理论的核心。

3. 价值形式

价值是存在于商品中的无差别抽象劳动凝结,不能自己表现自己。这种表现是通过商品与商品的交换来进行的,一个商品的价值通过另一个商品的使用价值才能表现出来。一旦离开了商品交换,价值也就无从表现,价值形式也就不复存在了。马克思在《资本论》中对简单价值形式、扩大价值形式、一般价值形式、货币价值形式的历史发展进行了详细阐述,揭示了货币的起源,揭示了商品和货币之间的联系。当一种特殊商品成为其他商品价值统一表现物的时候,货币诞生了。以货币表现的商品价值的特有表现形式,就是所谓价格。马克思深刻分析了价值和价格之间的对立统一关系,即揭示了价格中怎样隐藏着价值,价值怎样通过价格才能表现出来。价值是内容,价格是价值的表现形式。

4. 价值量的决定

马克思对价值量的决定作出了科学的阐述。他指出商品的价值量是由生产商品的社会必要劳动时间决定的。"只有社会必要劳动量,或生产使用价值的社会必要劳动时间,决定该使用价值的价值量。"(马克思,1975)如果生产某种商品的社会必要劳动时间不变,它的价值量就不变。如果社会劳动生产率提高,那么生产单位商品的社会必要劳动时间也就随之减少。因此,商品的价值量与体现在商品中的劳动量成正比,与这一劳动生产率成反比。商品之间的交换,要实行等价交换。

二、马克思主义的剩余价值论

马克思的剩余价值理论是马克思"最伟大的"两个发现之一,是马克思主义社会学经济理论的基石和核心。与马克思主义劳动价值论所揭示的市场经济规律能指导我们认识和解决现实经济中出现的新问题不同,马克思的剩余价值理论是在批判地继承古典经济学成果和劳动价值理论的基础上,经过长期的考察和研究逐步建立起来的,是"科学社会主义"学说的基本理论依据,是人们"认识世界和改造世界的强大思想武器"。

(一)马克思主义剩余价值理论的创立

马克思的"剩余价值理论"经历了三个发展阶段:19世纪40年代的萌芽阶段;19世纪50年代至60年代的基本形成阶段;19世纪60年代后期至80年代的全面确立阶段(苏东斌等,2003)。

1. 马克思主义剩余价值理论的萌芽阶段

早在19世纪40年代,马克思就已经初步认识到了资本家剥削工人的秘密,并体现在他的经济学研究中。1847年7月,在《哲学的贫困》中,马克思科学地阐述了劳动的价值和工人生产出来的商品之间存在差额,即劳动的自然价格,也即为工资的最低额,初步解释了剩余价值的来源。1847年底,马克思在《雇佣劳动与资本》的著名演讲中,指出了资产阶级和工人阶级根本对立的经济根源是资本家无偿占有工人创造的剩余价值,第一次把剩余价值理论问题公布于世。正如恩格斯在《资本论》第2卷的序言中说道,马克思不仅已经非常清楚地知道"资本家的剩余价值"是从哪里"产生"的,而且非常清楚地知道它是怎样"产生"的(马克思,1975)。可见,尽管当时马克思还未将劳动和劳动力区分开来,也还未将剩余价值从它的各种具体形态中抽象出来。但是,他已为彻底地解决剩余价值理论的这两个问题铺平了道路,从而为他发现和建立科学的剩余价值理论奠定了基础。

2. 马克思剩余价值理论的基本形成阶段

19世纪60年代,马克思初步完成了对剩余价值的研究。他在《1857—1858年经济学手稿》中,第一次使用了"剩余价值"这一术语,并正确地界定了它的科学含义,系统地论述了自己关于资本和剩余价值的基本要点,详细地考察了商品价值和货币,研究了由简单商品生产到资本主义商品生产的发展过程,分析了货币到资本的转化,进而分析了雇佣劳动市场的形成及其特点。他指出,等价交换同资本和雇佣劳动间的交换之所以产生"矛盾",是由于劳动能力本身成了商品(马克思,1975)。马克思还揭示了剩余价值规律,他说"资本主义生产的直接目的不是生产商品,而是生产剩余价值或利润"(李楠,2003)。在此基础上,马克思比较严格地区分了劳动与劳动力,创立了劳动力商品的原理。马克思指出劳动者出卖的不是劳动而是劳动力,工人同资本进行交换的是他的劳动能力(马克思,1975)。显然,马克思此时已经深入地揭示了剩余价值的实质,初步完成了剩余价值理论。

3. 马克思剩余价值理论的全面确立阶段

1865年6月,在一部重要的政治经济学论著《工资、价格和利润》中,马克思首次扼要而通俗地公开阐述了自己的剩余价值理论,分析了资本主义发展表现出的新特征,说明了剩余价值的形成过程和工资的实质,揭示了资本家对工人进行剥削的秘密。1867年9月,马克思《资本论》第1卷问世。在这部巨著中,阐述了资本主义生产方式的基本经济规律,指明生产剩余价值或赚钱,是这个生产方式的绝对规律(马克思和恩格斯,1979),高度严密而精确地阐述了剩余价值怎样通过价值规律转变为利润、利息和地租,并形成一般利润率,揭示了价值增殖的秘密,阐明了剩余价值的来源和性质,指出了剩余价值是雇佣工人在生产过程中创造而被资本家无偿占有的超出劳动力价值的价值。这样,马克思在对古典政治经济学进行充分研究的基础上,创立了科学完整的剩余价值学说。

(二)马克思主义剩余价值理论的主要内容

马克思主义剩余价值理论主要是对剩余价值产生的来源和去向的经典诠释,并以此阐明了资本家和劳动者之间剥削和被剥削的关系,揭示了资本主义社会生产的本质就是为了榨取更多的剩余价值,指出资本主义产生、发展以及必然会被社会主义替代的客观规律。

(1)剩余价值的产生。剩余价值是在生产过程中由雇佣工人创造、被资本家无偿占有的超过其本身劳动力价值的那部分。为了榨取更多的剩余价值,资本家必须通过一定的方法加深对工人的剥削程度,如延长工人工作时间以此增加剩余劳动的时间,或者缩短工人必要的劳动时间以此相对地增加剩余劳动时间,两种方法都可以帮助资本家加深对雇佣工人的剥削程度。两种方法生产的价值不同,用第一种方法生产的剩余价值称为绝对剩余价值,用第二种方法生产的剩余价值则被称为相对剩余价值。

(2)剩余价值的去向。剩余价值的唯一来源是劳动者的劳动,资本家通过剥削劳动者的剩余劳动而获得。然而资本家获取剩余价值不单为了占有和消费,更多是为了资本的增值。所以,资本家通常会将他占有的剩余价值分为两部分:一是被作为收入和消费;

二是被转化为资本继续使用,也被称为资本积累。

三、马克思主义的财富论

在马克思的著作中,价值与财富是两个既相联系又有区别的概念。财富是由使用价值构成的。在马克思看来,劳动创造财富的实质在于,人以自身的活劳动,借助劳动工具,作用于自然对象,从而创造使用价值。财富的生产过程既是人类劳动发挥其生产创造能力的能动过程,又要以其用来加工的自然对象为基础。财富的社会内容是人类劳动,但载体是自然资源。作为财富的自然资源具有高存量和优质性,是提升劳动生产率的积极动因。马克思预言,伴随着生产力的发展以及科学进步,自然财富在物质生产中的地位会逐步下降,但是它的促进作用并没有因为高科技生产的发展而消亡。科技的进步使自然资源得到极大节约,从而提升了财富的运用效率。财富的有用性只存在于物的使用价值之中。所以我们认为,马克思主义劳动价值论是马克思财富管理理论的理论源泉。而马克思的剩余价值理论科学地揭示了资本家雇佣工人,强迫工人创造剩余价值,不可遏制地追逐并剥夺工人创造的剩余价值——这是资本家剥削工人的"秘密",也是资本主义一切财富的"终极秘密"。

第二节　经济学中的财富管理理论

财富是人类文明的基础,是人类文明由低向高发展的基本动力。由此,探寻财富增长的源泉既是各历史时期经济学家的兴趣爱好,也是经济学理论的基本问题(晏智杰,2003)。财富管理始终是经济学家不可回避的话题,成为经济学研究的重大主题。不同历史时期的经济学家把财富作为研究对象,探讨了财富的形式、源泉和增长途径等问题,提出了丰富的财富管理理论。系统梳理和归纳经济学中的财富管理理论,有利于构建系统的财富管理理论体系,提升财富管理实践活动的绩效水平,具有非常重要的理论价值和现实意义。

一、重商主义

重商主义产生于15世纪,全盛于16—17世纪,衰弱于18世纪。重商主义代表商业资产阶级利益的经济政策和经济思想体系,反映了商业资本为资本主义生产积累大量货币资本的要求和主张。它以财富为中心,探讨了财富的形式、产生和增长途径等问题。

(一)财富的含义

重商主义将财富与金银货币等同起来,认为金银是财富的象征,财富就是货币,货币就是财富。他们用金银的多少来衡量人们的富裕程度,认为人们开展经济活动的目的就是赚取更多的金银货币。当然,重商主义并不否认工农业产品和自然资源也是财富(他们称为"自然财富"),也不认为金银可以代替物质产品。但在他们看来,超过人口需要的剩余产品,如果不能出售,是没有意义的,而且生产也是难以维持的,所以只有能实现并且真正实现为货币的东西,才是财富。

(二)财富的源泉

重商主义认为,财富的积累并不取决于物质生产的发展,生产只是创造财富的先决条件,而财富的真正源泉只能是流通领域,财富在流通中产生,是商品转手时"贱买贵卖"的结果,只有靠商业才能使社会财富不断增加。重商主义进一步指出:商业利润是一种"让渡收入",是商人"贱买贵卖"的结果,一方的得利是他方的吃亏。从国家角度来看,国内商业贸易只是把货币从一地转到另一地,一人之所得即为他人之所失,只改变了财富在国民中的分配,不能增加国家货币量,不能给国家带来财富。只有各国之间的商品流通才能真正增加一国财富,即只有对外贸易才是财富的真正源泉,才是获取更多财富的根本途径。所以,财富的直接源泉除开采金银矿藏外,就是流通领域和对外贸易。

(三)财富的管理策略

重商主义认为,一切经济活动都是为了获取和增值财富,所以国家的经济政策和一切经济活动统统归结为获取金银财富,主张使用各种有效的手段创造和积累财富。

1. 保持外贸顺差

重商主义认为,只有积极发展对外贸易并保持贸易顺差,增加本国金银才能够真正实现财富的增加。所以,对外贸易的原则应该是少买多卖和少支出多收入,"对外贸易是增加我们的财富和现金的通常手段,在这一点上我们必须时时谨守这一原则:在价值上,每年卖给外国人的货物,必须比我们消费他们的更多"(托马斯·孟,1664)。在重商主义看来,商品输出时,外国人支付了制造这些商品的雇佣工人的工资;相反,进口则是本国支付了外国人的工资。因此,为了在国际收支平衡中实现"外国支付收入"的有利差额,增加对外贸易中的金银货币财富流入,必须求得对外贸易的出超和顺差,国内的商品生产应服从于外贸出口的需要,应鼓励"少买多卖",发展有利于出口的本国工场手工业,限制或禁止外国商品进口,通过外国商人购买本国商品而使大量财富(金银货币)流入本国。

2. 强化国家干预

重商主义认为,中央集权国家对经济的干预是致富的重要保证,国家的主要任务就是保证不断地获得财富。为了使一切经济活动都围绕着增加本国金银财富的目的展开,重商主义提出,国家应巩固和增强中央集权实力,积极采取各种措施全面干预经济活动,实行有利于本国商人的政策,利用行政措施和立法手段保护本国工商业,消除妨碍商业资本充分发展的封建割据,建立统一民族国家,实施保护关税政策,降低本国船舶所运商品的关税,加重外国船舶运输商品的关税,以此促进对外贸易的发展,使金银尽可能多地流入国内。重商主义极力主张国家发展航运事业,建立强大的舰队,服务于国外贸易和殖民地贸易的运输工作,限制或禁止谷物出口以便降低国内所需食品的价格,保护国内资源不准外国人勘探,等等。

3. 增加劳动人口

重商主义注意到了工场手工业、工艺和劳动对增加财富的重要意义,认为一个国家的最大富源是创造物质财富尤其是创造人为财富的制造业生产者,"因为靠技艺生活的人是远比种果实的能手多得多了,所以我们应该更加小心谨慎地使这大多数的人民群众能够努力工作,该国王和王国的最大力量和富源,就是从他们的身上来的。因为在人数众多和技艺高超的地方,一定是商业繁盛和国家富庶的"(托马斯·孟,1664)。所以,重商主义重视人口与技艺,强调人口和技艺对于财富增加与经济增长的重要性,主张增加国内人口,限制人口外流,鼓励外国有熟练手艺和有科学技术的人才移入本国。

4. 加大货币投放

重商主义者认为货币是在运动中增殖货币的手段,货币必须投入流通才能增殖,已经"开始明白,一动不动地放在钱柜里的资本是死的,而流通中的资本却会不断增殖。于是,各国之间的关系比较好起来。人们开始把自己的金币当作诱鸟放出去,以便把别人的金币引回来,并且他们认识到多花一点钱买甲的商品一点也不会吃亏,只要以更高的价格把它卖给乙就行了"(马克思和恩格斯,1956)。可见,重商主义看到了货币作为资本的职能,认识到了货币不仅是流通工具而且是货币资本,主张把自己的货币当作诱鸟放出去,以便把别人的货币引回来,实现财富的进一步增加。

二、重农主义

18世纪中叶,法国形成了一个具有共同纲领的组织团体——重农学派,自称是农业的辩护人,针对法国农业面临的困难,提出了恢复和改善农业经济状况的一整套政策主张和措施,创立了重农主义思想体系。

(一)财富的含义

重农主义认为,财富包括货币财富和实物财富,极力反对把财富和货币等同起来,批判把财富等同金银货币的重商主义观点。重农主义进一步指出,只具有使用价值而没有出卖价值的东西,不能称为真正财富;真正的财富是能满足人们需要且能出售的东西,具有使用价值和交换价值两个因素,"是货币财富和实物财富的综合体",所以"必须把有使用价值而没有出卖价值的财物,和有使用价值和出卖价值的财富加以区别。例如路易加纳的未开化的人,享有很多的财物,就是水、木材、鸟兽、土地产品等,它们并不是财富,因为它们没有出卖价值。但是自从他们和法国人、英国人、西班牙人之间建立起一些商业部门之后,这些财物的一部分,变成了获得出卖价值的财富"(魁奈,1767)。

重农主义认为,货币是财富的一部分或一种形态,但不是真正财富;从土地上生产出来的农产品也并不是真正的财富,但作为商品的农产品才是真正财富,"土地生产物本身还不是财富,只有当它为人所必需和买卖时才是财富"(魁奈,1757)。

重农主义认为,物质财富数量较大,其表现为农业中不断生产出来的产品,除去补偿生产中耗费的生产资料(即种子)、工人的生活资料和农场主的生活资料外的剩余产品。这种剩余农产品,即重农学派所谓的"纯产品",就是农业部门通过生产创造出来的新财富,"从土地取得的盈利扣除了一切支出以后,所余的产品就是构成国家收入的每年创造的财富"(魁奈,1757)。

(二)财富的源泉

重农主义指出,商业贸易是以一种具有出售价值的产品,去交换另一种价值相等的产品,交换的原则是等价交换,对当事者双方无害也无益,只使财富在地点上发生转移,因而商业流通领域并不会产生更多的财富,没有财富的增加。所以,重农主义认为,不是来自流通领域,而来自物质资料的生产领域,商业贸易不可能成为财富的源泉财富。

重农主义指出,工业仅仅把农产品作为原料进行加工,改变其物质财富的外部形态,使之具有新使用价值形态,不生产新物质资料,也不创造新财富,"工业则把它们加工,使之适合于人的使用","在工业制品的生产中,并没有财富的增加。因为在工业制品中价值的增加,不过是劳动者所消费掉的生活资料价格的增加。……所有这些企业,都不过是把别人的支出,来作为他的财产。因此,在这里并不存在财富的增加"(魁奈,1757)。

农业生产的结果不仅使消耗的物质资料得到补偿,且会创造出更多的物质财富。重农主义认为,在社会各生产部门中只有农业才能够创造物质财富,并使财富的数量不断增加。例如,有一碗豆,厨师把豆烧成食品,供人享用,一碗豆的数量没增加,只是改变了形态;如果一碗豆在农民手中,把它种入土地中,同样一碗豆经过土地,就可以收到比播入土地中的豆种多出几倍的产品。在重农主义看来,农民耕种土地并创造财富,农业中生产出来的财富通常总是大于为之消耗掉的财富,只有农业部门才存在"财富的增加","只有花在土地上的劳动,其生产的产品价值超过支出,才创造财富"(魁奈,1808)。

可见,尽管工业和商业的收益远远超过农业,但它们是获得的,而不是生产出来的。因此,重农主义指出,只有农业是生产的,是获取财富的根本,是真正且唯一的财富源泉,"土地是财富的唯一源泉,只有农业能够增加财富"(魁奈,1808)。

(三)财富的管理策略

重农主义指出,要真正实现财富数量的增加,就必须使农业生产中产品的价值超过该产品的生产费,获得的剩余农产品("纯产品")。所以,重农主义极端重视农业,把农业作为国民经济中最为关键的首要部门,将国民经济各部门的顺序排列为农业、手工业和商业,并提出了促进农业发展、增加财富数量的具体方法。

1. 发展大农业经济

重农主义认为,新增财富"纯产品"是由自然即土地提供的,农业是唯一的财富生产部门和致富的本源。重农主义在一定程度上已经认识到,获取财富的数额和生产规模的大小具有直接关系,小农业经营不可能获得较大的财富增加额度,只有把土地集中形成大农业经营才有可能添置较大的生产设备,节约人力的耗费,用较少的费用支出进行生产,从而生产出较多的剩余农产品("纯产品"),获得更大的财富增值(魁奈,1808)。正是由于认识到只有具备一定规模的农业,才能有获取更多的财富,重农主义主张发展大农业经济。

2. 实行单一税制

重农主义认为,从事农业的生产阶级和从事工商业的不生产阶级获得的都只是生产费用,如果向他们征税,农业和工商业都会受到损害;只有地租收入用于个人消费,与生产无关,向地租征税不会影响财富的生产,所以一切赋税应当由土地所有者负担。重农主义主张改革租税制度,废除其他赋税,实行一种只向土地所有者阶级征收的单一租税制度,即只向土地所有者阶级得到的那部分地租征税(魁奈,1808)。

3. 保持经济协调

重农主义认为,社会上各种行业都有不同程度的重要性,没有一种行业的失调能够不同时将它的不幸立刻或逐渐地反映到其他一切行业上去,一个财富的增加依赖于社会各行业间的协调发展(布阿吉尔贝尔,1705)。重农主义指出,为了促进财富增长、国家富裕,最重要的是要保持各个行业之间的平衡。所以,重农主义提出行业部门之间应该保持适当的比例,实现经济的协调发展。

4. 倡导经济自由

重农主义指出,经济自由能够恰如其分地调节社会经济活动,从而维持经济协调和适当比例,增进社会财富。重农主义认为,经济自由是促进财富生产的必要因素。为了使各行业保持平衡和协调,获得更多财富,重农主义反对国家干预经济生活,主张遵循自然规律,听任大自然的安排,大力提倡经济自由,要求取消各州之间和各州的地区之间商品流通的限制,形成一个统一的市场,任其自由竞争(魁奈,1808)。

三、赋税理论

政治经济学创始人威廉·配第撰写了以《赋税论》为代表的一系列著作,提出了经济学的研究对象是财富及其管理,详细考察了财富的含义、财富的源泉和财富的增长等问题。配第关于财富的许多真知灼见散见于一些政策主张和建议之中,各个零散的观点构成了具有一定科学成分的财富管理理论。

(一) 财富的含义

受重商主义的影响,配第也把货币和财富等同起来,认为对外贸易是一国财富的源泉,极力强调对外贸易顺差。他曾明确提出:"产业的巨大和终极的成果,不是一般财富的充裕,而是金银和珠宝的富足。"(配第,1690)

随着对财富研究的进一步深入,配第逐渐摆脱了重商主义的影响,认识到了货币只构成国家财富的很少一部分。配第指出,财富是人类劳动的成果,把对社会来说真正有用和珍贵的物品都看作了财富,"我们所谓国家的财富、资产及储备,都是以前或过去劳动的成果"(配第,1691)。配第指出,一个国家的富有并不在于拥有货币的多少,而在于生产各种商品能力的大小。显然,比之于重商主义所谓财富就是金银的观点,配第已认识到了财富的本质。

(二) 财富的源泉

配第立足于财富是劳动成果的基本观点,认为财富的创造离不开人类的劳动,土地只有通过与人的劳动结合才能够创造出财富。配第立足于财富是土地上的生产物的基本观点,认为人类劳动只有在作用于土地时,才能够创造出财富。

所以,配第把土地和劳动作为财富生产和创造得以实现的基本要素,明确指出只有土地和劳动二者共同作用时,财富才能被源源不断地创造出来。由此,配第在经济史上第一个提出了一个著名的原理,即"土地为财富之母,而劳动则为财富之父和能动的要素"(配第,1662)。这样,配第就从生产角度分析了财富的源泉,把土地和劳动看作是一切财富的最终源泉。

(三) 财富的管理策略

配第对于财富的增长给予了极大的关注,认为财富的增长受制于土地、劳动、资本和技术、赋税等诸多要素,所以财富的增加应当采取以下几个方面的措施。

1. 改良土地

配第十分注重土地这一生产要素,认为土地是一国国民财富的产生与增进所依赖的要素之一,土地的数量决定着财富的多少。但配第所看重的并不是土地数量的多少,而是土地质量的优劣,"纵使是一英亩土地,如果土质肥沃,它就能够生产出二十英亩土地所能生产的谷物"。为此,他提出了必须大力改良劣等土地,使其成为更肥沃的高质量优等土地的主张,他认为"贫瘠的土地,经过改良,也可以变为肥沃的土地"(配第,1690)。

2. 增加资本

配第觉察到了资本要素对增进一国国民财富的重要性,认为资本所雇用的劳动能够创造出更多数量的财富,"不论过去和现在,如果将一国的所有货币平均分配于所有人民,而每个受赠人如果用这些货币雇用大量的劳动者,则他就会变得更加富裕","如将一百镑当作工资支付给一百个人,就会生产出价值一万镑的商品"(配第,1662)。所以,为了促进财富的创造,配第主张尽可能地增加资本的投放,"最有钱的人很少或者根本不把钱放在身边,而是把它变成或转辗变成很能赚钱的商品。同样地,整个国家也可以这样做,因为所谓国家,不过是联合起来的许多个人罢了"(配第,1695)。

3. 增加生产性劳动

配第把一国人口分为两大类:第一类是从事物质财富的人,主要包括在生产和运输领域中从业的土地耕种者、手工业者和海员;第二类是不生产物质财富的人,主要指在非生产领域中活动的医生、僧侣、律师和政府官员。由此,配第认为,非生产性劳动并不会增加国家财富,只有生产性劳动才是财富增长的最重要因素。配第提出应当精简政府机构、削减冗员,甚至提出减少非生产性劳动人数,如牧师、医生等。要想方设法减少非生产性人口,努力增加生产性劳动者人数,并设法提高劳动者的勤勉程度和技艺水平,"要使现有的人口加倍地工作"(配第,1662),"或者采用节省劳动和便利劳动的方法"(配第,1691),从而最大限度地增加财富的数量。

4. 实行经济自由

配第崇尚顺从自然、"自行其是"的经济自由原则,为经济的运动是"自然的运动","人虽能一时强胜自然,但自然仍将恢复其威力"(配第,1662),所以经济的运动必须顺从和遵循自然规律而行事,避免一切无益的人为干预。他毫不含糊地指出,"制定违反自然法则的成文民法是徒劳无益的"(配第,1662),而"违反了自然的规律"的法律"是行不通的"(配第,1695)。同时他还认为,依靠行政命令进行国家干预,并不会促使国民财富有甚增长。"如果国家的财富可以靠一纸命令而增加十倍,那么我们的行政长官以前居然一直没有宣布这样的命令,就未免太离奇了"(配第,1695)。

5. 提高劳动生产率

配第指出,劳动生产率越高,产品的成本就越低,获取的财富增值(利润)就越大,所以劳动生产率的提高能够促进财富的增长。配第特别强调了分工在财富创造中的作用,认为分工决定了劳动生产率的高低,分工越细,劳动生产率就越高,产品成本就越低,所创造的财富就越多。他详细说明了荷兰由于拥有各种型号的船只,能够适应在各种航道上航行,使得荷兰的航运费用低于其邻国,能够获得较多的财富。配第认为科学技术也能够提高劳动生产率,一旦先进技术为劳动者所掌握并应用于生产,就会创造更多的财富,使财富得到成倍增长,"有的人,由于他有技艺,一个人就能够做许多没有本领的人所能做的许多工作。例如,一个人用磨粉机把谷物磨成粉,他所能磨出的分量会等于二十个人用石臼所能舂碎的分量。一个印刷工人所能印出的册数,会等于一百个人用手抄写出来的册数"(配第,1690)。为此,配第提倡社会分工和行业协同发展,鼓励进行技术创新和学习先进技术,重视普及普通教育和选拔技术人才。"假如荷兰人胜过我们,是由于他们的技术较高,那么,将他们较优秀的劳动者吸引过来,或是将我国的聪明人士送往那里去留学,岂不是很好吗?"(配第,1662)

6. 合理征收赋税

配第指出,赋税对财富的增长具有显著的影响:一方面,当向土地所有者和贵族课税时,能够把资产从土地所有者和懒汉手中转移到精明的、奋发的人即资本家手中,促使人们生产原先需要进口的商品,限制过多消费,利用所得资金以改良生产,能够使资本得到良好运用,最终将促使财富的增加,通过赋税的形式征收来的资金是从将这些资金用于大吃大喝的人征取来的,但它却交给将这些资金花在改良土地、捕鱼、开矿及开办工业之类的有益事业上面的人。很明显,这种赋税对以上述各种不同的人为其成员的国家说来是一种利益(配第,1690);另一方面,当向资本家等"勤劳而富于创造性的人们"征税时,这些税收被转移给"那些除了吃喝、歌唱、游玩、跳舞以外一无事事的人",会减少资本积累和扩大再生产的可能性,最终将导致财富的减少(配第,1690)。所以,配第认为,征税是非常必要的,非常注重税收杠杆对增进财富的作用,为此主张遵循"公平""确定""简便""节省"的原则,实行轻税政策,并极力反对向资本征税,要求对好吃懒做、好逸恶劳的懒人征税,课税的最后对象只能是土地地租及其派生的收入(配第,1662)。

7. 保障财产安全

配第意识到,市场经济正常运行必须有一个安宁的社会环境,为此从更利于增进财富出发,国家应"经常保持一批军队来维持公共安宁"(配第,1695)。在配第看来,良好市场经济秩序的确立,必须给予劳动成果或财产所有权直接以切实的保障,为此国家应"设有登记所有人们的土地财产以及财产转移证件和契约的地籍登记簿",这是一项"法律的事务"(配第,1662),否则,"对于通过劳动而获得的东西如果没有任何保障,也就是说,如果一个人经过多年的艰苦劳动和忍受极端痛苦而获得的东西会在片刻之间轻易地被别人用欺骗手段,或通过串通舞弊抑或施行诡计抢索而去,那就不可能鼓励人们勤勉劳动"(配第,1690),不利于财富的创造和增长。

四、边际理论

边际理论是一种倡导边际效用价值论和边际分析的经济学说,始于19世纪末20世纪初。19世纪70年代杰文斯(英)《政治经济学原理》(1871)、门格尔(奥)《国民经济学原理》(1871)、瓦尔拉斯(法)《纯粹经济学要义》(1874)各自独立地提出了边际效用价值论(主观效用价值论),在此基础上建立起了一整套自己独具特色的财富管理理论。

(一) 财富的含义

边际理论以"主观价值论"为其理论核心研究财富问题,认为某个物品是不是财富,完全取决于人的需要和主观心理评价,"经济人所独立支配的财货,对其生命与福利,必具有一定的意义"(门格尔,1871)。在此情况下,边际理论将财富与人的欲望联系起来,认为财货是能够自由支配和满足欲望的有效用的物品。所以,一种东西要成为财富,并不完全依赖于其自然属性,而在于其具有满足人类欲望的属性,并且人能够把它生产出来。

在财富形式的认识方面,边际理论把财货划分为经济财货和非经济财货两类,认为经济财货相对人的欲望是稀少的,具有稀缺性,而非经济财货则相对人的欲望是不稀少的,不具有稀缺性(门格尔,1871)。边际理论把需求大于供给的财货称作经济财货,把需求小于供给的财货称作非经济财货,并强调财货的经济性质不是财货本身的属性,而是财货供求关系上的一定特征(门格尔,1871)。边际理论进一步指出,财货是一切人们可以得到的满足自己需要的、能被人们所需所用的东西,但是其中只有具有私有权的财货、能够带来额外收益的财货才是财富,并认为财富有个人财富和公共财富之分,两者共同构成了一国社会财富的总体(马歇尔,1890)。

从历史的角度来考察,边际理论财富观与古希腊以来的"实物形态"财富观有很深的渊源关系,其出发点都是物的"有用性",只是边际理论的财富观不是以实物形态来衡量财富,而是以个人主观欲望及其满足为尺度来衡量财富。在以效用为中心的"边际效用价值论"的基础上,边际理论的财富观从古典时期的客观财富论转化为一种"主观效用财富论"。

(二) 财富的价值

从 19 世纪开始,价值论由客观价值论向主观价值论发展,强调价值来自人的需求和欲望,提倡"效用价值论",认为"生产创造效用",而"物品的效用就是物品价值的基础,而物品的价值就是由财富所构成的","创造具有任何效用的物品,就等于创造财富"(萨伊,1803)。英国经济学家威廉·福斯特·劳埃德第一个把传统的效用价值论发展为边际效用价值论,将价值完全归结为主观效用。此后,卡尔·门格尔(1840—1921)、弗里德里希·维塞尔和欧根·庞巴维克也以"主观价值论"为其研究财富问题的理论核心。

边际理论不注重客观性质的财富本身,而是研究如何获得最大的满足和利益,关注人对财富的欲望和主观评价,把主观心理作为出发点,以效用理论为基础,形成了关于财富问题的"主观效用价值论","财富与价值的性质,由无限小量的快乐与痛苦之考虑来说明,正如静力学的理论以无限小量能力的均等为根据"(杰文斯,1871)。边际理论认为,财富价值不是其内在属性,而是取决于人们对商品效用的主观评价,是人的主观评价形成的一种心理范畴,"价值就是经济人对于财货所具有的意义所下的判断","价值不只是它的本质是主观的,就是对它的尺度也具有主观的性质。任何财货都只对一定的经济主体才具有一定的价值"(门格尔,1871)。因此,效用价值论又被称为主观价值论。

边际理论认为,由于物品的价值是其对人类福利的重要性,所以物品的价值量必须由决定于这一物品的福利的量来决定,决定于人们对最后单位物品的主观评价,决定于最后单位物品能够满足人的最不重要的欲望大小,因此一个物品的价值是由边际效用量来决定的。边际理论极力鼓吹"边际效用价值论",即最后效用程度(边际效用)决定价值,并将稀缺性视为财货的经济性质和价值性质的来源,强调价值只有在财货具有稀缺性时才开始出现,效用必须和物品的稀少性相结合才成为决定价值的充足条件(门格尔,1871)。可见,物品的有用性和稀缺性是决定价值的最终因素,都是主观价值的根源。其中,有用性表示边际效用可能达到的高度,稀缺性则具体决定边际效用实际达到的那一点。所以,物品的边际效用,进而它的价值,会随着需要和供给数量的变化而变化。

(三) 财富的管理策略

1. 效用最大化

边际理论认为,经济学是"研究人和物质财富的相互关系的科学"(庞巴维克,1886)。边际理论以追求欲望满足最大化的消费者作为经济分析的起点,详细分析财富的消费及其满足人类欲望的客观规律。

边际理论指出,人类的欲望是各种各样、无穷无尽的,而自然提供的满足欲望的财货是有限的,所以人类欲望与满足欲望的财货的关系是经济学研究的根本问题,由此便产生了如何经济地使用物质财富的问题(门格尔,1871;庞巴维克,1886)。边际理论认为,人的消费欲望具有多样性、层次性,在欲望的满足过程中又具有协调性、递减性,即消费者在每一个时点上都有多种欲望需要满足,而不同的欲望的重要性也有所不同;不仅是任一特定时点上的各种欲望的满足的重要性有所不同,而且就某一种欲望来讲,在它得到不同程度的满足后,继续满足的重要性也会有所不同;如果该种欲望被满足的程度已经很高了,进一步被满足的重要性就比较低(门格尔,1871)。

边际理论进一步指出,消费者不满足于单纯拥有一种财货,而是力图拥有满足不同欲望的各种财货,然而并非人所需求的各种财货都能得到充分供给,消费欲望的满足往往受到财货稀缺的约束(门格尔,1871)。消费者欲望被满足的过程也就是各种欲望相互协调的过程,人们必须从消费欲望的多样性和满足上的协调性出发,使消费者的多种欲望同时被满足,相互协调各种欲望的满足程度,尽力使有限的财货得到最好的使用,并使不同财货在数量上保持一种有机的格局,争取在财货稀缺约束条件下获得欲望的最大满足(门格尔,1871),即实现效用的最大化。

2. 配置最优化

在进入边际主义经济学以后,财富管理理论的核心问题从"什么是财富"转变成了"是什么创造财富",探讨怎样才能促使财富更加迅速地增长。边际理论把稀缺性引入经济学体系,财货的稀缺性成为研究的前提之一。通过稀缺性的概念,边际主义认识到了财富资源有效配置的重要性,以便使有限的财富资源得到经济的使用,促进财富最大限度增长。

边际理论认为,经济增长可以由资本积累和技术进步获得持续动力,不必把劳动作为研究的中心内容。而技术进步大部分是由一些非经济因素所决定的,经济学者们可以不必过多地进行讨论,研究的重点在于价格机制。边际理论主张在定量的财富资源约束内,通过市场价格机制对财富资源进行有效的配置,从而实现社会财富的最大化,即市场主体效用或收益的最大化(马歇尔,1890)。

边际生产力理论进行了边际生产力分析,即在不考虑技术发展的条件下,某一财富生产过程所使用的生产要素组合中,各生产要素使用量不是以相同的比例增加,则所增加的生产要素的边际产量将由递增转为递减,最后为零甚至为负数,实际上就是报酬递减法法则。从土地、劳动和资本三大生产要素的比例关系的消长变动中研究经济发展,边际理论认为,边际生产力决定着企业家需要生产要素和提供产品的动机,边际生产力法则在经济发展中有重大作用。边际生产力理论包含着生产要素实现最优配置和生产要素报酬等于其边际产量的价值两层含义(瓦尔拉斯,1874)。

3. 分配合理化

边际理论认为,研究财富的分配是经济学理论的中心,"社会收入的分配是受着一个自然规律的支配","而每个要素在生产过程中都有其独特的贡献,并都有相应的报酬——这就是分配的自然规律。这个规律如果能够顺利地发生作用,那么,每一个生产因素创造了多少财富就得到多少财富"(克拉克,1899)。

对于财富的分配问题,美国经济学家克拉克在《财富的分配》中提出:在充分竞争的静态经济条件下,存在着按劳动和资本各自的边际生产力来决定其收入(工资和利息)的公正的分配的自然规律。克拉克认为"每个生产因素在参加生产过程中,都有其独特的贡献,也都有相应的报酬——这就是分配的自然规律"(克拉克,1899),劳动因其贡献而取得的相应的报酬是工资,资本因其贡献而取得的相应的报酬是利息。克拉克第一个正式提出"边际生产力论"概念,他以"边际生产力论"分析和论证工资与利息,用来说明财富分配规律。

克拉克断言,不仅土地报酬递减,而且劳动力和资本的报酬也递减。由此,他首先提出了"生产力递减规律":如果资本数量不变,每一个新增的工人将提供越来越少的产品增量;如果劳动耗费量或工人数目不变,每一个新增的资本将提供越来越少的产品增量(克拉克,1899)。克拉克又在"生产力递减规律"中加入"边际"的概念,提出了"边际生产力分配论",强调"最后生产力"决定工资和利息。他认为,在自由竞争的静态条件下,劳动和资本各自追求自己报酬的努力,必然使它们停留在最后的(边际)生产力水平上,工资决定于劳动的边际生产力,利息决定于资本的边际生产力。"正像价值是取决于最后效用一样,分配上各个份额应当得到多少,是由最后生产力决定的。这样,利息是由最后增加的单位的资本的生产量决定的,工资是由最后增加的单位的劳动的生产量所决定的"(克拉克,1899)。

进入边际主义经济学阶段之后,随着主观价值理论的建立,经济学的价值基础发生了变化,从客观价值论转向到了主观价值理论,边际理论依据边际效用价值论(主观效用价值论)来界定财富的内容、解释财富的源泉,提出了"主观效用财富论",将财富的源泉归结为主观效用的评价,使财富的内涵进一步发展,进一步丰富发展了财富管理理论。边际理论更加关注人们的需求,正确地分析了当消费者的欲望结构一定时,在较短的时间内,或者在一个合理短的时期内,满足各种欲望的过程中存在的客观规律,系统地阐述了边际生产力分配论,揭示了财货与人的欲望满足之间的关系,使人的欲望无限地扩展,从而在一定程度上调动了人们的生产能力，促进了财富的快速增长。

第三节　金融学中的财富管理理论

　　理论与实践的关系是相互影响、相互制约和相互促进的辩证关系，金融财富管理实践与金融财富管理理论的发展过程也体现了这一观点。一方面，金融财富管理理论本身源于具体的金融财富管理实践，而金融财富管理理论的研究成果又将对金融财富管理实践的发展提供有益的指导；另一方面，金融财富管理实践的发展对金融财富管理理论的研究提出了新的课题，从而促进金融财富管理理论的进一步发展。为此，本节将对金融学中财富管理理论研究进展进行介绍和综述，以期对金融学中财富管理理论的研究与金融财富管理进一步改革提供有益借鉴。

一、利息理论

（一）古典与新古典利息理论

　　自古典学派以来，西方经济学家对利息做了相当多的探讨。古典学派的利息理论偏重于对利息来源问题的探索，并坚持从生产领域对利息的职能进行分析。新古典学派在利息理论的探讨上逐渐抛弃了古典政治经济学对生产领域的关注，把边际分析、均衡分析引入利率理论之中，将利率、储蓄和投资结合起来研究，更加清晰地阐释了利率的形成。

1. 货币租金说

　　利息的存在是由于地租的存在这一思想最先反映在配第的著作中。配第认为，既然出租土地能够收取地租，那么出租货币也应该收取货币租金，因而他明确将利息称为"货币的租金"，提出利息是暂时放弃货币的使用权而获得的报酬。配第的继承者洛克更加明确地论述了利息与地租的关系，"如果另外一个人需要使用更多的货币，他就愿意借钱。但是，他为什么要付利息呢？其理由和租地人为租用你的土地而付给你地租是一样的"。他认为利息与地租都是别人勤劳的产物，具有同样的性质，这是配第没有指出的。诺思在利息问题上发展了配第和洛克的思想，将货币与资本区分开来，第一个提出了资本的概念，认为利息是资本的租金，而不是货币的租金，明确区分了作为储藏手段的货币和作为资本的货币，研究了作为资本的货币的特点，这堪称古典经济学的最早发现之一。

2. 风险补偿论

　　与配第和洛克等人观点不同的是坎蒂隆的利息起源论。坎蒂隆认为利息的起源在于贷出者要承担贷出货币的风险。在没有担保和抵押品的情况下，贷出者要承担损失全部资金的风险；在有担保和抵押品的情况下，贷出者要承担借入者故意不还和涉讼时负担诉讼费而遭受损失的风险。此外，风险还会来自借入者是否诚实可靠、自有资本的多少、生产经营情况、利润的高低和生活费用的花销。在坎蒂隆看来，由于贷出者要承担风险，借入者就得使贷出者有利可图，利息也就因此而产生。风险补偿论侧重于从微观去观察借贷这种经济现象并进行具体的个别分析，而货币租金论立足于宏观去观察这种经济现象并进行抽象的一般分析。坎蒂隆关于风险与利息关系的基本观点，在现代金融经济学中被广泛应用于资产定价当中。

3. 均衡利息论

马歇尔的利率理论是其均衡价格理论的一部分，他将利率看作取决于资本供给与需求的均衡关系的一种价格。他认为，自资本主义兴起以来，财富(货币)供应量总是无法赶上资本使用的需求量，因此资本出借应取得对延期消费或等待的报酬——利息。这里马歇尔把利息作为"等待"的报酬是传承了西尼尔的节欲论观点，把因延期消费的等待或节欲看作一种牺牲，而利息则是对这一牺牲的补偿。实际上，这种等待的动机是为了获取更多的剩余价值。从资本需求角度来看，他借助了萨伊的资本服务报酬说来解释资本的需求。他所定义的等待的实质就是储蓄，是资本供给的支配因素，而资本需求由投资构成。

(二) 当代西方利息理论

当代西方利息理论是西方利息理论发展的新阶段，其流派纷呈、观点各异，表现出不同于前两个阶段的特点，下面就分别对这些理论做些粗略的分析。

1. 流动性偏好利息理论

凯恩斯的流动性偏好利息理论将利息看作因人们对货币流动性特质的偏好所引起的收入。凯恩斯认为："利率不能是对于储蓄本身或等待本身之报酬；盖设一人以其储蓄贮钱，则虽彼照常储蓄，但赚不到利息。反之，就字面讲，利率一词就直截了当告诉我们：所谓利息，乃是在特定时期以内，放弃周转灵活性之报酬。"他认为，人们普遍都有一种流动性偏好，相对于其他持有财富的方式来说，货币的流动性是最强的，因此，人们总是偏好将一定量的货币保持在手中，以应付日常的、临时的和投机的需求。如果要求人们放弃这种流动性偏好，就应该给予一定的报酬，以货币形式表示就是利息。他还认为储蓄和投资都与实际的收入相关，不可能独立地变动，从而不能决定利率的高低。凯恩斯认为，利率是使公众愿意以货币形式持有的财富量(货币需求量)等于现有货币存量(货币供给)的价格，因此利率是由货币供给和货币需求共同决定的。

2. 可贷资金理论

可贷资金理论对古典利息理论完全忽视货币作用的观点进行了批判，同时也反对凯恩斯将利率问题完全归结为货币因素而抛弃了实物因素，主张把两者结合起来，综合地分析两者对利率的决定作用。因此，该理论把整个社会的可借贷资金的供给划分为两个部分，即家庭、企业当期愿意储蓄的部分(实物因素)和银行体系决定的当期实际货币供给量的增加部分(货币因素)。购买实物资产的投资者的实际资金需求类似于储蓄投资理论中的投资，指的是实际的计划投资(实物因素)；家庭和企业对货币需求量的增加类似于凯恩斯利率决定理论中的货币需求含义(货币因素)。这样，可贷资金理论体现了同时考虑实物因素和货币因素的思想，比较完整地描述了社会经济中可借贷资金的来源。

3. 一般均衡利率理论

一般均衡利率理论，又称希克斯-汉森模型 IS-LM 模型。该理论认为均衡利率由商品市场的均衡，即 IS 曲线与 LM 曲线的相交点决定。此分析方法首先由英国经济学家希克斯提出。希克斯认为，凯恩斯忽视了依存于收入水平的交易动机和预防动机对于货币的需求，并且将储蓄作为收入的函数，否定了利率与储蓄的函数关系，因而忽视了利率对储蓄在收入中所占比重的影响。希克斯的贡献在于把储蓄与投资、货币需求与供给这四个因素放在同一均衡体系中加以考虑,并引入收入这一重要变量,客观上将利率理论的研究向前推进了一大步。

二、现代投资组合理论

现代投资组合理论于1952年由美国经济学家哈里·马科维茨提出。该理论将数学中概率论和线性代数的内容应用到股票市场分析中,强调了分散投资的理念。现代投资组合理论首次提出如何将风险和收益的关系进行量化,一直被认为是现代金融学的开端。1990年,哈里·马科维茨凭借其对金融学作出的卓越贡献,获得诺贝尔经济学奖。他提出的均值—方差模型迄今仍然被应用于金融界的各个方面,其分散投资的思想一直被延续至今。由于其在学术界和业界的深远影响,哈里·马科维茨被誉为"现代投资组合理论之父"。虽然学者一直在对风险测量方法进行修正,但是其根本理念仍来自均值—方差理论。因此,对马科维茨的现代投资组合理论的深入理解,是进行资产定价的基础。

(一)马科维茨的均值—方差模型

马科维茨的均值—方差模型基于如下假设之上:①投资者追求期望效用最大化,并且都是风险回避者;②投资者根据回报率的均值和方差来选择投资组合;③所有投资者都处于同一单期投资期。马科维茨假定投资者使用期望收益率和收益率的方差两个指标,来衡量期望效用。在期望收益率一定时,投资者选择方差最小的投资组合使自己的效用最大;若方差相同,投资者选择期望收益率最大的投资组合,满足这两个条件的投资组合构成了均值—方差模型的有效前沿。

(二)资本资产定价模型

与单指数模型相比,资本资产定价模型是以风险与回报率的期望关系来表示的,这两种模型的形式是非常类似的。资本资产定价模型需要比马科维茨的均值—方差模型更多的理论假设,二者均有的假设条件为:①投资者是回避风险,并且追求效用最大化;②投资者根据回报率的均值和方差来选择投资组合;③所有投资者都处于同一单期投资期。资本资产定价模型还需增加的假设条件有:①投资者可以以无风险利率无限制地借入和贷出;②不同的投资者对于证券回报率的均值、方差及协方差具有相同的期望值;③没有税负,没有交易成本。在这些假设的基础上,资本市场直线提供了一种分析证券投资组合的风险与回报率关系的框架,同时提供了更好地理解资本资产定价模型的基础。

(三)套利定价理论

1976年,罗斯提出套利定价理论,其基本假设为:①投资者有相同的投资理念;②投资者追求效用最大化;③投资者是风险回避者;④市场是完全的,可以不考虑交易成本。与资本资产定价模型相比,套利定价理论大大减少了假设条件。套利是指投资者利用同一资产或证券的不同价格来赚取无风险利润的行为,它满足以下三个条件:①套利组合不需要额外的资金;②套利组合不需要承担风险;③套利组合有正的期望收益率。套利定价理论认为在市场达到均衡时不存在套利机会,这表明承担相同因素风险的证券或证券组合应该具有相同的期望收益率。

第四节　管理学中的财富管理理论

财富管理是企业和个人实现财富积累、保值增值以及传承等的一种重要方式和手段。如何推动财富管理业务的快速发展和加强对财富的有效管理,是值得深入研究和探讨的重点课题。财富管理重点在于"管理",涉及管理学中多个重要理论,包括货币时间价值、客户关系管理、营销组合等理论。这些理论能够为学生深入了解财富管理提供重要的理论支撑。因此,学习和掌握管理学中的财富管理理论至关重要。

一、货币时间价值理论

财富管理中的"财富"最直接的表现形式就是货币,而货币具备时间价值属性。本杰明·弗兰克说:钱生钱,并且所生之钱会生出更多的钱。这就是货币时间价值的本质。在商品经济中,有这样一种现象,现在的一元钱与一年后的一元钱其经济价值不等。现在的一元钱,比一年后一元钱的经济价值要大一些,即使不存在通货膨胀也是如此。为何会这样呢?例如,将现在的一元钱存入银行,一年后可得到1.1元(假设银行利率为10%)。经过一年的投资,这一元钱增加了0.1元,这就是货币的时间价值(项利,2007)。

(一)货币时间价值的内涵

货币时间价值是指一定数量的货币在其运动中,在不同时间上会出现价值差异。在理解这个概念时,应把握以下几个基本要点:第一,一定数量的货币不仅指当作资本使用的货币,而且包括充当一般等价物的货币。因为无论是前者还是后者,在运动的起点都是同样的货币形态。第二,货币时间价值的特征是"动",要从动态角度去观察它。因为货币是价值代表,它的活力在于运动,离开了货币流通,货币时间价值也就失去了意义。货币资本处于静止状态是不会生出"金蛋"来的。第三,一定数量的货币在运动中出现的价值差异,既可能是增值,也可能是减值。第四,考察货币时间价值,不能从质的方面去理解,因为价值的质具有同一性;应从量的方面去分析,只有价值量在不同时间上才会出现差异。第五,货币时间价值的"价值"一词,不是指所含的社会必要劳动量,而是指它作为实物代表的有用性;不是指财富的社会形式,而是指财富的物质形式(黄松林,1987)。

(二)货币时间价值的计算方法

货币时间价值的计算方法根据"本期利息是否作为下一期本金计算利息"分为单利和复利两种。

单利是指本期利息不作为下一期本金计算利息的基础,即由初始本金、利率和计息期数算术乘积确定。其计算公式如下:

$$I = C \times n \times i$$
$$S = C + C \times n \times i$$

式中，I 为利息；C 为本金；S 为本利和；n 为期数；i 为利率。

复利是指把本期利息作为下一期本金计算利息，即通常所说的"利滚利"。其计算公式如下：

$$I = C \times [(1+i)^n - 1]$$
$$S = C \times (1+i)^n$$

式中，I 为利息；C 为本金；S 为本利和；n 为期数；i 为利率。

二、客户关系管理理论

客户关系管理最早诞生于 20 世纪 90 年代的美国，是管理界和学术界共同关注的焦点问题之一。随着新经济时代的到来，企业的战略中心正从"以产品为核心"向"以客户为核心"转变，客户关系管理的产生是顺应市场需求改变和管理理念更新的需要，是企业管理模式和核心竞争力提升的要求（瞿艳平，2011）。随着金融市场竞争日益激烈，客户关系管理已发展成为金融机构财富管理的重要手段和营销模式。

（一）客户关系管理的定义

客户关系管理（customer relationship management，CRM）由 Gartner Group 于 1993 年提出。Gartner Group 认为，客户关系管理有助于提高企业的沟通能力，方便企业对客户进行全方位的管理，能使客户收益最大化。从此，国内外学者从不同视角对 CRM 的内涵进行了阐述和界定，见表 2-1。

表 2-1　国内外学者对 CRM 内涵的阐述

学者	年份	CRM 内涵
Reichheld	1996	CRM 是指通过积极寻求与顾客建立和保持一种长期关系，提升顾客忠诚度的有效方式
Chablo	2000	CRM 是通过人、过程与技术有效整合，将所有与顾客发生接触的领域整合在一起的综合方法
Kannan 等	2001	CRM 通过提高产品性能，增强顾客服务，提高顾客让渡价值和顾客满意度，与客户建立起长期、稳定、相互信任的稳定关系，从而为企业吸引新客户、维系老客户，提升效益和竞争优势
强海涛等	2002	CRM 是一套先进的技术手段，能有效地整合人力资源、业务流程与专业技术
安树宝	2004	CRM 是一种现代的经营管理理念，包含着一整套管理系统，意味着一套应用软件系统
叶映兰	2009	CRM 是一种新的经营管理哲学，是旨在改善企业与客户之间关系的新型管理流程和机制

资料来源：根据瞿艳平（2011）等的文献整理。

学者们从不同视角对 CRM 定义进行了研究，虽未形成一致观点，但极大地丰富了 CRM 的内涵。总之，CRM 是一项系统工程，是基于技术支持，整合企业资源和能力，培育企业与客户之间良好关系，以提升企业绩效的综合方法或经营理念。

（二）CRM 的核心思想

CRM 的核心思想主要包括以下几点：①客户是企业发展最重要的资源之一；②对企业与客户发生的各种关系进行全面管理；③进一步延伸企业供应链管理；④80/20 定律，即 20% 的客户（或潜在客户）贡献企业 80% 的业务（或潜在业务）；⑤客户知识管理（陈玉保等，2002）。

如今社会已经由产品导向时代进入客户导向时代，客户以及客户资料（包括档案或数据库）已经成为企业非常重要的资产。对金融机构而言，客户是企业实现可持续发展的基础。对客户财富管理的前提是要充分分析和了解客户实际，包括客户资产状况、性格特点、风险偏好以及理财需求等，因此，加强客户管理至关重要。客户管理应是对企业与客户之间关系的全过程管理。这种关系不仅包括销售过程中的业务关系，而且包括营销和售后服务过程中的各种关系。金融机构在财富管理过程中，应注重对客户的全过程管理，包括业务营销、资产配置建议、服务协议达成以及后期跟踪服务等财富管理过程。CRM 系统借助 Internet 技术，突破了企业之间的地域边界和信息交流的组织边界，有助于企业在客户管理的全过程中及时整合资源以快速响应客户需求。金融机构能够利用 CRM 系统直接与客户沟通，减少不必要的中间环节，实现管理的扁平化。特别是对大客户，金融机构应更注重直接沟通与管理。根据 80/20 定律，20% 的客户贡献了企业 80% 的业务，是企业最为有价值或最有潜力的客户。金融机构在客户管理过程中要识别价值或潜力客户，进行差异化管理和提供个性化服务，而在一系列过程中离不开客户知识管理。知识管理就是把信息转化为知识，用知识指导决策并付诸行动，再将该行动转化为利润（陈玉保等，2002）。客户知识管理就是对客户信息进行收集、处理和分析，形成专门知识，进而指导企业的行为和决策，最终转化为企业的利润。因此，客户知识管理是客户管理的本质，应贯穿于金融机构财富管理服务前、服务中和服务后等全过程，提升管理绩效。

三、营销组合理论

1953 年，尼尔·博登（Neil Borden）首次提出"营销组合"（Gronroos，1994）。20 世纪 60 年代，随着社会生产力的提升和同类企业的增多，企业关注焦点开始由生产向市场转移，市场营销组合理论随之开始得到关注。菲利普·科特勒（1999）认为，营销组合就是公司用来从目标市场寻求其营销目标的一套营销工具。金融机构财富管理的首要任务就是如何将公司产品和服务推销给目标顾客。因此，营销组合理论为金融机构开展金融产品或服务的营销和管理提供了重要的理论工具。目前，财富管理中应用的营销组合理论主要包括 4P、7P 以及 4C 营销组合理论等。

（一）4P 营销组合理论

1960 年，美国营销学家杰罗姆·麦卡锡将市场营销组合表述为产品（product）、价格（price）、渠道（place）和促销（promotion），即著名的 4P 营销组合理论（孟慧霞，2009）。该理论流传至今，是市场营销管理史上的里程碑，对后世其他营销理论的发展具有深远影响，为财富管理业务营销实践提供了重要的理论指导。

在 4P 营销组合理论中,产品是开展财富管理营销的基础。魏中龙(2006)指出,产品是企业提供给目标市场的有形物品和服务的集合。对金融机构而言,财富管理应具备两种基本能力:产品设计能力和专业服务能力。其中,产品设计能力是指开发、设计和丰富金融产品的功能以突出其独特而吸引顾客的卖点的能力,即注重把金融产品的功能诉求放在首要位置,强调创新,包括存款、理财等金融产品的设计和研发;专业服务能力是指金融机构根据客户所处的财富管理阶段(包括财富的积累、保护、增值以及传承等)而提供理财规划与资产配置建议的能力。价格是指企业出售产品所追求的经济回报,涉及产品的基本价格、折扣价格、付款时间等内容。马跃(2016)指出,私人银行在定价时,要把握以效益为中心的弹性定价原则,以市场为导向,结合不同金融产品属性,灵活制定产品价格。个人和企业由于期望通过专业金融机构或第三方机构的财富管理业务实现财富最大限度的保值和增值,可能会对金融产品价格更加敏感和关注。因此,制定完善的产品定价策略是金融机构进行财富管理营销过程中不容忽视的举措。渠道是指企业将产品或服务推销给目标顾客所经过的途径,包括直销渠道和间接渠道。目前,金融机构直销渠道主要包括门店直销、电话直销、网络直销以及 App 直销等,间接渠道主要包括金融机构代理、电商代理等。渠道起到承上启下的作用,对金融产品最终销售至关重要。促销是指企业告知并劝说消费者购买企业产品而进行的一系列活动,包括公共关系、媒体广告和品牌宣传等。金融机构通过促销策略能够对其产品,特别是全新的产品起到广而告之的作用,能在较短的时间内吸引很多客户办理金融业务,同时能够提升品牌知名度。

总体来看,4P 营销组合理论以产品为出发点,注重各个营销策略的有效组合,而并非单纯依赖于某个营销策略。即金融机构要对从产品开发到价格的制定,通过营销渠道和促销方式,将产品最终销售给顾客等这一系列过程通盘考虑和筹划。因此,4P 营销组合理论为金融机构开展财富管理工作奠定了理论基础。

(二) 7P 营销组合理论

20 世纪 70 年代,随着服务业的快速发展和市场竞争的日益激烈,传统的 4P 营销组合理论已经难以满足企业参与市场竞争的需要。Zeithamal 等(1985)指出,服务与传统商品之间存在无形性、不可分离性、异质性以及易消失性等方面的潜在差异。4P 营销组合关注更多的是传统产品,而对特殊的、无形的服务营销的指导略显不足,即忽略了服务营销这一重要事实。为了有效克服这一理论的不足,Booms 和 Bitner(1981)对 4P 营销组合理论进行拓展,并引入人员(people)、过程(process)和有形展示(physical evidence)三项内容,称为 7P 营销组合理论或服务营销理论。金融机构的财富管理业务提供更多的是无形的服务,7P 营销组合理论能为财富管理这一无形服务的营销提供理论指导。

在 7P 营销组合理论中,人员包括提供服务的员工和接受服务的顾客。张爱琴(2004)指出,服务营销注重对现有客户关系的维护,以提升顾客忠诚度为目的,注重企业长远利益;注重加强与客户互动和交流,促使彼此之间形成良好的伙伴关系;强调为顾客提供充足的承诺;注重基于产品和服务质量提升的利益导向。员工在这一系列服务过程中发挥着关键作用。对金融机构而言,员工的一言一行将直接代表机构的形象,在某种程度上能反映机构财富管理的服务能力和水平,将会直接影响目标顾客对其财富管理服务好坏的评价和作出是否接受该金融服务的决定,而员工和客户之间良好互动与交流是维持和提升顾客忠诚度的前提。因此,金融机构应该注重服务人员和营销人员的培训与再教育,包括专业技能、仪表打扮、言语表达以及服务态度等多个方面,提升其服务水平和营销能力。过程是指企业服务需要通过一定的程序、机制和活动等得以实现的流程。服务过程的合理性、易操作、高质量和便捷性则更容易被消费者所接受,而难以理解、晦涩、复杂的过程只会让人远离。特别是对金融机构而言,财富管理的服务营销过程应尽可能简化流程,让服务流程简单明了,通俗易懂,让顾客省时省力,即金融机构在服务顾客的整个过程中提供高质量、高效率的服务。有形展示是指将无形的服务转化为顾客可视化、可触及或有形化的服务。对金融机构而言,如何将无形的财富管理服务变为有形的服务成为服务营销的关键。吴憲华(2007)指出,公司提供的纸质或电子版本的投资计划书、投资报告等服务有形化展示,可以让客户进行选择并作出投资决策。因此,金融机构服务的有形展示能够让顾客更形象、更生动、更清晰地了解和认识财富管理,从而作出更适合自己的投资或理财选择。

7P营销组合理论是在4P营销组合理论基础上发展起来的,对营销管理过程中的服务营销提出了更高要求,强调企业对客户的服务营销,顺应了服务业的快速发展,为金融机构财富管理服务的营销提供了方向和理论指导。

(三) 4C营销组合理论

随着卖方市场向买方市场的转变,西方国家开始出现产能过剩问题,4P营销理论难以指导企业开展有效的营销,即4P理论在现实遇到了瓶颈,需要新的理论来指导企业开展营销活动。美国教授罗伯特·劳特朋20世纪90年代在《4P退休,4C登场》一文中提出了4C营销组合理论,包含顾客(customer)、成本(cost)、便利性(convenience)、沟通(communication)四个要素。该营销组合理论随之得到了广泛的认可和应用。从此,金融机构的财富管理业务营销有了新的理论指导。

在4C营销组合理论中,顾客是指企业应该关注顾客的实际需求。梁东和谭学英(2003)指出,4C营销组合理论强调顾客是企业一切经营活动的核心,企业重视顾客要甚于重视产品,即4C营销理论更加突出顾客的重要性。金融机构进行财富管理,虽然管理的是顾客资产,但是需要深入洞察顾客的内在需求,以此为出发点,对顾客资产配置提出有针对性的建议。成本是指顾客购买产品或服务过程中所要耗费的代价,不仅包括企业生产成本或价格,还包括所耗费的时间、体力以及精力等。顾客实施购买行为往往取决于让渡价值,其中,让渡价值=购买总价值-购买总成本。因此,根据这一理论,企业要被消费者所认可、接纳,就必须设法提高购买价值、降低购买成本,实现让渡价值的最大化(潘晓晓,2006)。因此,金融机构财富管理应在金融产品价值和顾客购买成本方面下功夫,在保证财富管理价值和银行根本利益的基础上,尽可能地降低顾客购买总成本,这样才能更好地满足顾客财富管理需求。便利性是指企业为顾客在购买产品和服务过程中提供更多方便。陈映林和欧阳峰(2008)指出,4C营销理论要求企业忘记"通路策略",站在消费者的角度考虑如何让消费者更方便地购得商品。潘晓晓(2006)认为,金融产品营销者必须秉持"一切为了客户利益"的理念,为客户提供尽可能多的、涵盖各方面甚至竞争对手在内的真实可靠的资料、服务品种、服务手段,如金融知识手册、一卡通、个人理财等,才能赢得客户的信任,为客户提供真正的方便。因此,金融机构的财富管理营销应充分考虑顾客接受服务的便利性。沟通是指企业与顾客之间的双向互动与交流。4C营销理论强调企业要与顾客积极沟通,与顾客建立良好关系。沟通是企业了解顾客需求的重要前提,是彼此建立信任关系的基础。因此,金融机构要积极与顾客进行互动和交流,一方面,能够把财富管理信息及时传递给目标客户;另一方面,能够及时了解客户财富管理需求,便于对产品或服务进行有针对性的设计和开发。

4C营销组合理论是对4P营销组合理论的继承和发展。梁东和谭学英(2003)指出,以4P为核心的传统营销是一种由内向外的经营思维,而4C理论的经营理念则刚好相反,是一种由外向内的经营思维,是市场观念的具体体现。4C营销组合理论将关注点转移到消费者身上。"以人为本"的经营理念应贯穿金融机构财富管理过程始终,以便更好地指导金融机构如何为顾客提供财富管理服务。

本章术语

重商主义　重农主义　效用财富论　套利定价理论　客户关系管理　劳动价值论
剩余价值论　投资组合论　货币时间价值

本章练习题

1. 简述重商主义、重农主义、赋税论、边际论的财富观。
2. 比较传统投资组合理论与现代投资组合理论。
3. 简述利息理论的主要学术流派及其基本观点。
4. 如何运用货币时间价值实现财富增值?
5. 简述客户关系管理在财富管理中的应用。
6. 简述营销组合理论与财富管理的关系。
7. 简述劳动价值理论与剩余价值论的内容。

即测即练

第三章

财富管理过程

【教学目标】

1) 了解财富创造的概念,掌握财富创造的方式
2) 了解微观和宏观层面的财富消费形式,能够有效地分析具体情境下的财富消费情况;掌握财富消费效应及其传递路径
3) 了解财富传承的风险与财富转移的形式,掌握财富传承的步骤和传承工具
4) 了解财富保值与增值的区别和联系,掌握财富保值与增值的实现途径

【教学重点】

1) 财富创造方式
2) 财富消费效应
3) 财富传承工具
4) 财富转移形式
5) 财富保值增值的实现途径

【教学难点】

1) 不同财富创造方式的联系与区别
2) 财富消费效应传递路径
3) 财富转移的形式
4) 财富保值与财富增值的区别

复杂的历史背景导致我国对于财富管理的认识存在很大的不足,需要结合中国现实情况,从相关概念、机理和实践探究财富管理的全过程。这对认识我国转型期不同层面的财富管理问题及其解决路径有重要作用,同时对于满足人民日益增长的美好生活的需要也具有重要的理论和现实意义。因此,本章主要介绍财富管理过程的内容和知识,章节安排按照财富管理全过程的逻辑展开,较为全面地介绍财富的创造、财富的消费、财富的传承与转移、财富的保值增值等环节的内容。

第一节 财富的创造

财富不同于价值,价值是凝结在商品中的人类劳动,是由社会必要劳动时间决定的。

而财富是指商品的使用价值,本质上财富创造是人类社会的特有属性,不同的生产力决定了不同的生产关系,社会类型的差异导致财富创造的方式有所不同。

一、财富创造的概念

关于财富的创造,早在古希腊就有学者进行了研究。古典经济学家亚当·斯密强调,"劳动是衡量一切商品的交换价值的真实尺度"[①]。"劳动是第一性价格,是最初用以购买一切货物的代价。世间一切财富,原来都是用劳动购买而不是金银购买的"。威廉·配第认为"劳动是财富之父,土地是财富之母"。马克思在《资本论》中明确指出,劳动并不是它所生产的使用价值即物质财富的唯一源泉[②]。创造财富的源泉既包括劳动,也包括劳动资料和劳动对象。因此,从本质上来讲,财富创造是人类社会的特有属性,是人类基于劳动资料和劳动对象进行劳动而产生的价值增值。

随着生产力的不断发展和技术进步,生产方式不断变革,财富创造的手段呈现多样化。生产力发展决定了不同的生产关系,而不同的生产关系决定了社会的组成形式。从最初的狩猎为主的原始社会到石器耕种为主的奴隶社会,然后到铁器为主的封建社会。这些社会初级形态以农牧业为主导产业,生产力水平较低,财富创造的手段比较单一,普遍以采集、渔猎、农耕为主。尽管出现了商业萌芽,但是普遍不受重视,基于商业的财富创造较少。随着第一次工业革命的到来,人类社会开始进入工业社会,生产力有了大幅度的提升。进入21世纪,由于电子信息革命,生产力极大发展,人类已经不再局限于传统的机器工业,更多地注重高新技术主导的新兴产业以及基于信息共享的互联网融合产业。当下社会生产力高度发展,生产方式呈现多样化,财富创造的方式不再局限于简单的劳动对象或者劳动资料的改造,更多的是基于生产和供应链条的生产资料与产品的流通来创造财富。随着金融市场的发展和完善,基于财富管理进行财富创造日益重要。

二、不同社会类型财富创造的方式

(一)原始社会财富创造的方式

原始社会以亲族关系为基础,人口稀少,经济生活采取平均主义分配办法。原始社会生产力低下,以石器为主要工具,生产目的主要是满足基本的生存。由于以集体为组织单位,因此创造的财富为集体所有,财富的主要作用也是满足集体的食物需求。早期的原始社会属于旧石器时代,财富创造的主要方式是采摘果实、狩猎,以及捕捞河湖中的鱼蚌来维持生活。这种财富创造是最初级的财富创造,创造的财富量也极为有限,满足集体的食物尚且难以做到,财富积累更是困难。

在新石器时代,产生了农业和畜牧业,磨光石器流行,并发明了陶器。人们摆脱了被动地参与自然活动的财富创造方式,开始逐渐采用主动向自然攫取财富的新的生产方式,包括初级的种植业和畜牧业。由于生产工具的改进,生产效率大大提升,集体创造的财富

---

① 斯密. 国富论[M]. 郭大力,王亚南,译. 北京:译林出版社,2011.
② 马克思. 资本论[M]. 郭大力,王亚南,译. 上海:上海三联书店,2011.

逐渐能够满足人们基本的食物需求,并且能够有所积累。人类创造财富的盈余使得如何分配财富成为集体组织不得不考虑的重要问题,进而导致集体创造财富逐渐地向个体创造财富转变。

(二)奴隶社会财富创造的方式

马克思主义认为,随着石器的发展、金属工具的出现,以及生产进一步的发展,劳动生产率有了较大的提高。人们劳动所创造的财富除了能满足基本的生活外,开始出现了剩余。剩余财富的分配使得私有财产出现,进而产生了不同的阶级,原始社会开始解体,人类社会步入奴隶社会。奴隶社会财富创造开始分为直接创造和间接创造,直接创造财富是对整个社会而言财富总量有所增长,间接财富创造是社会现有财富总量并没有增加,个人所创造的财富是基于其他人财富的转移。直接财富创造必然跟生产有关,个人利用劳动工具、劳动对象和劳动材料进行生产,创造的财富增值是直接财富创造。对奴隶社会而言,生产方式有了较大的改进,青铜器具的出现除了提升劳动工具的生产效率,同时也衍生了繁荣的青铜器冶炼行业。因此,除了农业之外,冶炼也成为财富创造的重要方式。随着手工业的发展、个人财富的增加,商品交换开始出现并且日渐繁荣。奴隶社会的直接财富创造具有其特殊性,根源在于部分人类作为劳动资料从事生产过程,也就是奴隶,他们虽然参与财富创造,但是并不占有任何财富,这也是奴隶社会剥削和被剥削的充分体现。

相比直接的财富创造方式,战争带来的间接财富创造总量规模非常大,因此很多奴隶主不断地通过侵略战争来获取财富。由于人的寿命有限,奴隶主所积累的过多财富终其一生并无法全部消费掉,需要将财富传承给后代。故对奴隶社会而言,遗产继承也是财富创造的重要形式。相对于农业生产、手工业和商业而言,战争和遗产继承并没有为社会带来总量财富的增加,只是现有财富的转移。

(三)封建社会财富创造的方式

随着冶炼技术的发展,铁制工具逐渐替代青铜制工具。相比青铜制工具而言,铁制工具的制造技术更为熟练,冶炼成本更低,因此能够广泛使用在农业中,生产效率大大提升。铁制工具的普及使农业生产普遍以家庭作为单位,农业成为财富创造的最主要方式。从事农业生产的家庭能够利用生产工具、土地自主组织生产,除了上交赋税、地租以外,还有足够的财富供家庭消费,除此之外还有少许盈余,成为家庭财富创造和积累的最初始形态。

尽管封建社会中从事财富创造的家庭有人身自由和生产自由,但是主要的生产资料却掌握在少数地主及封建权贵手中,直接从事财富创造的人并不能获得较大比重的财富,大部分财富都转移到封建地主和官僚权贵手中,他们通过地租和税赋的形式进行间接财富创造。一方面农户家庭有少许财富积累,另一方面封建地主和权贵有较多的财富积累,这些社会财富为商业的发展奠定了重要的物质基础。随着封建社会的发展,商业贸易逐渐成为财富创造的形式。

(四)工业社会财富创造的方式

随着第一次工业革命的到来,机器的使用大大提升了生产效率,传统的农业为主的财富创造形式逐步被工业所替代。在封建社会中,传统的手工业由于生产效率低下,规模较小,难以撼动农业作为主导的财富创造方式。但是机器的普及大大提升了工业的生产效率,传统的作坊式生产被大规模的工厂所替代,工业生产成为财富创造的最主要形式。对整个人类社会而言,一方面,圈地运动使得可耕种的土地面积减少,原来从事农业的农民不得不转向工厂进行工业生产;另一方面,从事工业生产的生产效率较高,从而能够给工人更高的工资收入,使许多农户自愿去企业从事工业生产。

工业的发展和壮大,使从事工业生产的工人获得了更高的收入,家庭创造的财富大大提升。整个社会创造财富的增加提升了对商品消费的需求,商品贸易大大发展,商业也逐渐成为至关重要的财富创造形式。工业社会和封建社会在财富创造形式上最大的区别,在于前者对财富管理所创造的财富。工厂成立和运作需要花费大量的资金,工厂主需要进行资金借贷才能组建工厂进行生产。因此,工业社会对资金的需求大大提升,这种对资金的需求为财富管理产生奠定了现实基础。社会中财富拥有者,可以通过资本借贷的形式管理手中的财富,并从中获取利息,进行财富增值。这种财富创造过程本质上同地主出租土地收取地租的财富创造过程类似,都是依附于生产过程的间接财富创造过程。但是这种财富管理对财富的创造过程,大大加快了整个社会资源的合理配置,推动了社会的快速发展。

(五)当下社会财富创造的方式

当下社会在电子信息革命的推动下,生产力得到了极大的提升,对整个人类社会而言,基本的物质需求都得到了满足。人们消费需求的多元化也使得行业多元化发展非常完备,第一产业、第二产业和第三产业都成为财富创造的重要形式。对整个社会而言,知识成为财富创造重要的因素,不同行业对知识和技能的要求差别较大,从而财富创造量也有所差异,使得不同的行业从业者收入差距较大。

知识创造是当下社会重要的财富创造形式,知识创造财富即运用新知识直接进行生产,或者雇用知识水平更高的从业者进行生产,使生产的产品效率或者价值更高,从而创造更多的财富。这种知识创造财富的形式伴随着人类社会的产生和发展,直接参与产品财富的创造。另一种是非直接产品的财富创造,如生产工艺、组织方法、专利技术等无形资产的财富创造,这些财富并不能直接被人们消费,但是可以大大提升人们消费产品的生产效率,提升财富创造的速度。相比传统的财富创造方式,知识财富创造方式是当今社会最重要的财富创造形式,知识运用创造的新生产工具、新生产工艺、新营销方式、新经营管理方法,使整个社会的生产能力大大提升,社会财富创造速度呈现爆炸式增长。

从创造财富种类的不同来划分,知识创造的财富可以分为产品类财富、服务类财富、文化类财富、制度类财富及其他类财富。从科技研究创造财富的层级上来划分,知识创造财富又包括基础研究财富创造、应用研究财富创造、开发研究财富创造。开发研究财富创造则包括产品财富创造、服务财富创造、工艺设备财富创造及其他财富创造。基础研究财富创造是极为重要的,一项重大基础研究创造,可能催生不计其数的产品财富、服务财富及其他财富的创造。从形态上来划分,知识财富创造又包括实用性与物质性的财富创造和服务性与精神性的财富创造。实用性与物质性的财富,例如冰箱、电视机、巧克力等。

服务性与精神性的财富如保险、诗歌、音乐等。从交换方面来划分，知识财富创造又包括商品化财富创造和非商品化财富创造。商品化财富创造是显而易见的财富创造，人们通常容易了解。但在人类社会中存在大量的非商品化财富创造，如语言、文化就是非常典型的非商品化财富创造。语言的知识财富创造，使人类能更好地交流；而孔子创造倡导的仁爱、和为贵的儒家文化则是弱肉强食世界里的一剂"救世良方"，也是一笔宝贵的思想财富。现代社会的一个趋势是商品化的财富创造越来越多，许多原来非商品化的财富被注入商品的血液。当然，不是所有的财富将来都会商品化。从个人的角度来说，财富只是人们奉献社会并满足社会需要的东西，当这类财富提供者必须由此种交换而生存时，这类财富是可能商品化的。当这类财富提供者本着奉献社会（如捐赠）并且自己有其他方面的生存品来源时，不一定需要将其商品化。

（六）多样化的间接财富创造的方式

间接财富创造不同于直接财富创造，它并不会增加社会总财富，本质上是社会现有财富的转移分配。对整个社会而言，财富创造必然与生产相关联，无论是直接创造产品的生产行为还是产品流通的商品交换行为，都会提升产品的使用价值，使社会财富实现增长。财富的爆炸式增长，社会关系及消费方式的多元化和复杂化，使间接财富创造在整个社会财富分配中发挥着越来越重要的作用。部分偏好风险的财富拥有者，喜欢创造财富的冒险性行为，尽管损失本金的可能性非常大，但是为了获得高额的回报，仍然选择冒险，如彩票和赌博行为。考虑到这种间接财富创造行为的投机性太强，对家庭的破坏作用太大，法律对赌博和彩票有严格的法律限制。还有一种基于家庭关系和家庭传承而产生的间接财富创造方式，如嫁妆和继承行为。在子女长大成人，需要另外组建家庭时，需要在原有的两个家庭中进行财产分割，实现家庭的财富转移。对子女而言，通过婚嫁的形式从父母家庭得到了财富，这种财富创造方式同样没有增加社会总的财富量。另外，在父母逝去时，父母家庭的财富必然转移到子女家庭，也就是遗产继承。这两种方式都是基于家庭关系而产生的间接财富创造形式。婚嫁是组建家庭的前提，因此这种财富转移方式是社会所提倡和支持的，但是遗产继承不利于社会财富的合理分配，因此社会对这种间接财富创造形式征收高额的税赋，以实现社会财富的再分配。还有一些非法的间接财富创造形式，如收受贿赂、毒品交易等，这种间接的财富创造形式会对现有社会体制运行造成破坏，不利于整个社会福利提升，从而被法律严格禁止。

第二节　财富的消费

经济增长、收入增加和金融资产价格变动将带动居民消费的升级转型。随着经济社会发展，我国居民的消费经历了温饱不足—基本温饱—初步小康—享受发展消费等阶段，消费观念也逐渐显现出社会主义市场经济"货币—资本—财富"的发展逻辑。本节在具体分析财富对消费的基本影响以及中国现实情况的基础上，着重介绍了宏观层面的财富流量（经济收入）和微观层面的财富存量（金融资产和房产资产）的消费所带来的资产效应与财富效应，以探索消费结构转型升级中的内在机制，改善消费体制机制，这对满足人民日益增长的美好生活的需要具有重要的理论和现实意义。

一、财富消费概述与中国情况

较早的家庭财富主要表现为居民家庭的可支配经济收入,此时居民消费行为主要体现在收入可持续性对预算约束影响的讨论上。随着经济社会的发展,财富的范畴逐渐扩展,不仅包含储蓄、股票、基金等高流动性资产,还囊括以住房为代表的低流动性资产。财富的构成或配置本身体现着消费属性,如住房本身就同时具备消费和投资等属性。财富的性质及其结构差异自然会对居民的外在消费决策及行为产生重要的影响,并且基于不同财富资产配置情况,消费者在不确定性、产品信息处理、偏好习惯、资产选择及平滑消费能力等方面存在着显著的差异。如拥有较多低流动性资产的消费者,其面临的流动性约束可能较多,消费就会集中于衣食等消费,其投资金融衍生品等能够带来较高收益的消费行为则较少。按照传统的消费理论(如生命周期理论和持久收入假说等),在经济稳定和收入持续增长的良好预期下,理性消费者会减少储蓄,通过借贷等融通渠道来增加当期消费和跨期消费,以平滑生命周期的整体消费,也将持有的财富存量更多地配置于较高回报率和高流动性的金融衍生品等资产上(张欣,2018)。为简便分析,可以将财富划分为财富存量(金融资产)和财富流量(可支配经济收入)等形式,以从微观层面和宏观层面分别讨论财富的消费情况。

就中国的具体情境而言,随着经济社会的稳定发展和金融市场的不断完善,家庭资产存量和配置结构多元化得到了迅速的发展。与此同时,消费在经济增长中的作用日益重要。《中国家庭财富调查报告(2018)》显示,在 2017 年,我国的家庭人均财富值[①]达到了 194 332 元,相比较于 2016 年的 169 077 元增长了 14.94%,其中房产净值占财富总量的 66.35%,自用汽车拥有量的家庭占全部调查家庭的 33.33%。虽然家庭财产增速持续快于国民生产总值和居民收入增长的速度,但除了房产财富之外,定期存款、活期存款和现金持有仍然是中国居民家庭资产存续的最主要形式,其占到了总资产的 80% 以上。由于传统文化和金融市场机制发育不完善等原因,中国居民更多地偏好于储蓄和低风险投资,对于股票和期货等金融资产的投资行为较少,对于消费的跨期行为则更为谨慎。

中国家庭金融调查数据显示,我国财富消费(或配置)在住房资产和金融资产上的比重由 2013 年的 78.6% 上升到 2015 年的 84.7%;无风险资产的家庭拥有率达到了 95% 以上,并且占金融资产的比重呈现出下降趋势,但其增长率相对来说较慢;风险资产的家庭拥有率和占金融资产的比重不到 30%,但其增长速度及其增长趋势是明显提升的。就我国城乡居民具体的消费变化趋势而言,其人均消费水平与人均可支配收入出现了稳定的同步上升趋势,消费水平也由 2008 年的 8 707 元上升至 2017 年的 22 902 元,城镇和农村居民的消费水平分别从 2008 年的 14 061 元和 4 065 元提高到 2017 年的 31 032 元和 11 704 元。

---

① 经济日报社中国经济趋势研究院认为,家庭财富由金融资产、房产净值、动产与耐用消费品、生产经营性资产、非住房负债以及土地六大部分组成。其中,房产净值是指房产现价减去住房债务,而非住房负债是指除住房债务以外的其他一切债务。

然而,居民消费水平指数和平均消费倾向(居民人均消费支出占人均可支配收入的比重)却显示出了与消费的绝对规模不一样的特点。居民消费水平指数在经历了2011年和2012年的高峰之后出现了下滑,2017年的消费水平指数较之于2008年下降了2.4个百分点。居民平均消费倾向也出现了下滑,2017年较之于2013年下降了2.3个百分点。居民家庭财富流量的增加与消费行为谨慎的行为选择之间的矛盾,反映了中国居民消费潜力有待挖掘和提振,其中占据家庭财富近70%的住房资产可能是影响消费水平的重要因素。

2000—2015年中国城镇居民平均消费倾向和房价的变动趋势如图3-1所示,其中以住宅商品房平均销售价格来刻画房价。由图可知,随着房价的不断提高,城镇居民的平均消费倾向出现了同期下降。2000—2015年中国商品房的每平消费价格年均上涨了大约2.5倍,北京和上海等一线城市上涨幅度更是显著。房价上涨所引起的"资产效应"和"房奴效应"并存,使得房产对于消费和财富配置的影响尤为显著。就整个社会而言,房价上涨所驱动的房产持有财富的资产价值上升抑制了居民消费水平,特别是挤出了基本生活品的消费。相关研究表明,即便存在正向促进作用,目前而言其量级也是非常微小的(万晓莉等,2017)。即房产的过多购买和投资制约着当前中国消费能力的增长。因此,需要制定长期的房地产市场平稳健康发展的长效机制,积极拓展居民的金融投资渠道,落实"房子是用来住的"的政策。

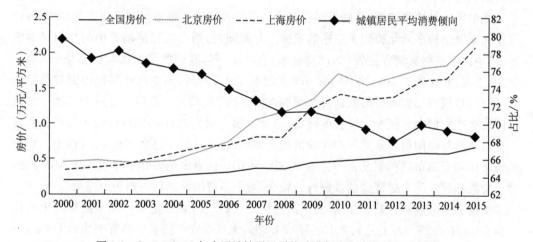

图3-1 2000—2015年中国城镇居民平均消费倾向和房价的变动趋势

资料来源:杜莉,罗俊良.房价上升如何影响我国城镇居民消费倾向——基于两阶段家庭最优消费模型的研究[J].财贸经济,2017(3):68.

二、财富消费效应

财富本身并不能带来经济效用,居民更为关心的是财富的配置和消费所带来的财富积累和福利水平的提升及其带来的效用提高,而配置在一定程度上也可以看作财富在各种类型资产上的投资性消费。财富差异引致不同家庭的消费出现差异,即同一时刻不同家庭财富的差异所引起的消费差异,我们一般称之为资产效应。而财富价值变动也将诱致家庭消费决策变化,即同一家庭在不同时间由于财富价值的变动而导致家庭消费支出的变动,我们一般将这种效应称为财富(消费)效应。财富效应最早由哈勒博(Haberler)等在1939年提出,指其他条件不变的情况下,居民所持有的货币余额的变化对消费行为的影响,其作用程度一般以边际消费倾向或消费弹性来衡量。总而言之,财富效应表明资产价格(如股票、债券和房地产)的变化会深刻影响消费,这主要体现在两个方面:一方面,资产价格的上涨增加了公众的名义资产持有总额,人们觉得自己更加富有,从而增加了消费;另一方面,资产价格的上涨增加了公众对未来收入的预期,根据弗里德曼的永久收入假说,人们会增加当期的消费。

21世纪以来,人们的财富内容由单纯的收入扩展至住房与家用车辆等耐用品和股票与债券等金融资产,以及虚拟财富(pseudo-wealth)等不同类别的财富领域;与之对应地,出现了收入持久假说、生命周期假说、缓冲存货假说、异质性消费假说、消费弹性假说和欧拉跨时动态假说等消费理论。其中被广为引用的生命周期—持久收入假说认为,理性家庭基于整体生命周期制订消费支出计划以平滑一生的消费,资产价值存量越大,分摊到生命周期各阶段的财富预算资源越多,居民的消费水平也就越高。这也就是狭义上的"财富消费效应"。消费与收入和财富之间存在着普遍的、朴素的函数对应关系。以上深刻地体现出了新时代财富消费的多样化,凸显了个体(家庭)财富的消费特性。

更进一步地讲,在市场经济体制下,居民消费已经由家庭财富累积阶段走向充盈市场的财富消费阶段。例如,家庭储蓄更多地转化为股票、债券、期权等保值增值的金融资产类;温饱型的食品类消费转向美容健体、旅游休闲等个性化的自我理性选择类消费。普遍认为,对于家庭所拥有的房产财富通过财富幻觉、信心效应和提高借贷水平等方式将显著

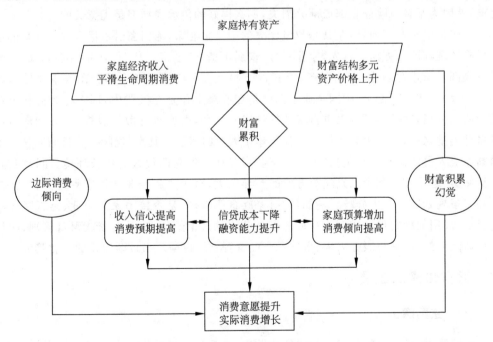

图3-2 财富消费效应的传递路径

提高家庭的消费水平,尤其会增加旅游消费支出。国际市场研究咨询公司英敏特(Mintel)发布的《2015年中国消费者消费习惯》报告指出,旅游度假已经成为中国居民个人金融和住房以及家庭食品外的第三大消费类别,占家庭总支出的比重为10.6%,在过去5年其复合年均增长率达到24%;《2017年中国消费者》更为明确地显示出旅游出行已经成为中国中等收入人群未来5年的主要消费支出增加的来源。一般而言,财富总量的增加和结构的多样化会促进或刺激居民的消费行为。财富消费效应的传递路径可以通过图3-2来直观刻画。

第三节 财富的传承与转移

随着"创富一代"逐渐步入退休年龄,我国"财富传承"的问题与需求日渐凸显。与此同时,正确认识财富传承中的财富转移也是非常重要的。本节在介绍财富传承基本概念的基础上,介绍了财富转移的基本类型及其主要形式。

一、财富传承面临的风险

财富传承就是把个人或者家庭、家族财产安全有保障地传递给自己的后代。财富传承不仅可以使财产得以持续管理和维护,还可以使家人有所保障并持续受益。财富传承真正核心的问题有两个:有没有财富可传,是否愿意最大限度地节省本家族财富传承成本。从第一个核心问题出发,先确定有财富可传。传承的一切前提是把现有的财富留住,因为如果不能在传承之前就现有财富进行合理的保全设计,有可能造成家族财富在传承之前,就因为某种风险而全部或部分消失,那么再好的传承规划都是无意义的。

就中国的企业家而言,尤其是数量庞大的中型企业家,他们在财富保全方面面临的主要风险体现在两个方面。首先,家业不分,权属不清。"创富一代"往往是白手起家,多数是举全部身家进行创业,企业资产、家庭资产和个人资产混杂在一起。在资本原始积累期,由于法律法规不健全,中国企业家无论是在心态上还是在实践中,都未将企业和家业进行明确分离,"家""业"难以进行有效的认定和区分,财产也分散于股权、债务和房地产等多种类型之中,从而为财富传承过程积累了大量的风险。其次,代际差异日渐明显。中国高净值人群的财富传承是从"创一代"到"富二代",但是两代人的成长环境、知识结构、生活阅历、思维方式和个人兴趣等方面的差异巨大,对于家族企业和财富管理的目的、方式和未来规划容易产生分歧。例如,针对家族企业管理,是否接手家族企业、是否坚守传统行业、采用何种管理方式等都是近年来企业传承讨论的焦点;针对家族财富管理,两代人在风险偏好、产品与服务需求、海外资产配置等领域也呈现出日渐明显的分化趋势。

二、财富传承的工具

(一)生前赠予

生前赠予,是生前转移财富最常见的做法,也是最简单的做法。财富权属者将现金、房产或其他财产通过过户的方式赠予子女。通过生前赠予转移或传承财富,程序最简单,成本也比较低,是非常方便的传承方式。

但赠予的缺点也很明显,在赠予行为完成后,财富的所有权发生了变化,由赠予人所有转化为受赠人所有,控制权也发生了转移。如果原有财产所有人想放弃赠予行为,收回赠出的财产,一般来讲是相当困难的。例如,父母在子女结婚之前赠予子女婚房,如果没有赠予协议,而是直接将房子登记在子女个人名下,则子女就享有完全的处分权。

(二)遗嘱继承

生前使用遗嘱对身后事作出安排,可以直接传递遗嘱人意愿,设立形式简便,而且没有财产类型的限制,是非常简单的传承方式,对于家庭成员关系简单、上下和睦的家庭来说,也是一种比较好的传承工具。

由于遗嘱设立形式简便,而且没有财产类型的限制,和法定继承相比,更加清晰明了,可以避免很多家庭纠纷。但遗嘱继承也存在一些常见的问题,如遗嘱形式的非规范性,导致遗嘱产生效力瑕疵,股权继承具有不确定性,遗嘱不能隔离遗嘱人的债务风险,继承遗产需要办理继承权公证,遗嘱继承私密性较差等。

尽管遗嘱在财富传承中发挥的作用有一定的局限性,但其优势仍然不容忽视,对高净值人士来说,前瞻筹划、订立遗嘱有着非常重要的现实意义。

(三)法定继承

如果财富所有人生前没有做任何安排,一旦身故,留下的财产则成为遗产,就会按照法定继承的方式由相关继承人继承。其中,关于房产有协商继承、公证继承和诉讼继承三种情况。协商继承,是指全部继承人之间对不动产分配协议达成一致的,可以提交被继承人死亡证明、全部法定继承人关于不动产分配的协议、继承人与被继承人的亲属关系证明以及其他必要的材料申请房屋过户登记。公证继承,是指在被继承人死亡后,继承人申请继承公证,凭继承权公证书申请办理房屋过户登记。诉讼继承,是指全部继承人之间不能协商一致或者无法取得继承权公证的,则需要到法院提起继承纠纷之诉,待法院判决、调解后,持法院出具的生效法律文书申请房屋过户登记。

金融资产的继承主要包括存款、股票、理财产品、基金等的继承。金融机构根据公证机关出具的《存款查询函》,可以协助查询被继承人名下的个人银行存款信息以及银行管理、知悉的理财产品、股票、基金、信托等其他财产权益的关联信息。对于银行不清楚的金融资产情况,还需要另外申请相关金融机构配合查询。继承人查清各类金融资产账户信息和数额后,并不能直接办理取现或者继承更名手续,依然需要办理继承权公证,或者进行诉讼。然后持继承权公证书或者法院出具的生效法律文书,到相关金融机构办理存款取现或者其他资产非交易过户登记手续。

(四)大额人寿保险

购买人寿保险,特别是大额终身寿险,通过指定受益人,进行财富的传承,可以避免法定继承和遗嘱继承过程中的诸多烦琐程序,在被保险人身故时,传承给保险合同指定的人一笔确认金额的钱。人寿保险可指定受益人,避免继承纠纷,保障杠杆放大财富,免交个人所得税,并具有一定的债务隔离功能等;但其不足也是非常明显的,如只能传承现金资产、保险增值功能较弱等。

(五)家族信托

家族信托是国外发达国家常见的财富管理和传承工具,它由私人信托发展而来,指的是委托人将自己的财产委托给或转让给受托人,受托人按照对委托人的承诺,按委托人意愿代为管理、处置财产,并将信托财产及收益分配给指定的受益人,实现财富规划及传承目标的财富管理形式,在我国受托人一般应为具有信托牌照的信托机构。家族信托的委托人一般为高净值家族的核心成员,将资产委托给信托公司,按其要求进行管理和分配。家族信托为单一信托,委托人只能为一个人,而受益人可以是多人,一般为家族(家庭)成员,受益份额(金额)、分配条件及频次由委托人和受托人在信托文件中约定。

(六)基金会

基金会作为一个独立的法人,可以拥有财产并且独立地承担责任。基金会具有法人地位,它不会受存续时间限制,可以永续存在。一般而言,基金会是一种以慈善为目的的非营利组织,但个别国家或地区允许私人基金会的存在。私人基金会可以不受慈善目的的限制,允许基金会向特定人分配财产。

(七)保险金信托

保险金信托是家族信托的一种,是以保单收益权为信托财产的一种家族信托。简单地说,是投保人在和保险公司签订合同后,再和与保险公司合作的信托公司签订信托合同,约定未来的保险金直接进入信托账户,成为信托财产,由信托机构进行管理和运作,并将信托财产及收益按合同约定,分配给信托受益人的信托计划。保险金信托涉及了保险和信托两种金融工具的法律关系。保险金信托的架构基础是大额寿险,在保险金进入信托账户后又可以实现保险金的再管理,因此,保险金信托集合了大额寿险和信托的优势,实现了"1+1>2"的效果,是财富保护和传承的极佳解决方案。

家族传承不仅仅是看得见的物质和财富的传承,家族精神、家族文化对后代可能更有意义,而这些都可以通过信托来实现,可以在信托分配方案中引导激励家庭成员的正向行为,约束惩罚不当行为,保证在实现家族基金传承的同时,实现家族传承。

三、财富转移的概念与形式

(一)财富转移的概念

较为规范的财富转移的概念研究主要集中在两个方面。第一,从上市公司定向增发引起的"财富转移"出发,将大股东把资源从上市公司转移至控股股东手中的行为定义为"财富转移"。第二,从"财富转移效应"着手,认为"财富转移"是价格变化引发的存量财富的相对变动,与财富转移相对应的是"社会财富逆转移"现象。财富逆转移中,弱势群体遭遇的风险最大,诱发危机的原因则是因为公平受损。因此,财富逆转移的定义应当注意从公平维度和弱势群体维度两方面探究。第一,公平是保证社会持续发展的基本原则。不符合公平原则的财富转移可视为"逆转移"。第二,弱势群体属于社会薄弱链条,应重点关注如收入较低、竞争较差、权益保护不到位的人群等。

(二) 财富转移的形式划分

财富转移的形式包括社会层面的财富转移和微观层面的财富转移两大类。一是社会层面的财富转移。财富转移是通过市场交换进行的,其实现手段是价值的转化形式,即"决定商品价格的直接基础"。如果不存在价值转形,商品按照价值进行交换,即"决定商品价格的最终基础",也即凝结一定量劳动的某种商品与凝结等量劳动的另一种商品或代表等量劳动的货币相交换,那么不会存在财富转移。如果一种外部力量引起价值转形,商品按照市场价值、生产价格、垄断价格等价值转化形式进行交换,决定商品价格的直接基础与最终基础发生偏离,商品在市场上换回的劳动量不再等于生产商品所耗费的劳动量,那么财富转移便会存在。

假如把每一个个体都当成一个财富点,我们再把所有个体进行属性分类(按性别、年龄、地域、文化水平等分类)。而大家每天花钱、挣钱的行为,就造成了财富在社会上的流动。我们称之为微观层面的财富转移的过程,主要包括通货膨胀、股市牛熊和继承传递等类型。通货膨胀的财富转移效应是政府可以凭借货币发行权向货币使用者征收通货膨胀税,使得通货膨胀可以实现财富从私人部门向政府部门的转移。每一次牛市的开启到终结,从财富转移的角度来说,都是一次民间散户财富向机构、大户、上市公司等的转移过程。而继承传递是最普遍的形式,老一辈将自己或者家族累积下来的财富转移到年轻一代的手中。

四、社会财富逆转移

目前,关于财富逆转移的共识性路径一般可以划分为两种:一是流量财富分配不公逆转移;二是存量财富直接逆转移。流量财富逆转移从资源要素出发,考察一般的生产部门转移至垄断部门;或是从土地要素出发,考察居民转移至政府;或是从劳动力要素出发,从低收入人群向高收入人群的转移。存量财富逆转移则从实物资产的角度出发,考察低收入人群向高收入人群的转移;或是从金融资产视角,考察普通投资者向上市公司的转移。

(一) 流量财富逆转移

1. 基于资源要素从一般生产部门向垄断部门的财富逆转移

我国的垄断行业主要集中在烟草、电力、石油和金融保险等行业。根据周超(2016)整理这七大行业16个部门2007年的相关资料,可以测度出该年社会财富向垄断部门的转移规模。垄断部门的营业盈余占比(0.3299)超过增加值占比(0.2675)6个百分点,超过程度为20%左右,近几年占比可能更高,说明垄断部门的大部分利润留存于企业内部。如果我们以增加值占比为基准来计算,以2007年为例,社会财富向垄断部门的转移高达501.115亿元[2 647(垄断部门盈余合计)−0.267 5(垄断部门增加值占比)×8 022(全社会盈余合计）］，也就是说，由于相对价格扭曲，转移到垄断部门的社会财富占其营业盈余总额的 19%（501.115/2 647.199）左右。

2. 基于土地要素从居民向政府的财富逆转移

凭借对土地要素的特殊垄断权，地方政府可低价收地，高价出让，以此获得大量预算外收入，从而填补财政缺口。而被征地农民在流转土地使用权之时，得到的补偿往往较少，大量的收入被转移到要素所有者——地方政府手中（李鹏，2013）。按照《中华人民共和国土地管理法》的征地标准，农民获得的土地补偿为原有土地产值的 3~30 倍。然而，以土地原有产值计算土地补偿标准往往难以满足农民的生活需求，而且土地产值也难以代表土地真正的价值。但地方政府正是凭借这一"剪刀差"，获取了大量的土地出让金收入。

3. 基于劳动力要素从低收入者向高收入者的财富逆转移

相关研究表明，高收入者与低收入者的年收入存在差距，且自 2002 年开始此差距有所拉大，近几年稳定在 8 倍左右。最高收入者的收入普遍为平均收入的 2 倍以上，低收入者的收入约占平均收入的 30%。说明收入差距现象已成为一个重要问题，且高收入者的收入远超社会平均水平，而低收入者的收入远低于社会平均水平，收入差距有失公允。

（二）存量财富逆转移

存量财富，即某一时点上的财富数额。从形式来看，可将存量财富分为两类：实物财富和金融财富。实物资产包括耐用品（如汽车、大型电器等）、住房等，其中住房是最重要的实物资产。存量财富逆转移主要与相对价格的改变而伴生。例如，基于实物资产从低收入人群向高收入人群的财富逆转移。高收入人群拥有更多的实物资产，在价格上涨时，相对而言就会获得更多的存量财富收益。低收入人群实物资产投资数目本身就较少，当发生全社会的价格上涨之时，其拥有的实物资产价值与高收入人群反而会出现更大差异。以住房为例，在我国某些地区，住房价格的增长速度已经远远超过个人可支配收入的增长速度。高收入人群因其自有资产较为雄厚，往往购买比普通人更多的住房，从而拥有更多的存量财富收益。此外，还存在基于金融资产从普通投资者向上市公司的财富逆转移。我国居民拥有的金融资产有如下几类：储蓄存款、证券、保险基金等。然而，我国上市公司融资动力十足，但反馈给投资者的却寥寥——上市公司分红远小于股市融资额。

第四节 财富的保值与增值

自 1978 年改革开放以来，中国私人财富迅速崛起，高净值人群数量和财富规模均迅猛增长，财富的保值增值日益成为该群体的迫切需求。目前，高净值人士的两大财富管理目标包括：如何在保障现有财富安全的情况下实现财富的稳定增值，如何将财富有效地分配传承给下一代。

一、财富的保值与增值的概念

财富的保值与增值是两个既有联系又有差别的问题。在两者关系中，保值是基础，增值是目标。财富保值是指保持原有的价值,财富增值是指在保持原有价值的基础上,又有新的价值增加。财富增值是一个相对概念,即从一定的时间区域来观察,某一时点的市场价值与报告期某一时点的市场价值相比较,如果后者大于前者,则表示财富价值的增值额。总而言之,财富保值是通过财富管理手段避免自身财富因外界因素出现贬值,这也是财富管理的基本要求,而财富增值则是财富管理的终极目标,通过科学有效的方式手段,使自身拥有的财富不断积累,达到财富增长的目的。

二、财富保值增值的原则

财富管理的最大目标是保护积累的财富数量并优化其结构。如果过于专注追逐资本升值和高收益,那么可能无法保持财富的安全性,而这需要遵循财富保值增值的一些基本原则。

1. 多样化投资

目前,多样化投资的形式主要有如下形式。第一,大规模的垂直多元化,跨越资产类别的投资,从房地产、债券、私募股权和股票到其他各种各样的资产,如未上市的企业、土地、艺术、古董家具和知识财产等。第二,大规模的横向多元化,不同资产类别的持有权广泛分布于股票、不同基金经理、各国债券以及不同货币之间。第三,政治和法律的多样化,超级富豪更感兴趣的是税收,其考量更多的是持有资产的合法性和政治风险。

2. 寻求稳定回报

通过持有更多的大市值股票来实现保值增值。大市值股票一般提供更多、更稳定的分红,保护投资免受市场下跌的影响。从长远来看,大市值股票的发行公司的分红也有可能增长。与小盘股不同的是,大盘股公司的财务和运营往往更加稳定,当价格确实变动时,波动会相对较小。因此,无论股市整体向上还是向下,都不会出现财富总量过大的周期性波动。

3. 避免不可挽回的损失

积极主动投资,"以攻为守",是财富保值增值的稳健方法之一。通过关注全球经济发展态势,尤其是大事件,研判市场变化以及对财富投资的影响,并及时作出反应,研究未来的资产购买或寻求重新平衡投资最优组合,改变投资策略。这不但可以避免由于外部的突然冲击造成的不可挽回的损失,还可以进一步跟随市场变化优化财富配置。

三、财富保值增值的实现途径

1. 投资与风险管理

一是投资多元化。"不要把鸡蛋放在同一个篮子里",要确保在市场、资产类别和行业之间的适当多元化。理性的投资者为可能影响资产价格的不同情景做准备,如利率上升、汇率波动等。这在一定程度上降低了在某些市场下跌的情况下,所有投资同时下降的可能性。

二是动态调整投资组合。保持对市场的观察和敏感性,确保能够对突发事件作出及时的反应,动态调整投资组合,从而规避损失或将损失降到最低。虽然购买和持有通常是首选方法,但这并不意味着不做适当的调整。财务目标不是静态的,财富的投资组合应该适应经济主体不断变化的要求。

三是明确能够承担的风险比例。收益与风险同在,财富规模越大,投资的相对成本也就越大,亦即风险越大。因此,在进行大规模的投资时要明确能够承担的风险限度。尤其是当市场下跌时,要防范可能悄然而至的行为偏见造成的财富损失。

2. 财富的转移与传承

财富的转移与传承包括立遗嘱、买保险与设立家庭信托。立遗嘱是早期财富传承使用最多的一种方式。其通过对财产的梳理统计,以指定继承人的方式进行分配和安排,尽可能地避免由于未来子孙财产纷争而带来的诸多损失。购买保险也是财富传承、财富增值及规避风险的方式之一。高净值人群选择保险来传承财富,不仅能有效保障家庭成员的生活质量,还能用以避税和财富增值。设立家族信托,可以将委托人的财富按照自己的意愿进行分配和管理,自由分割财富,将财富以原持有者的意愿传承给家人,这也较为符合高净值人群的财富传承需求。此外,设立家庭信托也是较为常见的方式之一,如洛克菲勒家族的信托机制,有效地避免了后代的财富争夺和滥用,从而打破了"富不过三代"的魔咒。

3. 退休规划

按照生命周期理论来合理安排投资,能够减少应税收入和解决短期市场风险。在不同的生命阶段,根据财富规模和市场变化情况进行投资,是有效保值增值的方法之一。无论考虑哪个年龄阶段退休,都应该时刻考虑通货膨胀、收入和预期寿命等重要因素。这就需要在退休之前,提前做好医疗保险计划,了解所在公司是否允许覆盖目前的计划,并作出备择方案的选择。

4. 税收规划

税收规划的最终目标是尽可能降低税收对财富总量的影响。通过税务和会计专业机构,将税务专业知识整合到财富管理和财务规划战略中,利用现有规则,根据个体特有的财务状况,设计不同类型的税收策略,帮助财富管理者最大限度地提高税后回报。具体的措施主要包括:尽可能优化账户类型之间的资产管理和分配,如应税账户、合格账户或慈善账户;减少或消除死亡和遗产税的法律技术;优化有关房地产投资和交易策略等。

5. 保险规划

保险是财富保值增值最为简便的可行方法之一。目前主要有人寿保险、残疾保险与长期护理保险。其中,人寿保险是一种独特的财产,与死亡抚恤金总额相比,它有保费较低的优势。人寿保险的用途包括:为大学教育提供资金;偿还死者所欠贷款或其他债务的担保资金;补充退休收入需求;保险收益可用于招聘、雇用和培训替补人员。残疾保险可以作为残疾的暂时收入来源。残疾收入替代保险是保障先天性残疾的长期解决办法。长期护理保险是指患有慢性残疾或疾病的人所需的医疗和个人护理服务。

 本章术语

财富创造　财富消费效应　财富转移效应　社会财富逆转移　财富传承
家族信托　保险金信托　财富保值增值

本章练习题

1. 财富创造方式有哪些？不同财富创造方式有什么区别和联系？
2. 当下社会财富创造的方式主要有哪些？
3. 试运用财富消费形式分析中国当前的财富消费情况。
4. 财富消费效用和资产效应的联系与区别是什么？
5. 试分析财富消费效应的传递路径，并具体分析中国财富消费。
6. 财富的传承工具有哪些？对各个工具的优缺点进行比较。
7. 为什么要进行财富的传承？
8. 简述财富的保值和增值的区别与联系。
9. 简述财富保值增值的基本原则。
10. 财富保值增值的实现途径有哪些？

 即测即练

第四章

财富管理环境

【教学目标】

1) 理解战争、文化、法制、土地、人口等与财富管理的关系
2) 了解不同社会环境对财富管理的影响,总结促进财富增值的方式与手段

【教学重点】

1) 第二次世界大战后世界金融体系建立的背景与实质
2) 美国频繁发动军事干涉背后的经济动机
3) 经济周期与资产配置的关系
4) 在当下的经济语境中,财富的文化属性发生了哪些变化

【教学难点】

1) 世界金融体系与自由贸易之间的冲突关系
2) 货币战争的含义
3) 经济周期各阶段的财富管理策略
4) 如何利用文化促进财富的增值

随着我国个人财富不断增长,财富管理取得一定发展,这在一定程度上离不开财富管理环境的营造。财富管理环境影响财富创造。在战争年代,战争导致财富的转移和重新分配,同时刺激财富创造。宗教信仰引起的宗教资源开发利用亦可创造财富,各类宗教也从精神层面激励形成财富管理观念。早期财富管理的观念是建立在对自然资源的依赖上,慢慢财富管理观念具有"儒商精神",财富始终具有文化属性。国家为推动财富管理制定相关法律体系。土地、人口数量、科技水平、实体经济发展水平等要素也是衡量财富管理环境不可或缺的因素。

第一节 战争与财富管理

战争是一把既能摧毁财富又能创造财富的双刃剑,纵观历史长河,国家间为了争夺财富发动的战争形式主要包括军事战争和金融战争。军事战争既造成了巨大财富毁灭,又

因为战争造成的物资短缺而带来新的财富制造机会;金融战争更是一场财富毁灭和创造程度更甚于军事战争的没有硝烟的战争。

一、军事战争对财富管理的影响

和平,是人类社会的理想状态与永恒追求,但纵观人类历史,战争却伴随人类社会的始终,成为一种常态。数据显示,人类有记录的历史大约是3 500年,其中只有286年没有发生战争。

战争会导致财富的转移和重新分配。无论是早期的殖民战争还是两次世界大战,我们都能在这些战争中发现巨额财富的转移,可谓是"几家欢喜几家愁"。殖民地成为被掠夺的对象,南美新大陆的大量白银通过战争被殖民者运回欧洲大陆,大量黑人奴隶被送往美洲大陆,成为创造财富的劳动力;而在第一次世界大战后,一方面欧洲大陆1 000万人死亡,造成3 400亿美元的损失;另一方面美国则大发战争横财,积累了巨大的经济资本与政治资本,一跃成为世界强国。虽然战争可能成就一些投机者,但归根结底,战争本身不可能真正地创造财富,只会毁灭财富,因为战争的整个过程伴随着巨额财富的消耗。历史上的每次战争过后,社会总财富都会急剧减少,人民生活总体水平大幅下降。不管是两次世界大战后的欧洲还是第二次世界大战后的亚洲,战争所带来的只能是财富的巨大损失而不是创造。战争对财富的转移分配并非一定是胜则富、败则穷,有时候甚至恰恰相反。因为战争对国家财富的影响并不取决于战争的胜负本身,而在于战争的过程和结果对国家资源造成的压力。

战争刺激财富与财富能力的创造。虽然战争所带来的更多是死亡与毁灭,但辩证地看,战争也会刺激财富的创造与增值。这并非是为好战分子发动战争开脱,而是源于历史发展本身。在国家层面,战争与财富之间表现为以上几个方面,这也被无数的历史事实所证明,以至于美国学者凯文·菲利普斯会认为,战争是世界头号强国的必然选择。而在微观层面,个人与家庭的财富以及财富的运作管理也会因为战争而发生巨大的变动。

二、金融战争对财富管理的影响

今天的财富运作已经远远超过了实体财富的范畴,对土地、财务的掠夺,殖民掠夺、海洋贸易权争霸战都已经成为历史。表面上看,国家地区之间的交流、竞争更多地通过市场化配置、平等交易的方式来解决,即使是发达国家对发展中国家占有巨大的竞争优势,也似乎是更多地通过政治和市场化谈判来解决。但在平等、自由贸易的背后,实际上财富分配和流动上的不平等并未减少,发达国家利用自身在国际金融和贸易体系的主导地位,利用金融产品和价格等手段,替代战争手段,以和平的方式达到积累财富的目标。因此,在今天,争夺财富的战争已经形成了新的形式和规则,这就是财富战争。

财富战争也被称为金融战争、货币战争,是指利用货币资金、融通手段在军事或非军事领域进行和实施的战争、战略、战术及战役,争取有利于本国或本集团的利益。金融是现代经济的核心,金融战不仅决定着企业的生死存亡、军队的胜败得失,还决定着国家与民族的强弱兴衰。一直到第二次世界大战结束,资本主义国家才开始反思自己的发展模式,第二次世界大战也成为世界发展模式转换这一历史过程的重大转折点。在战后的和平规划中,盟国提出了比第一次世界大战后更为合理和有力的和平建设举措。明确宣示了对以往靠侵略、奴役、剥削和掠夺他国人民来发展这一模式的否定态度,宣告了殖民主义制度和殖民战争的非法性与不合理性,并表示了致力于战后和平建设的决心和努力,这一点主要表现为布雷顿森林体系以及世界银行等国际金融体系和机构的建设。

由此,美国凭借战后强大的国力和军事实力推动美元成为新的金融武器,在全球建立起自己的金融垄断地位,并依靠这种垄断地位在世界范围内吸取财富。金融方面的超强地位为美国的国力提供了巨大的财富资本,从硬实力和软实力两方面共同构成了美国的超级大国的地位,两者相辅相成、互相强化:美元霸权有助于美国维系高军费开支、保持军事优势;而超强的军事力量可以有效维系美元霸权的信用基础,应对任何旨在挑战美元霸权的反叛性举动。由此,战争与财富资本之间完成了新时代的有机结合,以至于财富资本的意志日益成为国家意志,以往拥有发动战争权力的国家日渐沦为垄断财富资本牟利的超级工具,如20世纪90年代美国对南斯拉夫、伊拉克等国家发动的军事打击,其背后不仅是国家利益的考量,还有跨国公司的巨大影响。

21世纪,财富的概念已经更多地指向软财富的层面,软财富的资源区别于矿产、土地、金银等硬资源,是指类似于品牌、款式、创意、文化等资源,对这种财富的占有已经不能像过去那样通过战争进行获取,因为一旦违背了喜欢这些品牌创意的人的意愿,强行占有的软资源可以瞬间贬值,甚至一文不值。

今天财富的金融化是资本主义高度发展的必然结果。资本逐利本性与"平均利润率持续下降"趋势叠加,使得越来越多的财富资本退出生产领域,转向金融领域,由此导致经济金融化趋势。金融财富本身并不会促进财富的增值,只是为实体经济融资而获得利息。然而,在软财富时代,金融资本"反客为主",成为经济的统治力量。据统计,2008年,金融工具已经占所有投资额的75%,20世纪90年代,投资金融领域的资本有50多万亿美元,到2008年金融危机爆发时已经增加到600万亿美元,而世界实体贸易额只占全球资本交易量的1%～2%,剩下的都是不直接投入生产的金融资本。事实证明,金融财富在今天已经成为财富的主要存在形式。

但这种新的财富形式并不一定会带来和平,甚至正好相反。世界历史表明,"金融体系同战争与和平之间有着密切关系"。欧洲初期的金融活动一开始便与战争息息相关。公元12世纪,法兰西王国的圣殿骑士团在十字军东征时曾为众多朝圣者提供汇票服务,这是原始银行服务于跨国企业的起源。14世纪欧洲的"金融创新",即以发行公债来"借款打仗"。战争背后的银行家实际上也是战争的参与者,他们往往会向交战双方同时放贷,以保证任何一方胜利都能获利,稳赚不赔。18世纪的金融家梅耶·罗斯柴尔德曾经坦言:"应该直接策动战争,这样交战双方将欠我们更多债务。"这种状况即使到第二次世界大战时期也未改变。以美国为例,第二次世界大战以来,每个遭受美国直接或间接军事干涉的国家,都为美国银行、跨国公司、投资者重新分配财富提供了机会,从朝鲜到越南,从古巴到伊拉克,依靠军事实力和美元霸权,美国用历史为我们解释了战争与财富在新世纪的新型关系。

第二节 文化与财富管理

财富具有文化属性,财富与文化相互依赖、对立统一,商业文化是文化与财富结合的产物;理解文化与财富的关系,对于财富管理非常重要。

一、财富的文化属性

人类最早的财富观念是建立在对自然资源的依赖基础之上的,因此,这种财富观念是物质性的"硬通货"。但财富作为一种社会化的产物,不可能完全脱离人类生活的基本需求,因此,财富诞生之初就与人们的文化需求密切相关,如中国古代的钱币本身就有很强的文化属性。中国古代钱币表现为圆形方孔,承继了礼器玉琮的观念,其中蕴含了中国古代天圆地方的宇宙观和哲学思想,是古代阴阳八卦学说的具体体现。这种"外圆内方""天人合一"的哲学思想是中国古代文化的重要元素,对中国古人的处事原则、行为规范,乃至中国古代的建筑结构、风水习俗等都有深远的影响。这种财富的文化属性贯穿于中国古代的悠久历史长河,全方位地承载和涵盖了中华文明历史进程中的文化信息。

货币的文化属性是财富与文化关系中的一种直接表现形式。另外,人类的众多文化成果,也都来自财富的支持和推动。无论是古代留下的各种(非)物质文化遗产,还是我们今天的各种文化产品,都离不开财富的支持。例如,电影作为今天的大众文化产品,同时也是高度商业化的财富管理运作的产物。2019年2月,中国内地总票房高达110.9亿元,创造了全球影史单市场单月票房的新纪录。这一方面显示了中国电影技术水平的不断进步,另一方面也得益于中国电影市场的财富管理水平的不断提高,因为一部电影的最终上映离不开前期的制作、宣传、发行等一系列的复杂商业运作。

当然,"文化"作为人类社会特有的现象,是一个复杂的概念,它可以指人类通过社会实践所创造的所有物质财富和精神财富,学界对于"文化"并没有一个统一的概念,A. L. Kroeber 和 Clyde Klukhohn 在他们的著作《文化:概念与定义之回顾》中收集到了近300个有关文化的定义,就可见一斑。但总的来说,文化大致有以下几个特点:①文化是人们通过长时间的努力所创造出来的,是社会的遗产。②文化既包括信念、价值观念、习俗、知识等,也包括实物和器具。③文化是人们的行动指南,为人们提供解决问题的答案。④文化并非生而有之,而是后天所学会的。⑤价值观念是文化的核心,可以根据不同的价值观念区分不同的文化。

二、商业文化

通过以上分析,我们可以清楚地看出财富与文化二者互相依赖、对立统一。财富离不开文化的支持,否则就只能是充满铜臭味的逐利行为,缺乏深厚的底蕴和活力。一个商人,如果没有一定的文化修养,那么他很难获得商业上的成功,即使一时侥幸,也难以获得持续的发展。同样,文化也离不开财富的支撑。正如今天想要接受良好的教育,必须投入大量的财富成本。一个优秀的商业创意、文化理想,如果缺乏足够的资金支持,那也只能被扼杀在成长初期,难以获得真正的成功。

这种文化与财富之间的关系典型地表现为一种商业文化。虽然我们历史上已经有"儒商"的概念体系,但商业文化却是一个外来的概念,它在20世纪中期伴随着改革开放后的商品化大潮传入我国。商业文化属于文化的领域,但它又不是一般的、抽象社会文化,而是特殊种类的社会文化,是体现在商业领域内的特殊文化现象。著名学者周俊敏认为商业文化是"体现在商业活动中的价值观念、精神风貌、理想追求、生活情趣、行为习惯、伦理道德及其表现艺术、展露形态的总和"。简而言之,商业文化是人类从事商业活动所积累的一切文明成果的总称,是从文化的角度对商业的一种深层次发掘和一种宏观把握。

随着软财富时代的到来,与财富密切相关的商业活动已经不能仅仅满足人们的日常生活使用的需求,而需要更加注重商品给人们带来的精神层面的体验,这就需要提高商品的文化意蕴,给商品注入更多的文化气息,因此商业文化其实是伴随着软财富时代而产生的,是在新的历史情形下财富与文化深度融合的必然产物。

我们国家从改革开放以来就深刻地认识到了财富与文化之间的关系,因此无论是地方旅游产业的大力推广,还是"文化搭台,经济唱戏"口号的实行,其实都是建立在这种关系的基础之上的。但中西历史与文化传统之间存在差异,造成了我们在学习西方的商业文化时,产生了一些"水土不服"的现象。因此,必须重视中西商业文化上的差异。

第三节 法制与财富管理

2020年5月28日,十三届全国人大三次会议表决通过了《中华人民共和国民法典》,自2021年1月1日起施行。民法典综合了以往担保法、继承法及合同法等法律要求和制度保障。民法典创立的宗旨和目的就是保护人民群众的私权和利益,树立法律在居民财产保护中的重要作用,从确立人作为财富管理的根本主体、确立财富管理的客体制度、确立财富管理的监管制度及解决财富纠纷等方面为财富管理确立制度和法律保障。

一、法制与财富管理的辩证关系

(一)法制在财富管理中具有重要作用

法制贯穿于财富管理的全过程,法律体系为其提供了最重要的制度环境。从宏观上说,法律在财富管理中的作用,至少体现在如下几个方面:①确定财富权属;②规范财富管理机构;③明确财富管理当事人权利义务关系;④构建及规范财富管理的市场监管体系;⑤化解财富管理法律纠纷。

但需说明的是,特定的法律制度在财富管理中,并非总是发挥保障与促进的正向作用,有时也会起到限制乃至阻碍作用。财富管理是一种经济活动,其核心价值目标是创造财富增加值继而提高效率,而法律总体上是趋于保守的,相对滞后性是其稳定性价值目标内在的副产品,其公平性价值目标与效率目标之间亦存在一定冲突。因此,过于严苛的法律将对财富管理起到限制和阻碍作用;滞后的法律将使财富管理创新活动缺乏明确的法律依据而陷于合法性质疑;基于公平价值的法律制度设计可能降低财富管理的效率。理想的财富管理法制环境应建立符合现实需要并能保障其可持续健康发展的制度体系:一方面,法律对合法的财富管理活动进行确认及保护,并保持适当的包容性与更新,以满足财富管理法律调整的需要,避免法律滞后、空白与过度严苛;另一方面,建立财富管理法律底线规则,防范财富管理引发金融风险,如划定非法集资法律红线等。

(二)财富管理对法制的影响

1. 财富管理法律调整的现实需要推动法制发展

随着经济社会的发展及社会各类主体财富的增加,财富管理不再是一种少数人享有的"奢侈品",而愈发成为一般社会公众经济社会生活的"必需品",普及成一种常态的生活状态。在这一转变过程中,建立于物质财富较为匮乏时期的法律制度,愈发与当前财富管理活动法律调整的现实需要之间脱节。就回应社会需要而言,法制的发展伴随着财富增长、分配、结构变化及管理的发展。如改革开放前,社会的财富主要集中在国家与政府,而改革开放后特别是社会主义市场经济体制确立后,私人财富在法律上获得尊重,政府出台了《中华人民共和国民法通则》(以下简称《民法通则》)、《中华人民共和国物权法》(以下简称《特权法》)等基本法律;与财富管理关系最为密切的《中华人民共和国信托法》(以下简称《信托法》)也得以出台;再如银行储蓄是我国居民最为传统的财富管理方式,在金融市场愈发发达的背景下不断受到新型理财方式的冲击,同时银行经营环境更加复杂致使破产风险加大,为保护存款人的利益,2015年3月国务院颁布了《存款保险条例》。

2. 财富管理的复杂性加大了法律调整的难度

当前的财富管理已不再局限于简单地自我占有、使用、收益与处分等传统形式了,而愈发具有机构性、专业性、集合化、产品化与复杂化等特征。法律对社会关系的调整必须条分缕析当事人之间的法律关系,以确定权利义务的归属,给出相应的法律评价并作为纠纷解决的前提。

二、财富管理主体制度

从形式上看,财富管理是人与物的关系,但本质上是人与人之间的利益关系,因此考察财富管理中的"人"便成为逻辑的起点。

(一)作为财富管理法律关系主体的自然人

权利能力与行为能力是自然人参与财富管理法律活动最重要的制度规定。人生而具有成为法律关系主体的资格,甚至在作为财富主要传承方式的继承中,《中华人民共和国继承法》规定,必须为未出生的胎儿在遗产中划出一定的"特留份"。行为能力即以自己的行为参与法律关系享有权利与承担义务的资格,其核心要素是自然人是否具备判断其行为后果的心智能力。但法律不可能逐一认定每个自然人是否具备此种能力,简便易行的便是确立成年年龄标准。根据《民法通则》《中华人民共和国民法总则》(以下简称《民法总则》)相关规定,我国公民凡年满18周岁,原则上推定其具有行为能力,但患有精神疾病的人除外。未满18周岁及患有精神疾病的人为无民事行为人或限制行为能力人。

在财富管理实践中存在的现实问题主要包括:一是无民事行为能力人但由于继承、捐助、赠予等原因而获得的财富,按照《民法通则》的规定,其监护人具有代为管理的法定授权,但必须以有利于被监护人利益的方式进行;二是限制行为能力人可从事与其心智相匹配的财富管理行为,如以自己名义在银行开立账户储蓄"压岁钱"等,超出其心智判断能力的财富管理行为是否有效,《中华人民共和国合同法》(以下简称《合同法》)规定,其监护人事后追认的有效,未追认的则无效。

(二) 作为财富管理法律关系主体的法人

按照不同标准法人可分为不同的类型,按照组织形式可划分为有限责任公司、股份有限责任公司,还包括作为有限责任公司特殊类型的一人公司;按照设立目的可分为营利性法人与非营利法人,大多法人属于前一类型,各种慈善性社团法人、事业单位、社会服务机构等基本上属于后者。《民法通则》《民法总则》是我国法人制度最为基础的立法,《中华人民共和国公司法》(以下简称《公司法》)则是系统规定法人制度最为重要的专门性法律,除此以外,还包括一些行业性单行立法,如《中华人民共和国商业银行法》(以下简称《商业银行法》)、《中华人民共和国保险法》(以下简称《保险法》)、《中华人民共和国证券法》(以下简称《证券法》)对商业银行、保险公司与证券公司进行了特殊规定,按照"特别法优于一般法"的原则,它们与《公司法》相关规定发生冲突时,优先适用单行特别法。从法人制度内容上来看,其包括设立、法人治理机构、运营及市场退出整个环节,按照约束性强度可分为任意性规范与强制性规范。

财产是法人的必备要素,管理这些财产实现营利性或公益性目的,是法人设立与维持的主要价值所在。因此,从广泛意义上而言,法人是财富管理的重要主体。尤其值得关注的是那些向社会公众开放、接受公众理财委托的专业性财富管理法人,除传统的银行、保险公司、证券公司之外,近年来信托机构、基金公司等在财富管理中的地位得到了极大提升。

三、财富管理客体制度

财富管理的客体是财富,但财富并非法律术语。从法律上看,财富指各种财产或财产性权利,包括土地、土地使用权、建筑物、货币、有价证券、知识产权、交通工具等。

我国土地分为国有土地和集体土地,农村集体土地进入公开的土地流转市场必须转化为国有土地。就财富管理而言,土地管理较为严格,特别是农村土地在用途上有严格限制,其主体具有封闭性,只有集体内部的经济组织成员有权获得土地承包经营权及宅基地使用权,这种封闭性使其在财富管理中的作用大打折扣。

知识产权或称智慧财产,是法律赋予权利人独占性的权利。其范围亦较为广泛,可分为两大类:一类是工业产权,包括专利(发明、实用新型、外观设计)、专有技术、商标权、商号权等;另一类是著作权,包括人身权利与财产性权利。与财富管理直接相关主要是后者,其权利类型有复制、发行、出租、展览、表演、放映、广播、信息网络传播等。

有价证券是可指明持有人或指定特定主体,对特定财产拥有所有权或财产性权利的凭证,可分为三类:一是商品性债券,如提单、舱单等;二是货币证券,如银行存单、保单、汇票、本票、支票等;三是资本性或投资性证券,如股票、债券、金融衍生品债券等。

有关财富管理客体的相关法律十分广泛,其中最为重要的包括:《民法通则》《物权法》《中华人民共和国土地管理法》《中华人民共和国城市房地产管理法》《证券法》《中华人民共和国票据法》《中华人民共和国专利法》《中华人民共和国商标法》《中华人民共和国著作权法》等。对财富管理具有直接意义的规定主要包括以下几种。

(一) 财富管理合同制度

合同又称为契约或合约,是经济社会交往中约定当事人权利义务最重要的载体。英国著名法学家梅因指出,"所有社会进步的运动,到此为止,是一个'从身份到契约'的运动"①。按照法律对其形式是否有特殊要求,合同可分为要式合同与不要式合同;按照《合同法》对该类型合同是否进行了专门的规定,合同可分为有名合同与无名合同;根据是否有偿,合同可分为有偿合同与无偿合同;按照生效是否需交付标的物为前提,合同可分为诺成性合同与实践性合同。

相对于其他领域而言,财富管理由于直接涉及经济利益而较易发生纠纷。因此,订立权利义务安排得当、内容完备的合同至关重要。从合同形式来看,大多财富管理合同为要式合同,如担保合同、融资租赁合同、银行贷款合同等。从《合同法》规定来看,财富管理手段的不断创新使其涵盖面愈发不足,因此无名合同越来越多,这增加了法律调整的难度,现实中有两种途径予以弥补:一是扩大解释有名合同规则的适用范围;二是制定新的单行法或行政法规。从双方当事人义务之间是否存在对价关系来看,除财富赠予外,财富管理合同基本上为双务有偿合同。从生效要件是否包括交付标的物来看,法律规定各异,如民间借贷合同、支票业务等必须实际支付资金方能生效,售后回租业务也要求必须转让租赁物所有权,典当合同亦需要提供典当物,股票质押贷款业务借款人必须向贷款人提供股票,而有些财富管理则无须以交付标的物为前提,如融资担保合同等。

随着财富管理不断专业化,财富的拥有者越来越多地委托专门机构代为管理,因此委托代理合同在财富管理中的地位不断凸显。代理涉及三方当事人,即委托人、受托人与第三人。在财富管理法律关系中,财富的拥有者为委托人,财富管理人为受托人,交易对手为第三人。前二者之间的关系为代理内部关系,与第三人之间的关系为外部关系,其中前一关系是基础,核心是受托人在委托人授权范围内尽责履行委托事项,不得侵害委托人合法利益,如证券经纪人不得违背客户指示买入或卖出股票,不得挪用客户资金等;信托受托人必须将客户资金与自有资金进行账户分立,未征得委托人同意的情况下不得自我交易等。

我国合同制度以《合同法》为核心,除此以外,还散布于其他立法中,与财富管理相关的法律包括:《中华人民共和国海商法》与《中华人民共和国民用航空法》规定了船舶与飞机融资租赁合同;《商业银行法》《证券法》《保险法》分别规定了贷款合同、证券交易合同、保险合同制度;《信托法》《典当管理办法》《融资担保公司管理条例》《融资租赁企业监督管理办法》也均对行业性合同制度制定相关规定。从内容上来看,合同制度主要包括:合同的订立与效力、当事人权利义务、合同的履行及违约与救济;从规范属性来看,合同制度以任意性规范为主以强制性规范为辅,意即当事人关于合同内容安排主要遵循"私法自治"原则,但不得违背法律法规的强制性规定。

---

① [英]梅因. 古代法[M]. 高敏,瞿慧虹,译. 北京:中国社会科学出版社,2009:97.

（二）财富管理监管制度

对财富管理进行监管的必要性源于三个方面：一是弱者利益保护。随着财富管理专业化及手段不断创新，信息的不对称性日益突出，财富管理机构与客户之间地位悬殊，一般社会公众处于明显的劣势，对理财产品属性的认识及风险识别能力较弱，一旦发生权益受损，维权的成本较高，单靠理财合同难以对理财机构形成有效制约。因此，必须引入公权力加强对客户（主要是金融消费者）的外在保护。二是规范市场运行。财富管理市场存在其自身不可克服的内在缺陷，过度的逐利性导致市场机制失灵，尤其是不正当竞争、垄断、负外部性、违法违规经营等严重破坏市场秩序。国家对市场监管是克服上述问题的重要途径。三是维护宏观金融与经济秩序稳定。财富管理涉及巨量资金的流动，对宏观经济稳定与金融秩序具有至关重要的影响。

财富管理监管制度主要包括如下几个方面。

一是市场准入监管。银行、保险公司、证券公司、信托机构、P2P（互联网借贷平台）、典当行、融资租赁公司、基金公司、资产管理公司等均有严格的准入条件和程序。具体包括较高的注册资本（往往要求实缴资本）、组织机构、高级管理人员的任职资格、审批式的牌照管理制度等。

二是日常经营行为监管。以典当行为例，包括经营范围、绝当品处置权限、权利质押典当与房地产抵押典当业务占比、不得吸收存款或向商业银行之外的主体借款、息费收取标准等。而银行、保险及证券公司的日常监管更为严格。

三是风险处置与市场退出监管。财富管理机构具有涉众性特点，特别是有些金融类机构还属于系统性重要机构，一旦经营失败破产将会严重冲击整个金融秩序和宏观经济秩序，甚至酿成严重的经济与社会危机，从而成为"太大而不能倒"机构。因此，对经营失败的金融类财富管理机构往往需要监管机构接管或重整，有时还需要启动财政救助计划，为避免政府被这些大型机构"绑架"，监管部门往往要求其定期提交"生前遗嘱"，提前对可能发生的破产作出债务清偿安排。

与财富管理监管相关的法律多表现为行业性立法，按照立法层次可分为三类：一是全国人大及常委会制定的法律，如《商业银行法》《保险法》《证券法》等；二是国务院制定的行政法规，如《融资担保公司管理条例》；三是国务院部委制定的部门规章，如《信托公司管理办法》《基金公司管理办法》《典当管理办法》《融资租赁企业监督管理办法》《网络借贷信息中介机构业务活动管理暂行办法》等。上述三个层次的立法效力呈现递减趋势。除国家层面立法之外，还包括地方性立法，如《山东省地方金融条例》《温州市民间融资管理条例》等。

（三）财富管理纠纷解决制度

按照纠纷主体标准，广义的财富管理纠纷包括三种类型：一是财富管理当事人之间的利益纠纷，即"私-私纠纷"；二是财富管理当事人，主要是财富管理机构与监管部门之间的监管纠纷，即"公-私纠纷"；三是财富监管主体之间的职责纠纷，即"公-公纠纷"。对于前两者，我国已经建立了完善的纠纷解决制度，第一种主要通过民事诉讼或仲裁的方式解决，第二种则可通过行政诉讼或行政复议途径解决；而对于第三种纠纷，目前尚未建立起完善的解决法律机制。狭义上的财富管理纠纷仅指第一种,我们正是在此种意义上使用财富管理纠纷这一概念的。

财富管理纠纷最重要的解决途径是民事诉讼,其基本法律依据是《中华人民共和国民事诉讼法》,主要包括管辖权、审判组织、回避、诉讼参加人、证据、送达及诉讼期限、调解、诉讼保全与先予执行、诉讼程序与执行程序等。由于财富管理较为专业,对审判人员的职业素养要求较高,有些法院已经成立专门性审判法庭,2018 年 8 月 20 日更是设立了上海金融法院。

另外,仲裁也是解决财富管理纠纷的重要方式。1994 年我国颁布了《中华人民共和国仲裁法》,并于 2009 年与 2017 年进行了两次修订。相对于司法诉讼而言,仲裁具有明显的当事人"意思自治"特点,是否提交仲裁、提交给哪个仲裁机构、仲裁员的选任、仲裁审理范围以及仲裁程序的适用,均可由当事人决定;仲裁的专业性是其第二个特点,仲裁机构提供的仲裁员名单均由法律专家或行业性专家组成,可保障仲裁审理的专业性;仲裁的保密性是其另一个特点,民事诉讼除涉及商业秘密外一般公开审理,而仲裁则一律不公开开庭审理,更有利于保护当事人的商业秘密与个人隐私。但需说明的是,由于仲裁机构的民间性,其不具有强制性权力,因此,证据与财产保全以及仲裁裁决的执行必须交由法院。最后,与诉讼"两审终审"不同的是,仲裁实行"一裁终局"制。

第四节　土地与财富管理

在《资本论》中马克思引用"威廉·配第所说'劳动是财富之父,土地是财富之母'"的观点,指出"劳动和土地,是财富两个原始的形成要素"。同时,马克思在《资本主义生产以前的所有制形态》一书中说:"土地是人类伟大的实验场所,是提供劳动工具和劳动材料的仓库,是社会的住处和基础。"土地自古以来就是财富的重要组成部分,也是财富再生产的重要生产资料。

一、土地的经济属性

人类对土地的开发利用是将其作为劳动对象,土地作为最基本的生产资料,具有一定的物质内容。所以,土地具有与其他生产资料一样的经济属性。

1. 土地供给的稀缺性

所谓土地供给的稀缺性,主要是指在某一地区某种用途的土地供不应求,形成了稀缺的经济资源。造成供求上不同程度的矛盾,其原因在于,位置较优或土质较好的土地利用方便,效益较高,从而拉大需求量,而可供使用的这些土地的面积又有限,因而表现出土地供给的稀缺性。

2. 土地的可垄断性

土地供应的稀缺性决定了土地在所有权、占有权与使用权上的可垄断性。当人类以土地为财富加以垄断时,形成土地所有权。人们对土地的所有权就成为产权,并在产权基础上分离出使用权。无论是产权还是使用权的出让或转让都必须付出一定的代价,这种土地权属关系是现代社会中最基本的土地经济关系,具有明显的财富属性。

3. 土地流通的特殊性

土地资产可以像其他商品一样进行流通,但在市场上流通的不是土地资产商品实体本身,而是土地产权证书。土地资产交易实际上是土地资产产权的交易。土地资产流通的另一特殊性表现为所有权与使用权的分离。在实行土地资产国有、使用权可以转让的国家与地区,租赁是土地资产市场流通的主要形式。在土地资产可以自由买卖的国家与地区,很多土地资产也是采用租用形式,从而导致所有权与使用权分离。

4. 土地利用的永久性和增值性

对土地的投资、土地周围设施的改善、土地用途的改变和土地需求量的增加,使土地可以反复使用和永续利用,并随着人类劳动的连续投入而不断发挥其财富价值。土地可随社会经济的发展,实现其自然增值。这种特性使其在现代金融活动中成为最可靠的融资手段。

5. 土地利用的制约性和外部性

土地有多种用途,在人类劳动的投入下,可产生多种产品,但土地的使用在不同用途之间的变更却会受土地位置固定性的制约。这种位置的固定性,决定了土地只能就地利用,服从其所处的自然条件和人为规划限制条件。同时,土地利用不仅对目标地块和目标区域产生作用,还会影响邻近地块和区域的生态环境与经济效益。正因如此,国家和区域要求对土地的总体利用进行规划、管理、监督、调控。

二、土地的财富价值

马克思曾认为土地是一切生产和一切存在的源泉,英国古典政治经济学家威廉·配第也指出:"劳动是财富之父,土地是财富之母。"土地本身就是财富。作为社会再生产的重要生产资料,土地的主要功能价值可归纳为以下几个方面。

(一)养育功能与价值

在土地的一定深度和高度范围内,含有许多滋生万物的生育能力,如土地具有肥力,具备适宜生命存在的氧气、温度、湿度和各种营养物质,从而使各种生物得以生存、繁衍,世代相传,使地球呈现出生机勃勃之象。

(二)负载功能与价值

土地是负载万物之基,是生物与非生物的安身之所。动物、植物等生物,各种建筑物、构筑物、道路等非生物之所以能存在于地球上,是因为土地有负载的功能。此外,土地为人类提供了生存空间和活动场所,是各项生产活动得以实施的基地。它还是历史陈迹和文化遗产的保存场所,具有人文价值的特殊承载功能。没有土地,万物无容身之处。

(三)生态功能与价值

山水林田湖草是一个生命共同体。这些绿色植物,对保持水土、涵养水源、净化空气、调节气候等发挥着重大的作用,在保护地球生物多样性方面发挥着无可替代的作用。同时,"绿水青山就是金山银山"的生态观和财富观,也引导我们更加注重保护涵盖土地资源的自然环境。

（四）景观功能与价值

土地除了具备生产性能提供各种生产资料外,还自然形成各种景观,如浩瀚的大海、秀丽的群山、奔腾的江河、飞泻的瀑布、无垠的沃野,悬崖幽谷、奇峰怪石、清泉溶洞千姿百态,为人类提供了丰富的风景资源,使人类可以亲近自然、陶冶情操。

（五）储蓄和增值功能

土地所有制出现之后,土地也就拥有了财产功能,由土地资源派生出"土地资产"这一经济学术语。尤其是当今社会,随着社会主义市场经济的逐步深入发展,对土地的需求不断扩大,土地价格节节攀升,对土地的投资能获得储蓄和增值功效。

三、土地的财富增值与分配

马克思认为,地租是土地使用者由于使用土地而缴给土地所有者的超过平均利润以上的那部分剩余价值。马克思按照地租产生的原因和条件的不同,将地租分为三类:级差地租、绝对地租和垄断地租。前两类地租是资本主义地租的普遍形式,后一类地租（垄断地租）仅是个别条件下产生的资本主义地租的特殊形式。无论是实物地租还是货币地租都是土地财富的实际兑现。

（一）土地的增值逻辑

土地为什么会增值？土地作为自然的产物,具有总量有限、位置固定、用途多样、自然垄断等特性,这些特性决定了土地具有资源和资产双重属性,决定了其供求关系的特殊性,也就决定了其价格变化（增值）的特殊性。

首先,土地是自然的产物,总量有限,随着人类社会经济的发展,人们对土地的需求不断增加,土地必然会产生增值。这种增值不同于普通商品,因为普通商品随着价格上涨供给会增加,而土地供给缺乏弹性。

其次,土地具有用途多样性,同一块地用途不同其价格往往相差悬殊,而每一宗地的最终用途往往由规划确定,因此规划用途变化也会引起价格增值,且增值额往往远远超过投资引起的增值。

最后,土地具有位置固定性,其利用状况既影响周边区域,也受周边区域影响,尤其周边基础设施、公共设施状况往往直接影响可利用程度,进而影响其价格。

当然,土地最终是否能够实现增值取决于土地产品、房地产市场,乃至宏观经济状况、金融状况等,因土地增值表现为土地价格上涨,而土地价格由土地交易过程中市场供求关系决定,影响其供求关系的就是人们对土地产品的需求、房地产市场供求等,乃至宏观经济变化、投资性需求等。

（二）土地增值的产生

土地增值,即土地价值的增加,是指在土地开发利用过程中或交易过程中发生的土价格的上升和超额利润的增加。土地价值由土地物质价值和土地资本价值构成,土地增值也相应分两个方面:一是土地物质价值(或价格)的增值,指非土地经营者和使用者投入资本、劳动而自然增涨的地价,其价值的增加是虚假的。二是土地资本价值的增值,即由于对土地的持续追加的投资而使土地价格上涨。

人们一般把土地增值的原因归结为五个方面:①土地使用者或经营者在长期的土地使用和经营过程中,对土地的不断投资、改造而引起土地增值;②政府对公共设施不断投入,投资环境不断改善,或因土地使用者投资而产生土地收益的扩散效应引起的土地增值;③土地利用类型改变,如由工业用地转变为商业、金融用地,由住宅用地转变为商业用地等产生土地增值;④因社会经济发展,城镇人口逐渐增多及房地产业的发展,城镇建设用地供不应求而引起土地增值;⑤方针、政策改变,引起土地投资需求增加,导致土地增值。

(三)土地财富增值收益分配

对土地增值收益的管理和分配无论在政治还是经济方面都是十分敏感的话题,因为它直接体现了政府与土地使用者的关系。多数情况下,土地产权的安全性是政府通过一系列法律条款如土地使用条例、土地税收条例等来确定,因此政府在界定土地增值收益分配时无疑会倾向自身利益,但政府在界定土地产权时并不能随心所欲。

一方面,在不同发展阶段,政府有自己的目标和政策;另一方面,政府必须考虑土地使用者的利益,不能挫伤土地使用者积极性,从而影响经济增长。因此,在土地增值收益管理中,政府必须平衡自身与土地使用者之间的关系以促进土地市场的公平与效率。

我国实行土地公有制,但集体土地所有权主体是多元的,存在农村农民集体所有、村民小组所有、乡镇农民集体所有等不同主体,虽然集体土地所有权具有团体性和分散性,它代表的是局部利益,但它也具有独立性,其土地所有权是一种自物权。在农地征收中,必须保障农民集体经济组织和农民个人的生存利益与财产利益。

从理论上说,由土地使用者投资而产生的土地增值(人工增值)归土地使用者所有,其余增值(自然增值)应归社会(国家)所有。但若自然增值全部收归国有,则不利于调动土地开发、经营者积极性。土地自然增值收益中一部分应留给土地使用者,以提高投资者积极性,使土地资源得到有效配置和最优利用,以此提高土地财富价值。

第五节 人口与财富管理

中国古代很早就有人口适度增长、人口即是财富的思想,孔子及门徒主张增值人口,并认为"有人此有土,有土此有财"(《礼记·大学》)。同时,古代许多思想家也考察了人口迁移问题。"徕民"是《商君书》中反复强调的政策主张,即招徕三晋之民到秦国垦荒,以富国强兵。马克思在《经济学手稿》和《资本论》中都有关于就业问题的论述,其中,相对过剩人口理论是其就业理论的核心。而且,马克思在《经济学手稿》中也指出:"剩余价值的第二种形式是相对剩余价值,它表现为工人生产力的发展,就工作日来说,表现为必要劳动时间的缩短,就人口来说,表现为必要劳动人口的减少。"

一、人口概述

人口是在特定时间和空间里作为自然界最高等生物存在的一个集群。这个集群之中的成员间除有生物学意义上的关联外,还在日常的生活中结成错综复杂的社会关系。人口是一个内容复杂、综合多种社会关系的社会实体,具有性别和年龄及自然构成,多种社会构成和社会关系、经济构成和经济关系。人口的出生、死亡、婚配,处于家庭关系、民族关系、经济关系、政治关系及社会关系之中,一切社会活动、社会关系、社会现象和社会问题都同人口发展过程相关。

二、人口与社会财富

劳动会创造财富,人口则是劳动的源泉。所以,在人类大部分发展阶段,人口的增长就表现为财富的增长。

人口是社会财富的本源,财富是人的财富。尽管受到质疑,但以下两种人口的财富含义具有一定合理性。

第一种,资源贫乏时代,当资源和人口产生矛盾,一部分人口不能找到劳动,会使该部分人口的财富含义下降、财富消费意义上升。人类进入农业社会后,随着人口增加和人均可耕地相对减少,土地价值相对增加,人口直接体现为财富价值相对减少。

第二种,由于技术的提高或人口年龄结构或素质原因,一些人没有劳动能力。因此,评价一个国家或者地区的人口状况和人口作为财富价值的高低,关键不是看人口数量,而是看人口的年龄结构和劳动力素质情况。

以上两种人口的财富含义,解释了人口与财富关系的本质:人口不仅是财富的创造者,还是财富的消费者。这是人口作为财富,与其他财富最大的不同。人口作为财富的终极意义取决于其财富创造能力与财富消费能力的对比。也就是说,人口到底是剩余产品的生产者,还是稀缺产品的净消费者。

三、人口与经济发展

人口作为财富的创造者和消费者,总在一定的经济发展水平下进行。一个国家和地区人口的自然属性和社会属性所表现出来的特征对该国家和地区的经济发展有重要影响。人口的构成(数量、结构、质量)对经济发展的影响,又决定着个人、国家、社会的财富积累与再生产过程。

1. 人口年龄结构影响经济活动中的劳动力的数量和质量

一般而言,较为年轻的人口年龄结构意味着一个国家和地区将有较充裕的劳动力供给,老龄化的人口年龄结构一般伴随着新增劳动力数量的绝对减少和劳动经济活动人口结构的相对老龄化,将从数量和质量两个方面对社会劳动力产生影响,从而直接影响社会生产力。在既定经济结构前提下,不断减少的劳动力供给,会造成企业劳动成本上升、竞争力下降。

2. 人口年龄结构影响家庭的消费和储蓄行为

不同年龄阶段的人口的消费有其显著的特征,相应的消费水平也大不一样,少儿人口

(0～14岁)是被抚养的少儿人口,他们的主要消费支出是身体的成长性和教育支出。尽管一半的青年人口(15～24岁)归为青年劳动年龄人口,但其中很大一部分仍在接受高等教育,中青年劳动年龄人口(25～44岁)劳动能力强,参与经济活动广泛,是整个人口中最具生产性的一个群体。高龄劳动年龄人口(50～64岁)中一部分人参与经济活动,一部分已经退出。人口年龄结构变化对储蓄动机和储蓄行为也具有一定影响。人一生中的收入在某种程度上可以预测,为得到最大效用,消费者往往用储蓄和借贷来平衡其一生消费。

3. 人口年龄结构影响国民收入分配和资本积累

人口年龄结构会影响政府将财政收入的不同部分在不同年龄国民之间的使用和分配,以保证社会的良性运转。在分析人口年龄结构对经济发展影响时,人们更多关注和讨论人口老龄化对经济发展的影响,多数人往往关注人口老龄化给经济发展带来的种种不利影响。但人口老龄化也创造了若干新的经济发展机会,老年人的日常护理、医疗保健、生活休闲成为越来越重要的新兴市场。

4. 人口红利对经济发展的影响

对于一个国家和地区而言,在人口转变过程中,由于出生率和死亡率下降在时间上的先后和速度上的快慢不同,整体人口年龄结构将先后经历高少儿抚养比、高劳动力人口比、高老年赡养比三个不同阶段。在高劳动力人口化阶段,会出现有利于经济发展的诸多因素:一是劳动力人口供给充分,价格比较便宜,若就业充分,会创造出较多社会财富;二是由于劳动力年龄人口比例较高,财富生产相对于消费有较多剩余,可有较高储蓄率,若资本市场健全,能将储蓄转化为投资,加速经济增长;三是由于人口老龄化高峰尚未到来,社会保障支出负担轻,可将国民收入中相对较多部分用于扩大再生产,这些有利于经济发展的因素得到有效利用后产生经济效果,便是人口红利。第二次世界大战后日本、韩国、泰国、中国台湾等国家和地区在创造所谓东亚奇迹时,人口红利为经济增长创造了极为有利的条件和机遇。

四、可持续发展的人口政策

人口政策是一个国家根据本国人口增长过快或人口停止增长乃至出现负增长而采取的相应政策措施。一个国家的人口政策还会随着本国人口发展的实际情况做适当调整,建立符合自己国情的科学人口发展战略。

(一)人口政策的内容

1. 调节人口自然增值的政策

通过政策可直接规定预定时期的人口规模或自然增长目标,也可规定最低结婚年龄,借以影响生育率变化。

2. 国内人口迁移的政策

这一政策常常和人口地区分布政策密切结合,两者的目标必须一致。此外,人口地区分布政策也可以通过对不同地区制定不同的人口自然增长目标来实现。

3. 人口地区分布政策

人口地区分布政策常具有多重目的,如发展特定地区的农业、工矿业,巩固边防,或是为了疏散人口过密地区的人口等。

4. 国际移民政策

国际移民政策可分为迁入国和迁出国两种类型政策,并采用法律的形式来实施。许多移民入境国往往通过法律条文对不同来源国的移民加以选择性鼓励、限制或禁止,而移民出境国则按不同情况对本国移民出境分别加以鼓励、限制或禁止。

(二)可持续的人口政策

作为发展主体的人类,要自觉科学地调控人口因素以适应可持续发展要求,具体而言,就是要适度控制人口数量,积极提高人口质量,主动优化人口结构。

1. 适度控制人口数量

要把人口规模控制在其对资源、环境的需求和利用不超过其再生和更替的水平之内,避免由于人口数量压力造成现有人口生活质量下降,或者为保持和提升人口生活质量而超过临界点地对资源和环境进行滥用。

2. 积极提高人口质量

通过人类对自身持续发展意识的增强和能力的提高,以可持续发展的思路来确定满足人类自身发展需要的合理目标,并在实现这个目标的过程中以发挥人力资本为主要依托,走出一条节约资源、保护环境的发展路线。

3. 主动优化人口结构

在人口的各种构成和分布上作出有理性的预期,并采取相应的调节措施,一方面使人口再生产本身以健康、和谐的方式延续下去;另一方面则是使人口的构成和与之相关的社会经济因素相适应,做到良性互动。

第六节 经济周期与财富管理

经济的增长具有周期性,包括低谷、复苏、高峰、衰退这四个阶段,不同的经济周期阶段对于财富管理有着重要的影响。为了实现财富的保值增值与经济稳定,国家在不同经济周期阶段应采取不同的应对策略,尤其在经济处于下行衰退过程中时,投资者要慎重选择投资标的,以维持资产价值。

一、经济周期与经济周期应对策略

经济周期也称为商业周期,是指几个月或几年内经济活动的波动。跟踪周期有助于专业人员对经济方向作出预测。各国政府部门往往会对本国的经济周期作出正式的判断,如美国国家经济研究局(NBER)会根据国内生产总值(GDP)、家庭收入和就业率等因素,定期对美国的经济周期作出判断。值得注意的是,尽管被称为周期,但经济周期并不具备规律性。

经济或商业周期由政府管理。它所掌握的控制周期的最大工具是财政政策。为了结束衰退,政府将采取扩张性财政政策,相反,政府将利用紧缩财政政策来阻止经济过热。

央行将利用货币政策帮助管理和控制经济周期。当周期进入低谷时,央行将降低利率或实施扩张性货币政策。当周期进入高峰阶段,央行会提高利率或使用紧缩货币政策,以管理经济扩张,防止其见顶。

二、基于利差预测衰退

长短期国债收益率倒挂现象往往被视为衰退的预兆之一。宏观经济学中最重要的关系之一是利差(长期利率和短期利率之间的差)和未来的经济活动之间的关系。负项利差,即收益率曲线倒置,能可靠地预测出未来产出增长率较低,并表明衰退的概率很高(Rudebusch and Williams,2009)。这种关系不仅在美国,而且在其他一些发达经济体也是如此(Estrella and Mishkin,1997)。在广泛的经济和金融指标中,"利差"一词是未来经济活动最可靠的预测指标之一,因此受到专业预报员和决策者的密切关注。

从图4-1中可以立即看出利差的预测能力,该图显示的利差是按1955年1月至2018年2月10年期和1年期国债收益率之间的差额计算的,同时国债收益率的阴影区域反映了经济衰退的迹象。这一时期的每一次衰退都是在收益率曲线反转之前发生的,即一个带有负期限蔓延的插曲。一条简单的经验法则预测,当"利差"一词为负数时,两年内将出现衰退,这正确地表明了1955年以来的所有9次衰退,在20世纪60年代中期,当时的倒挂之后是经济放缓,但不是官方经济衰退。从利差变成负数到衰退开始之间的延迟从6个月到24个月不等。

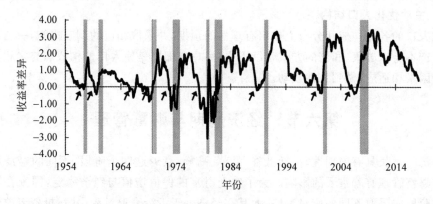

注:折线为收益率之差,灰色竖条区域代表衰退期

图4-1 美国10年期美国国债与1年期国债收益率差异

资料来源:圣路易斯联邦储备银行。

虽然这些事件的历史情况不同,但过去收益率曲线倒置的模式非常相似:"利差"的下降一般是由短期利率的明显上升推动的。另外,长期利率通常会逐渐变化,要么在这一期间略有增加,要么有所下降。

这种模式提出了一些可能的解释,为什么收益率曲线倒置通常会伴随着衰退。在经济扩张期间,中央银行通常会通过逐步提高短期利率来收紧货币政策。商业周期的核心特征是,在某个时候紧随扩张之后的是衰退。长期利率反映了对未来经济状况的预期,虽然在扩张初期短期利率会上升,但一旦投资者的经济前景变得越来越悲观,中央银行会放松货币政策。平缓的收益率曲线也降低了银行短期借贷和长期贷款的利润,这可能会抑制贷款供应,收紧信贷条件。尽管有这些似是而非的解释,但利率与宏观经济之间的复杂关系使得很难确定收益率曲线倒置与经济放缓之间联系的确切机制。我们不是尝试理论解释,而是关注数据中的预测关系。

预测未来的经济发展是一项棘手的工作,但"利差"一词在预测衰退方面有着惊人的准确纪录。收益率曲线倒置的时期,经济放缓之后,几乎总是衰退。而且,任何基于收益率曲线倒置现象对经济进行预测的行为都有可能通过市场的反身性导致经济衰退。

三、衰退期的资产选择与配置

对投资者来说,有些资产类别要么在经济低迷时期保持稳定,要么在市场受到影响时上涨。虽然历史无法预测未来会发生什么,但在危机时期,一些资产历来表现良好,而且似乎又在领跑。

1. 政府债券

有的时候,固定收益会受到不好的批评,因为在低利率环境下,固定收益几乎没有得到收益。但在平衡下跌市场方面,债券的表现一直超过股票。根据 MFS Investments 的数据,2008 年全球债券的回报率为 12%。在科技危机期间,债券的表现也不错,2000 年、2001 年和 2002 年的回报率超过 8%。

宏利资产管理全球资产配置联席主管 Nathathoft 表示,债券在经济不景气时期表现良好的原因是,它们一直被视为避险资产。美国国债,特别是长期债券,被认为是安全、稳健的投资。即使在经济衰退期间,美国也不会破产。他说:"这些都是避险资产。"债券违约的可能性很小。但是要知道,并不是所有的债券都是平等的。高收益债券往往与股票的相关性要大得多,当股价下跌时,它们的价格也会下跌。

2. 管理期货 CTA

CTA 策略称为商品交易顾问策略,也称作管理期货。商品交易顾问对商品等投资标的趋势作出预判,通过大量的指标排除市场噪声,设定交易系统,判断当前市场趋势,然后建立头寸,通过期货期权等衍生品在投资中进行做多、做空或多空双向的投资操作,为投资者获取来自于传统股票、债券等资产类别之外的投资回报。

CTA 策略主要研究方法是通过对单个品种历史上的量价数据进行分析,包括开盘价、收盘价、最高价、最低价、成交量、持仓量这些数据,提炼出具有概率优势的规律,将此规律用代码实现,并假设这类规律在未来会依然存在。最后用此类规律来判断品种未来的方向,进行开仓、平仓、加仓、减仓等操作,并以此来获利。

大多数散户投资者在他们的投资组合中并不持有与衍生品相关的资产,但现在可能是他们持有对冲基金的时候了。据总部位于芝加哥、出售另类资产的信实资本市场的数据,在 1994 年至 2008 年的 5 个危机时期,其管理下的期货回报率为 14.34%,远远超过其他任何资产。2008 年,这一替代战略的回报率也在 14% 左右。

管理期货 CTA 这种投资之所以做得这么好,是因为它跟踪了趋势,无论是上行行情还是下行行情。例如,如果 S&P 500 突破低于 150 天的移动均线,那么这可能是一个卖出信号,经理可能会开始在股票上做空。如果期货管理机构出现积极的趋势,可能会在某些品种上走得很远。在波动时期,管理期货的表现并不好,因为在波动时期,没有真正的趋势可以跟随。但当市场长期跳水时,管理期货往往是众多资产中表现最好的资产类别。

3. 黄金

一般来说,人们看待黄金的方式与看待债券的方式相同——都是一种可以保护自己的资金的避风港资产。这是因为黄金是一种实物资产,可以在世界各地买卖,人们希望持有一种具有内在价值的实物商品,并在股票下跌时能够持有这种价值。从 2008 年 11 月初到 2009 年 3 月 6 日,当市场触底时,S&P 500 下跌了约 30%,黄金上涨的幅度几乎相同。

不过,黄金可能是一个棘手的资产类别,因为它的价格往往是由人们对市场的看法而不是实际基本面决定的。一旦市场企稳,就很难知道黄金的表现如何。黄金很难估值,因为很多事情推动着价格发生变化,如通胀水平、避险环境以及供需关系。

4. 现金

货币被认为是一种资产类别,在危机期间其价值几乎没有动摇。无论是好的时候还是坏的时候,一美元就是一美元。这意味着,在下跌的市场行情中,它的表现总是超过股票——如果股票下跌 10%,持有股票的行为会导致资金价值下跌。当然,如果一个人在牛市期间持有的现金太多,他们也没有制造任何东西。

对市场感到紧张的人可以持有更多的现金。你不会得到其他不相关资产可能享受的上行行情,但你的投资组合会比股票的下跌幅度小。当市场平静时,将现金重新部署到股票也更容易。在经历了长期的牛市之后持有更多的现金往往并不是一个坏主意。

本章术语

战争 人口 土地 金融科技 经济周期 文化 实体经济

本章练习题

1. 经济周期有哪几个阶段?
2. 经济衰退期政府倾向于采用什么样的货币政策?其目的是什么?
3. 什么是预测经济衰退的有效工具?
4. 衰退期配置什么资产才可以使财富保值增值?

即测即练

第五章

财富管理现象

【教学目标】
1) 了解贫富差距现象
2) 了解富不过三代现象

【教学重点】
1) 我国贫富差距现状及产生原因
2) 通过"人为财死,鸟为食亡"这一俗语,对财富或金钱有一个正确的认识,避免贪欲中的陷阱和危害

【教学难点】
1) 收入、财富、财产概念的区别
2) 基尼系数

随着经济的发展,社会财富不断增长,财富的分配成为一个重要的问题。本章我们从贫富差距现象说起,探讨其中的缘由;然后是对首富的分析;当财富没有得到合理的管理就会面临富不过三代的结局;在追求财富的过程,会出现一个常见的现象,那就是人为财死,鸟为食亡;在管理财富的过程中,我们可能还会陷入庞氏骗局;面对财富,尤其是当处在较高的位置能够接触大量的财富时,可能会发生贪污腐败的现象。

第一节 贫富差距现象

在财富管理中普遍存在着以下几类现象,分别是:贫富差距现象,首富现象,富不过三代现象,人为财死、鸟为食亡现象,庞氏骗局现象以及贪污腐败现象等。其中,社会中最为广泛存在的是贫富差距现象。

我国自改革开放以来,人民收入水平不断提高,但是,居民之间的财富差距也在不断拉大,区域不平衡、行业产业不平衡等问题比较突出。本节将对全球贫富差距现象、中国贫富差距现象以及产生原因予以介绍。

一、贫富差距的相关概念

(一) 贫富差距概念界定

对于贫富差距,目前主要从财产差距、收入差距和生活水平差距等方面对贫富差距进行定义。具体来讲,贫富差距是指在特定的区域和时段内,在一部分较为富有的居民(家户)和一部分与前者数量相同的较为贫穷的居民(家户)之间,依照一定的规则,在对他们的平均收入和平均财产进行比较的基础上所计算出来的特定比例关系、系数或差额等。

仅仅计算人们之间的收入差距,是不足以表示出社会的贫富差距的,还要考虑到财产差距等方面,这就要区分"收入"与"财富",正如萨缪尔森指出,它们分别是以"货币流量"和"货币存量"的形式存在的。

"收入"是指一个人或一个家庭在一定时期(通常以1年为单位计)内所取得的货币总量。一般来说,在多数国家,收入主要包括工资(含奖金、津贴等)、房地产租金、股息和利息以及转移性支付收入(社会养老金、社会救济等)。

"财富"是指一个人或一个家庭在一定时点上所拥有的有形资产和金融资产的净存量。一般来说,在多数国家,财富主要包括自有住房、金融资产(储蓄、股票、债券等)和耐用消费品。抵押借款,是作为负数存在的"财富"。这一点是与收入很不相同的。

而"财产"在现代经济学中体现了产权,是个体可以占有的、具有竞争性和排他性的、与主体可分离的私人物品,是个人财富的一部分,其外延随着经济、社会、科技的发展不断多样化,居民财产数量不断增加,财产类型越来越复杂。财产可分为有形财产与无形财产,也可分为动产与不动产等。

(二) 贫富差距测度

目前国际上常用"基尼系数"作为衡量一个国家、一个地区的贫富差距的标准,其数值为0~1。基尼系数等于0,表示收入分配绝对平均;基尼系数等于1,表示绝对不平均。一般认为,基尼系数小于0.2为高度平均,大于0.6为高度悬殊,国际上通常以0.4作为警戒线,基尼系数越大,表示不平等程度越高。基尼系数计算公式如下:

$$G = A/(A+B)$$

式中,A为实际收入分配曲线和收入分配绝对平等曲线之间的面积;B为实际收入分配曲线右下方的面积,这个数值被称为基尼系数或称洛伦茨系数。如果A为零则基尼系数为零,表示收入分配完全平等;如果B为零则系数为1,表示收入分配绝对不平等。收入分配越是趋向平等,洛伦茨曲线的弧度越小,基尼系数也越小;相反,收入分配越是趋向不平等,洛伦茨曲线的弧度越大,那么基尼系数也越大(图5-1)。

二、全球贫富差距现象

贫富差距问题是全球性问题。意大利经济学家巴莱多曾提出著名的"80/20"定律,该定律指出社会上20%的人拥有全世界80%的财富。但事实上,全球财富占有的比例已经

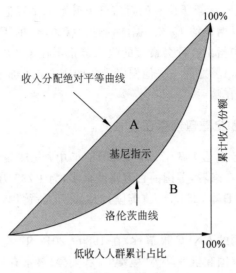

图 5-1　基尼系数

远低于 80/20 定律,不平等程度正在不断加深。

(一) 全球贫富差距问题正在不断扩大

瑞士信贷银行在《全球财富报告》中指出,2018 年全球财富总额达到了 317 万亿美元,较 2017 年增幅 4.6%,全球人均财富增长 3.2%,达到 63 100 美元,创历史新高。但该报告同时指出,处于底层 50% 的(成年)人口只占有不到全球 1% 的财富,最富有的 10%(成年)人口却占有全球 85% 的财富,其中最富有的 1% 人手里掌握着 47% 的财富(接近全球财富的一半),最富有的 4 200 万名百万富翁(不到全球总人口 1%)拥有全球 45% 的财富。而最贫穷的 32 亿人,其人均财富不足 1 万美元,他们所拥有的财富总和仅占到全球财富的 1.9%。该比例不仅远低于意大利经济学家巴莱多的"80/20"定律,而且专家预计未来贫富差距还将持续扩大。据瑞士信贷银行预计,到 2022 年全球百万美元富豪将增加 22%,总人数将超过 4 400 万人,而同期,财富不足 1 万美元的成年人可能只会减少 4% 左右。因为在 2017 年年中,全球财富总额仅为 280 万亿美元,全球百万富豪总数仅为 3 600 万人,在 2018 年一年时间里富豪群体增加了 600 万人,可见富豪群体扩大的速度之快。

另据国际慈善组织乐施会最新研究报告——《请回报劳动,不要酬谢财富》指出,2017 年全球 82% 的财富流向了 1% 人口,而处于底层 50% 的人口财富收入几乎颗粒无收。在 2010 年到 2017 年这 7 年时间里,全球的亿万富豪的财富以年 13% 的比例高速增长,而普通劳动者的年工资增长率仅为 2%,亿万富豪的财富增长率是普通劳动者工资增长的 6 倍之多。富人为穷人提供就业机会,而穷人廉价的劳动力却没有得到应有的报酬。富人依靠资本这一生产要素,凭借脑筋,就有一群穷人为其打工,为其财富账户增值。

(二) 在富人中又存在着超级富豪

据福布斯富豪榜显示,2010 年福布斯全球富豪榜上榜富豪所持有的财富规模为 3.6

万亿美元,而 2015 年上榜富豪所持有的财富已上升至 7.1 万亿美元,增幅接近 100%。①而同期,全球财富总量仅增长约 15%。据此,弗里兰(2013)在《巨富——全球超级新贵的崛起及其他人的没落》中指出:"社会最大的收入差距不在于 1% 的富人和其余 99% 的人之间,而存在于 0.1% 与 1% 之间——他们以飞速的资产扩张成为新一代全球超级富豪,将所谓的有钱人远远抛在脑后。"

(三)贫富差距问题全球普遍存在

2018 年《全球财富报告》显示,截至 2018 年中,全球百万美元富豪总人数为 4 215.5 万人,就国家分布来看,美国的百万富豪最多,为 1 735 万人;中国第二,为 348 万人;第三至第六分别为:日本,281 万人;英国,243.3 万人;德国,218.3 万人;法国,214.7 万人。

此外,据美国财经网站 CNBC 报道称,在 1980—2017 年,全球近乎所有地区的贫富差距都在加剧,其中以美国和俄罗斯为"极端"。在美国,最富有的 1% 人口拥有全国 39% 的财富,但贫富差距的加剧主要是由于最富有的 0.1% 人口的财富增长导致的。

尽管北美和欧洲的贫富差距很大,但研究人员也指出:非洲、巴西和中东的问题也很严重,报告指出:"巴西和撒哈拉以南非洲地区最富有的 10% 的人口占有该地区总收入的 55% 左右,而在中东地区,收入 10% 的人口占有总收入的 60% 以上。"

全球贫富差距问题曾在 2000—2008 年有所缓和,最富有的 1% 人口拥有财富从 47% 下降为 43%,但 2008 年金融危机又将此局势逆转,金融危机后人们增加了对金融资产的配额,财富进一步快速增长,2016 年又回到了 2000 年的 47%。据统计,2007—2016 这 10 年,除加拿大以外,所有国家最富裕的 1% 人口拥有财富的占比均在增加。

(四)越有钱,财富增加得越快

凯捷公司发布的《世界财富报告》显示,尽管都是百万富豪,但富豪之间的差距仍然很大,主要体现在财产越多,财富增加的速度越快。凯捷公司的调研显示,资产在 100 万~300 万美元的"小富豪们"在 2018 年一年中财富平均增长了 9.5%,而财富在 500 万~3 000 万美元的"中等富豪们",在 2018 年一年中财富平均增长了 10.5%,财产超过 3 000 万美元的"超级富豪们",在 2018 年一年内的财富平均增长了 12%。

三、我国贫富差距现象

贫富差距问题在世界各地普遍存在。我国作为人口第一大国,2018 年人口总数已经达到 14 亿,贫富差距问题更加严峻。

伴随着改革开放,我国经济不断增长,居民收入水平得到不断提高,但随之而来的贫富差距问题日渐凸显。目前,我国贫富差距的核心问题已经由"穷者太穷"转为"富者太富"。

改革开放初期,我国贫富差距的主要特点表现为"穷者太穷"。1978 年,我国农村贫困人口高达 2.5 亿,占当时总人口的 1/4,在很长一段时间内,这些贫困人口成为我国贫

---

① 陈彦斌,陈小亮. 理解贫富差距:基于财产不平等的视角[M]. 北京:科学出版社,2017:113.

富差距的主要根源所在。学者陈彦斌通过对我国 2007 年的数据研究发现:去掉最富有的 1% 家庭后,中国城市中前 10% 最富有人口拥有的财富占全部财富的 33%,而农村相应的数值为 39%。相比当时美国该数值为 64%、加拿大为 58%,我国的贫富差距问题不在于"富者太富"。①

随着改革开放的不断深入,我国综合实力不断增强,人民收入水平以及财富水平不断提高,相应的贫富差距的主要特点已经由"穷者太穷"转为"富者太富"。瑞士银行发布的《全球财富报告》显示,截至 2018 年中,中国家庭财富规模位居全球第二,增长了 2.3 万亿美元,达到 52 万亿美元,中国百万美元富豪的人数正在迅猛增加,已由 2000 年的 4.1 万人增加到 2018 年的 350 万人,该数量相当于全球总数的 8.4%,增长了 80 多倍,仅 2018 年一年就新增了 18.6 万人。并预计未来 5 年中国的财富将进一步增长 23 万亿美元,在全球财富中的占比将从 2018 年的 16% 升至 2023 年的逾 19%。

据世界银行在中国的调查数据表明,1979 年中国城乡居民家庭人均收入的基尼系数是 0.33,我们可以将这个数据作为改革起点时期的贫富差距的情况,后来的实际与研究都证明,基尼系数是一路攀升的。学者们引用得比较多的数据,如 1988 年城乡居民家庭人均收入的基尼系数是 0.382,这个数据是中国社会科学院赵人伟教授和李实教授等调研的结果;1994 年,城乡居民家庭人均收入的基尼系数已经上升到 0.434。1996—1997 年,学者组织的一项全国调研证明,城乡居民家庭人均收入的基尼系数已经攀升到 0.457 7。此外,据国家统计局数据披露,中国 2003—2017 年居民收入的基尼系数分别为:0.479、0.473、0.485、0.487、0.484、0.491、0.490、0.481、0.477、0.474、0.473、0.469、0.462、0.465、0.467。可见,我国居民收入的基尼系数近 15 年来持续在高位徘徊,均高于国际警戒线 0.4,居民贫富差距较大。

贫富差距主要体现在收入差距和财产差距两个层面上,一个是流量差距,另一个是存量差距。除此之外,中国的贫富差距还体现在财产差距的日益加大。随着个体经济、私营经济的快速发展,居民家庭通过开办企业开始持有生产性固定资产,普通家庭通过购买住房持有房产,因此,从 1998 年房改到 2018 年短短 20 年期间,居民的财产以惊人的速度增长。1995 年中国居民家庭的净财产仅有 1.2 万元,2012 年家庭净财产已经高达 25.4 万元,在十几年里增长了 20 多倍,而同期的城镇居民人均可支配收入与农村居民的纯收入只增长了 5.7 倍和 5 倍。在此过程中,财产基尼系数从 1995 年的 0.4 增加至 2012 年的 0.66。②

四、我国贫富差距的产生原因

我国贫富差距的产生原因是多方面的。不同国家与地区由于实际情况的迥然不同,其实际发展历程不同,在制度、政策等方面有着显著的差异,所以产生贫富差距的根源也不尽相同。总结起来,我国产生贫富差距大致有以下几方面原因。

---

① 陈彦斌. 中国城乡无财富家庭的财富分布[J]. 中国人民大学学报,2008(5):64-71.
② 1995 年数据根据李实等(2005)计算得出,2012 年数据根据北京大学中国社会科学调查中心 2012 年中国家庭追踪调查数据计算得出。

(一) 个体差异性的影响

在群体中,个人对相对收入、权力及声誉有不同的偏好,当个体间的这种差距缩小时,心理方面的幸福感也会随之减少,进而消失,因此部分个体会产生公平厌恶的心理并通过更加勤劳的工作来拉开这种差距。同时,由于个体的自身禀赋和能力存在差异,能力较强的个体将比能力相对较弱的个体获得更高的收入。即便个体之间具有相同的公平厌恶和能力,但是由于财富的代际转移也会造成个体所面临的初始条件不同,具体表现在获得财富转移较大的个体能够接受更好的教育、具有更高的交流圈以及更多的致富机会等,这种代际的财富转移会不断叠加,从而造成个体间的贫富差距进一步分化。

(二) 地区间发展的差异性

改革开放初期,我国为了激发市场活力、提高生产效率,实行计划经济向市场经济转变并实施梯度发展战略,鼓励一部分人和地区先富起来,带动和帮助其他人和地区逐步达到共同富裕,因此国家大量的资源和政策向东部地区倾斜,帮助东部地区实现了跨越式的发展,但东部地区的快速发展对中西部地区的支持力度不足、带动作用不明显,反而加剧了人力资源和自然资源向东部地区集聚,导致富的地区越来越富,穷的地区越来越穷。此外,不同地区之间的比较优势相对不同,具有不同的区位优势、自然资源等要素禀赋,因此能否借助自身比较优势实现快速发展也反映了居民富裕的不同程度。

(三) 非公有制经济的快速发展

随着我国传统所有制的深刻变革,各种非公有制经济得到了迅猛的发展,其对经济的贡献日益重要,占国民经济的比重不断增大,社科院的研究显示,2012年在我国二、三产业中,非公有制经济创造增加值的比重为67.59%,提供就业数量的比重为75.20%。众多个体户和私营企业主掌握着越来越多的土地、机器和原材料等生产资料,实现利润的规模也在快速增长。而我国实行以按劳分配为主体、多种分配方式并存的分配制度,在经济快速增长阶段,资本等非劳动力要素处于强势地位而且供不应求,劳动力处于弱势地位而且供过于求,这就导致在收入分配中非劳动力要素所占的份额不断增大,而劳动报酬所占的份额逐渐缩小,从而造成生产资料的占有者和非占有者之间的贫富差距不断恶化。

(四) 税收制度不健全

税收制度能够改善贫富差距不断扩大的情况,缓解社会分配不公的矛盾。然而我国个税在GDP和财政收入中所占的比例较低,制约了个税在收入分配调节作用的发挥,同时由于富人阶层的收入来源较多,不仅拥有工资收入,而且有较高的财产性收入,而由于我国对个税的征收主要采取分类税制,其不能全面完整地体现纳税人的纳税能力,在个税征管过程中,工薪所得税最易管控,对其他收入的征管相对薄弱,由此造成收入来源单一的工薪阶层税负较重,而收入来源多元化的高收入阶层通过合理避税等方法减轻自身的税负压力。此外,我国对个税的征收仅针对个人,而没有考虑不同家庭的异质性问题。因此,我国的税收制度并没有起到有效调节收入平衡的作用。

（五）社会保障制度不完善

完善的社会保障制度是调节社会公平的基础，然而与经济快速发展相对应的是我国社会保障体系发展相对滞后，主要表现在财政总支出中社会保障支出占比较低，2015年我国社会保障支出仅占财政总支出的11%左右，占当年GDP的3%左右，与发达国家相比还有很大的差距，发达国家社会保障支出占财政总支出的比例在30%~50%，过小的社会保障支出规模抑制了其收入调节功能。而且我国社会保障还存在覆盖面不全、制度碎片化的现象，从而导致不同群体享受不同的社会保障待遇，并进一步固化了城乡、区域和行业之间的差距。

五、我国脱贫攻坚的伟大成就

中华人民共和国成立以后，扶贫开发始终是中国共产党和中国政府的重大任务。在不同的历史时期，确定不同的扶贫战略，制定相应的政策体系，扶贫开发不断取得新成就。党的十八大以来，以习近平总书记提出的"精准扶贫"为起点，以党的十八届五中全会和中央扶贫开发工作会议为标志，中国扶贫开发进入脱贫攻坚新阶段。

按现行农村贫困标准[农民人均可支配收入达到2 300元（2010年不变价）]，2013—2019年中国农村减贫人数分别为1 650万人、1 232万人、1 442万人、1 240万人、1 289万人、1 386万人、1 109万人，7年来，贫困人口从2012年年底的9 899万人减到2019年年底的551万人，累计减贫9 348万人，年均减贫1 335万人，累计减贫幅度达到94.4%，农村贫困发生率也从2012年年末的10.2%下降到2019年年末的0.6%。

我国始终坚持开发式扶贫方针，引导和支持所有具有劳动能力的贫困人口依靠自己的劳动摆脱贫困。2013年至2019年，832个贫困县农民人均可支配收入由6 079元增加到11 567元，年均增长9.7%，比同期全国农民人均可支配收入增幅高2.2个百分点。全国建档立卡贫困户人均纯收入由2015年的3 416元增加到2019年的9 808元，年均增幅30.2%。贫困群众"两不愁（不愁吃、不愁穿）"质量水平明显提升，"三保障（义务教育、基本医疗和住房安全有保障）"突出问题总体解决。

从减贫速度看，中国明显快于全球。世界银行发布的数据显示，按照每人每天1.9美元的国际贫困标准，从1981年末到2015年末，我国贫困发生率累计下降了87.6个百分点，年均下降2.6个百分点，同期全球贫困发生率累计下降32.2个百分点，年均下降0.9个百分点。特别是2013年实施精准扶贫以来，每年减少贫困人口1 300多万，7年减少9 300多万。

习近平总书记指出："总的看，我们在脱贫攻坚领域取得了前所未有的成就，彰显了中国共产党领导和我国社会主义制度的政治优势。"这些政治制度优势主要体现在以下方面：一是坚持党对脱贫攻坚的全面领导；二是坚持以人民为中心的发展思想；三是坚持精准扶贫方略；四是坚持完善大扶贫格局；五是坚持激发脱贫内生动力；六是坚持较真碰硬考核评估。

第二节 首富现象

首富指某个地区最富有的人或人家。早在我国古代就已经出现了"首富"这一概念,清代的伍秉鉴和明代的刘瑾都曾经是当时的首富。本节通过首富的概念、类型及特点、社会责任感以及中国首富面临的挑战,以透视首富现象。

一、首富的概念

首富一般是指在一定的区域内(大部分是指世界或国家)的个人合法资产排行榜排名最高的人士,他不仅仅指一个具体的个人,同时也代表其所创办的企业或者集体。目前世界主流的富豪排行榜有福布斯富豪排行榜、胡润富豪排行榜、英国《泰晤士》报富豪排行榜等。

历史上中国也出过世界首富,清代的伍秉鉴(1769—1843年)是当时的世界首富。21世纪长居封顶的世界首富是美国微软公司的联合创始人比尔·盖茨。而今的世界首富是亚马逊公司创始人兼首席执行官杰夫·贝佐斯,根据福布斯2018年颁布的全球富豪榜单显示,杰夫·贝佐斯首次超越比尔·盖茨成为新晋世界首富(表5-1)。

表 5-1 2018 年福布斯富豪榜

序号	姓名（中文）	姓名（英文）	净资产/亿美元	变动	年龄	财富来源	国籍
1	杰夫·贝佐斯	Jeff Bezos	1 120	↑2	54	亚马逊	美国
2	比尔·盖茨	Bill Gates	900	↓1	62	微软	美国
3	沃伦·巴菲特	Warren Buffett	840	↓1	87	伯克希尔·哈撒韦	美国
4	伯纳德·阿诺特	Bernard Arnault	720	↑7	69	路威酩轩	法国
5	马克·扎克伯格	Mark Zuckerberg	710	—	33	facebook	美国
6	阿曼西奥·奥特加	Amancio Ortega	700	↓2	81	Zara	西班牙
7	卡洛斯·斯利姆·埃卢	Carlos Slim Helu	671	↓1	78	电信业	墨西哥
8	查尔斯·科赫	Charles Koch	600	—	82	科氏工业集团	美国
9	大卫·科赫	David Koch	600	—	77	科氏工业集团	美国
10	拉里·埃里森	Larry Ellison	585	↓3	73	软件业	美国
11	迈克尔·布隆伯格	Michael Bloomberg	500	↓1	76	彭博	美国
12	拉里·佩奇	Larry Page	488	—	44	Google	美国
13	谢尔盖·布林	Sergey Brin	475	—	44	Google	美国
14	吉姆·沃尔顿	Jim Walton	464	↑2	69	沃尔玛	美国
15	罗伯森·沃尔顿	S. Robson Walton	462	—	73	沃尔玛	美国
16	艾丽斯·沃尔顿	Alice Walton	460	↑1	68	沃尔玛	美国

续表

序号	姓名（中文）	姓名（英文）	净资产/亿美元	变动	年龄	财富来源	国籍
17	马化腾	Pony Ma	453	↑14	46	腾讯	中国
18	弗朗索瓦丝·贝当古·梅耶尔	Françoise Bettencourt Meyers	422	(↓4)	64	欧莱雅	法国
19	穆克什·安巴尼	Mukesh Ambani	401	↑15	60	石油	印度
20	马云	Jack Ma	390	↑3	53	电子商务	中国
21	谢尔登·阿德尔森	Sheldon Adelson	385	↓1	84	赌场	美国
22	史蒂夫·鲍尔默	Steve Ballmer	384	↓1	61	微软	美国
23	李嘉诚	Lee Ka-shing	349	↓4	89	多元化经营	中国
24	许家印	Hui Ka Yan	303	↑104	59	房地产	中国
25	李兆基	Lee Shau Kee	303	↑8	90	房地产	中国
26	王健林	Wang Jianlin	300	↓8	63	房地产	中国
27	贝亚特·海斯特与小卡尔·阿尔布雷希特兄妹	Beate Heister	298	↓3	66	超市	德国
		Karl Albrecht Jr.			69		
28	菲尔·耐特	Phil Knight	296	↓1	80	Nike	美国
29	豪尔赫·保罗·雷曼	Jorge Paulo Lemann	274	↓7	78	啤酒业	巴西
30	弗朗索瓦·皮诺特	François Pinault	270	↑33	81	奢侈品	法国

资料来源：百度百科。

二、首富的类型及特点

首富一般有以下三种类型。

第一种为"顺应天时型"的首富，最典型的代表人物是比尔·盖茨。20世纪80年代末到90年代初，他看准了世界必将迎来个人计算机时代，提出了"使每个人都有一台电脑，都用上Windows系统"的企业发展战略，并在1995年出版了《未来之路》一书，后来凭借自己缔造的微软帝国，一跃成为世界上最有名的远见型商业领袖。

第二种为"占据地利型"首富，其典型代表人物当数李嘉诚。作为老牌华商的代表，他很敏锐地捕捉到香港经济变迁的几次大势，用超乎寻常的商业洞察力认识到香港是一个中国和世界间的信息与资本之窗，通过将金融与实业完美地虚实相融，从而常年占据华人首富宝座，也是华人中少有的能多次跻身世界首富排行榜前十的巨富。

第三种为"汇聚人和型"首富，最典型的代表人物是连续两年荣登福布斯内地首富榜首的李彦宏。作为互联网阳光创富的代表，他之所以能在内地傲视群雄，首先在于他有远见，能预判到中国在与世界接轨时，必定会在信息科技领域出现爆发性的需求，敏锐地察觉到搜索引擎是通向未来之门的一把最好的钥匙。其次是他专注、执着的精神。他一旦认准了搜索引擎这个行业,就会始终如一、心无旁骛地耕耘于这一领域,牢牢地将中国网民紧密凝聚在互联网这一信息分享与情感交流的平台上,搭建起一个庞大的"生态系统"。

仔细研究比尔·盖茨、李嘉诚和李彦宏的案例,可以看到三位首富具有一些共同的气质。在他们身上,不仅能找到理性、守法、守信、识大势、远见的特点,还具有尊重事实、尊重规律、信仰科学、崇尚自由、注重平等交易、推崇契约精神等其他企业家所不具备的气质。他们之所以能成为首富,除了与个人先天的努力分不开外,更重要的是,他们凝聚了众人的力量。套用一句俗话讲,"他们不是一个人在首富"。比尔·盖茨作为"知识英雄"创富的代表,他之所以能连续数十年荣登世界首富的宝座,一个很大的原因就是他能够把一群非常有天分的计算机精英汇聚在一起,利用一套标准化的知识生产系统和一套系统化商业解决方案,最终实现了从群体智慧开发到群体财富创造的华丽转身。比尔·盖茨成为世界首富的最大意义,不在于他拥有的财富每年都有惊人的递增,而在于他所树立的完美榜样作用,能够影响到数百万的技术精英,使他们也能顺应信息化与数字化的这一浪潮,通过个人创业或加入创业型公司,从财富增长的角度,去印证"科技是第一生产力"的正确性和伟大。而对李嘉诚来说,他在华人圈具有极其巨大的影响力,影响带动了一大批有梦想的年轻人。他们都希望自己能复制李嘉诚的财富传奇。这些人平时如痴如醉地阅读着李嘉诚的传记,期望能从李嘉诚的身上汲取创业的营养,如胆识、节制、谦逊、勤勉、奉献和强大的学习力等。李彦宏作为中国版的"比尔·盖茨",也是一个依靠"知识创富"的典型。

三、中国首富面临的挑战

通过中国首富的发展史,我们不难发现中国首富的变化趋势,与中国经济走势有很大的一致性。中国首富所处行业逐渐由传统行业向高科技行业转变,在一定程度上反映了中国经济发展格局正与国际接轨。但我们必须看到,中国首富在未来将会面临三大挑战:如何才能做到基业长青,即时间层面的挑战;如何能拥有世界性的影响力,即空间层面的挑战;怎样实现由"利润驱动型"向"价值观驱动型"的根本转变,即所谓的价值观层面的挑战。第一个是时间层面的挑战。如何克服中国企业普遍短命的宿命,是中国首富必须面对的。换句话说,中国首富如何才能实现个人层面与公司层面的双重"基业长青"。这对中国首富来说是一个最大的挑战。在中国,商业环境还不是特别成熟、完善,法治建设滞后,中国首富常常面临这样的"一大诱惑":当可以通过灰色手段抄近路、做坏事来谋取巨额财富时,如何做到眼不跳、心不动、手不伸。除此之外,当竞争对手以非正常手段操控政策部门与媒体机构展开恶性竞争时,又如何能做到以德报怨、以理服人。第二个是空间层面的挑战。随着中国经济地位在全球范围内的日益增强,中国在国际上的话语权越来越多,在这个时候,中国首富自然而然也应该更广泛地彰显其个人影响力。这也就意味着,中国首富应越来越具有全球视野,更倾向于从全球一体化的角度来展开企业的各项经营行为。第三个是价值观层面的挑战。中国首富应该更多地从哲学层面来理解驾驭自己的财富。随着全球化与数字化浪潮的到来,企业生存的外部环境有了很大变化。正因为这些变化,企业的营销理念与内部管理理念也自然跟着发生变化。在新的形势下,企业想进一步发展,在经营理念上就应该由"利润驱动型"转型升级为"价值观驱动型"。

因此，在李彦宏、丁磊等中国首富的身上，我们既看到中国商业土壤已经具备了孵育更多"比尔·盖茨"的条件，也看到了在新经济大潮驱动下，年轻人在10年甚至更短的时间里，完全有可能实现如李嘉诚穷尽一生才成就的财富帝国。具有科学精神和知识创富将成为创富的主流，而那些机会主义者、偏执狂和冒险家，早晚必将退出首富舞台，这早已成为共识。这无疑让那些积极进取的青年看到了前进路上熠熠生辉的星光，这也是未来中国的希望所在。

第三节 "富不过三代"现象

中国有一句俗语："富不过三代，穷不过五世。"指无论通过什么途径发家致富，一个家族保持富裕的时间不会超过三代人，另外一个类似的观点是"一代创，二代守，三代耗，四代败"。其实，这一种模糊的说法，未必就一定是三代或四代这么精确的时间，"富不过三代"只是表示富裕繁华的时间不会太长久。

"富不过三代"的观点在春秋战国时期就已经存在，孟子在《孟子·离娄章句下》中提出："君子之泽，五世而斩。"意思是品行高尚、能力出众的君子，他辛辛苦苦创出的事业，大概恩泽五世的子孙也就消耗完了。《战国策·触詟说赵太后》中说："今三世以前，至于赵之为赵，赵王之子孙侯者，其继有在者乎？"提出了"三世而斩"的观点。从战国至今两千多年的中国历史，层出不穷的真实案例似乎反复印证了"富不过三代"规律的正确性。清末名臣曾国藩的外孙聂云台有感于社会风气奢靡不正，曾写了《保富法》一书。他说，四五十年前的有钱人，家业没有全败的，子孙能读书、务正业、上进的，百家之中，仅有一两家。

不只中国，在西方也有类似的谚语。葡萄牙有"富裕农民、贵族儿子、穷孙子"的说法；西班牙也有"酒店老板、儿子富人、孙子讨饭"的说法；德国则用三个词"创造、继承、毁灭"来代表三代人的命运。《胡润全球最古老的家族企业榜》的榜单也显示，在美国，家族企业在第二代能够存在的只有30%，到第三代还存在的只有12%，到第四代及四代以后依然存在的只剩3%了。"富不过三代"难道真的是一个通用于全世界、无法打破的魔咒吗？

一、中国古代的"富不过三代"现象

"富不过三代"现象在中国古代皇权专制的社会背景下重点表现在商人阶层。中国皇权社会的主导治国思想基本由法家和儒家所奠定，无论是法家的"以法治国"，还是儒家的"以礼治国""道德治国"，都有一个共同政策，即"重农抑商"。在古代中国民众的"士农工商"四个阶层中，商人是处于社会底层的。虽然身份卑微，但商人拥有在农耕时代士、农、工三个群体都欠缺的资源——"物流能力"，因此成为更容易产生富豪的阶层。

商人的起源极早，商朝开始即出现在各地从事物品买卖的人。春秋战国时期，铁制工具的出现使生产力跳跃式增长，各国产生了极大的商品流通需求，于是游走于各国之间的大商人登上了历史舞台。早期的巨商往往出身于"士"的阶层，如端木赐，字子贡，孔子的得意门生，被称为孔门十哲之一。《史记·仲尼弟子列传》载："子贡好废举，与时转货资……家累千金。"师从孔子，曾为鲁、卫之相，有崇高的社会地位，又出身于商业世家，对

经商很感兴趣,子贡以其"君子爱财取之有道"的原则成为儒商鼻祖;范蠡,字少伯,春秋末期政治军事家,辅佐越王勾践复国雪耻。他也是中国早期商业理论家,从政坛隐退后,三次经商成为巨富,又三次散尽家产救助贫困,后人称之为"商圣"。可见,早期大商人或者是自己出身于上流士族,或者是被上流贵族授权,他们拥有普通民众没有的资本、权力、见识,因此更容易迅速积聚财富,甚至左右政府,这也为后来历朝政府"抑商"埋下伏笔。

秦汉中央集权制度建立之后,对由商而富的阶层打压愈甚。汉武帝时期,为了解决国家财政困难,一方面宣布盐铁官营,把盐铁的民间商业活动国有化;另一方面颁布"告缗令",直接对富人征收财产税。中等以上的商贾之家,大都被告发,被没收上亿的财产和成千上万的奴婢。被没收的田地更多,大县几百顷,小县百余顷,不少中等以上的商贾因而倾家荡产。此后政府,遇国库告急,亦有不少效仿汉武帝,直接对富户征收高额财产税以解财政困境。由于中国富商始终处于朝不保夕的被压制状态中,必然导致其"今朝有酒今朝醉"的暴发户心态,他们骄奢淫逸,没有社会责任感,甚至无视良知、为富不仁,其财产聚集得快,败散得也快。

二、现代家族企业的财富继承问题

如果说古代社会的家族财富可以通过商业经营、皇权赏赐甚至非法聚敛完成,那么现代社会财富则主要来源于两个因素:一是个人创业,二是财富继承。通常,人们把家族财富的第一代创造者称为创业人,而将之后的继承者称为守业人。创业难,守业更难,守三代以上的家业难上加难。尤其是华人家族企业,由于华人"亲缘至上"的民族文化思想,创业者更愿意选择自己的子女或者有亲近血缘关系的亲属接替家族企业的管理权。在富一代的企业家中,有相当一部分文化程度较低,影响了经营视野,在企业发展到一定时期需要建立现代企业制度时,还是坚持家族性管理,财务、销售等最主要环节一定是由自家最亲的人负责,即使企业发展到非常大的规模,决策层的核心人员仍然是家族成员。

传统华人家族企业主要以直系血脉长子嫡传为主,少用外姓。传统的直系血脉年龄结构上两代相差至少30岁,现代的晚婚或少子化现象让这一年龄差距更严重。在位者退位时,继位者仍未有足够的经验与阅历接班,造成传承不易。直系接班不仅有二代适任性与适格性的问题,而且二代继任者的专业历练或能力不足可能产生接班意愿差的问题,有鉴于此,一代在位者相应地产生不敢或不愿授权的现象,进而形成接班问题。一旦权力交接过程无法顺利完成,势必会影响家族产业的经营,造成家族财富的缩水。全球化新经济下经营环境变化快速,让直系接班实务上更有问题。

中国私营企业家中的第一代大多起家于20世纪80年代初中期,当时这批人正当中年,而如今已年近花甲,一些"二代少庄主"接过父辈的接力棒开始走上前台,成为新的舵手。这些人在中国私企已经成了一个引人注目的群落。专家推测,在未来若干年内,中国家族企业将掀起大规模交接班高潮。实际上,在这个交接班密集点,目前已经出现了财富损失。

2003年,山西海鑫钢铁集团创始人李海仓被枪杀震惊全国,其正在留学的22岁儿子中断学业,回国接班。然而其子的事业兴趣并不在钢铁行业而在资本市场,2014年3月19日海鑫集团被迫全面停产。当时海鑫集团现有负债及对外担保数字约为104.59亿元,而整个海鑫集团的账面资产仅100.68亿元,负债率超过100%。2014年,海鑫集团进入破产程序,成为当时国内最大的民营企业破产案。海鑫钢铁的接力失败成为"富不过三代"定律在当代中国财富传承的一个典型案例。

三、富不过三代的原因

"富不过三代"作为财富传递失败的一种社会现象,其产生的原因是多方面的。

(一)政治局势或社会环境的变化

秦王朝建立中央集权的政治制度之后,其法家思想的一个重要观点就是"重农抑商"。作为一个以农耕为主的国家,统治者发现,粮食生产是关系国家稳定的基石,认为农业是"国之本",商业是"国之末"。但与这个本末关系截然相反的是,农业生产者是很难富裕起来的,而商人则往往迅速暴富。

《汉书·食货志》记载了汉代晁错的《论贵粟疏》,晁错认为"今农夫五口之家,其服役者不下二人,其能耕者不过百亩,百亩之收不过百石。春耕,夏耘,秋获,冬藏,伐薪樵,治官府,给徭役。春不得避风尘,夏不得避暑热,秋不得避阴雨,冬不得避寒冻。四时之间,无日休息。又私自送往迎来,吊死问疾,养孤长幼在其中。勤苦如此,尚复被水旱之灾。……商贾大者积贮倍息,小者坐列贩卖。操其奇赢,日游都市。乘上之急,所卖必倍。故其男不耕耘,女不蚕织。衣必文采,食必粱肉。无农夫之苦,有阡陌之得。因其富厚,交通王侯,力过吏势,以利相倾。千里游遨,冠盖相望,乘坚策肥,履丝曳缟。此商人所以兼并农人,农人所以流亡者也。今法律贱商人,商人已富贵矣;尊农夫,农夫已贫贱矣!"

后世历朝政府绝大部分秉持晁错的这种观点,认为商贾不劳而获,聚敛奢狂,对社会公平及统治稳定不利,应该属于被打击抑制的范畴,故而商人的社会地位不断下降,其积聚的财富或被政府征收,或被权贵阶层劫掠。至于如魏晋南北朝那样的战乱年代,更是"眼见他起高楼,眼见他宴宾客,眼见他楼塌了"。

(二)中国"诸子均产"的财富继承制

中国自秦之后,遗产的分配一直是"诸子均产"继承制。在多子多福的社会思想下,诸子均产分家无疑会极大地缩小家庭财富。不考虑政治、动乱等原因,在和平年代,富不过三代,大家变小家,这和中国的平民社会相关;由于兄弟人人有份,有所期待,巩固了家族意识,这和中国的家族宗族观念有关;由于可以子承父业,使中国人缺乏进取心,追求安稳,不敢冒险,这和保守求稳的文化心态有关。与中国的历史顺序相反的是,欧洲早期的财富继承是"诸子均产",而中世纪中后期,随着封建制度的建立,长子继承被确立为财富继承制。在这种制度下,首先确保了大家族和贵族的延续,使贵族成为一种重要的社会力量,深刻影响了欧洲政治和历史走向;其次由于幼子没有继承权,不得不独立开创新生活,形成了欧洲人的冒险和创业精神,以及与此相关的文化。

(三)创业者和守业者的代际差异

快速创富的实现除了因为时机以外,大部分与以下五种情况相关:①接近特殊的资源通道;②敢于突破常规的聚富模式;③感受贫困及在压迫环境下形成的获取财富的坚定意志和胆魄；④对合作伙伴的控制力；⑤维护和巩固财富的远景构想。

清代徽商代表人物胡雪岩就是在太平军攻杭州时，因其从上海运军火、粮米接济清军而为左宗棠赏识，在左宗棠西征平叛时为其筹措军饷，成为官居二品的红顶商人。凭借其卓越的商业才能，利用过手的官银在上海筹办私人钱庄，后在全国各地设立了"阜康"钱庄分号，被称为"活财神"。

然而，创业者所借助的特殊资源通道、创业者如鱼得水的经济环境，至守业者接替时，往往也会随时间而变化，守业者需要适应更新的社会环境。

对于创业者和守业者之间的代际差异，可以从以下几点考虑：①创业者的专注发展能力与守业者在优越条件下养成的对花花世界关注的矛盾；②创业者理性自律能力与守业者无约束之间的矛盾；③创业者的个人发展压力与守业者随心所欲之间的矛盾；④创业者坚强奋斗的性格与守业者多才多艺的浪漫性格的矛盾；⑤创业者向社会争取的经验与守业者取予自由的矛盾；⑥创业者的惜财与守业者的挥霍之间的矛盾；⑦创业者的某些自我牺牲精神与守业者自我膨胀下随意行动的矛盾；⑧前代创业者目标模糊与后代守业者目标缺失之间的矛盾。

关于财富传承的问题，美国比中国早出现了100多年。在1895年，拥有巨额财富的美国"老钱"阶层就发展到巅峰了。一种财富反思运动随之兴起，老一代的富人开始要求孩子们不仅需懂得怎样花费自己不费吹灰之力就能得到的巨额财产，更要有一种"勇气、胆识、忠贞、礼貌、谦恭以及公平竞赛的社会精神"。

过去一个普遍的观点认为，财富传承只是个人或家庭的事情，无关乎他人、社会或国家。事实并非如此，财富传承不仅涉及一个家庭的兴衰，也与国家命运密不可分。因此必须反思财富的获取与传递，既要保证财富的顺利继承，还要思考如何将获得的财富反哺社会。

其实"富不过三代"只是财富传承的其中一种现象，而绝非全部，包括华裔家族的很多家族企业传承何止三代、四代。2006年上海发布的《胡润全球最古老的家族企业榜》，全球100家家族企业上榜。第一名是日本大阪寺庙建筑企业金刚组，它成立于公元578年，传到第40代，已有1 400多年的历史。第二名是日本小松市饭店管理企业粟津温泉酒店，它成立于公元718年，传到第46代，已有1 288年的历史。第三名是法国的Chateau de Goulaine，成立于公元1 000年，经营葡萄园、博物馆、蝴蝶收藏。第一百名也有超过225年的历史，它是美国的酿酒企业Laird & Co.。100家长寿企业主要集中在欧洲、美国和日本。这些企业有一些共同点：家族联姻是做强做大的捷径；很早就尝试运用所有权与经营权分离的管理方法；在风险管理方面都非常优秀；重视人才培养等。可见，健全财富继承的法律保护、选择合适的企业经营模式、加强财富继承人的培养教育，都是破解"富不过三代"魔咒的重要法宝。

第四节 "人为财死，鸟为食亡"现象

"人为财死，鸟为食亡"是古时俗语。本义是"人为了追求财富，连生命都可以不要；鸟为了争夺食物，宁可失去生命"。

一、"人为财死,鸟为食亡"的由来

"人为财死,鸟为食亡"这句话据考证出自清朝中期的《昔时贤文》一书,书中讲了这样一个故事:很久很久以前,有两个贪婪的家伙合伙上山烧木炭,挖炭窑时,发现了一坛子财宝,他们突然暴富,那个高兴劲就别提了。快到午饭时间了,其中一个说:"你回去取饭来,我在这里守着,挖到财宝的事不要跟任何人讲。"那个人爽快答应了,停下手中的活便下山了。因为下山取饭要半个多时辰才能回来,于是,守在窑边的人就寻思着,这坛财宝要是属于我一个人有多好,分走一半,心有不甘啊! 话说下山取饭的人,也打着独吞财宝的主意。他寻思何不在饭里放些毒药,打发那个人就行了。午饭终于送过来了,守窑人满心欢喜,突然从地上跃起,一锄头结束了送饭者的命。然后,他拿出饭食,开始得意扬扬地吃了起来,可还没吃几口,毒药发作,守窑人口吐白沫,倒地不起,呜呼哀哉了! 饭食撒得到处都是,几只小鸟飞过,落地啄了几口饭,也死掉了。一神仙正好路过,看到此景此情,叹息道:"这真是人为财死,鸟为食亡啊!"

二、"人为财死,鸟为食亡"的含义

"人为财死,鸟为食亡"这句话虽然出自古语,但更多的时候被用于现代,这是商品经济社会中苦苦挣扎而命运各异的人们共同发出的叹息,也是一种赤裸裸的金钱关系的总结。现在人们一提到这句话,马上就能联想到一些贪官为了物质享受不惜以身试法,最后断送了自己美好的前程;一些犯罪分子无视法律的存在进行各种违法犯罪活动,最终把自己送上了不归路。

"人为财死,鸟为食亡"这句话虽然表面看起来是拿人与鸟说事的,但纵观大千世界,在财富诱惑下,以贪婪之心而勇踏死地的何止他们? 在动物界也是比比皆是、举不胜举。"人为财死,鸟为食亡"这句话其实是在告诉人们这样一个规律,即人类如果不能正确地面对和处理人与财富之间的关系,就会给自身带来各种意想不到的危机和灾祸;就像鸟儿只看到食物的存在,却忽略了各种危险的存在,那只能搭上自己性命。"人为财死,鸟为食亡"这个故事也蕴含了这样两层含义:第一,人与鸟一样都是自私的,在利益面前都禁不住诱惑,其结果都是可悲的;第二,劝诫人类在财富面前不要太贪心,该取则取,当舍则舍。

三、"人为财死,鸟为食亡"现象产生的原因

如果说"鸟为食亡",这是动物为了生存下去的一种本能反应,是可以原谅或无可厚非的,那么"人为财死",却实在是因为贪得无厌而自掘坟墓。从人类特有的理性与智慧来看,财富不是生存下去的必需品,大可不必为此冒巨大的风险,但为什么却总有那么多人愚蠢地前赴后继、慷慨赴死呢?

答案其实既复杂又简单。说复杂,是因为人的欲望总是无穷无尽的,人为了实现自身欲望的满足甚至会超过对于生命的尊重。譬如,人们有了银子,就会想要金子,有了金子,就会想要钻石……欲望为万恶之源,当人的贪念越来越大,那么为之付出的也就越来越多。为了达到目的,也就可以不择手段。在这无止境的放纵贪念的过程中,看似人生辉煌,实则暗流丛生,一不小心便会万劫不复。

说简单，是普天之下绝大部分的人都爱"财"。从古至今，金钱都一直以其无穷的魅力让众人去追寻。"金钱不是万能的，但是没有金钱是万万不行的"这句俗语形象地道出了金钱对人的重要意义。可以说，芸芸众生之中，无一不是为了追求金钱而忙碌、奔走，"天下熙熙，皆为利来；天下攘攘，皆为利往"。金钱象征着权力、富有和尊贵，这就是金钱的最大魅力之处，也是人们对于金钱的追求永无休止的最大动因。司马迁曾形象地指出人类对金钱的追求是出于一种本性："富者，人之情性，所不学而俱欲者也。"自古至今，人对于金钱的追求与拥有，虽然是主要通过商业经济活动来实现的，但在利益的驱使之下，人与人之间的金钱争夺也在不停地进行着。小至打家劫舍，大至点燃战火，这种状况在人类的发展史上一直就没有停止过。

四、如何正确地看待"人之财欲"

什么样的财产观念才是正确的？俗话说："君子爱财，取之有道。"中国传统文化的财富观念，要求将财产置于自我的掌控之下：人不是财富的奴隶，财富是人实现自己目的的工具。

（一）要生财有道

传统的儒家文化并不拒绝财富，因为在儒家思想中，人的基本生存需要是合理合情的。但是，获得财富的途径与手段却是十分讲究的。"君子爱财，取之有道。"这是大多数信奉儒家学说的人面对财富的时候都会说的口头禅。"仁者，以财发身。不仁者，以身发财。"（引自《大学》）人性与财富是相联系的，但追求财富的方式往往表现不同的人性。"生财有大道，生之者众，食之者寡，为之者疾，用之者舒，则财恒足矣。"（引自《大学》）实现自己的财富梦想要"有道"，"有道"其实就是有规则、有道德、有限度、有约束。有的人通过勤奋劳动和合法经营挣了钱，这种钱是其能力的体现和心血的凝结；而有的人通过各种不合法的、不道德的方法挣了钱，这种钱是不义之财，是其恶劣品质的体现。不仅挣钱体现了一个人的道德观，而且花钱的方式也表现了一个人的道德观。用钱要适度，把钱用在刀口上，不要铺张浪费，更不要挥金如土。

（二）要见利思义

不仅在财富取得问题上要有合理合情的手段，在面对利益冲突的时候，也要经得住道义的考量。要树立正确的义利观，提倡"义利并重"的价值观。换言之，提倡见利思义的价值观，反对重利轻义甚至见利忘义的价值观。尽管利益是道德的基础，"河水不能倒流，人不可逆着利益的浪头走"（爱尔维修语），但是，马克思说："既然正确理解的利益是整个道德的基础，那就必须使个别人的私人利益符合于全人类的利益。"（《马克思恩格斯全集》第2卷，第167页）所以，社会应大力提倡将个人利益和国家利益相结合的原则，反对拜金主义、享乐主义和极端个人主义。

（三）要控制欲望

一部人类史，就是欲望牵引着人类不断进化、不断发展的历史。几乎世界上的任何一种生命都是有欲望的，所不同的只是在需求层次上有复杂与简单、原始与高级之分。人的欲望主要有生理欲望与精神欲望,满足正常的欲望,是人类文明的表现。然而,欲望一半是天使,另一半却是恶魔,一旦失控,就会把人引向邪恶。人的追求是无止境的,问题是追求什么。若是追求获得更多的知识,追求为社会作出更大的贡献,就是一种崇高的追求;追求有个幸福美满的家庭,追求有一份安稳的工作,也是人之常情;若是一味地追求名利、地位、女色,则就十分危险了。所谓欲壑难填,一旦陷入金钱、权力、美色追逐的旋涡,就很难自拔。人的欲望是多方面的,是多层次的,我们提倡尽可能地满足正当的、高层次的欲望追求,以期不断完善自我。欲望如水,水能载舟,亦能覆舟。当然,在这个世界上,财富也是利弊参半的东西,就看人怎样去适应它、利用它。人对于财富贪欲的天性总是在天使与魔鬼之间游荡,只有理性的光芒才能驾驭它。

(四) 要利德合一

财富的价值是以人们的欲望存在为前提的,因为人们有欲望就决定了财富的内容、形式和价值。中国传统文化中也表达过人的动机层次,这种层次,不是马斯洛或者其他西方心理学的欲望层次意义。古代有:"太上有立德,其次有立功,其次有立言。"(引自《左传·襄公二十四年》)中国文化中的动机层次,表达的是人们面对利益诱惑时所表现出的选择标准和侧重点,所以更加重视动因的客观性和人的主观选择性。一般来说,人的财欲与道德总是在相互矛盾之中徘徊,一方面源于人们对于财富的欲望,另一方面在于道德要求的精神追求,很难在其中找到一个平衡点。孔子说:"舜其大知也与!舜好问以好察迩言。隐恶而扬善。执其两端,用其中于民。其斯以为舜乎!"(引自《中庸》)所以,品德的形成过程是个体社会化过程,即个体在特定的人类社会文化生活中,通过与社会环境的相互作用,由自然人转变为社会人的过程。

第五节 贪污腐败现象

贪污腐败,从财富管理的角度看,是财富管理的一种负效应。腐败既包括经济上的腐败,也包括政治上的腐败,同时也包括文化问题上的腐败。而贪污是经济腐败中最恶劣、最严重的体现之一。本节只讨论与财富管理关联度最高的经济上的腐败及贪污问题。

一、贪污和腐败的含义

人们一般习惯于将"贪污腐败"并称,但严格讲来,贪污与腐败并非是两个可以并列的概念,二者既有联系又有区别。

贪污是对公共财物、国家财物的非法占有行为。腐败是为谋取私利而侵犯公众利益和他人合法权益的行为。腐败的内涵包容更广,泛指一切对于财富的过度的贪婪、过分的索取、过度的消费,以及这一过程中的一切不恰当乃至违法的手段与行为。贪污只是其中之一,而相比于一般的腐败,贪污更多地利用了公权力,其性质更恶劣,危害性也更大。

二、贪污腐败的手段

目前,相关部门及国内外研究者对于贪污腐败已经有了较为全面的认识与把握,他们将贪污腐败的手段归纳为以下几类。

（1）利用政策、法律的断档和空白,损公肥私。不法之徒往往凭借自己手中的权力和地位,以改革开放、发展经济,甚至利用政策、法律的不健全、不完善、不配套、不严谨等漏洞,损公肥私。

（2）利用行业特权和垄断地位,弄权勒索。有些独家经营的垄断性行业,如与人民的生活密切相关,但又不能满足人们的正常需要的行业,与经济发展密切相关的行业,如铁路、银行、电力、卫生等,其地位和特点为这些行业的个别单位以"业"谋私提供了客观条件。

（3）利用各种权力如审批权、鉴定权、评优权、专卖权等谋私。将权力变为谋取私利的工具和手段,使权力商品化。

（4）利用资金管理和经济承包中的漏洞,挖蛀国家资财,造成国有资产流失。

（5）严重官僚主义、失职渎职行为,给国家造成损失和浪费。主要表现为:决策问题草率盲目,不讲科学和民主;不深入基层和群众,不积极主动解决工作、生产中存在的突出矛盾和群众反映强烈的问题等。

三、贪污腐败的危害

贪污腐败问题是各国都存在的通病,而我国贪污腐败现象发展迅猛的势头,既危及和破坏法律的权威性和有效实施,又破坏我国社会主义的经济基础,不仅严重腐蚀国家机体和人们的灵魂,败坏党风和社会风气,而且严重扰乱社会经济秩序和正常的经济环境,阻碍着国家政治进步、经济体制改革的顺利进行。若任由贪污腐败问题滋生蔓延,势必严重动摇我国社会的政治基础,对党、国家和社会构成严重威胁。

具体地说,贪污腐败现象的危害主要表现在以下几方面。

（1）官员贪污腐败造成社会矛盾激化,阻碍社会民生的根本改善,不稳定性因素增加,严重者会造成社会动荡。

（2）贪污腐败导致大量的社会资源遭到浪费,经济和社会发展效益低下。贪污腐败泛滥,必然导致公平竞争遭到破坏,导致整个社会人财物的资源遭到浪费,经济效益低下。

（3）贪污腐败严重损害着军队的战斗力。军队不但应有出色的作战本领,而且应有良好的道德风貌,一旦军队出现贪污腐败现象,将使军队的战斗力大大下降。一些贪污腐败的军人还会为非作歹,给国家和社会带来更大灾害。

（4）贪腐一旦成风,会造成思想混乱,贪污腐败导致整个社会伦理道德的崩溃。一些所谓的专家教授为了金钱出卖知识分子灵魂,混淆视听,妖言惑众,颜色革命现象就会出现。现在的一些所谓的专家、学者、公知,为了金钱误人子弟。更有甚者成为敌国间谍,收集学术情报,为他国谋福利,为本国谋祸害,这也是新时代新现象。这种学术腐败与官员腐败合流的状况,不可不严肃对待。

（5）贪污腐败使一个国家的国际形象受损。如果一个国家存在严重的贪污腐败,必将严重影响其在国际社会声望,使自己在国际竞争中处于不利地位。

（6）贪污腐败导致国民丧失民族自信心、自尊心及自豪感。当贪污腐败泛滥,民众的利益一而再、再而三地遭到贪官恶吏的侵犯,却无从得到维护,广大民众必然产生对社会的不满,进而丧失民族自信心、自尊心、自豪感,势必进一步影响到中华民族的伟大复兴。

 本章术语

收入　财富　财产贫富差距　基尼系数

 本章练习题

1. 为何穷人越来越穷,富人越来越富?
2. 新时代我国财富不均的原因是什么?
3. 如何正确地看待"人之财欲"?
4. "富不过三代"的原因是什么?
5. 贪污腐败有哪些危害?

 即测即练

第六章

财富管理心理

【教学目标】

1）熟悉不同的财富管理心理,并分析原因和对策
2）理解不同的财富管理心理的社会影响

【教学重点】

1）炫富的社会影响、成因、对策
2）仇富的社会影响、成因、对策
3）羊群效应的内涵、分类、成因

【教学难点】

1）炫富的社会影响、成因、对策
2）仇富现象的理论分析
3）如何看待羊群效应

我们听到最多的是,某人中大奖后,面对突如其来的财富,毫无准备,生活完全被改变,最终众叛亲离,自己的境况也比原来更惨。为什么？大多数人都会认为是因为没有财富管理能力。其实,这个答案并不正确。相比于财富管理能力,这些在巨额财富来临时短时间就将自己变成另外一个人的人,他们缺的并不是财富管理的能力,他们缺的是健康的财富管理心理,缺乏财富管理方面的心理塑造。

第一节 一夜暴富

希望一夜暴富的人大有人在,对于财富的占有欲望,自古有之。正如古人幻想掌握点金术、种出摇钱树、拥有聚宝盆一样,现代人也幻想能够在股市中赚得盆满钵满、买彩票中大奖、获得拆迁高额补偿从而一夜暴富。但是,一夜暴富往往导致悲剧的发生,在生活中屡见不鲜。

一、"一夜暴富"的心理分析

一夜暴富的心理折射出急功近利、心浮气躁的社会现象,是人们一种梦话式的诉求。

希望一夜暴富是一种金钱至上、金钱万能的心理,相信金钱可以解决现阶段几乎全部的问题,认为金钱可以改变当下生活中的一切不如意,这样的心理使得人们对金钱产生了饥渴的欲望,而同时又不想通过时间累积财富或者只想不劳而获,或者觉得虽然付出努力但收获甚微,这样就产生了一夜暴富的心理,希望"天上掉馅饼",认为一夜暴富是最好的捷径。

以下两则故事能够让我们更好地理解一夜暴富的心理。

故事一:垃圾工变身大富豪

作为英国诺福克郡的一名垃圾工,麦基·卡罗尔于2002年通过购买彩票中了大奖,价值970万英镑(约1亿元人民币),摇身一变从社会底层跃升到超级富豪阶层。巨款傍身之后,卡罗尔开始大肆挥霍钱财来购买豪宅、名车,7年的时间,他将这些钱财挥霍得一干二净,不得不回归本行工作,并且他吸毒、赌博,导致妻离子散,最终只能靠救济金生活。

故事二:老张的发财梦

张姓男子,时年40多岁,每月收入比较稳定,但总觉得钱赚得太慢,时常幻想着一夜暴富。后来,他迷上了网络赌博,刚开始五天有赢有输,但是总体上说是赢得多,但是到了第七天,所有赢的钱都输光了。他不甘心又继续充钱玩,结果又全输光了,并且又赔进两万元。接着是噩梦的开始,从输两万到输5万、10万、50万,当输到80万的时候,老张扛不住了,80万中借款有50万,每天面临催债。妻子要与他离婚,单位也开除了他。

从"一夜暴富"到"打回原形"重新变得"一无所有",甚至"一夜暴负"这样的案例并不是个例。美国国家经济研究局通过调查发现,最近20年以来,大部分欧美彩票头奖得主在中奖之后的短短5年时间内,都会因为大肆挥霍等原因最终变得一贫如洗。美国彩票中奖者的年破产率高达75%,这意味着每12名中奖者中就会有9名最终出现破产。一个值得思考的问题是,为什么一夜暴富通常会导致悲惨的结局呢?首先,一夜暴富使人产生错觉,认为财富的获得非常轻松,与此同时,人们的预期收入提升,日常花销也增加。其次,财富的大规模和短时间获得使得其失去了稀缺性,导致人们"视金钱如粪土",因此"花钱如流水"。最后,一夜暴富获得的财富成为人们的主人,人们害怕失去所拥有的一切财富,因此不可避免地会受到财富的驾驭和奴役。

二、"暴富综合征":一夜暴富症状分析

"暴富综合征"(sudden wealth syndrome)是一种心理状态,是指在现实生活中突然获得成功或得到巨额财富时,因为压力和紧张情绪而导致的一系列症状。

"暴富综合征"源于20世纪90年代后期,通常指网络概念股狂潮阶段以及纳斯达克股市狂飙时期。"暴富者"可以指彩票得主、地产继承人以及那些迅速发财计划进行顺利的人。"暴富综合征"一词是洛杉矶地区心理学家斯蒂芬·戈巴特和精神疗法专家琼·菲里亚首先提出的,他们两人于1997年在洛杉矶开设了一个专为暴富的人提供咨询的诊所,潜心观察和跟踪了新产生的百万富翁所遇到的愈演愈烈的心理问题。

(一)"暴富综合征"典型表现

没有安全感,冷漠,很难交到新的朋友,孤独、无聊、恐惧、内疚、难以控制的物质欲望

及其他一些令人痛苦的感觉是暴富患者的常见病。心理学家将上述这些症状统称为"暴富综合征"。菲里亚和戈巴特在为"暴富综合征"患者进行心理治疗时发现:尽管对于一夜暴富的大多数人来说,他们在短期内获得了大量的财富,但是却没有如愿进入上流社会阶层,也无从知道上流社会阶层的生活模式。他们购买豪宅和新车,转变生活和工作环境。在他们的世界中,一切都变得可能,但是金钱带来的兴奋并不会长久。

一夜暴富者往往会即刻感受到生活所带来的巨大的压力和挑战。伴随着财富的增加,他们将进入一个全新的、从未生活过的社会领域。他们既要维持旧友情又要结识新的朋友,要努力保持住自己所拥有的财富,还要小心盗窃者或绑架者。财富能够使一个人的价值观和世界观发生变化,一夜之间的财富大暴发往往会使他们与朋友甚至家人之间的关系发生彻底的改变。全新的生活和工作环境使得他们与旧友渐行渐远,但是财富无法帮助他们结交新的知己,暴富的人会很快厌倦这种无所事事的生活方式。

(二)"暴富综合征"的专家忠告

"暴富综合征"不仅仅是钱本身的问题,研究者认为,它是关于变化、巨大的人生改变,这就如工作、离婚和患病往往可重铸生活轨迹一般。戈巴特和菲里亚两位心理医生认为,人们从贫穷到能在财富转移中生存下来,大概率取决于人们在新的世界里进行重新定位,寻找到有价值的和重要的东西。他们对暴富者的建议是:要学会放弃,除了对他们重要的事业和人生之外,其他不重要的要舍得抛在一边。专家们试图帮助暴富者,让他们能够正确对待自己的财富,拥有一种积极健康的生活方式。既然财富已经满足了暴富者的物质欲望,那么,专家们建议他们能够有更高层次的追求,如将他们的财产捐赠给慈善事业或是建立一个基金会,能够使他们体会到新的生活价值。

三、一夜暴富的分类

从是否符合法律法规来区分行为的角度,可以将一夜暴富分成合法的一夜暴富和违法的一夜暴富。

(一)合法的一夜暴富

合法的一夜暴富的方法屈指可数,第一种合法方法是购买彩票中得大奖,然而通过买彩票中大奖的方式实现一夜暴富的概率不到八百万分之一。第二种合法的方式就是参与博彩业,去澳门或拉斯维加斯赌博赢钱,但是无法经常或长期赌赢,只有开赌场的才是永远的赢家。第三种合法方法就是通过婚姻实现一夜暴富,如嫁入豪门或娶个富婆,但为了防止别人贪恋自己的钱财,富翁和富婆往往都想与自己财富水平相当甚至比自己更富有的人结婚。

(二)违法的一夜暴富

违法的一夜暴富方法众多,如贪污、受贿、抢银行、走私、贩毒等,这些方法的共同点是风险极高,代价往往是要失去自由甚至失去生命。可见,违法的一夜暴富通常需要人们付出高昂的成本,这一成本甚至高于所获得的财富收益。从经济学的角度来看,违法的一夜暴富在经济上是不划算的，因此绝大部分人都不愿意通过违法行为来获得巨额财富。

四、一夜暴富的背后

关于一夜暴富有多种阐释，归纳起来，主要有如下几种观点。

（一）"马太效应"

"马太效应"（Matthew effect）是由美国科学史研究者罗伯特·莫顿（Robert K. Merton）在1973年正式提出的，是指好的更好、坏的更坏，多的更多、少的更少，即两极分化的现象。在经济学中，"马太效应"也反映了"穷者越穷，富者越富，赢家通吃"的一种收入分配不平衡的现象。从财富管理的角度分析，"马太效应"还反映出财富管理的一个基本法则，即资源向高效率者倾斜，即对能赚钱的，还要给他更多的钱；而对不能赚钱的，就要把他手里的钱收回来。

由此可见，即使你足够好运而变得"一夜暴富"，但是如果你不懂得如何使用自己掌握的资源并发挥其效用，不能做到"以钱生钱"，那么你的财富最终也会像"马太效应"所说的那样"把钱收回来"。

（二）"均值回归"

"均值回归"（mean reversion）最开始是金融学中的一个重要名词，指股票价格、房产价格等社会现象、自然现象（气温、降水），无论是高于还是低于价值中枢（或均值）都会以很高的概率向价值中枢回归的趋势。

"均值回归"也可以用来解释"一夜暴富"，"一夜暴富"通常是因为运气，而运气是无法持续的，所以终究会回归均值。"均值回归"理论可描述"一夜暴富"最后又回归现状的现象。国外曾经做过调查，跟踪了很多中彩票的家庭，最后发现95%的家庭的财富都回归到了暴富前的水平，有些甚至变得更差，不仅生活没变得更好，反而一团糟。这也是"均值回归"在现实生活中的实例佐证。

（三）"不值得定律"

"不值得定律"（unworthy law）是管理学和心理学中的经典定律。从心理学角度来看，"不值得定律"反映了人性中的一种心理——心浮气躁，一个人如果认为这件事情不值得做，通常就会以冷嘲热讽、敷衍了事的态度来对待，不仅很难取得成功，而且即使成功了也不会有满满的成就感。

为什么"一夜暴富"之后迎来的往往不是从此走向人生的巅峰，而是人生悲剧的开始？这就好比人生，我们每个人都需要在自己的人生道路上慢慢行走，但是你一出发，命运就把人生一切的果实都给予了你，你就不需要自己再去经历了，那么生命也就失去了它原本的意义——这也许是一夜暴富导致人生悲剧的深层次的原因。对于没有经过自己努力拼搏而幸运获得大量财富的人来说，或许一切的一切都不值得做了。而当人生变得没有追求时，那注定是一个不值得的人生。

五、如何正确地看待一夜暴富

一夜暴富的心理会给财富管理带来风险与失败,我们应如何看待呢?

(一)不要奢望一夜暴富

一夜暴富所获得的财富,总是有限的;要端正思想,脚踏实地,今天成功的起点再低,哪怕仅有"1元钱",但只要你一直刻苦努力,每天都在努力,每天都在进步,必定能够创造出奇迹;人生成功的过程,就是一个不断坚持、不断努力、不断超越的过程。

(二)不断提升自我价值

"马太效应"所提到的财富的聚集,往往是聚集者已经形成了自己的财富聚集模式,不靠运气而是靠资源、靠能力、靠算法、靠智慧来聚集,所以其均值水平也越拉越高。因此根据"马太效应"与"均值回归",如果你想增加你的财富,不能依靠"一夜暴富",核心是提升自己的均值水平。

(三)人生值得我们努力奋斗

"不值得定律"告诉我们,一夜暴富会使人生失去意义。对于登山者来说,他们不会乘坐直升机登顶,只有一步一步地攀爬,才能在登山的过程中欣赏到美丽的景色。许多社会成功人士都认为,以往身处穷困的奋斗时期恰恰是他们感到最幸福的时刻。同样,习主席告诫我们"幸福都是奋斗出来的",我们应该踏踏实实、一步一个脚印走好自己有意义、有价值的人生。

从财富管理学角度来看,"一夜暴富"只是痴人说梦,唯有提升自我价值水平才能创造出属于自己的财富,才能自始至终驾驭财富。财富管理不能实现人们一夜暴富的心愿,但是可以帮助人们理性地管理财富、进行智慧的投资,所以财富管理的目的绝不是追求一夜暴富。投资者进行财富管理首先需要建立正确的、理性的、智慧的财富管理观念,不可抱有一夜暴富的幻想。

第二节 炫 富

作为一种通过个人行为方式表现出来的社会现象,炫富是社会经济文化发展过程中的衍生物。其具体的事例在古今中外皆有体现,并随着社会物质文明和经济发展呈现出增长的态势。

一、炫富的内涵

炫富的历史由来已久,但直到2007年,"炫富"才成为教育部认证的新词。虽然炫富的形式各不相同,研究者对它的定义和解读也不尽相同,但综合国内外研究,可以得出对炫富的共性解读,即自以为富有者在生活中或通过网络媒体以夸张的方式炫耀自己的财富和奢侈生活,借此彰显自己的社会地位、财富实力,从而赢得他人的关注和尊重,以此来获得心理上的满足感的一种方式。

二、炫富和炫富性消费的关系

炫富性消费是指炫富主体通过向他人展示其高价购买的昂贵的商品、奢侈品,以及能够标识其身份和地位的一些符号工具,有意识地达到个人炫耀目的,从而满足个人内心需求的行为。炫富和炫富性消费既存在着关联性,又存在着明显的差异性。

1. 炫富和炫富性消费的关联

炫富和炫富性消费具有以下关联性:①两者的主体一致。炫富行为是由富人发起的,但是并不局限于富人群体。炫富性消费的行为主体亦是如此。②两者的目的一致。炫富和炫富性消费都是满足行为主体的心理需求,满足自己对社会名誉和地位的追求。③两者有相似的方式。现在的炫富和炫富性消费大多都是通过网络进行,如在社交网站上展示图片、文字等方式。

2. 炫富和炫富性消费的差异

炫富和炫富性消费具有以下差异性:①两者的范围不同。炫富除了通过消费行为来体现,还可以通过其他行为进行炫耀,如炫耀社会地位、炫耀个人身份等;炫富性消费主要是通过消费价格昂贵的商品来进行。可见,炫富比炫富性消费所包含的范围更广。②两者的社会影响不同。炫富不仅会给社会风气带来不利影响,还可能激化社会中的仇富心理,从而影响社会稳定。而炫富性消费可能会对身边人造成不良的影响,并造成资源的浪费。因此,炫富性消费产生的社会影响力要小一些。

三、当代社会炫富主体的特点

(一)在年龄阶段上呈现出低龄化趋势

2011年,世界奢侈品协会的报告数据显示,中国成为全球第二大奢侈品消费国,并且中国奢侈品消费者呈现出"低龄化"特征。中国奢侈品消费者的平均年龄比欧洲小15岁,比美国小25岁。中国的有钱人也乐于让年轻的富二代尽早享受财富的荣耀,相关数据显示,中国航空公司(包括国际航线)头等舱的乘客年轻人比例急剧上升。可见,我国现在的炫富主体呈现低龄化的趋势,在炫富主体中存在着大量的80后、90后甚至是00后。

(二)在思想观念上崇尚享乐主义、拜金主义和个人主义价值观

享乐主义人生观是一种把享乐作为人生目的的人生观,主张人生的全部意义和唯一目的就是要满足感官的需求与快乐。拜金主义,就是盲目崇拜金钱、把金钱价值看作最高价值、其他一切价值都要服从于金钱价值的思想观念和行为。个人主义是一切从个人出发,个人利益高于集体利益的人生观,主张个人本身就是目的,具有最高价值,其他都是达到个人目的的手段。网络上有很多炫富的行为,都体现了强烈的享乐主义、拜金主义和个人主义。

(三)在生活上盲目攀比、虚荣摆阔的消费行为

攀比心理是一种脱离自己实际收入水平而盲目攀高的消费心理。伴随着社会整体消

费水平的日益提升、高消费人群的示范作用以及消费者本人面子心理的影响,消费者之间的消费行为互相激活。这会引起互相攀比追逐消费热点、负债超前消费等现象,使消费行为脱离正轨。当前,社会中这种不健康的消费观较为突出,负性攀比和习惯性攀比现象有可能会增加,这种不健康的心理不仅会影响自身情绪和日常的生活和工作,还会对他人产生不利影响。

(四)在人际关系上嘲讽平民,恶化与他人的社会关系

个人和社会是彼此联系的,但很多炫富者并没有意识到这一点,他们挥霍着父母的财富,体会不到普通人生活的艰辛。他们在网络炫富的同时,还会配上一些侮辱性的话语,嘲讽平民,通过贬低他人彰显其个人的财富和地位。这种炫富行为伤害了平民的感情,激发不必要的社会矛盾,破坏社会的安定和谐。在当今的中国,贫富差距较大,仇富群体不断扩大,这可能会带来更多的社会矛盾,最终对个人的身心健康和社会的稳定都是十分有害的。

四、炫富问题对当今社会的影响分析

(一)恶化社会风气,不利于人们健康消费观的形成

当今时代,世界各国之间的经济、政治、文化联系日益密切,西方国家的价值观念和文化思想不断在我国传播,影响着我国人民的世界观和价值理念。此外,随着网络技术的发展,越来越多的炫富行为映入人们的眼帘,很多网络媒体大肆宣传一些诸如"烧钱哥""路虎男""宝马女"等的炫富行为。这些宣传导致很多人迷失自我、盲目从众、跟风奢侈消费,形成了不健康、不正确的消费观,恶化了社会风气。

(二)激化社会矛盾,破坏社会发展的稳定与和谐

我国正处于社会主义经济发展的初级阶段,存在贫富差距,一些社会问题也有待解决,因此导致了一部分民众内心中存在着不满和愤恨。在这种情况下,一些"富二代"利用网络平台进行炫富,并发表一些侮辱或蔑视普通百姓的话语,这加大了普通百姓的心理落差,激发了更多人的仇富情绪。当仇富情绪积攒到一定的程度,就会引发仇富行为,这会激化社会矛盾,破坏社会的和谐与稳定。

(三)污染生态环境,加快资源能源的消耗量

当今社会物质生活富足,人们的消费行为不断增加,这也催生了更多的炫富性消费。消费一方面可以满足我们生活的需求,但另一方面也导致了更多资源的消耗。炫富性消费造成了很多不必要的浪费,加速了地球资源的消耗,也造成了环境的污染。

(四)助推奢侈品行业,拉动相关产业链的快速发展

炫富行为除了带来上述的负面影响之外,也助推了奢侈品行业的发展。在我国,炫富行为所带来的奢侈品消费主要是通过海外代理购买、网络销售、实体门店销售等方式进行

的,这极大地推动了快递、电商、加工等相关行业的发展与壮大。从这一角度来看,炫富行为所引起的奢侈品消费在一定程度上能够拉动我国国内需求,进而使得国家税收和财政收入水平提高,对我国的经济发展有一定的积极意义。

五、当代炫富行为的心理学成因分析

（一）炫富主体的财富观

我国现在正处于市场经济快速发展的阶段,但是当前我国的财富伦理体系建设没有跟上经济发展的步伐,再加上西方价值观的传播,因此很多人树立了不正确的财富观。一部分人由于生活条件的改善,开始过上纸醉金迷的享乐生活,购买各种奢侈品。显而易见,这种金钱至上、物质第一的生活方式与炫富主体不正确、不健康的财富观有着很大的关联性。

（二）炫富主体的道德观

每个人的成长环境、家庭背景、教育程度不同,就会形成不同的道德观。如果一个人从小没有受到良好的教育或在成长的过程中受到了错误的引导,那么他就可能会形成畸形的道德观,崇尚奢靡浪费、喜欢炫耀摆阔等行为,这与我们所提倡的艰苦奋斗、勤俭节约的道德观是完全相反的。

（三）马斯洛的"需求层次理论"

美国社会心理学家亚伯拉罕·马斯洛提出了需求层次理论,他将人的需求分为五个层次:生理需求、安全需求、社会需求、尊重需求和自我实现需求。只有等级较低的需求被满足之后,才会想要满足高一等级的需求。

经常炫富的家庭一般都比较富裕,已经充分满足了生理需求和安全需求,因而会寻求更高等级的需求。他们中的有些人希望得到他人足够的关怀和照顾,于是通过"炫富"这种行为来建立自己的社交圈;有些人很爱面子,希望得到他人的尊重和认可,于是利用优越的经济条件通过"炫富"这种行为来获得别人的认可。

（四）虚荣、负性攀比心理

负性攀比指那些消极的、伴随有情绪性心理障碍的比较,会使个体陷入思维的死角,产生巨大的精神压力和极端的自我肯定或者否定。在现实生活中,炫富者努力地向大众展示自己奢华的生活,通过与他人的比较寻找心理安慰,其中一部分炫富者由于虚荣心作祟,打肿脸充胖子。虚荣心又会诱发炫富主体负性攀比心理的滋生。炫富者通常会与其他的炫富主体在各方面进行非理性的比较,若未能超过对方,他就会感到极大的压力,这使炫富主体沉溺于攀比中难以自拔,形成负面情绪。

（五）炒作、从众心理

从众是指由于群体的引导和压力,个人的观念与行为不知不觉或不由自主地与大多数人相一致的社会心理现象,俗称"随大流"。生活富有的人群有自己的生活圈和社交圈,他们彼此之间有频繁的互动,在情感上、思想上和信息上都会交流频繁。这部分人有很强的趋同性,希望与圈子中的其他成员在各方面保持同步趋向,不甘心落后于他人。与此同时,媒体对于奢侈生活的宣传和渲染潜移默化地影响着人们的思想与消费观念,从而滋生了更多的跟风消费、虚荣、炫耀等行为。

(六)自卑心理

炫富主体由于受自卑心理的影响,对他人的言语、行为等都极为敏感,更加情绪化。炫富主体可能在生活、工作等方面存在着不足,在自卑心理的驱动下,他们更加害怕被别人轻视,因此他们会通过炫耀物质上的富有来维护脆弱的自尊心。炫富主体以这种方式寻找心理上的平衡点,凭借奢侈品和金钱等来获得社会的认同,借助炫富这种方式填补自身的空虚、掩饰内心的焦虑。

六、社会炫富问题的对策分析

(一)加强制度建设,引导社会评价体系和标准的建立

在经济领域,我们取得了巨大的成果,在社会制度建设方面也取得了一定的发展,但是制度建设的步伐并未跟上经济发展的步伐,GDP的发展在一定程度上掩盖了一些社会矛盾和制度缺陷。因此我们在发展经济的同时,也要注重制度建设,引导建设正确的社会评价体系和评价标准。当教育制度、文化制度、分配制度、环境保护等方面都逐渐完善,适应经济发展的步伐时,炫富行为就会逐渐消失。

(二)建立社会公平体系,为社会公民营造公平的竞争机会

社会机会的不均等会引发很多社会问题,一些社会参与者努力拼搏却达不到成功者的要求,炫富行为被社会广泛关注;在教育、创业、就业等很多方面缺少公平的竞争机会,导致社会出现贫富差距,从而滋生了大量的炫富和仇富行为。因此,我们在建设物质文明的同时,还要注重精神建设、制度建设和公平体系建设,而且应与经济建设置于同等重要的地位。当所有的公民都拥有了公平的竞争机会,炫富行为就失去了生存的土壤。

(三)加强对网络媒体的监管,发挥传媒行业的积极导向作用

当今网络媒体存在着娱乐化的趋势,很多媒体为了增加关注度、获取经济利益,经常会发布一些低俗的报道。传媒行业在对炫富行为和炫富者大肆报道时,并没有进行理性评价,这就对社会产生了不良的影响。因此,国家应该进一步完善网络监管和传媒行业的法律法规,禁止其报道会对社会发展和经济建设产生负面影响的内容,营造一个健康和谐的网络和传媒环境,发挥传媒行业的积极导向作用,帮助民众树立正确的价值观。

(四)开设金钱教育和心理辅导课程,解决心理问题

当前,炫富行为逐渐呈现低龄化趋势。要想遏制炫富行为的产生,需要从青少年开始

抓起,加强对青少年的金钱教育并开设相应的心理辅导课程,通过心理辅导及时发现青少年存在的心理问题并进行正确的引导。要逐步完善社会与学校教育内容,引导炫富者树立科学消费理念,进行理性消费。与此同时,还要进行社会实践教育,在教育过程中要发掘炫富主体的内在优点,逐渐树立其自信心,并使炫富者认识到只有通过努力取得成就,才能真正实现自我,才能得到别人的认可。

第三节 仇 富

随着改革开放的深入,我国经济发展成果丰硕,人们的社会财富心理在不断发展变化。"仇官心理""仇富心理"等病态社会心理现象不但制约经济的发展,而且易激化人们的内部矛盾,影响和谐社会的构建。

一、"仇富"的内涵

自 2003 年以来,"仇富"一词逐渐走入学术研究的视野中,社会学、经济学、心理学、伦理学、法学等学者从不同角度对这一现象予以阐述,因此关于"仇富"一词的内涵亦有不同的理解,大致有如下观点。

有学者认为"仇富"是指对富人的仇视,即仇富心理是贫富差距加大而导致的一种心理失衡状态。其中的"仇"作为一种复杂的情绪体系,包含了忌妒、怨恨、仇视等种种成分。另一部分学者则认为人们并不仇视那些勤勤恳恳获得财富的群体,对富人的仇视主要表现为质疑富人获取财富的来源和财富的增值方式是否道德、是否合法。还有学者认为仇富心理是国民对贫富差距这一现实的强烈社会心理反应。此外,还有学者认为目前存在的仇富心理是经济发展特定阶段的产物,具有特殊的内涵,仇富并不是对富人或财富的仇恨,而是对财富不公的仇恨,是对利益失衡的仇恨,是仇腐、仇恶。

本书对仇富的内涵概括如下:仇富指社会部分民众因多种原因导致的对于富人群体所获财富的合法合规性、依法纳税、承担社会义务等操守所持有的怀疑、蔑视、否定、愤懑、仇恨倾向的社会心态。首先,仇富心理的群体不仅农民有,城镇市民也有;不仅穷人有,工薪阶层也有;其次,仇富的指向性不是狭隘的富人群体,而是针对富人群体获取财富的合法性等,只有通过正规渠道、符合法律和道德的要求,富人的财富才可能受到社会尊重并被社会承认。

二、"仇富"现象的理论分析

(一) 社会学的"剥夺理论"

在社会学中,剥夺理论是用来研究民众社会心理非常重要的理论工具,主要包括五个维度:肉体剥夺、精神剥夺、政治剥夺、经济剥夺以及社会剥夺。社会剥夺又可以细分为相对剥夺与绝对剥夺,其中相对剥夺指某一个体或群体在与其他社会地位更高、生活条件更好的社会群体进行比较时,认识到自己的付出与回报不成比例,进而产生被剥夺感。从人们妒忌性偏好特性这一角度出发,相对剥夺旨在强调通过与其他群体进行比较引起对自身现状不满意的心理过程。中国人民大学社会学系李迎生教授认为,基尼系数超高后,低收入阶层会产生"相对剥夺感",心理失衡严重将导致仇富等行为的出现。

(二)社会冲突理论

现代冲突理论强调社会冲突的"正"功能,认为冲突不仅导致了社会不和谐,它还具有社会整合的作用,其兴趣在于冲突通过怎样的机制推动变革,阻止社会系统的僵化,将社会和谐作为研究落脚点,并建设性地认为社会冲突具有社会整合的功能,是社会变迁的动力。针对当时中国普遍存在的吃"大锅饭""平均主义"的现象,邓小平提出,"让一部分人先富起来,带动大部分地区,然后达到共同富裕"。而一部分先富的人未承担应有的责任,没有发挥社会正能量的功能,加剧了富人群体与其他群体的矛盾冲突,这些矛盾冲突如果长期积压,就会衍生出社会问题。

(三)社会分层理论

社会分层是指因社会资源占有不同,社会成员、社会群体之间所产生的层化或差异现象,其本质是关于人们之间的利益或资源占有的关系。因为资源是有限的,利益也不总是一致的,社会分层的存在不可避免地会引起社会不平等问题。国内学者对社会群体进行分层时所采用的标准主要有政治分层标准、身份分层标准、职业分层标准、经济分层标准等。客观地看,由于社会分层的存在,社会的不平等也存在。社会的发展带动了一部分人先富起来,财富弱势群体与富人群体在资源分配、利益分配、生活方式、价值观等方面的差异日趋明显,容易导致仇富心理。

(四)虚假需求理论

恩格斯说过:"人们首先必须吃、喝、住、穿,就是说首先必须劳动,然后才能从事政治、科学、艺术、宗教等活动。"后来西方马克思主义者马尔库塞又提出了"真实需要"和"虚假需要"之分,他认为虚假需求的发展和满足受到个人无法控制的外力的支配和影响,如按广告宣传来处世和消费就属于虚假需求。虚假需求首先在富裕群体中产生,这种生活方式引发了其他人的追随和效仿,当追随群体的经济基础达不到这样一种消费方式时,他们就会在虚假需求与现实经济能力的差距中产生心理的失衡,从而引发对富裕群体的仇恨。

三、"仇富"现象的原因

(一)贫富差距日益加大

尹恒和邓曲恒的研究表明,对于我国目前存在的贫富差距,被调查者中有1.3%的人认为差距程度较小,13.4%的人认为差距程度中等,而85.2%的人认为差距程度较大。黄勇在其《"仇富"现象的心理学分析》中指出,中国的贫富差距很大,属于贫富分化最严重的三十几个国家之一,而且富人群体中有相当一部分人的财富来源不清,这些都导致了仇富心理的产生。他还认为,根据"马太效应",伴随着社会的进一步发展,财富会越来越向富人群体聚集,经济的发展仅仅是为少数人创造了巨大的利益,却无法为大多数人谋得平等的福利,这种不合理的社会分配必将引起巨大的仇富情绪。

(二)"富人"的财富合理性

社会中存在贪污腐败、徇私枉法、官商勾结等现象,部分不法商人通过偷税、漏税、逃税、骗税而暴富,部分官员利用职权谋取非法利益。这些通过不合法、不合规途径获得财富的富人,大大败坏了富人群体在百姓中的道义认同,招致公众对整个富人群体的仇视和否定甚至愤怒。除了获取途径不合法外,富人群体"炫富"、畸形消费也加速了仇富现象的产生。部分富人缺乏合理的财富观,把成就感寄予比阔斗富、挥金如土的炫富式消费中,同时在慈善事业方面投入太少,不愿回馈社会,这势必会引发民众对他们的愤怒,从而使富人群体和其他群体之间的对立矛盾更加尖锐。

(三)文化传统观念的影响

马晨清在其《仇富情结探析》中指出:仇富心态在我国的存在由来已久,甚至从未间断,现代的仇富心理只是对早期仇富观念的一种复活。"为富不仁""无商不奸"是对富人群体的基本评价;"杀富济贫""均贫富""不患寡,而患不均"是对财富平均的一种强调与肯定;"朱门酒肉臭,路有冻死骨"是对富者的一种谴责与痛恨。受历史文化影响,人们不能接受不够平均,宁愿忍受共同贫穷也不愿别人比自己更富有,若有人要打破这种绝对平均的定式,必定会引起部分人的恐慌和不安。时至今日,这种观念依旧根植于现在社会一部分人的思想深处。

(四)个人的心理需求

每个人都希望自己能够过得更好,但当因为种种原因无法实现时,个体就会采取行动,例如通过一系列反抗行为以达到自己内心的宣泄和平衡。此外,从某种角度来看,仇富其实是"某些群体"羡慕嫉妒恨的表现。这些群体主要包括两个:一是生活在社会低层、经济收入水平较为低下的群体;二是相对富人而言,心理处于弱势的群体。前者是因为生活上特别贫困,后者是因为生活水平和质量与富人存在差距,心理容易产生不平衡,因此当富人们出现炫富行为和言语以及流露出高傲、嘲讽姿态时,这部分人对富人的敌视情绪就油然而生。

四、"仇富"现象的不良影响

(一)阻碍社会生产力的发展

精英是创造社会财富的主力军,但是如果精英们时时刻刻都在担心自身的安危,必定会影响他们对社会财富创造的全身心投入,进而会对全社会的总财富产生影响。只有营造出一种尊重精英、尊重财富的美好环境,才能使精英们积极地投入生产,从而能够创造出更多的社会财富。只有当社会财富源源不断增加时,才会更有能力去回馈社会。

(二)挫伤劳动积极性

分配的不均衡不仅会使部分低经济收入者生活困难、社会地位下降,还会降低他们对改革的认同感,从而会打击他们参与改革、投身建设的积极性;而部分既得利益者由于担心改革会触及自身利益,则会极力阻挠改革。与此同时,收入差距的不断持续扩大,会造成激励机制出现扭曲,使部分低收入者失去通过努力奋斗改善自身处境的信心,从而丧失了生产和工作的激情,导致社会发展失去活力。

(三)影响社会和谐稳定

社会资源配置的不合理、贫富差距的持续扩大等不良现象的出现会不断激化社会矛盾,极易引起人们比较严重的仇富和仇官心理。这必然会成为巨大的社会安全隐患,严重的还会引起社会的动荡不安。伴随着社会中群体性事件的频频发生,人们的仇富心理正在不断地通过暴力的形式表现出来,一旦持续蔓延,将会不利于社会的稳定,更会影响社会的稳定和谐建设,进而影响社会发展。

五、"仇富"现象的解决

(一)积极推进法治国家建设进程

要严厉打击各种违法违规行为,严厉禁止所有招摇撞骗和市场不诚信行为,呼吁公平竞争,尽量降低或限制垄断的不利影响。例如,对一些歌手来说,他们唱一首歌的酬劳就高达几万元,是词曲创作者收入的几十甚至上百倍;一些运动明星特别是足球明星的年薪、影视明星的年代言费就高达几百万元;一些暴利行业如房地产、美容整形等行业的收入远远高于一般行业。收入分配不合理是造成当前人们收入差距过大的主要原因,为此政府部门应该严格加强对这些高收入行业的整顿治理,利用相关法律法规和税收手段进行规范与调节。

(二)大力发展生产力

提高生产力水平,大力发展本国经济来增加社会财富,是缩小贫富差距和解决"仇富"问题的核心举措。仇富现象之所以会发生在某种层面上,主要是因为对相对贫乏资源的占有欲,当社会生产力水平大大提高使得资源极大丰富到能够满足每个人的需求时,人们就不会对资源的使用产生危机感,对资源的占有欲望就会减弱甚至消失,仇富现象也会随之缓解和消失。因此,要继续坚持以经济建设为中心,解放和大力发展生产力,这不仅能够减少克服仇富心理的阻力,还能够为克服仇富心理提供极大丰富的物质基础。

(三)塑造良好的富人形象

富人群体除了要凭借合法合规手段获取财富,依法交纳税费,在生活和消费方面保持理性之外,还要尊重其他群体,要热衷慈善事业和支持公益事业。实际上,富人群体积极主动地承担更多的社会责任,做一些自身力所能及的公益事业是富商塑造良好形象的最简单的方式,它能够转变富商"为富不仁"这一传统负面的刻板印象,有利于赢得全社会人们的尊敬。只有这样,其他社会群体才能够对富人有更多的认可,对富人们传统负面形象的看法和态度发生三百六十度转变。

（四）端正个人心态

现实中存在种种内在因素和外在因素，使得致富的愿望往往不能达成，这种追求财富失败的感觉极容易导致心理出现扭曲，进而丧失理性，抱怨社会的不公平。因此，我们要继续推进作风建设，在全社会范围内营造良好的风气，树立正确的、健康的三观。我们应该脚踏实地发扬艰苦奋斗的精神，充分利用自己的聪明才智并通过辛勤劳动来实现财富的积累。与此同时，还要清楚地认识到社会公平程度会受到客观条件的制约，在现阶段，商品经济尚不发达，绝对的公平是不存在的。

（五）推动建立合理的财富观

社会总财富增加是经济繁荣、社会进步、人民福利提升的重要前提和条件，在一个有良好秩序的社会中，富人群体和富人财富的增加是好事。因此，为了使社会能够良性发展，应该在全社会营造一种积极健康的尊重和推崇财富的观念。财富本身没有好坏之分，不能蔑视财富，但是要杜绝贪婪。只要是通过辛勤劳动、通过合法合规途径获得的财富，就值得被认可和尊敬。

第四节　看涨不看跌

看涨和看跌都是投资者对市场价格走势的研判，体现了投资人的心理预期，并没有什么对错之分，但市场上似乎看涨不看跌的现象不少，这与投资者的心理有很大的关系。一旦作出了投资决策，资产持有者当然更愿意相信自己的资产价格是会上涨的。如果市场到处洋溢看涨的气氛，资产价格也确实会走高。当然，看跌不看涨的市场例子也是不少的。

一、看涨和看跌的概念

看涨和看跌都是投资方面的术语，常见于债券、股票、基金、商品期货、黄金、外汇、艺术品等资本市场。看涨也称看多，是指投资者相信他们所投资的产品价格将会上涨。看跌也称看空，是指投资者对远期市场态度悲观，预料将来他们所投资的产品价格将会下跌。

二、看涨或看跌的原因

影响价格上涨或下跌的因素很多，以证券市场为例，主要有以下三个方面的因素。

（一）经济因素

经济因素对行市的影响最常见、最直接。在经济高涨时期，投资股票能给投资人带来较高收益，行市看涨；在经济萧条时，商业滞销，资金紧张，持股人纷纷抛售股票以缓解资金不足，促使股票行市下跌。经济因素具体包括以下几个方面。

1. 企业的发展前景以及盈利状况

企业盈利多,可分配的盈利增加,吸引更多的投资者购买该股票,该企业股票价格就看涨。企业盈利少,可分配的盈利减少,抛售者增加,该企业股票价格就看跌。

2. 国民经济整体状况以及对股票的预期收益

当国民经济处于上升期或繁荣阶段时,市场销售环境好,上市公司的生产或业务扩大,盈利增加,股票价格会上涨。反之,股票价格会下跌。

3. 利率因素

如果利率下降,企业的债务利息负担减轻,盈利相对增加。由于钱存入银行获得的利息减少,相对盈利提高的证券市场就更加具有吸引力,同时,投资者取得借贷资本进行股票交易的成本也降低,大量的社会资金流入股票市场,股票价格被推高。相反,如果利率上升,则会引起股票价格下跌。

(二)政治因素

政治因素包括国内政策法规、国际重大政治事件、战争等,甚至某些重要人物的身体健康都可能引起股市涨跌。

1. 政府的政策法规

政府的各项经济、财政、货币政策对证券市场的价格有很大影响。例如新能源和环保材料行业受到国家的政策支持,就会导致该行业的很多企业股票受到投资者追捧,价格上涨。

2. 重大政治事件

国际、国内发生重大政治事件对证券市场的影响也很大。例如2018年美国特朗普政府单方面宣布对中国出口美国的部分企业征收额外关税,相关的外贸企业的利润减少,引发了投资者的担忧,企业股票下跌。

(三)心理因素

心理因素是投资人心理对股市的影响,包括盲从心理、赌博心理、贪欲心理等。看涨不看跌就是一种投机心理,对于自己的投资决策过度自信或盲目乐观是导致看涨不看跌的重要原因。

1. 过度自信

过于自信的投资者很容易出现过度反应的行为。只要他们心中认定市场处于上升的势头,就会认为价格还会一直上涨,而对实际情况视而不见,无法作出理性的判断。即使市场价格已经处于高位,他们仍然继续买进。但是一旦股市持续下跌,他们又自信地判断熊市已经来临,未来市场价格一定会继续走低,所以急匆匆地卖出所持股票。由于这些过度反应,很多投资者容易在高点买入、低点卖出,遭受巨大损失。

2. 盲目乐观

从投资学的角度来分析,投资者对市场信息出现判断失误,还有一个重要原因是盲目乐观。"盲目乐观"是投资中一个普遍存在的心理问题,经验少的投资者尤其容易盲目乐观。他们总觉得自己没有那么倒霉,不会碰上重大的投资损失,由于盲目乐观低估了市场风险,常常作出错误的投资决定。

三、看涨或看跌导致的投资操作行为

投资市场,特别是股市中,有"追涨"和"杀跌"的做法,这是投资者基于对市场走势看涨或看跌而作出的投资行为。

(一) 追涨

追涨是投资市场的术语,指当价格开始上涨时买进商品或资产,如证券产品、外汇、房产或艺术品等。追涨有一定的道理,市场看多的气氛浓厚时,价格上涨的概率大,所以追涨能给投资者带来利润。但是不同投资领域、不同投资环境中都去盲目追涨,肯定不是理性的投资行为。

(二) 杀跌

杀跌就是在价格下跌的时候,不管当初买入的价格是多少,都立刻卖出,防止出现更大的损失。杀跌在市场下跌趋势明显的时候能帮助投资者及时止损,但是很多投资者一看到市场下跌就立刻卖出自己持有的投资品,这也是不理智的投资行为。

(三) 追涨和杀跌的典型案例——中国的兰花市场

兰花是中国人民喜爱的传统名花,在中国已经有2 000多年的栽培历史,但是真正的兰花交易市场却直到清代晚期才形成。改革开放以后,越来越多的投资人开始关注兰花的投资价值,兰花市场随之迅速发展。20世纪90年代以来,我国的兰花市场历经三次大涨,分别是1992—1993年、2001—2002年和2006年。在这几次看涨的行情中,兰花价格一路飙升,最高时一盆名贵的兰花价格被炒至上千万元,完全偏离了正常的市场价格轨道。但是随后,兰花市场泡沫破裂,市场遇冷降温,价格开始大跌。表6-1记录了兰花价格最大一次暴跌前后的价格对比。

表6-1 中国的兰花市场

兰花品种	暴跌之前价格	暴跌之后价格
大唐凤羽	350万元	1万元
大唐盛世	260万元	400元
馨海螺	80万元	200元
元馨海蝶	60万元	400元
玉海棠	40万元	3万元
黄金海岸	40万元	150元
圣麒麟	30万元	3 000元
大雪素	5万元	500元

资料来源:中国兰花交易网。

兰花市场和股市一样,充满了风险,并且价格波动起伏特别大,导致这种畸形价格市场最主要的原因就是兰花投资者的狂热和盲目追涨杀跌心理。兰花价格上涨时,投资者盲目追涨,把一盆植物的价格炒至天价;当价格下跌时,投资者又恐慌不已,纷纷抛售,导致价格不能稳步回落而是暴跌下降,使得市场惨淡,一些人甚至倾家荡产。当然,经过近些年的调整和发展,中国的兰花市场已经恢复到理性状态。

四、看涨不看跌的典型市场——中国房地产市场

根据一般的需求规律,商品的价格越高,人们对它的需求量就越小。但是也有例外,商品的价格越高,买的人越多,只看涨不看跌。中国的房地产市场就是一个典型例子,人们对房价上涨的预期影响到了购房者和房产投资者的决策,形成了"越买越涨,越涨越买"的反常现象。

为什么中国的房地产市场总是看涨不看跌呢?有以下两个主要的原因。

(1)中国的人口数量巨大。中国的传统家庭观念和消费观念,使得很多人都希望拥有自己的住房。只要稍有能力的人都会想要购买自己的住房,而富裕的家庭则愿意持有多套住房来作为固定资产,因为与阴晴不定的证券市场相比,房地产市场显得更加稳定。此外,随着国家全面放开二孩政策,中国的人口还有一定的增长空间,房地产市场可能会继续维持看涨不看跌的趋势。

(2)投资心理和思维定式。很多房产投资人认为国家的经济发展离不开房地产,国家和政府是不会允许楼市崩盘的,购房就是跟国家站在了一边。诚然,国家不希望楼市崩塌,因为楼市崩塌对国家的经济会产生不利的影响。但是政府要的是房地产的健康发展,而不是巨大的泡沫。如果房产泡沫过大,最后由于市场规律的作用,恐怕会出现严重的经济危机,曾经的日本和英国房地产泡沫就是惨痛的前车之鉴。

未来,随着房产税的逐步推行和各种新投资渠道的开拓,中国的投资者会变得更加理性,房地产市场看涨不看跌的情况可能会发生变化。

五、看跌不看涨的典型市场——2018年的中国股市

自2018年开年以来,中国A股就开启了持续下跌模式,除了1月出现开门红外,之后的每个月都在下跌。截至2018年最后一个交易日收盘,上证综指全年下跌24.59%;深圳成指全年下跌34.42%;创业板指数全年下跌28.65%。三大股指的跌幅都很罕见,其中创业板指数和深圳成指更是分别发生过跌破冰点的事件,其他被腰斩的个股比比皆是。为什么整个2018年的中国股市的氛围变成了看跌不看涨?主要有以下几个原因。

(一)IPO发行过多

IPO的英文全称是initial public offerings,意思是首次公开募股。新股发行过多会导致以下问题的出现。

(1)新股过度发行,不断地从股市抽血,导致资金流动困难,缺乏资金的股市自然上涨空间有限。

（2）新股发行数量过多，由于后面还有更多的新股即将发售，这就导致很多刚发行的新股解禁后成为雷股，解禁股远远大于流通股，会引发新股的大幅抛售，股价不断下跌。

（3）新股发行过多导致新股的泡沫加大，很多新股都是上市一波爆炒后，套住一批投资者就开始下跌。

（二）股市严重缺乏资金和人气

中国股市缺乏资金和人气是股价下跌的根本因素之一。中国A股牛市短、熊市长，赚钱效应较低，亏损概率却非常高。市场低迷导致投资者信心不足，看跌的心理比较普遍。看跌的心理导致杀跌和抛售股票的行为，形成"越跌越卖，越卖越低"的现象。

（三）缺乏优质的上市企业

中国的股市严重缺乏优质企业，现在股市上有3 500多家企业，而真正算得上优质企业的能保持稳定的却不足500家，其余的3 000家企业或多或少地都有业绩造假、欺诈上市等问题。这也是A股中垃圾股如此之多的原因。

（四）投机性太强

中国的股市起步比欧美股市晚，发展还不成熟，投资者追求的是快速盈利、速战速决，从而也就造成了它的投机性太强。投机性太强导致股市的波动幅度大，涨幅跌幅都很大。在正常情况下，人们对未来价格的预期是一个常量，但是在投机性强的市场上，人们对商品未来价格走势的预期就成了变量，这种心理预期会影响到个人的决策。

（五）跟跌不跟涨

随着全球股市的国际化程度越来越深，各国的行情相互关联，一起涨、一起跌的情况很常见。但中国的A股市场却是个例外，它是跟跌不跟涨。全球股市涨了，A股没什么反应；一旦全球股市震荡调整，A股必然开跌。原因在于中国的A股目前并未国际化，尽管已经开放了国外交易，但真正流通的还是在国内。

（六）反应过度的投资者

中国股民总是容易对任何消息都作出过度反应，在熟知的、可预测的利空消息下，依然恐慌抛售。等到市场回暖，他们又很积极地入场接盘。

那么，是什么原因导致中国股市投资者对利空消息的反应如此激烈？有以下三方面原因：①散户太多，大多数人都在投机而不是价值投资；②市场交易机制不成熟，如交易时间方面没有T+0、交易信息披露不及时等；③投资者在投资知识方面比较欠缺，因而容易跟风、相信小道消息。

六、如何对待市场的涨和跌——回归理性投资思维

在投资的过程中，投资者应该有策略地运用追涨杀跌法。不要一见到价格上升就盲目跟风买入，否则很容易在价格高位买进导致投资成本虚高，资产不容易脱手。同样，也

不要见到价格下跌就急于卖出，错失了价格反弹的机会。每一次的投资行为都要经过对市场的认真研判后再实施。尽管对市场的判断也会出现失误，但是关注长期资产的增值比短期获利更为重要，这也是个人财富管理的一个重要原则。总而言之，对待投资市场的起伏、价格的涨跌，投资者应该回归到理性投资思维，避免过度自信、盲目乐观和投机侥幸心理，多学习投资知识，做一名成熟、理性的投资者。

第五节 羊群效应

个体的决策行为之间是相互联系、相互作用的，个体之间的相互联系和相互作用所产生的一个典型的社会现象就是"羊群效应"。"羊群效应"即"从众效应"，是一种普遍存在的经济行为，用来描述经济个体的从众跟风心理。

一、羊群效应的内涵

羊群效应(the effect of sheep flock 或 herd effect)，最早用来描述动物行为，主要是指羊群在寻找食物、水源或者领地的过程中出现的一种盲目跟随头羊的现象。后来人们通过大量的研究实践发现，人与人之间同样存在类似羊群一样的盲从现象，羊群效应后来被应用到行为学领域，用来比喻生活中人们的从众行为。

基于财富管理视角来看，羊群效应主要用来指由于信息不充分，投资者难以对市场作出准确的预判。在此情形下，投资者通常会通过观察周围人的行为而获取信息，当这种信息不断传递时，很多人的信息将趋向一致并且彼此加强，从而产生了从众行为。在这种羊群效应中，或许个体实施的是理性行为，但是最终却导致了集体的非理性行为。

二、羊群效应的典型表现形式

以下是几种典型的羊群效应的表现形式。

(一) 生活中的羊群效应

美国作家、漫画家詹姆斯·瑟伯(James Thurber)曾写过一段文字来描述羊群效应：

突然，一个人跑了起来。他可能是猛然想起了与爱人的约会，现在离约定时间已经过时了很久。反正是不管什么原因，他在大街上跑了起来，向东跑去。另外一个人也跑了起来，这可能是一个着急送报的报童。第三个人，一个有急事的绅士，也小跑起来……10分钟之内，整条大街上的所有人都跑了起来。喧闹的声音逐渐清晰，能够听清"大堤"这个词。

"决堤了！"这恐怖的声音充满整条街道，可能是一个老妇人喊的，可能是一个男孩子喊的，也可能是一个交警喊的。没有人知道真正是谁喊的，也没有人知道究竟发生了什么。但是所有人都突然狂奔起来。"向东！"人群喊叫了起来。"向东去！东边远离大河，东边安全！"

以上场景生动地描述了生活中人们的从众心理。现实生活中，羊群效应无处不在，20

世纪八九十年代的公务员下海热、扎堆生猪宝宝、中国大妈抢购黄金制品等现象屡见不鲜。

(二)证券市场中的羊群效应

羊群效应在证券投资市场上表现得更为明显。羊群效应在很大程度上影响着市场的变动,耶鲁大学罗伯特(Robert J. Shiller)在1987年开展了一项调查,调查对象为近900名经历了大跌的投资者。调查结果显示,约有25%的投资者认为暴跌是由投资者的非理性行为导致的。当被问及暴跌的主要原因时,2/3的投资者回答是心理因素,而非经济原因。

在证券市场中,有三个行情阶段最容易引起羊群效应。第一是上涨期,股票价格上涨时,投资者纷纷买入,身处其中的股民会被市场感染,群起跟风,盲目跟进。第二是下跌期,股民人心惶惶,盲目从众,导致投资者集体抛售,割肉清仓。第三是盘整期,因此时行情难以预测,股民们迷茫中也易产生羊群行为。此外,羊群效应也体现在股票选择方面,对于舆论热捧的股票,即使股票价格已经非常高,风险较大,投资者仍然会大量买入;而被广大投资者低估的优质股票,也无人问津。

(三)职场中的羊群效应

职场上的羊群效应随处可见,许多人在寻找工作时,热衷于找寻热门工作。2008年全球金融危机爆发后,金融行业遭遇重创,大量员工被裁而失业,从事金融业不再是多么风光体面的工作。2011年,市场起底回升,金融行业、电子商务行业等又蓬勃发展,数万大学毕业生又开始挤破头地想进入这些行业;"考研热"已成为中国社会一大现象,并且有愈演愈烈的趋势,每年有100多万年轻人加入"考研大军",有人甚至不惜备考多年辗转各地。

三、羊群效应的分类

关于羊群效应的分类,从内在发生机理来看,可以分为真羊群效应和伪羊群效应;从行为是否理性的角度来看,可以分为理性羊群效应和非理性羊群效应。

(一)真羊群效应和伪羊群效应

真羊群效应是指参与者对他人行为有明显的模仿和跟从,而伪羊群效应指群体中的成员在面临相同的决策问题时,持有相同的信息,采取了相似的行为。例如,当市场利率水平突然升高时,投资股票的吸引力就会大大降低,许多投资者会选择退出股票市场;反之,投资者会不约而同地增加组合中股票的投资比重。这种经济行为的改变不是因为投资者根据他人行为而改变的决策,一般都是由基本面因素驱动的,因此称为伪羊群行为。

真羊群效应与伪羊群效应二者最大的不同之处在于在决策过程中个体之间是否会相互进行影响。在真羊群效应中,跟随者通常是观察到了其他投资者的行为,从而作出自己的理智决策。从行为金融学的角度而言,之所以会产生这种行为是由于生物的群体归属感,只有当自己的行为决策符合大众逻辑时才有安全感;抑或是经济博弈的结果,即为使自身利益最大化所采取的理性决策,如由于信息成本和决策能力信服度等原因,小投资者在采取交易决策时往往会直接模仿大投资者。

(二) 理性羊群效应和非理性羊群效应

理性羊群效应是市场参与者出于信息获取困难程度、行为主体的激励因素以及支付外部性等因素考虑,认为参与羊群是最优策略,主动选择跟随模仿其他参与者的行为。与理性羊群行为相反,非理性羊群行为是指参与者的羊群行为并不是基于利益最大化的角度出发,仅仅是盲目的模仿,没有进行理性分析。

由于羊群在个体交易决策时,都是从自身利益最大化角度出发,因此真羊群效应和伪羊群效应均属于理性羊群行为。真实羊群个体通过观察周围人的决策行为作出自己的理性判断,而虚假羊群个体则是根据市场上的相同信息作出自己的理性决策。

四、羊群效应产生的原因

关于羊群行为的形成原因,众说纷纭。归纳总结起来,主要有以下几种观点。

(一) 由于信息相似性产生的类羊群效应

一些国外的学者指出,机构投资者往往具有高度的同质性,他们关注的市场信息通常是相同的,所采用的信息处理技术、经济模型、组合及对冲策略也都是相似的。在此情形下,机构投资者可能对盈利预警或证券分析师的建议等相同外部信息作出的反应是相似的,在交易决策中就表现为羊群行为。

(二) 由于信息不完全产生的羊群效应

信息可以大大降低不确定性,及时和有效的信息能够使投资者获得高额利润或者避免出现重大的经济损失。然而,在现实中要想获取信息往往需要支付大量的成本。对不同类型的投资者来说,他们获取信息的渠道和能力都是不同的,相较于个体投资者,机构投资者在资金、人才、技术等方面具有绝对优势,并且能够支付获取信息所需要的经济成本。最终导致的后果就是,为了趋利避害、获取更多的真实信息,个体投资者可能会四处打探庄家的"内幕消息",或是津津乐道于"空穴来风"的信息,这在很大程度上助长了市场中盲从行为的发生。

而实际上,尽管相对于个人投资者,机构投资者在信息收集和获取方面具有绝对优势,但是由于机构投资者更了解同行的买卖行为,加之信息推断能力较强,他们反倒是更容易出现羊群行为。

(三) 基于委托代理产生的羊群效应

Scharfstein等人提出了基金经理和分析师基于名誉的羊群效应理论。由于投资经理的能力具有不确定性,对名誉的担忧随之产生。代理人1在得到"收入为高"的信号后进行投资。由于代理人2关心的是他的声誉,不论信号如何,他都会采取与代理人1一样的投资决策。这是因为,若决策正确,他的名声就会提高;若决策错误,则说明两人都是愚蠢的或都是聪明的,但得到了同样的错误的信号,并不会对他的名声造成影响。而若采取的是不同的策略,委托人就会认为至少有一人是愚蠢的。由此可见,不管与代理人1之间的信号差异,代理人2会一直采取羊群策略,保持与代理人1相同的决策行为。

(四)基于代理人报酬的羊群效应

当投资经理的报酬取决于他们相对于别的投资经理的投资绩效时,将会对投资经理的激励机制产生扭曲效应,最终使得投资经理的投资选择无效。Maug等人考察了风险厌恶类型的投资者,其报酬随着投资者的相对业绩而增加,随着投资者的相对业绩而减少。代理人和他的基准投资经理人都有着关于股票回报的不完全信息。基准投资人先进行投资,代理人观察基准投资人的投资策略后再选择投资组合。基于前面的信息不充分的羊群效应模型,投资经理的投资组合选择将倾向于选择与基准投资人相近的投资组合。而且,如果投资经理人的投资绩效低于市场的平均投资绩效,其报酬将会受到影响,这一机制也会鼓励投资经理纷纷模仿基准投资人的投资选择。

五、如何应对羊群效应

盲从的羊群效应会带来财富管理的失败,我们该如何应对呢?

(一)树立明确的财富管理目标

当财富管理的目标被明确后,相应的投资期限和流动性要求也会随之确定下来,进而能够缩小基金的选择品种。例如,对于子女教育这一类的基金而言,其投资期限较长,流动性要求低,可以选择中长期优质稳定的基金,追求长期收益;而如果想寻找活期存款的替代品,可以选择短期理财产品或者货币基金,流动性好,也可以享受其带来的固定收益。

(二)准确分析自身财务情况和风险偏好

这与投资者的年龄有直接联系,收益预期较高且风险承受能力较强的投资者,可以根据自身情况选取高收益、高风险的基金产品;相反,年纪较大且风险承受能力偏低的投资者则可以选择固定收益或低风险类的基金产品。总之,投资者在进行资产选择时一定要考虑自身的风险承受能力,如果盲目追求高收益的理财产品,可能会承担较大的亏损风险。

(三)勇于做"吃螃蟹的第一人"

在投资理财方面,风险和机遇是并存的。很多人选择放弃吃螃蟹,是因为他们单方面看到了风险的存在,摆脱了风险的同时,也丧失了很多机遇和利益。然而,"勇于吃螃蟹的第一人",并不是标新立异、不合时宜,万事都反其道而行之。做好财富管理,不需要莽汉的武断,需要的是勇士的果断。

很多投资者在投资时对怎样权衡收益和风险没有一个正确的认识,出现过度承担风险的行为,出现羊群效应。而财富管理是一种智慧型投资,这与盲目的、碰运气的投机行为有着根本的区别。投资者需要根据自身的情况制订出适合自己风险偏好的财富管理计划,不宜盲目地从众跟风。

本章术语

暴富综合征　马太效应　看跌看涨　追涨杀跌　羊群效应

本章练习题

1. 简述合法的一夜暴富和违法的一夜暴富的区别。
2. 有人说"一夜暴富的心态,才是投资者对自己最大的伤害"。你是如何理解这句话的呢?
3. 当代炫富行为的心理学成因有哪些?
4. 什么是仇富心理?其成因有哪些?
5. 哪些因素会影响到投资者看涨或看跌?
6. 你对10年后中国的房地产市场是看跌还是看涨?陈述你的理由。
7. 简述真羊群效应和伪羊群效应的区别、理性羊群效应和非理性羊群效应的区别。
8. 请列举羊群效应产生的原因。
9. 有人说"世上本有路,走的人多了,也便没了路"。你是如何理解这句话的呢?

即测即练

第七章

公益与慈善

【教学目标】

1) 掌握公益和慈善的含义
2) 掌握公益慈善组织的含义及特点
3) 掌握公益慈善项目的含义及分类

【教学重点】

1) 公益慈善组织的类型
2) 公益慈善项目优劣的判断标准
3) 公益慈善组织的作用

【教学难点】

1) 公益和慈善的关系
2) 公益慈善组织存在的主要问题及发展对策
3) 公益慈善项目的运作过程与内容

公益与慈善属于社会财富的第三次分配,是对市场分配和政府分配的补充。公益与慈善为低收入者和特殊社会群体提供了物质保障,改善其生活、教育和医疗等方面的条件,对于缩小社会贫富差距、缓和社会矛盾具有重要作用。本章从公益与慈善的概念入手,重点介绍了公益与慈善组织和项目。本章属于宽口径财富管理的内容,因为公益与慈善奉行"道德原则",个人和企业在公益慈善活动中不仅会完成财富的转移,更会获得巨大的精神力量,因此也是财商教育的重要内容。

第一节 公益与慈善概述

在现实生活中,"慈善"与"公益"两个概念经常被混用,学术界对这两个概念也并未达成共识。有人认为慈善是个大概念,公益也是一种慈善;有人认为公益是个大概念,慈善就是一种公益行为;还有人认为慈善与公益是两个不同的概念,两者所产生的时代背景、追求的目标、活动的内容以及行为的主体都各不相同。我国的相关法律对这两个概念并没有进行严格的区分,在政府部门主导的传媒中,经常将这两个概念放在一起联合使用,在实践中也并未加以严格区分,但是在理论上我们需要梳理清楚两个概念的基本内涵和相互关系。

一、公益

"公益"是一个源自西方的概念,按照清华大学教授秦晖的说法,"公益"一词是由日文转译而来的,最早在日本人冈幸助始的《慈善问题》一书中出现。冈幸助始在书中将西文的"public welfare"翻译成"公益",后来逐渐被汉语所采用。根据对英文单词的理解,我们可以看出"public welfare"有公众的健康、安定、幸福之意,此处的"公益"并不同于由"public interest"翻译过来的"公益",前者的"益"指幸福、健康、繁荣等,而后者的"益"主要指物质利益。我国《现代汉语词典》(第7版)对于公益的定义为公共的利益(多指卫生、救济等群众福利事业),从其引申解释可以看出公益是指一种特殊的公益形态,即公益事业。

概括来说,对于公益概念可做广义和狭义的理解。广义上,"公益"是指一切涉及公共利益的行为和活动,包括政府性和非政府性、营利性和非营利性、强制性和非强制性;狭义上,"公益"则主要是公益主体(个人或社会组织)以非政府的形式进行的、具有非营利性、非强制性、救助性和社会性的一切公益活动的总和。

公益具有以下几个特征。

1. 非政府性

公益事业由公益组织负责具体的实施工作,是由公民自发组建、独立于政府体系、拥有自身组织理念和运作机制的社会自组织系统,政府不直接介入公益性团体的管理和运作过程。当然,这并不排除接受政府的资助和官员参与活动。

2. 非营利性

公益活动的宗旨并不在于获得财富的积累或者利润的实现,而是以社会需要为宗旨,通过公益服务的提供,促进社会进步与发展。但是,公益的非营利性主要指不以盈利为目的,但并不是说不能盈利。现实中,有些公益事业具有一定形式的经营性业务活动,这些活动会伴生超出经营总成本的剩余收入,但是这些剩余收入不能被当成利润在成员间进行分配,只能用于各种公益组织所开展的各种公益活动或者组织本身的发展上。

3. 救助性

公益产生的直接目的主要在于救助现实社会中的弱者或弱势群体。这些人在获取必要的社会资源、寻求社会发展的机会上处于弱势,公益的直接目的就是帮助他们获取必要的资源,解决面临的实际困难,关键在于授之以渔,激发其发展的潜力,培养他们自主解决自身问题的能力。

4. 非强制性

所有的公益性行为都是一种自觉自愿的行为,其内在动力不是利润动机,也不是权力原则,而是基于志愿精神为背景的利他主义,通过志愿服务和公益参与的机制,形成一种扎根于社会,公民自我组织、自我调节和自我管理的治理模式。公益组织开展的公益活动和提供的公益行为不受外部控制或强制,完全出于自觉自愿。公益的这种自觉自愿性通过志愿服务精神体现出来,奉献、友爱、互助、进步是其主要特征。

5. 社会性

公益的社会性主要从三个方面体现出来：一是公益是一项社会性事业，其需要专门的组织来有效运用公益资源，从而尽可能地面向社会公众提供服务和帮助，强调受益对象的广泛性和公共性。二是公益作为一项社会性事业，需要社会成员广泛参与。公益起源于社会，社会公众的参与才是公益事业不竭的源泉。三是从公益的价值目标来看，它根植于社会，理应以整个社会福利的最大化为追求目标，而不是个人或少数人的福利最大化。

二、慈善

慈善是在东西方文化中都具有的一个概念，只不过两者的时代背景和具体界定有所差异。

（一）中国的慈善概念

中国的慈善思想源远流长，先秦时期的诸子百家对此都曾有过精辟的论述。譬如：老子在《道德经》中说："上善若水，水利万物而不争。"孔子和孟子也曾说道："老者安之，朋友信之，少者怀之；老吾老以及人之老，幼吾幼以及人之幼；出入为友，守望相助，疾病相扶。"关于慈善的概念，古已有之。不过最初，慈和善这两个概念是分开的，具有不同的含义。在中国传统文化典籍中，"慈"是"爱"的意思。许慎的《说文解字》中解释道："慈，爱也。"它尤指长辈对晚辈的爱抚，即所谓"上爱下曰慈"。《国语·吴》中的"老其老，慈其幼，长其孤"，《管子·形势解》中的"慈者，父母之高行也"，《左传·昭二十六年》中的"父慈子孝，姑慈妇听"，《仪礼·丧服》中的"慈母如母，谓养母也"。上述文献中的"慈"即为此意。慈是上对下、长对幼之爱，两者之间的关系并非平等。但慈的含义不仅仅如此，这种爱也扩展到了父母亲缘关系之外，如《礼·内则》"慈以甘旨"（注：慈谓爱敬进之也，又慈和服物也）。《左传·文十八年》"宣慈惠和"（注：慈者，爱出于心，恩被于物也）。《韩非子·内储说上》"夫慈者不忍，而惠者好与也"。《新书·道术》"亲爱利子谓之慈，恻隐怜人谓之慈"。孔颖达疏《左传》有云："慈者爱，出于心，恩被于业"；又曰"慈为爱之深也"。可见，慈的语义已经由较为狭义的父母之爱扩展到全社会人与人之间的关爱。"善"的本义是"吉祥，美好"，即《说文解字》中所解释的"善，吉"，后引申为和善、亲善、友好，如《管子·心术下》中所说的："善气"二字合用，则是"仁善""善良""富于同情心"的意思，《易坤》之中便称："积善之家，必有余庆。"此处的善指的则是善事、善行。

慈善联合在一起使用，大多认为最早出现在成书于公元6世纪的《魏书·崔光传》中，文中评价崔光："光宽和慈善。"不过根据王文涛教授的考证，慈善作为合成词使用，最早可能出现在成书于公元3世纪前中期的《大方便佛报恩经》中，如"复次，如来方便慈善根力不可思议"。作为合成词的慈善，包含了博爱为慈和乐举为善两层含义。此时的中国古代思想家认为，慈善是在慈悲的心理驱动下的善举，怀有仁爱之心谓之慈，广行济困之举谓之善，慈善是仁德与善行的统一。实际上，在"慈善"一词出现之前，就已经存在一些与这个合成词含义相近的词汇，如布施、行义、义行等。总之，中国传统文化中，"慈"与"善"结合在一起，表达了社会中强势人群对于贫困和弱势人群（或长辈对于小辈）的关心、爱护及行动。

到了现代,慈善的界定虽发生了一定的变化,但依然带有传统概念的色彩,对此中华慈善总会创始人崔乃夫有极为精辟的概括:"什么叫慈呢?父母对子女的爱为慈,讲的是纵向关系,如'慈母手中线,游子身上衣'。什么是善呢?人与人之间的关爱为善,讲的是横向的关系。什么是慈善呢?慈善是有同情心的人们之间的互助行为。"总之,慈善,即仁慈善良之意,是指个人、群体或社会组织自愿向社会或受益人无偿捐助钱物或提供志愿服务的行为,是帮助人们摆脱各种困难和风险以及发展社会公益事业的重要途径。

与之相关的一个概念就是慈善事业,与公益一样,实际上我们日常所说的慈善往往是慈善行为或慈善事业的简称。所谓慈善事业,就是指私人或社会团体基于慈悲、同情、救助等观念,为灾民、贫民及其他生活困难者举办的施舍、救助活动的统称。其活动对象、范围、标准和项目,由施善者确定。慈善事业常常通过一定的组织机构来进行,这类从事慈善事业的社会团体和工作机构统称为慈善团体,如中华慈善总会、中国儿童基金会,国外的慈善学校、救济院、慈善姊妹会,以及现代的各种社会福利院和各种志愿者服务队等。

(二)西方的慈善概念

慈善在英文中主要有四种表达方式:即"charity""philanthropy""beneficence"和"benevolence"。"charity"含有慈善机构(或组织)、慈善、赈济、施舍、仁爱和捐助等意思;"philanthropy"含有博爱、慈善活动和慈善事业的意思;"beneficence"指的是善行、仁慈和行善;"benevolence"表示仁慈、善举和捐赠的意思。从上面的翻译中,我们可以看出,与慈善活动和事业最贴近的两个单词就是"charity"和"philanthropy"。其他两个单词主要表达的是仁慈和善行的意思。实际上,从西方慈善事业的发展历史上来看,两者时代背景和具体内涵还是存在明显差异的。因此,当代中国学术界和慈善界一般将这两个词翻译为小慈善/大慈善或者传统慈善/现代慈善。

西方的慈善传统源于古代基督教文化。根据基督教教义,慈善是基督教神学三大美德(信仰、希望和慈善)之一。1601年,英国国会通过了世界上第一个规范慈善事业的法律——《1601年慈善用途法》,这部法律将慈善事业的领域从对困难群体的救助延伸到了兴办教育、修建桥梁、码头、海堤、道路等为公众利益服务的事业。18世纪,英国发生了工业革命,随着生产关系的变革,一种被称为"Philanthropy"的慈善活动发展起来,其特点是组织化地开展慈善活动,以及注重慈善救助的长期效果。"philanthropy"慈善不同于早期的"charity"慈善,有西方学者把"charity"慈善概括为"授人以鱼",把"philanthropy"慈善概括为"授人以渔"。18世纪中叶以后,随着工商业的发展,"philanthropy"式的慈善开始在北美殖民地出现,众多为公众利益服务的志愿组织纷纷成立,业务活动领域涉及济贫、卫生、教育、助残、济孤、宗教等。进入20世纪后,以洛克菲勒基金会和卡内基纽约公司的创立为代表,以各种基金会、非营利公司等为载体的现代慈善在美国发展起来。

因此,在西方,传统慈善表达的是一种基于宗教基础上神对人的爱,人模仿这种爱,并将这种爱与关怀传递给自己的弟兄,让每个人都能感受到基督之爱。同时,正因为传统慈善的理念活动与宗教密切相关,因此,它也承袭了宗教的一些特点,如慈善行为的施受双方在地位、资源拥有、权威上是不平等的,慈者为唯一的上帝,慈善工作者是为上帝服务的人,他们要向世人宣传上帝的福音与爱。上帝是最大的家长。因此,传统慈善行为带有自上而下的权威意味。而现代慈善活动和事业的兴起，则是与现代工商社会的发展联系在一起的，虽然依然受到宗教文化的影响，但是宗教背景和色彩已经逐渐淡化，更加强调的是对公众需求和公众利益的满足，行为的主体也不再是教会组织，而是各种非营利组织。同时活动的领域已经远远超出传统慈善的范围，不再仅仅是扶危济困，而是在此基础上扩展到一切改善公众福祉的领域。在当代欧美的法律中，"charity"和"philanthropy"两者在各国的法律框架中含义逐渐趋同。由于"philanthropy"产生的时代背景和具体领域与"charity"存在明显区别，所以在当代，也有学者将"philanthropy"翻译成公益，指一个或一个以上的个体或非营利团体将以下物品在家庭以外进行配置：金钱、商品、其他物品或者服务（时间）。这种配置系出于利他主义或公共服务目的，并且在赠予时不期望获得利益的高回报或类似的回报。

三、公益与慈善

我国当代所说的现代公益慈善事业中的公益实际上多数指的是"philanthropy"式的慈善，而所谓的广义的慈善概念实际上也是脱胎于此。从我国学术界的理解来看，慈善也有广义和狭义两种理解，狭义上指怜悯、同情和帮助弱势群体，是扶贫济困、帮助老幼病残；广义上则是超越救助弱势群体的概念，递进至广泛增进他人福祉的善行。从我国的现实状况来看，广义的慈善的行为主体不仅包括个人、民间公益团体或组织，还包括政府部门设立和管理的相关机构与组织。基于此，大致可以将慈善对应于"charity"，将公益对应于"philanthropy"，两者存在明显的区别。对此，刘继同教授曾经做过详尽的分析，他从"理想类型"角度，对慈善与公益的概念进行了理论界定，从中我们也可以看出狭义的慈善与公益的区别。

慈善、公益概念本质区别与比较状况一览表如表7-1所示。

表7-1 慈善、公益概念本质区别与比较状况一览表

分析层次	社会慈善	社会公益
英文词汇	Charity	Philanthropy
诞生时代	奴隶、封建社会	近、现代社会
服务性质	利他、非营利	利他、非营利
价值基础	给予和施舍	博爱与关爱
政策目标	缓解贫困	社会关爱
社会问题	贫困和生存	贫困和生活
国家角色	无足轻重	日趋重要
市场作用	重要角色	主要角色
非政府组织（NGO）角色	主体角色	核心角色
服务对象	贫困与弱势	弱势与劣势
服务范围	维生和减贫	各类社会关爱

续表

分析层次	社会慈善	社会公益
服务方式	实物给予	物质与服务
服务机构	宗教团体	第二、第三部门
服务人员	宗教人士	专家与公民
资金来源	宗教团体	企业与非营利组织（NPO）
发展动因	宗教信仰	宗教经济社会
管理体制	民间管理	行业管理
制度层次	最低层次	第二层次
作用影响	扶贫济贫	社会关怀

从表 7-1 的分析我们可以看出，从概念的内涵和本质上来看，"慈善"与"公益"是两个不同的概念，两者虽然都以利他为宗旨，但是其所产生的时代背景、所体现的终极价值等还是有区别的。慈善活动诞生于奴隶与封建社会，历史悠久，而公益则是诞生于近代资本主义工商业兴起之后。"慈善"是使社会中的弱势群体受益，"公益"是使包括弱势群体在内的整个社会大众受益。当然两者之间也有交叉与重合的地方，如服务的性质、解决的社会问题等，这也是导致"慈善""公益"两个概念在理论界与实务界经常被混淆的一个重要原因。对于西方学术界来说，他们对于"charity""philanthropy"的时代内涵比较清楚，并且在法律层面上加以明确。而我国由于公益慈善发展较晚，相比西方还不够成熟，人们对于"慈善"与"公益"两个核心概念理论的界定的理解还处于不断发展中。这一点集中地反映在我们国家对于公益与慈善活动的法律界定上。

目前，从法律上对公益与慈善活动和事业进行界定的主要有两部法律。一部是 1999 年颁布的《中华人民共和国公益事业捐赠法》（以下简称《捐赠法》），在这部法律之中，第三条对公益事业的范围进行列举。即"本法所称公益事业是指非营利的下列事项：（一）救助灾害、救济贫困、扶助残疾人等困难的社会群体和个人的活动；（二）教育、科学、文化、卫生、体育事业；（三）环境保护、社会公共设施建设；（四）促进社会发展和进步的其他社会公共和福利事业。"另外一部是 2016 年颁布的《中华人民共和国慈善法》（以下简称《慈善法》），其中第三条规定："本法所称慈善活动，是指自然人、法人和其他组织以捐赠财产或者服务等方式，自愿开展的下列公益活动：（一）扶贫、济困；（二）扶老、救孤、恤病、助残、优抚；（三）救助自然灾害、事故灾难和公共卫生事件等突发事件造成的损害；（四）促进教育、科学、文化、卫生、体育等事业的发展；（五）防治污染和其他公害，保护和改善生态环境；（六）符合本法规定的其他公益活动。"

从两者的法律条文规定来看，存在诸多重叠之处。公益事业与慈善活动的范围基本一致。《慈善法》更是明文指出：慈善活动属于公益活动。这实际上采用的是现代慈善概念的基本界定，即"慈善"作为"philanthropy"与"charity"的中译词，强调慈善目的与公益性标准相结合，对两者没有做明确的区分。因为在中国的传统文化中，公益与私益的判断是一种价值判断，不像西方那样是一种泾渭分明的事实判断，只要不是单独利己，能够帮助他人,就是具有爱心与公益心。这体现了中国传统文化中的慈善理念,即利他的就是公益的。这实际上也是对各种认知分歧妥协的结果。关于这一点王振耀教授曾指出,2005年召开中华慈善大会的时候,时任民政部救灾救济司司长的他就曾与慈善界协商过这个问题。他指出,在中华人民共和国成立后的特定历史时期中,我们是全面否定慈善的。直到 2004 年中共十六届四中全会的决定,才正式正面肯定了慈善事业。"公益"这个词,我们从来没有否定过,而肯定慈善则经历了几十年的努力。从国际社会的经验看,英国至今都还是用的慈善即"charity"一词,它们的慈善包括各类公益。因此,我们也决定不在概念上下功夫,在实践中,可以同时使用公益慈善,避免从另一个角度再否定慈善。所以,在现实中,公益与慈善这两个概念混合使用或者说混同使用的现象十分普遍,这与政府部门的引导、相关法律的规定可以说是密切相关。

第二节 公益与慈善组织

一、概念梳理与界定

自从 2016 年《慈善法》颁布之后,对于慈善组织的界定相对比较明确,按照《慈善法》第八条的规定,慈善组织是指"依法成立、符合本法规定,以面向社会开展慈善活动为宗旨的非营利性组织"。目前,慈善组织可以采取社会团体、民办非企业单位、基金会等组织形式。

(1) 社会团体。《社会团体登记管理条例》规定:"社会团体,是指中国公民自愿组成,为实现会员共同意愿,按照其章程开展活动的非营利性社会组织。"社会团体的组织形式主要包括慈善机构、各种协会、学会、促进会、联合会、研究会等,这在我国的非营利组织中占有比重最大。全国总工会、共青团、全国妇联的政治地位特殊,社会影响广泛。还有 16 个社会团体的政治地位虽然不及上述 3 个社会团体,但也比较特殊。它们分别是:中国文联、中国科协、全国侨联、中国作协、中国法学会、对外友协、贸促会、中国残联、宋庆龄基金会、中国记协、全国台联、黄埔军校同学会、外交学会、中国红十字总会、中国职工思想政治工作研究会、欧美同学会。以上 19 个社会团体的主要任务、机构编制和领导职数由中央机构编制管理部门直接确定,它们虽然是非政府性组织,但在很大程度上行使着部分政府职能。

(2) 民办非企业单位。《民办非企业单位登记管理暂行条例》规定:"民办非企业单位,是指企业事业单位、社会团体和其他社会力量以及公民个人利用非国有资产举办的,从事非营利性社会服务活动的社会组织。"各种民办学校、民办医院、民办文化艺术团体、民办科研机构、民办博物馆等都属于此类。

(3) 基金会。《基金会管理条例》规定:基金会是指利用自然人、法人或者其他组织捐赠的财产,以从事公益事业为目的,按照规定成立的非营利性法人。基金会的活动宗旨是通过资金资助推动科学研究、文化教育、社会福利和其他公益事业的发展。

二、公益慈善组织的特点

1. 组织性和志愿性

公益慈善组织首先是一个依法设立的组织,而不是一次性或临时性的集合,更不是单纯的个人。它有自己的组织机构和活动场所,有自己的组织活动章程和制度形态,有自己的合法财产,对自己开展的慈善活动负责。公益慈善组织可通过组织决策机构的少数服从多数方式形成公益慈善组织意志,并在公益慈善组织自身意思的支配下,规范、支配公益慈善组织的行为,开展慈善救助活动,对捐赠者的捐赠和受赠者的受赠活动进行指引、引导。慈善的组织性,使慈善救助行为的实施显得有条不紊,为慈善活动长久稳定地开展提供了一个组织基础。慈善捐助者基于对公益慈善组织的信赖,也更愿意参与到慈善活动中去,有利于慈善款物的聚集及有效利用。同时,公益慈善组织的设立,慈善活动的开展,公益慈善组织的发展,都直接或间接依赖于社会公众的志愿参与。志愿精神是慈善活动参与者从事该救助活动的内在动力。所以,公益慈善组织具有志愿性而非强制性;慈善活动的参与者不论捐款还是捐物,都不是基于法律的要求或是缘于外部的强制,而是志愿进行的无偿救助活动,也不同于以互益为目的的非营利组织的活动。

2. 民间性和自治性

公益慈善组织虽然可以接受政府的资助和支持,但它本身是独立于政府之外的民间组织,既不是政府的组成部分,也不受制于政府,其人事制度、资金来源、组织运行等都只服从于体现社会公共利益的法律规范。公益慈善组织从组织申请设立到成立以后的运作过程中都体现出明显的自立性、自主性和自治性,有自己的内部治理以及控制自身事务的能力和权力,慈善活动的开展,一般通过自觉、自律行为得以体现,不受组织外界管理的约束,是社会民众运用自己的力量进行自我管理、自我决策的组织。公益慈善组织的发展更依赖于社会民众的主动参与、自愿奉献,而不是政府的强制性干预;要求公益慈善组织自身具有独立的决策及运作能力,以便进行有效的自我管理、自我约束、自我发展和自我监督。

3. 非营利性和公共目的唯一性

公益慈善组织是不以营利为目的的组织,公益慈善组织的设立及开展活动均应以公共利益或他人福利为考量因素,受到非分配约束(指可以有营利性活动,但所得的营利不可以作为红利在理事中进行分配,即不可以将净收入分配于对组织实施控制的人,包括董事等)。各国一般都以利他主义和人道主义作为公益慈善组织的意识形态和指导思想,并将奉献社会、服务大众作为组织活动的唯一使命,将服务弱势群体、满足基本需求等公益性作为其活动宗旨,具有非营利性和公共目的唯一性特征。慈善活动的开展,虽会给公益慈善组织带来一些运作资金,公益慈善组织也可进行一些类似企业的内部治理和一定的营利性或投资收入,但社会公益性始终是公益慈善组织的活动目标。所以,为保证其公共目的的实现和相关财产不会被私人所利用,公益慈善组织的利润不可以分配,只能用来继续进行慈善事业。对此,各国法律都做了明确规定,如规定不可设立股东或机构所有权人,不设立明确股东;所有权人的控制权是与时俱进的。同时,鉴于公益慈善组织的非营利性和公共目的的唯一性,公益慈善组织不能通过财政、税收或以营利为目的的经营活动来获取收入、维护自身的存续和发展,各国税法也赋予公益慈善组织特殊的税收地位,提供相关的税收优惠,以提高公益慈善组织活动的积极性,扶持和鼓励公益慈善组织发展。然而由于各国的经济水平和文化传统不同,慈善性目的的范围大小也不尽相同。

4. 非政治性、非传教性和活动领域的特定性

公益慈善组织作为民间自治组织,不被允许参加某些政党的活动、推动特定政党的议程,更不能借助慈善在宗教场所以外的地方进行传教、布道,慈善活动有自己特定的活动领域。各国对慈善活动领域的界定有宽有窄,但基本围绕"慈善"这一主题展开,包括扶贫、教育、科学、文化、医疗卫生、体育、社会服务等,总体上呈现向外不断拓展、延伸态势。

5. 公众的参与性和组织的引领性

公益慈善组织强调公众参与,透过公共服务项目投入,扩张社会参与感,持续地鼓励利他主义,创造公众参与机会,使公众由服务的消费者,经由参与平台,转而成为服务的生产者,将公众志愿资源成功转化为福利供应资源,并形成良性循环链条。同时,面对公众筹款,慈善组织通过多种类、多样化的救助服务传输,弥补政府资源的不足和价值优先的缺陷,给公众提供更为广泛的参与社会事务的选择机会,尊重公众人权,并能透过运作机制激励公众参与社会事务,弘扬慈善活动的积极影响,引领社会正面价值,进行改革倡导,引发政府政策和相应法律法规的修正,对社会风气起到正面弘扬和组织引领的作用。

三、公益慈善组织的类型

目前中国的公益慈善组织的种类繁多、类型多样,比较有代表性的分类方法主要有以下几种。

(一)按照慈善组织与政府的关系划分

按照慈善组织与政府的关系,可将公益慈善组织分为独立法人的民间慈善组织、独立法人的准民间慈善组织、事业编制的慈善组织、完全行政(官方的)组织、注册为企业、民办非企业单位的慈善组织和未注册的自然人六类,公益慈善组织类型呈现多元化态势。

1. 独立法人的民间慈善组织

独立法人的民间慈善组织以中国国际慈善基金会、联合国青年技术培训及妇女儿童保护组织、中国儿童慈善组织、爱德基金会、教育基金会为代表,包括社团法人、基金会等法律形式。该类型组织采用"民间自治"治理模式,强调政府、社团脱钩,"民间性"居于主导地位。目前有几百家初具规模、拥有10个左右全日制职工的中型组织(全年资金需求量约100万元),其余组织大都处于起步阶段。由于其民间性突出,它同政府关系方面的表现也更加超然。但正是这种超然的民间性也使得它们面临发展的困境,在政策优惠、舆论报道、资金筹措等方面居于弱势地位,在资金和运营方面有较大困难。浙江宁波市太平洋慈善基金会是这一类型的民间慈善组织的典型代表。

 **部分组织简介**

(1)中国国际慈善基金会(China International Charity Foundation,CICF),是由600多名中央新闻媒体记者共同发起,若干社会志愿组织、热心慈善事业同人参加的全国性非营利公益社会团体;其于2006年9月19日正式登记注册,具有独立法人资格。该基金会宗旨是发扬人道主义精神,弘扬中华民族扶贫济困的传统美德,帮助社会上不幸的个人和

困难群体,开展多种形式的社会救助工作,为建设和谐社会尽一份心力。

(2) 爱德基金会(The Amity Foundation)是与中国基督教协会有关联的团体,是中国的基督徒志愿者参加组成,主要帮助中国贫困地区的团体。爱德基金会成立于1985年4月,是一个由中国基督徒发起、社会各界人士参加的民间团体,致力于促进我国的医疗卫生、教育、社会福利和农村发展工作。爱德项目遍布31个省(区、市),每年有数十万人从中受益。但爱德基金会作为一个由中国基督徒发起成立的、社会各界共同参加的民间慈善团体,与政府的联系并不密切,这种完全的民间性使之在政策优惠、舆论报道、资金渠道等方面居于弱势地位。

(3) 教育基金会,是指资助教育公益事业的非政府、非营利的社会中介组织。如北京首放投资顾问有限公司董事长汪建中先生曾出资建设的安徽省建中教育发展基金会;再如高校教育发展基金会,目前全国已有100余家。教育部、财政部针对中央级普通高校获得的社会捐赠采取配比制度,有效激活了高校教育基金会的成立与成长。但与美国高校教育基金会百余年历史相比,我国教育基金会筹资机制和资金增值机制等还有很大差距。①

(4) 宁波市太平洋慈善基金会是在浙江省民政厅登记设立的非公募性质的基金会,其创立人为宁波市籍台胞陆章铨先生。出生于陆埠十五吞村的陆章铨先生,在经过几十年创业艰辛获得事业成功后于20世纪90年代开始,捐建余姚陆埠镇孝友小学、陆埠镇文化宫、余姚中学体育馆以及在市慈善总会设立"助学冠名基金"等慈善项目,共出资1 500余万元人民币。

2. 独立法人的准民间慈善组织

独立法人的准民间慈善组织以中国少年儿童发展基金会、中国青少年发展基金会、中华慈善总会为代表,其组织制度采用本级慈善组织与本级行政机构相互协作、融合、补充的运作模式,强调民间运作与行政支持的双向沟通。此类组织在资金、人事制度等方面都不能完全独立于政府,对行政机关的依附性较大,不完全具备慈善组织所要求的民间性、自治性的特征,带有明显的"半官半民""官民二重性"倾向,形成了行政资源和社会资源的有效整合,是现阶段慈善组织可行又有效的体制模式。

   **部分组织简介**

中华慈善总会成立于1994年,是经中国政府批准依法注册登记,由热心慈善事业的公民、法人及其他社会组织志愿参加的全国性非营利公益社会团体,目前在全国拥有273个会员单位。中华慈善总会主要是依托于民政部建立的,其活动宗旨是:发扬人道主义精神,弘扬中华民族扶贫济困的传统美德,帮助社会上不幸的个人和困难群体,开展多种形式的社会救助工作。

中国青少年基金会则是从团中央分化出来的,中国人口福利基金会也脱胎于国家计

---

① 王佩军,阎光才,唐安国. 关于我国教育基金会发展运作的建议[J]. 复旦教育论坛,2003,1(2):41-45.

划生育委员会。这些慈善组织成立时多半会邀请党政官员担任组织的荣誉职位,开展的服务活动较多围绕党政工作的需求,组织内部骨干较为注重获得党政系统的升迁,组织活动的开展要依托行政网络,组织的资金来源于政府或政府利用摊派筹集的资金,真正来自民间的、由民间独立运作的大规模慈善团体极少。

3. 事业编制的慈善组织

事业编制的慈善组织以中国红十字会为代表,其组织体制基本等同于全额拨款的事业单位,专职工作人员的编制、工资分别由国家编委核定和财政负担。与事业单位不同的是,此类慈善组织的民间机制和行政机制基本参半,有一定的"自治"成分。它们开展慈善活动的经济来源主要依靠社会募捐,并严格按照施助者的意愿实施救助(项目运作),具有"官办民营"的性质,目前数量有 5 万之多。

4. 完全行政(官方的)组织

完全行政(官方的)组织以基层县(市)、乡(镇、街道)的慈善组织为代表,如江西赣南的 150 多个县级和乡镇级慈善会,其组织制度完全依附于行政机构,按照民政部、各级民政部门拟定民政工作的基本方针、政策、规章和法律法规进行运作,该类型的慈善组织本身就是一行政主体。

5. 注册为企业、民办非企业单位的慈善组织

该类慈善组织由于找不到挂靠单位,只能以企业或民办非企业单位的形式注册,市场监管部门对其活动不做太多监管,又不受民政部门监管,处于监管的真空地带,如红十字扶贫开发服务中心、丽江妈妈联谊会等,注册为企业的慈善组织典型代表有专门为孤独症儿童及其家庭提供教育服务的民办非营利组织,目前全国该类慈善组织的数量约有 20 万家。

6. 未注册的自然人

由于"双重管理"门槛过高,无法注册,又不愿以企业的形式存在,一些组织以自然人的身份长期存在、从事慈善活动。目前全国以未注册的自然人身份开展慈善捐助活动者不下 100 万人。

(二) 按照慈善组织所属基金会的类型划分

1. 公募基金会

公募基金会以中国青少年基金会、中国人口福利基金会、中国航天基金会、中国文学基金会等为代表,共有 900 多家。公募基金会属于运作型基金会,比较少拨款给其他组织,其与政府关系密切,机构普遍较大,且该类基金会两极分化严重,为大众所知的几家知名机构总体能力强,其余的公募基金会则不为人所知、影响力有限。

   **部分组织简介**

中国青少年基金会简称为青基会,它是 1989 年 3 月由中华全国青年联合会、共青团中央、中华全国学生联合会和全国少先队工作委员会联合创办的全国性非营利性社会团体,具有独立法人地位。通过资助服务、利益表达和社会倡导,帮助青少年提高能力,改善

青少年的成长环境。中国青基会倡导"社会责任、创造进取、以人为本、追求卓越"的价值观。其发起实施的希望工程是中国社会参与最广泛、最富影响的民间公益事业。

2. 非公募基金会

非公募基金会大多为资助型基金会,由企业或个人捐赠建立,不向公众募捐,依据捐款人意愿活动,以北京光华慈善基金会、苏州汇凯爱心基金会、南都公益基金会、北京大学教育基金会、北京工商大学教育基金会、北京万通公益基金会、北京光华慈善基金会等为代表。2004年,《基金会管理条例》的出台,为非公募基金会的发展提供了良好平台,中国现已有非公募基金会300余家。

3. 国际基金会

国际基金会以中国国际慈善基金会为代表。该类基金会大多为资助型基金会,是代表国外捐赠人开展工作的信托机构。目前全国该类基金会有100多家,但仅有8家进行了注册,其余均未注册。

(三)按照慈善组织所承担的任务或职责划分

1. 混合型慈善组织

混合型慈善组织是一种提供有关慈善服务的同时也从事其他公益事业的慈善组织。如香港已有100多年历史的最大民间慈善组织东华三院(广华医院、东华医院、东华东院),就是混合型民营慈善机构,其在为穷人提供免费医疗的同时,还办有中、小学校等20多所;澳门著名的慈善机构——镜湖医院也是典型的混合型公益组织,它同时担负着为穷人提供免费医疗和为一般市民提供收费医疗的服务,近30多年来累计免费或低费收治病人1 463万人次。混合型慈善组织因担负的慈善任务众多,所以这类组织一般规模较大。

2. 综合型慈善组织

这类慈善组织的特点是经济实力一般较强,可以开展多种多样的慈善项目但不从事营利性活动,如中华慈善总会及南昌等全国各地的慈善会。

3. 专一型慈善组织

专一型慈善组织是以从事公益事业为唯一活动目的,专门为了某一项慈善事业而建立起来的慈善组织,一般只开展有限的慈善项目。如旧中国的育婴堂,就只承担对孤儿的救助任务;20世纪90年代初期在武汉出现,继而迁往福州的中华绿荫儿童村,亦是在社会各界支持下专门从事收养孤残儿童慈善工作的民间慈善组织。而现今设在各地的中国SOS儿童村,则是由国家民政部门主管,专门救助社会孤儿、对孤儿采取家庭式抚养的社会福利事业单位。还有其他设在全国各地的一些慈善组织,如见义勇为基金会、关心下一代委员会、中国红十字会、救灾协会、中国扶贫基金会等,也属专一型慈善组织。

   **部分组织简介**

中国SOS儿童村创建于1984年,是中国政府和国际SOS儿童村组织(KDI)合作的救助孤儿的福利机构。近30多年来,在中国政府的亲切关怀下,在国际SOS儿童村组织,特别是该组织创始人赫尔曼·格迈纳尔博士和现任主席海尔姆特·库廷先生的热情

帮助下,中国 SOS 儿童村事业获得极大发展。截至 2019 年 6 月已在天津、烟台、齐齐哈尔、南昌、开封、成都、莆田、乌鲁木齐、拉萨、北京建立了 10 所 SOS 儿童村,总占地面积 489 亩(1 亩≈666.67 平方米),建筑物总面积 74 381 平方米。此外还在烟台和齐齐哈尔建立了 2 所以赫尔曼·格迈纳尔博士名字命名的学校。中国 SOS 儿童村由国家民政部门主管,作为救助社会孤儿的社会福利事业单位,对孤儿采取家庭式抚养。

4. 协调型慈善组织

协调型慈善组织主要协调慈善组织与政府、募捐与实施机构的关系,以及各慈善组织之间的关系,一般不从事具体慈善工作,其作用是充当慈善事业的代言人或它的自律机构,如浙江绍兴县盛兴慈善基金会。

5. 附属型慈善组织

附属型慈善组织是一类比较特殊的慈善组织类型,一些企业通过附属型慈善或公益组织直接参与慈善事业并发挥作用。如香港汇丰银行设置的慈善基金会、《澳门日报》设置的读者公益基金会等,均是企业附设的慈善事业机构。在国内,一些大型企业也开始设置有关公益基金会参与社会公益事业,如上海宝钢出资设置的宝钢教育基金会,每年奖励全国高校的师生;一部分企业则通过工会建立了互助基金等公益组织。

四、公益慈善组织的重要作用

(一) 完善社会保障体系

公益慈善组织是政府主导社会保障体系的一种必要的补充,能够不断推动我国社会保障体系的完善。公益性慈善组织实质上是一种社会再分配的实现形式,它所提供的服务属于公共产品,能为绝大多数人提供共同消费或享用的产品或服务,如国防、公安、司法等方面所具有的财务和劳务及义务教育、公共福利事业等。公益慈善组织是我国新型社会保障体系建设的有机组成部分,是不以盈利为目的,致力于社会公益事业和解决各种社会性问题的民间志愿性组织。公益慈善组织有效补充了我国的社会保障体系,在医疗方面,为许多贫困人口或者家庭有疾病的人提供了医疗救助,为贫困省份捐赠医疗设备,解决了基层医疗机构缺少医药的问题,缓解了看病难、看病贵的问题;在教育方面,帮助贫困地区建学校、助学费、赠衣物,改变了众多贫困学子的生活乃至人生发展道路。

(二) 缓解社会矛盾冲突

公益慈善组织致力于提供公共产品,工作重心是帮扶贫困地区的弱势群体。随着市场经济的长足发展,我国东西部区域之间、城乡之间的发展差距逐步拉大,各地区经济发展不平衡,地区发展不平衡进一步导致了贫富差距的拉大。公益慈善组织针对不同人口的需要,对不同发展水平的地区实施相应的救助对策,较好地促进了城乡之间、民族之间的和谐发展。公益慈善组织在改善贫困乡村和西部地区教育、卫生及其他基本生活设施方面发挥了重要作用。公益慈善组织响应党和政府平衡地区发展的政策号召,积极开展公益慈善活动,帮助偏远地区的人民,切实解决偏远贫困地区教育、医疗、生活和环境保护等问题。公益慈善组织主要是关注社会弱势群体,能在一定程度上减少社会底层人民的不满情绪,从而缓解社会发展中的矛盾和冲突,促进城乡之间和地区之间的和谐发展。

(三)促进社会慈善参与

公益慈善组织能促进社会慈善的参与和扩大。组织通过举办各种有意义的慈善活动,扩大人们对慈善的认识,能吸引更多的人加入慈善活动。公益慈善组织开展慈善事业的宗旨是实现社会的公平与正义,它通过社会再分配的机制,缩小社会的贫困差距。公益慈善组织深入社会,了解底层人们的需要,以合法的形式向国家表达社会弱势群体的愿望,推动社会及其慈善方面的立法,强化国家解决社会问题的能力,建设经常性的捐赠网络,配备专职人员,充分调动个人、企事业单位、机关、社会团体、华人华侨和国外慈善组织的积极性,扩大对社会各阶层弱势群体救助的资金来源,使之经常化、制度化,为实施社会救助提供必要的款物补充。慈善机构通过开展各种形式的活动,密切了社会成员之间的联系,增进了不同社会阶层之间的了解,社会的凝聚力进一步增强。

(四)推动精神文明建设

公益慈善组织能够推动社会文化和精神文明建设。公益慈善组织弘扬慈善文化,极大地推动了我国社会主义精神文明建设。慈善捐赠已成为社会相对公平分配和社会资源合理配置的一种重要途径,继而进入生产、分配、交换、消费的物质文明生产环节,成为维持和促进社会物质文明生产的必要手段。以奉献爱心为宗旨的慈善事业是我国进行公民道德教育、提高公民素质的一个重要载体。通过树立奉献、友爱、互助、进步的道德新风尚,已初步形成了慈善事业以志愿服务为核心的价值形式,在社会中已经营造出"人文关怀"的文化氛围。

五、公益慈善组织的发展

(一)公益慈善组织的发展历程

我国慈善组织发展历史悠久,经过了一个跌宕起伏的过程。

1. 中华人民共和国成立初期,慈善组织与其他社会组织一样面临着被改造的命运

当时,政府对旧中国遗留的慈善机构进行了统一的接收和改造,仅有少数慈善组织经过整顿与收编被党和政府保留下来了,但原有机构被赋予新的工作职责,成为国家职能部门而非民间组织,如中国红十字会在当时被改组为中央政府领导下的"人民卫生救护团体",隶属国家卫生部;中国福利基金会被改组为"中国福利会",成为中国人民救济总会下的一个福利团体。此时的公益慈善组织完全丧失了其独立性与民间性,行政色彩浓厚。到"文化大革命"时期,公益慈善组织被人们批判为"资产阶级的产物",渐渐销声匿迹。1976年发生唐山大地震后,我国拒绝了国外的救灾援助,由民政部负责全部灾后救济工作,慈善组织缺乏活动与发展的空间。

2. 改革开放后,我国慈善组织迎来了复兴和发展的"春天"

20世纪80年代,我国第一批具有慈善性质的基金会开始出现,如1981年设立中国儿童少年基金会,1984年设立中国残疾人福利基金会,1988年设立中国妇女发展基金会等。当然,更具意义性的是1988年《基金会管理办法》的出台。需要指出的是,这类公益慈善组织的共同点不仅在于名称冠有"中国"二字,且从内在看,这一时期的基金会等慈善组织具有不同程度的行政色彩。它们主要在政府主导下开展工作,组织资金来源依赖政府财政拨款,因此不可避免地具有行政化倾向,自身缺乏一定的自治性和独立性。这时期的公益慈善组织虽然各方面建设并不完善,运作不够成熟,但它们对活动开展的探索与经验的积累,为后来公益慈善组织在我国的迅速复兴和健康发展奠定了良好的基础。

3. 20世纪90年代,我国公益慈善组织的发展呈现出新的气象

20世纪90年代,公益慈善组织开始进入公众视野并得到广泛关注,政府开始积极主张并推动慈善事业的发展。1994年,中华慈善总会成立,全国各地开始创立各种慈善会。公益慈善组织的功能与活动内容、运作方式开始丰富多样,组织自身机制建设开始健全和完善。据统计,1993—2001年,全国共建立了172家慈善组织,其中一些具有代表性的慈善组织已经在社会公益事业中取得了一定的成就。

4. 进入21世纪,我国公益慈善组织进入快速发展的轨道

21世纪,我国公益慈善组织的数量迅速增加,逐年上升;组织的活动范围更为扩展,慈善事业的内容从扶贫、养老、救灾、济困等传统领域开始延伸至教育、科技、文化、就业等更为广泛的领域。非官方公益慈善组织即民间性的公益慈善组织发展速度加快,公益慈善组织渐渐脱离行政化倾向,更为独立、自治。新的历史时期,随着党和政府对公益慈善组织的重视,组织的外部环境得到了较大程度的改善:在立法上,《捐赠法》《基金会管理条例》陆续出台;《慈善事业法》被提上了立法议程。政府对于企业捐赠慈善事业的行为通过政策、法规形式给予其税收优惠,鼓励企业向公益慈善组织捐赠,从而支持慈善事业发展。

(二) 公益慈善组织面临的主要问题

1. 组织公信力不足

公信力不足极大地阻碍着公益慈善组织的发展和活动的开展。造成组织公信力不足的原因主要来自以下两个方面。

(1) 公益慈善组织自身监督机制的缺乏,使得组织内部人员在缺乏自律的情况下追逐自身利益而违背组织章程,作出对组织不利的行为。公益慈善组织由于自身行为偏离组织宗旨,造成系列慈善丑闻,影响了公益慈善组织在公众中的良好形象。

(2) 公益慈善组织独立性的缺乏。受政府长期干预的影响,组织所具有的行政化色彩降低了公众对该组织的信任,导致组织公信力下降。一方面,政府对公益慈善组织日常管理的干预,使得组织独立性受到影响,无法根据自身面对的具体情况和问题灵活进行处理,对组织的发展造成相当强的约束。另一方面,受政府体制僵化、效率低下等负面形象的影响,缺乏独立性而呈现出行政化倾向的公益慈善组织会在公众中形成低效、不可信任的负面形象。

2. 资源短缺

公益慈善组织资源的短缺不仅表现在资金上,还表现在人才上。公益慈善组织的资金更多的是来自外界捐赠,因其本身是非营利机构,通过营利创收只是其获取资金的方式之一,通过营利带来的收入无法支撑起组织进行慈善活动的支出。当前我国公众慈善理念并不成熟,热心公益慈善事业的人为数不多;公众对公益慈善组织的信任度不够,一些公众宁愿采取对受助对象面对面形式的捐赠,而不愿通过对公益慈善组织捐款,经由组织来进行慈善行为;来自政府的政策支持较少,从政府获得的捐赠不足。一支高素质的人才队伍是支撑公益慈善组织发展、进步的核心要素。当前的一个现实是,由于公益慈善组织自身的非营利性、志愿性等特点,加上资金缺乏,组织自身很难吸引并留住具备专业素质的人才。许多公益慈善组织的人员结构不合理,缺乏高级的管理人才,以及精通法律、税务、营销、公关等技能的专门人才。

3. 监管滞后

公益慈善组织的运转资金绝大部分来源于外界捐赠,包括社会的捐赠和政府的财政拨款。因此,公益慈善组织有义务向社会公布其资金的具体使用和去向。然而,当前一些公益慈善组织对资金的筹集、使用情况等未能如实地向社会公布,使得社会对公益慈善组织的监督变得困难。我国对公益慈善组织立法上的滞后,也是导致监管不到位的重要原因之一。与公益慈善组织相关的法律法规包括《捐赠法》《社会团体登记管理条例》《基金会管理条例》等,这些法律法规仅仅对公益慈善组织的基本方面予以规定,在公益慈善组织的界定、性质、活动程序和监督机制方面还缺乏严格而明确的法律规定。公益慈善组织监管机制的滞后,使得组织行为的随意性增加,随之而来的便是捐赠资金不当使用带来的隐患。

4. 组织发展力度不足

我国公益慈善组织需要完善的方面还有很多,组织的发展力度有待进一步加强。公益慈善组织内部治理机制不健全,组织自律机制不健全,缺乏严格的财务管理,民主决策流于形式,独立性不强,组织效率不高等,所有这些问题使得公益慈善组织在运转过程中漏洞百出,造成组织效率低下,资金没有得到合理使用,影响了公益慈善组织目标的实现,降低了公益慈善组织在公众中的影响力和公信力。

(三)积极推进公益慈善组织发展的对策

1. 加强公益慈善组织信息公开

公益慈善组织主要依靠外界的捐助支撑组织慈善活动的开展,具有对外公开活动信息以及费用收支明细的义务,同时通过对外信息公开增强组织的透明度,可以有效提升组织的公信力,为本组织吸引更多资源创造条件。因此,公益慈善组织应建立健全自身信息披露机制,果敢有效地实施信息公开。在制度建设上,完整界定需要进行公开的信息,确立信息公开的渠道、方式,明确相关信息公开工作人员的职责权限,通过制度的形式使公益慈善组织信息的公开具备规范性、强制性。在机构设置上应当设立专门的职能部门作为信息公开的执行机构,负责公益慈善组织的信息公开事务,包括进行信息收集、处理,信息披露平台的建立,反馈意见的处理等。在建立完善的信息披露机制基础上,应进一步强化对公益慈善信息公开的执行和落实。

2. 完善公益慈善组织的监管

对公益慈善组织的监管需要多方力量的共同作用,以达到实施监管的效果。落实公益慈善组织年检制度、重大活动报告制度、公信力保障制度、财产管理制度和处罚制度等,通过各类制度实现对组织信息的了解、活动的评估,保障组织财务透明,以及对不良组织行为及时予以惩戒、纠正等,从而形成公益慈善组织的自我监督和外部监督的有效配合。通过第三方组织或机构对公益慈善组织进行公正、客观、权威的评估,形成相应的评估报告,及时发布评估结果,将公益慈善组织的信息公布于社会,实现对该组织的社会监督。通过社会媒体形成对公益慈善组织的媒体监督。媒体对公益慈善组织进行报道,引导公众参与到对公益慈善组织的监督中来。

3. 加强公益慈善组织自身建设

(1) 构建合理的内部治理结构。科学合理地配置决策权、执行权和监督权,保证各权力间的相互制约、相互协调。由理事会行使决策权,高级经理人行使执行权,监事会以及内部审计、相关专业委员会等共同行使监督权。各权力机构职责明确,互不干涉,共同实现组织的合理运作和高效运行。

(2) 建立科学的绩效评估制度。绩效评估制度的建立与实施能对公益慈善组织活动进行客观评价,发现组织中存在的问题,从而针对问题加以改善,提升组织活动效率和服务质量。

(3) 加强组织的工作队伍建设。可依托高校、科研机构以及较为成熟的大型公益慈善组织,培养本组织需要的各类型专业人才。注重对组织在职人员的培训,采用多样化的培训方式、现代化的培训内容,有效提高人员的工作技能。完善专职人员的薪酬、福利、社会保障等各方面政策,留住人才并激发其工作热情,从而推进公益慈善组织的持续发展。

第三节　公益与慈善项目

公益慈善组织发挥作用的一个重要途径,就是策划与实施相应的公益慈善项目,通过相关的公益慈善项目的实施与开展,将其调集的社会资源整合起来,从而有针对性地满足服务对象的多方面需求。公益慈善组织的社会功能也是通过相应公益慈善项目的实施而得以体现的,项目实施的效果不仅体现了公益慈善组织的社会功能,直接影响了人们对公益慈善组织的社会认知,同时也决定了公益慈善组织和事业的发展前景。

一、概念界定

公益慈善项目是由政府部门、民间组织或个人等多元主体发起的,旨在为社会大众或社会中某些群体的利益而实施的项目,其对象不仅仅是狭义的扶贫救困,还包含了医疗健康、文化教育、环境保护、社会福利服务等多领域中的救助、互助和志愿服务。

公益慈善项目的形式主要有非常态、事件性的公益慈善项目和常态的公益慈善项目两大类,非常态事件性的公益慈善项目主要以针对自然灾害等突发事件或个人救助型的募捐慈善为代表,而常态的公益慈善项目一般包括官办组织、民间组织、企业和网民个人等主体开展的涵盖了医疗救助、科学研究、扶贫助困、文化教育和环境保护等内容的公益慈善项目。本书所采用的公益慈善项目的定义是指官方慈善公益机构及民间公益组织等主体以追求社会效益为目标,在特定的范围内针对特定对象开展的非营利性的社会项目,基本涵盖了项目出资者、项目实施者、项目受益者及其他相关人员的组成部分,是一套包括项目前期筹备阶段、项目运作与管理阶段、项目评估与总结阶段的完整体系。

二、公益慈善项目的分类

（一）从实施主体的角度分类

根据项目实施主体,慈善公益项目可以分为政府主导型公益慈善项目和社会主导型公益慈善项目。

1. 政府主导型公益慈善项目

政府主导型公益慈善项目以政府为主导出资方,在政府的主推作用下依照特定的理念引导慈善项目的开展与实施,具有代表性的有中华慈善总会、中国扶贫基金会、中国红十字基金会、中华社会救助基金会、中华慈善总会等,这些组织与机构所发起的公益慈善项目基本贴合机构宗旨与性质,具有明显官方色彩与针对性。

2. 社会主导型公益慈善项目

社会主导型公益慈善项目即各类非公募基金会及"草根"公益组织,在较少受到政府影响和干预的环境下,遵循特定的宗旨、针对特定群体、严格按照法定程序相对独立、自主地促进项目运营。我国社会主导型公益慈善项目有多种不同的开展模式,有些项目由原来的公益慈善组织自主倡导自主研发项目,发展到联同行业的其他组织、企业或个人共同发起;项目以招投标的方式;有些以委托开展的模式进行项目运营,有些以企业冠名基金的方式开展;等等。社会主导型公益慈善项目在理念设计、信息披露、运作方式等方面愈加成熟与完善。

（二）从救助对象的角度分类

传统的公益慈善项目分类法大多数是从救助对象的角度进行分类,这样将公益慈善项目大致分为助学项目、助残项目、助孤项目、助孕助婴项目、扶贫赈灾项目、公共卫生健康项目、促进文化艺术发展的项目、促进妇女发展项目、环境保护与动物保护项目、促进科学技术与科技人才培养的项目、促进政策倡导项目、促进城乡社区发展的小额信贷项目、国际交流项目、促进公共福利的项目等。

三、公益慈善项目的运作过程与内容

公益慈善项目的运作过程主要包括以下环节。

（一）项目开发与策划

任何一个公益慈善项目都不是无中生有的,都是基于现实问题提出的,这就涉及公益慈善项目的开发与策划问题,这也是公益慈善项目管理要研究的第一个方面。这里主要涉及两个方面:一是公益慈善项目的调研,二是公益慈善项目的设计。公益慈善项目的调研主要涉及以下内容:发现与分析存在的与公益慈善项目有关的问题及原因;明确服务对象;了解社区及政府所做的努力;评估当地拥有的资源;确定项目的总目标;解决问题的对策以及衡量的指标。这一系列工作可以说是进行公益慈善项目开发与策划的前提和基础。公益慈善项目的设计则主要涉及下列内容:制定公益慈善项目阶段目标和衡量指标;确定项目成员的构成、拟开展的项目活动、设计管理流程、项目实施时间表;编制预算;建立风险分析及应对预案;撰写项目建议书;进行公益慈善项目的招标与投标等。

(二) 项目的实施、监测与管理

公益慈善项目的实施主要是指建立公益慈善项目团队,协调相应的资金、物资、场地、设备等,开展项目宣传、动员及协调,按计划实施和管理项目。为了保证公益慈善项目能够按照预期的规划执行,并保质保量地完成,就必须在公益慈善项目实施的同时,进行必要的监测和管理,以保证公益慈善项目的顺利完成。公益慈善项目的监测主要是指通过一定的手段和方式,收集相关资料,了解项目的进展情况,发现不足,及时改善和调整,以便保证项目资金得到有效的运用,预期的目标得以实现。有的学科也将这一部分称为过程评估。公益慈善项目的管理主要包括公益慈善项目的时间管理、成本管理、质量管理、人力资源管理、品牌管理、沟通管理、风险管理和利益相关方管理等。

(三) 项目评估

公益慈善项目的评估,通常在公益慈善项目实施的中期或者整个项目结束之后进行,其目的主要表现在以下几个方面:总结项目的实施情况和经费使用情况;了解项目的绩效;总结经验,改进工作;向社会展现社会组织的价值和作用。无论是项目的管理者、捐赠者、社会公众还是其他利益相关方都需要有关项目评估资料了解项目的进展状况和实施效果。这既有利于社会公众和其他利益相关方了解公益慈善项目的具体情况,也是公益慈善项目体现其自身价值和实施效果的重要途径。

进行公益慈善项目评估,主要从以下几个方面入手:一是项目的适宜性,如项目是否适合受益人的实际需求;二是项目的适时性,如项目的实施是否及时;三是项目的有效性,如项目的实施是否达到了预期的结果和目标;四是项目的效率,如项目投入的资源与产生的结果之比;五是项目的影响力,即项目产生的积极的社会影响力,如受益人社会参与状况的改善;六是项目的可持续性,如项目资助停止后该项目是否能够依然存在并运行;七是项目的可复制性或可推广性,如相同的项目是否适合推广,扩大实施的范围和规模。这种评估既可以是公益慈善项目团队的内部评估,也可以邀请第三方进行外部评估,还可以内部评估与外部评估同时进行。

这里的评估与前面的监测是不一样的,具体差别见表 7-2。

表 7-2 监测与评估比较

内容	监测	评估
时间	连续性,监测项目实行过程中的行动	阶段性(中期、终期)、不连续,检验项目的实施结果
目标	及时调整,提高工作质量和效率	学习,宣传,透明度,测量项目的结果、效果(总结、学习、发展)
层面	用投入和产出指标	用结果/效果指标
针对对象	针对项目财务、管理、实施人/执行人	针对项目的总体实施情况,是一个全面的总结
执行者	内部,自我、项目管理者、财务,也可以包括受益人	外部和内部,自我、管理者(财务)、受益人、政府、专业机构、支持者、技术人员

本章术语

公益　慈善　公益慈善组织　公益慈善项目

 本章练习题

1. 结合实际谈谈对公益与慈善的认识。
2. 如何认识公益慈善活动的社会作用？
3. 怎样设计一个好的公益项目？
4. 中国目前的公益慈善组织有哪几种类型？
5. 结合实际谈谈我国公益慈善组织的发展现状。

 即测即练

第八章

财商教育实践

【教学目标】

1) 理解我国青少年财富观教育
2) 理解我国老年人财富观教育
3) 理解我国大学生财富观教育

【教学重点】

1) 我国大众理财常识普及教育的现状
2) 我国青少年财富观存在的主要问题
3) 我国老年人财富观教育的现状

【教学难点】

1) 青少年财富观教育的对策
2) 培育健康财富观的基本途径
3) 老年人财富观教育的基本原则

党的十九大报告提出:"坚持在经济增长的同时实现居民收入同步增长、在劳动生产率提高的同时实现劳动报酬同步提高。拓宽居民劳动收入和财产性收入渠道。"这充分体现了我们党始终把人民利益摆在至高无上的地位,更努力推动全体人民朝着共同富裕的奋斗目标不断前进。改革开放40多年来,随着我国社会主义市场经济体制的逐步确立,中国的经济持续快速发展,居民收入稳定增长,家庭财富大量积累,"财富"成为人们追求的目标和探讨的话题,中国社会已经进入大众理财时代。新时代,在努力实现"国强民富",追逐中华民族伟大复兴中国梦的道路上,如何正确看待财富,如何科学有效地利用财富,如何坚持马克思主义财富观,加强财富管理教育应坚持什么方向、遵循什么原则,本章将从教育的角度回答这些问题。

第一节 大众理财教育

财兴方能政通,政通方能人和,人和方能国强。由于传统文化和经济社会发展程度限制,一直以来,我国公民的理财意识薄弱、理财技能缺失。因此,中国人迫切需要科学理财思想的指导,而从长远意义上讲,大众理财教育的有效开展,可以促进国家经济发展,提高人民生活质量,具有重要意义。

一、理财与理财教育

(一)理财

什么是理财?顾名思义,理就是管理,财就是财富。换言之,理财是为了实现个人的人生目标和理想,针对个人在一生的不同时期,依据其收入、支出状况的变化,使用科学、系统的方法有计划地对个人资金进行管理,从而使其能够合理安排财富、科学消费和使用,最终达到保值和增值的效果。

中国理财的历史可谓源远流长。远在春秋时期,可以说就已形成了颇具雏形的一整套的理财理论。当时的越国大夫范蠡"归隐山林"、从事经商活动后,运用"计然之策"指导其商业经营实践,取得巨大成功,十九年中三致千金,成为天下富翁。战国时期的商人杰出代表白圭,也提出了一套能够指导商人理财投资、从事商业贸易活动的思想原则——"乐观时变",教导人们要善于预测行情并根据行情决策,"人弃我取,人取我与",以创造和获取更多的财富。

(二)理财教育

理财教育是近几年来逐步走进人们视野的一个名词,但对理财教育的研究却可以追溯到20世纪中叶。1958年,旦茨格(Dancige)通过调查研究发现:对经济生活不同领域的理解与孩子们是否有相关的经验有关。美国学者安德森(Anderson)于1982年首次科学系统地提出了理财教育的概念,他指出,理财教育就是能够让人们学会如何设立理财目标、认识个人收入基础、制订详尽的达到目标的理财计划、应用理财计划、调整理财计划、评价理财目标和理财过程的一系列环节。这一概念的提出为理财教育在美国的进一步发展指明了方向。20世纪80年代初,美国学者罗伯特·清崎(Robert Kiyosaki)提出了财商的概念。他认为,财商是一个人在财务方面的智力,是理财的智慧,其主要包括两方面的能力:正确认识金钱及其规律的能力,正确使用金钱的能力。[1] 财商概念的提出促进了理财教育的进一步深化,也为理财教育的发展提供了理论基础。

理财教育包括三个层次的内容:一是物质金钱观教育,包括了解金钱从哪里来,懂得钱的用途和局限,并掌握一些初步的消费常识;二是理财知识的传授,包括经济、金融、消费等方面的知识和个人、家庭理财常识;三是理财技能的教育,主要包括钱币识别能力,合理使用金钱能力,赚钱、储蓄能力以及基本投资技能教育等。

二、中国理财教育存在的问题

在我国,由于长期以来受重农轻商、重义轻利等传统政治及道德观念的影响,理财教

---

[1] HARR L. If financial literacy is so important, surely it's taught in school January[J]. Financial and managerial economics,2000(25):32-35.

育尚没有引起足够的重视,尤其是内陆地区的人们习惯于自给自足、量入为出,缺乏获得财富、保持财富与运用财富的意识。总之,我国的理财教育还处在起步阶段,主要有以下几个问题。

(一) 学校理财教育尚未形成科学体系

随着社会的不断进步及学校课程改革的不断深入,学校已经越来越意识到理财教育的重要性。但是,目前中小学的理财知识与技能训练散见于数学、政治等学科之中,仍以零散的学科渗透为主。相关调查研究也发现,仅有22%的学生认为自己的理财知识从课堂上学来,半数以上的学生认为是受父母及电视媒体的影响。[①]

(二) 家庭理财教育尚存缺失

受传统教育观念的影响,许多家长认为理财是大人的事情,赚钱、管钱与花钱自然也是孩子长大成人之后的事情,他们只是重视孩子的智商与考试分数,而没有认识到理财教育的重要性。因此,很多孩子由于缺失理财技能的锻炼,不能合理地规划日常开支。许多孩子攀比消费,大手花钱,上大学与工作之后便成为"月光族"乃至负债族。在生活中,虽然也有些家长意识到了理财教育的重要性,但苦于没有合适的教育方法对孩子进行理财教育,采取专制或放任的做法非常不利于孩子建立正确的理财观念。

(三) 大众对理财教育认识片面

目前,许多教师和家长对理财教育的认识尚存偏见。2011年8月4日,《中国平安国人财商指数报告(2011)》发布,这份报告通过解析四大元素,即财富知识、财富态度、财富行为、财富性格,对获取和管理财富的相关知识的掌握情况、对财富获取运用的态度以及能力进行分析显示,其财商表现出高态度、缺知识和低行动特点。可见,缺乏理财知识与理财教育行动是我国大众的共同弱点。如果从理财知识、理财技能及理财价值观三个维度来看,大众既对理财知识与技能认识片面,又过分注重节约等品质的培养,而忽视创造财富的意识与能力的培养。

总体来看,中国的理财教育还远远不够,零星支离的理财教育还不能代表中国理财教育开展的总体状况,不管是在家庭中,还是在学校中,理财教育一直是个盲点。

三、理财教育的国际合作

目前国内外的金融、财富管理等协会越来越多,财富管理教育的国际合作可以通过与国际接轨的职业资格认证培训的模式进行,采取多种方式,积极开展国际财富管理师、注册财务策划师等职业资格认证培训工作的国际合作是较好的一种途径。国外相应培训机构也有与中国合作的需求与实例。

---

① 叶菊艳. 苏格兰5~18岁儿童学校理财教育实践及其启示[J]. 外国中小学教育,2007(2).

（一）特许注册金融分析师

特许注册金融分析师（chartered financial analyst，CFA），是全球投资业最为严格与含金量最高的资格认证，为全球投资业在知识体系、专业能力及等方面设立了规范与标准。CFA 协会由投资管理与研究协会（Association for Investment Management and Research，AIMR）更名而来。2015 年 10 月，CFA 协会正式在北京开设了中国办事处。目前，CFA 协会拥有 14 万会员和持证人，会员遍布全球 137 个国家，中国内地地区 CFA 约 5 000 人。

（二）国际金融理财师

国际金融理财师（certified financial planner，CFP）资格证书是金融理财行业权威等级证书，被国际社会所认可。CFP 资格广泛授予基金经理、投资顾问、理财经理、财务总监、投资银行家等金融理财领域内的专业人员。伴随着全球经济一体化的日益加深和世界财富管理市场的蒸蒸日上，对金融理财从业人员的需求也同步增加，特别是资本市场运作和财富管理高级人才的缺口很大。获得 CFP 证书，意味着获得无以比拟的高薪和令人尊敬的工作。

（三）国际财富管理师认证

国际财富管理师认证（certified wealth management advisor，CWMA）是国际金融专业人士协会（ISOFP）旗下的财富管理专业能力认证。2016 年，ISOFP 协会将 CWMA 认证引入中国，由国际金融专业人士协会财富管理中国分会负责运营。中国分会成立的初衷是为我国快速增长的财富管理市场提供专业理论支持和实务研究，培养出适合中国市场发展的专业财富管理师，推动中国金融服务业的专业化进程。

第二节　青少年教育

当今时代，富国富民已成为社会生活的主旋律之一，人们更加关注财富，但对待财富还有许多错误的认识，特别是价值观正在形成时期的青少年，正确地获取财富，科学地看待财富，理智地支配财富，培育良好的财富品质，从而树立健康的财富观显得尤为必要。

一、青少年财富观存在的问题

当前，青少年在财富获取、财富支配、财富意识和财富价值观方面存在着不容忽视的问题。

（一）在财富获取方面，贪欲太强

目睹多彩的外部世界，面对琳琅满目的商品市场，看到别人享受丰富的物质生活而自己得不到满足，一些青少年从小就养成了"要"的习惯，通过向父母长辈"要"来满足欲望和虚荣，并且是蛮横地"要"、无节制地"要"。甚至有一些青少年由于通过正常途径"要"不到他们满意的结果而误入歧途,进行偷盗甚至抢劫。

(二) 在财富支配方面,消费无节制

时下,浪费和消费结构不合理现象越来越突出。一些青少年羡慕"一掷千金"的生活,完全不顾家庭经济承受能力,在消费方面超越甚至是大大超越自身和家庭的正常消费水平。

(三) 在财富意识方面,缺乏理财意识

目前,尤其是一些富裕家庭的青少年,缺乏相应的理财意识和能力。他们不明白"财富""金钱"意味着什么,没有"多"与"少"的概念,除了"要"就是"用"。调查显示,与美国、日本、韩国等国的学生相比,中国学生对理财的意识是最低的,不管是教师、家长还是学生,都只关心学习成绩。对金钱进行管理,中国孩子"最没感觉"。

(四) 在财富价值观方面,片面夸大财富在人生中的作用

一些青少年把个人拥有财富的多少作为衡量人生成功、幸福与否的唯一标准,把今后"赚大钱"作为人生唯一的目标,认为有钱就"理直气壮",无钱就"英雄气短","金钱第一"的思想极大地影响着一些青少年。拜金主义在青少年中大有蔓延滋长之势。

二、青少年财富观问题产生的主要原因

青少年财富观的形成受到多方面的影响,出现诸多问题也是历史合力的作用,主要有如下原因。

(一) 我国传统财富观先天缺乏

"君子重于义,小人重于利""为富不仁""金钱是万恶之源"等观念,在我国几千年的传统文化和历史发展中长期存在,传递的是金钱就是逐利的财富思想,人们一方面在孜孜不倦地追求财富,但又始终对它进行着批判。中国传统文化崇尚"大同"境界,历代的农民起义都是高举"劫富济贫"的大旗,把造成社会财富分配不均或不公的罪魁祸首归结在富人身上。于是,在阶级社会,人们认为富人的财富往往是剥削的结果,财富来源的合法性是被质疑的。

(二) 拜金主义对青少年财富观的负面影响

拜金主义指的是崇尚金钱、崇拜金钱,视金钱高于一切,把金钱价值看作最高价值,一切价值都要服从于金钱价值的思想观念和行为。拜金主义集中表现为"金钱至上"和"一切向钱看"。它不仅给社会经济、政治和文化建设带来诸多影响和危害,而且给青少年的思想道德教育和健康成长带来了一系列负面影响。一是阻碍青少年对社会主义核心价值观的接受与内化。在拜金主义的影响下,社会上出现了一些只为自己利益考虑、损人利己、损公肥的现象。二是强化了青少年功利至上倾向。过于功利和实用主义的学习取向导致青少年在学习上出现错位,只愿意学习能直接产生经济效益尤其是获取金钱的知识和技能,在一定程度上影响了青少年学生素质能力的全面发展。三是诱使青少年的价值

观向金钱方向倾斜。在拜金主义价值观的影响下,社会上的拜金主义现象也多了起来,政治关系的金钱化,官场上的腐败现象,贪污受贿、权钱交易,挥霍无度、畸形消费,这样的社会风气呈现出来的是一种带有金钱气息的状态,人与人之间的关系也是金钱化的,这样的关系势必影响青少年的价值观倾向,使其向金钱方向发展。

(三)家庭教育与学校教育的缺失和偏差

1. 家庭教育出现偏差

一些家长缺乏对孩子的财富观教育,不愿意让孩子过早地接触钱、谈论钱,以防止孩子染上"铜臭";一些家长虽然意识到了财富观教育,将孩子应该做的事以物质(或金钱)交换方式体现出来,但由于教育方法不科学,导致孩子只认钱而缺乏责任感,以为金钱可以交换一切;一些家长溺爱孩子,毫无原则地满足孩子过度的物质要求;一些家长只"说"而不让孩子"做",他们不愿意青少年在读书期间参与财富实践活动,从而使得青少年理财能力差,财富意识淡薄。

2. 学校教育缺失

学校教育仍重书本知识,把学生的学习成绩放在首位。没有结合现实的财富思想和行为来分析问题、教育学生。因而导致学校缺乏对学生的财富观教育。

三、加强青少年财富观教育

"国富民强"是实现中华民族伟大复兴中国梦的基本内涵,是我们这个时代的最强音。然而,当下人们对待财富还有许多错误的认识,尤其是青少年的财富行为直接影响到我国在"强起来"时代的宏伟目标。

(一)重视财商教育

财商(financial quotient,FQ),是继智商、情商之后又一被广泛认同的现代社会人的基本素质之一。财商的概念最早来自美国,罗伯特·T.清崎在其作品《穷爸爸富爸爸》中提出了"财商"一词,其提出:财商是一种理财智慧,其含义包含了健康的消费观、正确的金钱观以及认识财富、驾驭财富、获取财富的能力。

财商包括两方面的能力:一是创造财富及认识财富倍增规律的能力(价值观),二是驾驭财富及应用财富的能力。财商是与智商、情商并列的现代社会能力三大不可缺的素质。财商不是与生俱来的,它是通过精神世界与商业悟性的养育、培训、熏陶和历练出来的。通过对财商的教育,树立正确的金钱观、价值观与人生观。财商是实现成功人生的关键因素之一。很多人因为缺乏财商而导致人生陷入危机。

在进行财商教育时,应遵循以下原则。

1. 对立统一原则,正确科学地认识财富

从广义上看,财富是多种多样的,有物质财富和精神财富,有形财富和无形财富,外在财富和内在的人力财富,个人财富和公共财富,等等,各种不同财富能满足人们生存和发展的不同需要。因此,要教育青少年坚持"和而不同"思想,即对立统一原则,正确看待各种财富的作用和相互关系,克服非此即彼的形而上学观。

2. 坚持实践的原则，合理合法地创造财富

财富不是被赋予的，而是自身在实践中获得的，人类不断追求自由、不断追求个人能力全面发展的过程，也就是追求人生幸福，达到人生永恒的过程。财富的意义在很大程度上取决于财富的来源和创造方式。教育青少年培养起"自强不息，厚德载物"精神品质，树立自觉创造财富的思想观念，懂得合法合理地获取财富，正所谓"君子爱财，取之有道"。

3. 把握"适度"原则，有节有制地支配财富

中国青少年研究中心的调查显示：这一代青少年存在着超前消费、高消费、盲目消费、消费结构不合理、唯我消费、攀比消费的误区，据调查独生子女青少年在回答"用钱的态度"时，只有26%懂得"精打细算"。据上海团市委抽样调查发现，30%独生子女青少年从来没有做过也不会做家务。青少年消费方式是青少年生活方式中极其重要内涵之一，它反映出目前青少年不能科学、理性地支配金钱和物质财富的现状。面对现实，应指导青少年积极更新"生活理念"，建立起和谐健康的生活方式与财富观念。要用"适度"的原则，指导青少年对财富占有与支配有一个理性、全面的理解，使他们拥有一个淡泊从容、积极乐观的心态与人生。

（二）发挥家庭财富教育的基础性作用

父母是孩子的第一任老师，家庭是孩子的第一课堂。子女在独立生活之前，父母是其主要的财富提供者。同时，父母对待财富的态度、观点也将对从小便形成财富观的子女产生重大影响。因此，健康家庭财富观的形成，有赖于父母的示范作用。健康的家庭财富观，首先要求父母具有科学而理性的财富观，继而为子女树立一个正面的形象，对孩子的生活和思维产生正能量。一是家长积极引导，培养孩子的理财习惯。对孩子零花钱进行引导，帮助孩子自己理财。二是指导孩子记账，促进孩子的理财意识和自我反思。父母可以给孩子买储钱罐，鼓励他们存钱，因为储蓄是理财的基本，孩子只有建立良好的储蓄习惯，理财的意识才能得以培养；家长也可以利用奖励机制，对孩子存钱的行为予以鼓励和表扬，从而激发孩子养成存钱的习惯并珍视自己的劳动所得。

（三）注重学校财富教育的阵地作用

理财教育注重学生人格、品德的教育，是我国素质教育的重要组成部分。理财教育是一条有效的途径。在学校中，从青少年、儿童开始接受理财教育，具有更深远的意义。

1. 正确确定学校理财教育的目标与内容

学校理财教育的目标与内容要与学校教育对象的身心发展阶段和水平相适应。学校理财教育有三个目标：一是使学生形成正确的物质金钱观，理解金钱、财富的本质，了解人在社会财富的创造、分配和消费等过程中的地位和作用，形成对待物质金钱、劳动的合适的态度，具有初步的理财意识。二是掌握一些理财方面的常识，为以后的经济生活打下基础。三是具有初步的个人理财技能，养成良好的理财习惯。学校理财教育的内容是和其目标联系在一起的。理财教育涉及三个层次的内容。一是物质金钱观的教育，这是属于人格构成中较深层面的价值观的内容。通过对学生进行这方面的教育和引导，可以使学生拓宽对物质金钱的理解，还可以帮助学生正确理解财富与劳动之间的关系，使学生形成正确的劳动观,培养学生良好的劳动习惯。二是理财知识的传授,包括经济、金融、消费方面的常识和个人、家庭理财常识。三是理财技能的培养,通过这方面的内容,还可以发展学生的表达、谈判及思维等各个方面的综合能力。

2. 选择合适的学校理财教育的开展方式

按照教育心理学的观点,教育要适应教育对象的心理发展水平。对青少年学生进行的学校理财教育,也要根据不同年龄段的学生的心理发展水平分步骤进行。

(四)社会传媒要正确引导

媒体作为信息的传递载体,对青少年的影响越来越广泛和深远,其表现形式和传播渠道也越来越丰富。一方面,要净化媒体风气,用符合时代精神的主流财富价值观来引导青少年树立健康的财富观,以振奋人心的财富故事和以健康向上的财富人物激励青少年,倡导科学地看待财富、正确地获取财富和理智地支配财富,为青少年健康财富观的培育营造良好的社会舆论环境;另一方面,媒体(尤其是与青少年教育相关的媒体)应进一步关注和强化青少年财富观教育问题。只有形成一种良好的舆论氛围,媒体、学校和家庭共同作用,才会有效地解决青少年财富观教育中存在的问题,共同促进青少年健康成长。

第三节 老 年 教 育

俗话说:"家有一老,如有一宝。"老年人历经沧桑,他们的健康长寿既是家庭的福气也是社会的财富。老年人是全社会的宝贵财富,我们要在全社会大力弘扬尊老爱老的优良传统,让老年人共享经济社会发展成果。习近平同志强调:要积极看待老龄社会,积极看待老年人和老年生活。因此,我们要引导和培育老年积极健康的财富观。

一、老年和谐健康财富观的内涵

身体健康是老年的首要财富,老年人的健康财富观首先要重视身体的健康。2013年10月国务院印发了《国务院关于促进健康服务业发展的若干意见》,指出:国民健康不仅是国民自己和家庭的"最大本钱",也是最宝贵的国家财富。国民健康是可量化的真金白银,值得国家、社会、家庭和个人全力以赴地加以管理。国民健康在国家所拥有的所有财富中应排在第一位,有了这个稳定良好的"1",后面不断加上的"0"才有意义,否则,一切都是零。该意见指出发展经济的目的应该是使国民更健康、更幸福,而不能变成"先拼命挣钱,再花钱保命"。

和谐健康财富观的培育是一个长期的系统工程,需要我们从多个层面共同努力。为此,老年健康财富观教育包含以下主要内容。

(一)健康财富价值观的教育

财富价值观反映了人对财富的需要和财富满足人的属性关系的认识。我们要积极引导老年人的财富需求,提倡勤俭节俭的风尚,反对铺张浪费,将财富的物质属性和精神属性相结合,既要重视财富的物质满足,又要重视财富的精神享受。

（二）健康财富品质的教育

财富品质指人们在追求财富过程中和获得财富后的行为与作风上的品质。我们要培育老年人良好的财富品质，如勤劳、诚实、守信和奉公守法等，同时要培养他们回报社会的无私品质，特别是他们对社会、对他人的财富责任，勇敢承担社会道义，热心公益事业，做一个既富裕又不乏同情心，在公众中具有良好道德形象的现代公民。

（三）健康财富发展观的教育

财富的增长或获得并不是人存在的终极意义和目的，人并非仅为财富而活着。事实告诉我们，过于关注财富本身或沉迷其中的享受会带来许多恶果。如不思进取、享乐主义、精神空虚、贪污腐败、奢侈浪费、环境恶化等不良现象的泛滥，不仅会危害老年人的身心健康，也会给社会带来不良的影响。其中教育内容包括：倡导和谐发展，共同富裕，追求精神财富的发展等。

二、老年和谐健康财富观培育的方法

（一）案例教育法

案例教育由于其真实性和生动性的特点较能引起共鸣。例如：老年人如何理财、如何防止电信诈骗、如何保健养生等案例。案例教学能够培养老年人自主地分析问题、解决问题的能力，切莫因小失大，防止理财高收益陷阱、贪图小利上当受骗等。在财富观教育问题上，我们要善于运用这方面丰富的案例资源，让他们自己通过正反案例的分析，培养辨别是非的能力。

（二）情境教育法

通过观看节目等形式，让老年人在某种情境中获得感性认识，再由感性认识上升为理性认识。利用他们所了解的专业知识进行模拟情境训练，开设基金证券模拟交易训练，聘请社会知名人士进行言传身教，成功开展讲座等活动，通过互动增强认知能力。

培育老年人树立符合时代要求的健康财富观，特别是在经济生活总体上成为社会文化生活的主流之时，对财富观的教育就显得更有意义。因此，我们必须高度重视老年的健康财富观的培育，遵循科学的原则，采取切实措施，以化解财富风险。总之，老年财富观的教育属于一个新的领域，目前还有很多问题亟待解决，还需要我们继续努力和探索，以帮助老年人健康生活，能够老有所用，为社会创造新的健康财富。

第四节 大学生教育

在党的十九大报告中，习近平同志指出："青年兴则国家兴，青年强则国家强。青年一代有理想、有本领、有担当，国家就有前途，民族就有希望。"[1]大学生群体是当代青年的重

---

[1] 习近平.决胜全面建成小康社会夺取新时代中国特色社会主义伟大胜利[M].北京：人民出版社，2017：70.

要组成部分,是未来社会发展的中坚力量,他们现在的思想观念影响十几年甚至几十年后国家的思想观念。财富观是影响大学生健康成长的重要价值观念和思想观念。

随着经济全球化和我国社会主义市场经济的深入发展,人们对"财富"的认识逐渐深化,渴望财富、追求财富与创造财富的意识和观念日益增强,伴随着改革开放成长起来的当代大学生,不同程度地表现出了消费无计划、爱攀比、追求虚荣,甚至有的大学生陷入"校园贷"的陷阱之中。教育和引导当代大学生树立健康的财富观,引导他们正确看待财富、合法获取财富、理性支配财富,具有优秀的财富品质,是高等教育的一项重要内容。培育大学生树立健康的财富观,是大学生自身发展的需要,也是社会发展的需要,对推动我国社会主义现代化建设、实现富强民主文明和谐美丽的社会主义现代化强国具有重要意义。

一、财富观教育

财富观是价值观和人生观的重要组成部分,它影响着人们对待财富的态度和行为,对大学生的成长成才而言是非常重要的。加强大学生财富观教育,增强他们的财富能力,正如心理学教授迈尔思所指出:"青年人应该掌握至少三大财富能力:正确运用金钱的能力、处理物质欲望的能力、了解匮乏与金钱极限的能力。"[①]掌握这三种能力,有助于大学生在物质极大丰富、财富日益增加、欲望无限扩大的社会发展中保持定力,既不对金钱顶礼膜拜,也不视金钱如粪土;既不爱慕虚荣攀比消费,也不做守财奴该予不予;既不为追逐财富不择手段,也不好逸恶劳做啃老族。总之,培养大学生拥有正确健康的财富观,让他们承担起自身的社会责任、拥有幸福美满的人生,这是高等教育的重要内容,也是高校"立德树人"根本任务的题中应有之义。

(一)财富观教育的主要内容

高校培养大学生树立健康的财富观,就是引导大学生正确认识财富、合法取得财富、积极分享财富、理性消费财富等。

1. 正确认识财富

一般情况下,人们所谈论的财富主要是指物质财富,人们对财富的追求与积累表现为对货币或金钱的追求与积累。其实,财富不仅包括物质财富,也包括知识财富、精神财富等,人生价值的实现与物质财富有一定的关系,拥有一定的物质基础有利于人生价值的实现,但有价值的人生不能把物质财富的追求作为首要目标。人生的价值不应只体现在追逐金钱等物质享受上,而是要把追求理想、奉献社会和追求物质财富结合起来,把握好人生价值的正确导向。

2. 合法取得财富

"君子爱财,取之有道。"通过正确途径去创造和获取财富,不仅仅是大学生实现个人事业成功和理想抱负的表现,更加关系到全面建设社会主义现代化建设目标的实现。自我奋斗是获取财富的正确方式和手段,坚决杜绝为了获得财富不择手段,坚决杜绝做好逸

---

① 青少年不能缺少财富观教育[N].人民日报.2017-02-12(05).

恶劳的啃老族。一是要通过劳动获得财富。二是在获取财富时,不以损害他人利益和国家利益为前提。三是要讲究互利,在获得自身利益的同时,也帮助他人获得利益。四是要讲究诚信,诚信是市场经济的精神支柱,也是任何一个市场主体要具备的基本素质。五是在获取财富时,要有利于国家和社会,必要时,能够牺牲个人利益而去维护国家和社会利益。

3. 积极分享财富

改革开放 40 多年来,我国创造了巨大的社会财富,但社会上还存在着贫富差距现象,与共同富裕的目标还存在一定差距。大学生要树立财富共享的思想,树立正确的慈善意识,与他人、社会合理地分享财富,树立"我为人人,人人为我"的财富分享观念。

4. 理性消费财富

古语云"当用则万金不惜,不当用则一文不费",这是一种理性地支配和消费财富的能力。也就是不奢不吝,既不奢侈过度消费,也不吝啬过度节俭,要做到"适度"消费。社会主义社会要坚持和提倡以艰苦奋斗的方式来管理财富的行为,坚决反对骄奢淫逸和大量浪费社会财富的行为。

(二)培育健康财富观的基本途径

培育大学生树立符合时代精神的健康财富观,是培育大学生树立正确的世界观、人生观、价值观的前提。当前,大学生的主流财富观是积极、健康、向上的,但不容否认也存在着一些急待解决的问题,如拜金主义、享乐主义、炫富仇富、陷入"校园贷"陷阱等,财富观扭曲导致财富行为失范。因此,高校必须高度重视,切实采取有效措施,教育与引导大学生树立健康的财富观。

1. 加强理想信念教育

坚定马克思主义理想信念,这是培育大学生树立健康财富观的思想理论基础。马克思主义的实质就是实现共产主义、实现人的自由全面发展、实现全体人民的共同富裕。

马克思在《1844 年经济学哲学手稿》中指出,共产主义"是人向自身、向社会的即合乎人性的人的复归,这种复归是完全的、自觉的和在以往发展的全部财富的范围内生成的"[①]。马克思认为,当资本主义生产方式不再促进财富增长而是成为财富增长的障碍时,它必将被新的财富生产方式所取代。而未来的理想社会,就是"共产主义",这将是一个由全人类共同创造财富、共同享受财富的社会,在共创和共享财富的过程中,人类将得到自由而全面的发展,并摆脱各种束缚而成为"真正的人"。总之,财富的极大丰裕都是未来社会的基本特征。只有在财富(不仅包括物质财富,也包括精神财富、社会关系财富等)极大丰裕的情况下,人的自由全面发展才成为可能。培育大学生树立健康财富观就要坚持马克思主义的指导地位,确保财富观方向的正确性,引导大学生树立远大理想目标,把国家的财富命运和个人财富命运结合起来,为实现中华民族复兴的中国梦做贡献。

2. 掌握唯物辩证方法

掌握马克思主义的唯物辩证方法是培育健康财富观的方法论基础。马克思主义唯物

---

① 马克思. 1844 年经济学哲学手稿[M]. 3 版. 北京:人民出版社,2000:81.

辩证法的核心就是对立统一规律,就是要正确分析和判断事物的矛盾,要坚持一分为二地看问题,要具体问题具体分析,要坚持"适度"原则,等等,这些方法都有利于大学生正确处理国家利益、集体利益与个人利益之间的关系,有利于大学生正确地认识财富、合理适度地支配和消费财富,树立健康的财富观。

3. 开展理财实践活动

坚持理论联系实际的原则,积极开展大学生理财实践活动。思想是行为的先导,理论教育是大学生思想上形成科学财富观的必要途径,但实践是起到验证和强化理论的有效方法。要积极引导组织大学生参加社会实践活动,利用假期集中安排学生到企业、社区或者一些非营利的组织进行集中的实践,使学生感受社会财富的创造过程,领会财富对社会的价值,并大力倡导和鼓励大学生参与各种形式的创业大赛,使学生能够参与到财富的创造过程,懂得劳动过程的艰辛,对劳动成果多一些尊重与珍惜,对财富的相关内容有更加深刻的认识。让大学生在实践锻炼中认识财富、把握财富和支配财富,逐步形成健康、理性的财富观。

(三)健康财富观的重要作用

1. 人生导向作用

健康的财富观对大学生的价值取向具有引导作用,引导他们正确看待财富、合法创造财富、合理支配财富和理性消费财富,用符合时代精神的财富观去指导大学生的财富行为,在实现个人人生价值的同时,推动社会的进步与发展。

2. 利益协调作用

健康的财富观可以帮助大学生步入社会之后,有效地协调和处理各种利益关系。每个人在社会中都面临着处理国家利益、集体利益与个人利益之间的复杂关系,健康的财富观能够帮助大学生正确理解和把握个人利益与国家、集体利益之间是辩证统一的关系,个人利益是国家、集体利益的一部分,没有公民合理正当个人利益的有效保护,就没有个人积极性的发挥,国家和集体利益就不可能实现。正确协调和处理三者之间的关系,有利于实现社会的和谐,人与人的和谐。

3. 品质提升作用

健康的财富观有利于提升大学生的个人品质。财富品质是大学生个人品质的一种综合表现。君子爱财取之有道,富贵不淫贫贱不移,勇担社会道义、乐善好施,坚持"勤劳""守信""诚实""先公后己""节俭爱物",等等,拥有了健康的财富观,就拥有了这些良好的财富品质,也就拥有了为实现个人价值、社会价值而努力奋斗的积极人生态度。

财富观是人生观和价值观的重要内容。当代大学生是中国现代化的中流砥柱,健康的财富观不仅是提高大学生思想道德素质的客观要求,也是影响整个社会的财富观、构建和谐社会的重要因素,只有让大学生懂得了什么是财富,如何创造财富,如何支配和消费财富等问题后,他们才能有所作为,才能为全面建成小康社会和实现中华民族伟大复兴贡献力量。

二、财富管理专业人才培养

伴随着我国 GDP 的快速发展,社会财富快速积累,截至 2017 年底,中国财富管理市场已超 150 万亿元,市场需求不断增长,专业人才供给不足。高校是智力资源集中的场所,承担着财富管理人才培养的重任。

1. 人才培养与培训

目前国内多数财富管理行业从业人士是由传统金融行业转入这一行业的,专业知识相对单一,能够为有投资需求的客户提供全面需求分析和理财配置的专业人才少之又少。在复合人才缺乏的大资管时代,如何使得未来的财富管理从业人员成为精通金融、产业经济、法律、信托等知识,具备优秀人际交往能力和过硬心理素质的财富管理师,成为摆在国内财富管理教育行业面前的首要问题。21世纪,财富管理教育的方向将决定金融机构的客户营销与服务水平,也将指明金融从业者的专业培养路径,这一过程中,高校的财富管理教育教学的作用自然不容小觑。

此外,高校在开设客户财富管理课程以及财富管理师培训课程的同时,可以起到一个信息链接的作用,将客户的真正需求与财富管理师的产品服务更好地结合起来,既能够更好地引导、培养客户的理财观,又能让财富管理师更好地了解顾客,从而设计出更有针对性的财富管理产品。财富管理的理论基础不是金融市场和金融工具,这些都是市场的客观存在,财富管理的核心是深入理解每一个客户的独特人生轨迹和他们幸福生活的特点,以便作出相应的财务安排。有些人的幸福是去"要"什么,而有些人的幸福是避免"失去"什么,财富管理产品研发与设计正在向人文关怀方向发展。

2. 加强与财富管理机构的合作

高校具备进行科学研究的学科、专业、科技、人才、信息和文化等优势,在财富管理产品研发中要充分发挥这些优势,构建以基础研究和应用基础研究为主的财富管理产品知识创新体系、以金融科技和应用研究为主的财富管理技术创新体系,加快学科链、科技链、创新链与产业链、服务链紧密对接,加强产教融合、校企合作,加快相关财富管理科研成果转移转化,建立财富管理机构知识技术需求与高校科技资源对接机制,增强高校财富管理产品研发、创新和服务的针对性,建立高校财富管理科研成果与财富管理机构对接机制和社会发布平台,加快相关科研成果落地实施,有效转化为现实生产力,为财富管理产品的研发提供强有力的科技支撑。

第五节 领导干部教育

一个地区经济发展的快慢、经济水平的高低与该地区领导干部的财商有着直接的关系;领导干部的财商素质、理财能力直接或间接地影响着一个地方经济的发展。领导干部的科学理财,一要坚持科学理财的观念,二要处理好生财、聚财和用财三者之间的关系。

一、坚持科学理财的观念

在新的形势下,作为领导干部,科学理财要树立"五个观念"。一是要树立科学的发展观,结合国家和地方财政工作实际,遵循经济规律,实现经济又好又快发展;遵循自然规律,实现经济可持续发展;遵循社会规律,实现经济全面协调发展。二是要树立坚定的政治观,牢固树立为公理财、为民服务的理念,善谋富民之策,多办利民之事。三是树立正确的政绩观，善于运用公共财政政策工具，切实做到为官一任、造福一方。四是要树立依法理财观，忠实履行宪法和预算法等法律赋予的职责，自觉接受监督，注重民主理财，使财政资金充分取之于民、用之于民。五是要树立公共财政观，以公共政策为手段，以满足社会公共需要为目标，突出解决好民生问题，让广大群众共享改革发展的成果。

二、处理好生财、聚财和用财三者之间的关系

领导者财商包括生财意识、聚财能力和用财之道三个方面。四书《大学》里记载，"生财有大道，生之者众，食之者寡，为之者疾，用之者舒，则财恒足矣"。意思是创造财富的人多，消耗财富的人少，管钱的人很勤快，花钱的人很谨慎，则天下财富就会取之不尽、用之不竭。"三财"之道，生财为本。只有生好财，才有条件聚好财和用好财。领导干部要做到为官一任，造福一方，就要学会科学理财，做到生财有道、聚财有度、用财有效。

生财即培养财源。大力培养财源，讲究生财之道，首先要解决财源应该由谁培养的问题。就政府及其职能部门而言，首先要解决政府越位和缺位问题，同时，为市场投资者提供良好的经营环境，通过有关政策引导投资方向，并为投资者提供其必要的服务。就企业和个人投资者而言，主要是把握政府宏观政策导向，准确分析市场信息，从而把握每一个投资机会，精打细算。在此，既要防止毫无把握的"冒险"行为，又要注意摒弃"守财奴"的思想。所谓开源节流，是指在理财时开辟更多的赚钱渠道，对于浪费的开销进行有节制的控制，以达到积累财富的目的。作为领导，在为单位理财时，首先是要广开财路，为单位多创造财富和效益，同时，也要时时注意节约，反对铺张浪费。只有懂得开源和节流，财富才会越积越多。

聚财就是组织收入。古语云：君子爱财，取之有道。政府聚财也应该"取之有度"。就是说，政府组织财政收入的规模要掌握好"分寸"，既要考虑政府履行其职能的资金需要，又要考虑社会经济发展提供收入的可能，因此，组织财政收入，要防止两种倾向：一是"竭泽而渔"，挖地三尺，寅吃卯粮；二是"放水"过度，动不动就财税让路、减税让利，结果"水"放了，"鱼"没养，或者"鱼"养不大。当前组织财政收入应该从依法治税入手，加强税法宣传与加强税收征管相结合，从严处置违反税法的行为，不因"税少而不征"，努力减少跑冒滴漏。

用财，就是科学安排支出，使每一分钱都发挥其最大的效用。长期以来，有一种倾向：重收入，轻支出，对收入管得多，支出管得少，收入研究得多，支出研究得少，造成财政支出效益低下和资金浪费。因此，当前应该充分利用政府机构改革的契机，认真研究和探索财政支出改革的方法，既要集中财力，保证重点支出需要，又要兼顾社会事业均衡发展的必不可少的支出。一是通过规范预算管理，严格预算编制、执行、决算程序，从源头上堵塞漏洞。二是积极完善和实施政府采购制度，提高资金使用效率。三是必须用好专项资金，实行项目管理，保证专款专用，加强全方位监督，整合专项资金，落实配套资金。四是必须厉行勤俭节约，杜绝铺张浪费，反对奢靡之风，努力建设节约型政府，建设节俭型财政。

三、提升领导干部廉政素质

建设廉洁政治，推进廉政治理现代化，重要的是提升领导干部廉政素质。廉政素质是

党员干部的基本政治素质,是做好廉政工作的内在条件,包括廉政自制素质、廉政践行素质、廉政管控素质和廉政治理素质。

廉政自制素质是主观上所必备的对廉政理念、价值规范的认同,属于克制欲望和自我约束的心理过程,体现为自省自警自控、自觉遵守法纪的素质。习近平总书记强调,党员干部必须树牢正确的是非观,做到善于明辨是非、善于决断选择,始终保持鲜明的是非观念和共产党人的政治本色。在认知标准上是非分明,价值取向上崇尚廉洁,自控意志上清醒坚定,动机选择上端正方向,预期研判上杜绝侥幸。

廉政践行素质是将廉政认知理念、价值规范和自控意志等内在意识外化于廉洁从政行为的素质和本领。它涉及为政忠诚老实、用权公正无私、履职勤勉有为、生活节俭有度、办事恪守法纪等诸多方面,只有加强行为过程管理,才能知行合一,更好践行廉政规范。

廉政管控素质是对亲朋好友及身边工作人员等言传身教、严格约束的素质和本领,是发现和处置其腐败现象的能力。家属友人、特定关系人和身边工作人员可能形成廉政风险,要特别注意管控自身的人情网络,识别和防止发生公共利益冲突。

廉政治理素质是对其所辖地区和部门承担廉政建设主体责任、惩治和预防腐败、推进廉政治理体系现代化的素质和本领。要推进廉政治理科学化、有效化,保证组织成员清正廉洁和组织体系政治清明。

本章术语

财富观　财商教育　理财　拜金主义

本章练习题

1. 谈谈当前中国青少年财富观存在的问题。
2. 谈谈加强青少年财富观教育的对策。
3. 老年和谐健康财富观的内涵是什么?
4. 老年人如何利用自己的资源和优势创造新的社会财富?
5. 如何理解"财富是人的本质力量的对象化……因为真正的财富就是所有个人的发达的生产力"的思想?(马克思恩格斯文集:第8卷[M].北京:人民出版社,2009:200.)
6. 司马迁曾在《史记·太史公自序》中写道:"布衣匹夫之人,不害于政,不妨百姓,取与以时而息财富,智者有采焉",请分析这句话所表达的财富思想和主张。

即测即练

财富管理业务

第九章　财富管理机构

第十章　财富管理产品及服务

第十一章　财富管理市场

第十二章　财富管理客户

第十三章　财富管理发展新趋势

第十四章　财富管理风险与监管

第十五章　财富管理中心

第九章

财富管理机构

【教学目标】

1) 了解财富管理机构的种类和职能;掌握各类财富管理机构的财富管理业务发展状况、财富管理方式和财富管理产品;了解财富管理机构财富管理业务发展中的不足,以及各类财富管理机构未来的发展趋势和发展重点

2) 了解专业财富管理机构的发展现状与趋势;掌握专业财富管理机构的主要业务及其运作规律

【教学重点】

1) 各类财富管理机构财富管理业务开展过程中的具体运作模式、财富管理的金融产品类别

2) 专业财富管理机构的主要业务及其运作规律

【教学难点】

1) 不同的财富管理机构进行财富管理的不同模式

2) 专业财富管理机构如何设计满足不同客户需求的财富管理方案以实现财富的保值、增值与传承

财富管理机构整体可分为传统金融机构、专业财富管理机构、财富管理组织以及其他服务机构。近年来,财富管理表现出增速减缓、客户风险意识增强、产品种类丰富、理财师角色转变、独立理财师崭露头角的行业特点。未来,财富管理机构有望呈现业务综合化、智能化、理财服务差异化的趋势。

第一节 传统金融机构

财富管理机构是为客户提供财富保值增值服务的专业金融机构。随着我国建设小康社会步伐的加快和个人收入水平的稳步提高,社会公众对财富管理的多元化需求越来越突出。特别是改革开放以来,我国居民的收入分配越来越集中,个人高净值客户对财富管理和资产配置的要求也水涨船高。与此相适应,商业银行、保险、证券、信托、基金公司等对财富管理业务也越来越重视,财富管理综合水平不断提升。

一、商业银行

商业银行是最传统的金融机构。我国早期的商业银行,常以钱庄、票号、银楼等命名,业务也是以兑付为主。

中华人民共和国成立后,我国实行以中央银行为中心的金融体制,虽有少量的专业银行,但并不对社会办理金融业务。当时的存款、信贷、外汇、结算业务统一由中国人民银行办理。1983年,随着我国改革开放的深入,金融体制逐步完善,国务院发布《国务院关于中国人民银行专门行使中央银行职能的决定》,专业银行开始对社会办理金融业务。1993年底,国务院发布《国务院关于金融体制改革的决定》,明确提出"要把国有专业银行办成真正的商业银行"。之后,我国于1995年颁布《中华人民共和国商业银行法》,明确提出商业银行是依照商业银行法和公司法规定设立的吸收公众存款、发放贷款、办理结算等业务的企业法人。因此,现代意义的商业银行的主要业务包括金融负债业务、金融资产业务和中间业务,而我国商业银行的财富管理业务最初就是从其中间业务中逐步发展起来的一系列业务,除各类存款类产品外,银行为客户提供的财富管理产品,包括各类保本理财、非保本理财、基金、代理保险产品、黄金贵金属、信贷产品等。

(一)商业银行财富管理模式

商业银行是居民日常理财的主要渠道,也是最具有安全感和公信力的财富管理机构。由于银行主要从事与居民、企事业单位生活与工作联系密切的存、贷款业务,以及汇兑、结算等业务,因此在资金融通和理财选择上具有先天的便利。商业银行目前均将理财业务作为零售业务的核心和发展方向。

工商银行、农业银行、中国银行、建设银行、交通银行五大国有商业银行和招商银行、中信银行、浦发银行、兴业银行、民生银行等全国股份制商业银行构成银行系理财机构的龙头和主体,其中,工商银行、招商银行、建设银行、兴业银行等在理财产品体系研发、客户群体建设、营销体系组建等方面均处于领先地位。此外,在城市商业银行中,北京银行、上海银行、南京银行、青岛银行等在规模和机构布局方面具有一定优势,在财富管理理念、产品研发和营销推广等方面也各具特点。财富管理是商业银行大零售业务的核心和重心,具有轻资本、高产出、长周期和高稳定性等特点,银行业务从来都有"公司业务决定现在,零售业务决定未来"的共识,因此,对于居于零售业务"皇冠明珠"地位的理财业务竞争更是异常激烈,特别是在高端客户选择上。

2007年3月,中国银行率先建立私人银行,对高端客户开始专业化、个性化金融服务,开启了中国银行业大力开展财富管理的新纪元。

2018年4月27日,中国人民银行联合中国银保监会、中国证监会、国家外汇管理局下发《关于规范金融机构资产管理业务的指导意见》,银行破除理财产品刚兑、回归代客理财本质的资管监管趋势已然明朗,这对市场上30万亿元规模的银行理财业务造成较大冲击。2018年9月26日,《商业银行理财业务监督管理办法》颁布,提出商业银行应当通过具有独立法人地位的子公司开展理财业务。根据2018年12月公布的《商业银行理财子公司管理办法》要求,银行理财子公司是主要从事理财业务的非银行金融机构,应采取有限责任公司或者股份有限公司形式,注册资本应当为一次性实缴货币资本、最低为10亿元人民币或等值自由兑换货币。商业银行设立理财子公司开展资管业务,有利于强化银行理财业务风险隔离,逐步有序打破刚性兑付,实现"卖者有责"基础上的"买者自负"。截至2019年4月1日,已有工商银行、建设银行等30家银行宣布组建银行理财子公司[①],商业银行财富管理将迎来大发展的新时代。

(二) 商业银行财富管理业务对客户的要求

不同商业银行开展财富管理业务,对客户设置不同的要求。根据客户的资产规模,市场将从事财富管理的银行分为:大众银行(mass banking),不限制客户资产规模;贵宾银行(affluent banking),客户资产在10万美元以上;私人银行(private banking),要求客户资产在100万美元以上;家族办公室(family office),要求客户资产在8 000万美元以上。国际性大银行在不同地区、不同时间段要求的最低金融资产额度也略有不同,如高盛对港澳地区私人银行客户设置的门槛是1 000万美元,香港上海汇丰银行(HSBC)的最低门槛是300万美元,而UBS(全球私人银行资产名列第一)对中国内地客户的离岸账户的金融资产要求为200万美元。著名的财富管理银行品牌包括瑞银集团、花旗银行、汇丰银行等。

我国商业银行对客户的要求条件不完全相同,但一般要求客户的净资产在600万元人民币以上。《商业银行理财业务监督管理办法》要求自然人客户必须"具有2年以上投资经历,且满足家庭金融净资产不低于300万元人民币,或者家庭金融资产不低于500万元人民币,或者近3年本人年均收入不低于40万元人民币"。根据理财客户的财富偏好、产品需求和风险偏好等不同,我国商业银行对财富管理客户多推行分类管理、分类营销,目前,比较统一的标准是针对银行OCRM系统(操作型客户关系管理系统)中理财客户的资产净值将客户分为三大类:大众富裕型客户、高净值客户和私人银行客户。私人银行客户的公认标准,多为在该行理财金融资产净值人民币600万元以上客户(目前,招商银行和建设银行将私人银行客户标准提高到1 000万元)。譬如,交通银行根据OCRM系统财富值将有价值的理财客户分为三类:5万~50万元为交银客户,50万~600万元为沃德客户,600万元以上为私人客户。

二、保险公司

保险,是人们管理风险的一种方式。保险起源于巴比伦时代的海上借贷制度:船东从出借人处借得资金,如果遭遇海难,按损失程度,出借人可以免除主债务的全部或者一部分;如果船舶安全抵达目的地,借款人则应偿还本金和利息。海上借贷比普通借贷利率高,高出部分相当于保险合同的保费,这种借贷具有一定的危险转嫁功能。在此基础上,意大利第一张船舶保险单于1347年10月23日出现,标志着现代保险制度的诞生。

中华人民共和国成立后,保险业起步较晚、发展较慢。1986年之后,金融市场才开始全面发展。但1995年之前,我国金融业缺乏法律制度的规范,金融秩序比较混乱,金融业

---

① 吕东. 首批两家股份制银行理财子公司获批,宣布设立的银行数量已突破30家[N]. 证券日报,2019-04-22.

出现很多混业经营的现象。1995年,我国整顿金融市场,实行分业经营原则。随着金融业混业经营需求的增长以及提高金融业效率的要求,2006年,党的十六届五中全会提出"稳步推进金融业综合经营的试点",银行与保险资本融合的速度加快。2012年,全国金融工作会议强调,"要总结经验,建章立制,加强监管,防范风险,积极稳妥地推进金融综合经营试点工作"和"推进监管协调工作规范化、常态化"。2013年人民银行会同证监会、银监会、外汇局、保监会建立了金融监管协调部际联席会议制度,为推动金融业综合经营发展奠定了基础。2018年4月,中国银行保险监督管理委员会正式挂牌成立,对银行业、保险业统一管理。

保险公司是经营保险业务的金融机构。《保险法》明确规定了保险公司设立的条件和程序。但实际上,保险公司是一个泛概念,保险产品的专业销售渠道分为三大类:保险公司、保险经纪公司和保险代理公司。根据我国法律的相关规定,从事保险业务的金融机构必须取得中国银行保险监督管理委员会颁发的经营许可证书。

(一) 保险公司财富管理概况

随着保险业的发展和人们保险意识的增强,保险公司的保险产品不断更新,财富管理业务也得到飞速发展。保险公司具有财富管理的先天优势,因为保险产品本身就是富裕客户必备的财富管理产品之一。《保险法》第2条规定:"保险,是指投保人根据合同约定,向保险人支付保险费,保险人对于合同约定的可能发生的事故因其发生所造成的财产损失承担赔偿保险金责任,或者当被保险人死亡、伤残、疾病或者达到合同约定的年龄、期限等条件时承担给付保险金责任的商业保险行为。"在法律层面上,保险也是所有金融工具中要求最为严苛的产品。保险产品不是公民想买多少就能购买多少,还有年龄、身体健康、体检证明、遗传等不同的限定条件。

尽管很多保险产品具有财富管理的性质,但是责任保险、信用保险等险种的财富管理性质较弱,财产险、人身险等带有更多的财富管理色彩。近年来保险公司开发的附加分红功能的产品以及实现财富传承的保险产品,得到高端客户的广泛认可。

财富管理目标,主要是为客户实现资产保值、资产增值、风险抵抗、财富传承。随着我国经济发展和居民财富的相对集中,越来越多的高净值人群开始考虑"财富保全"与"财富传承",而保险在这方面发挥着不可替代的作用,如身价保障、资债隔离、定向传承、尊贵医疗、品质养老、减少遗产税负担等,所以保险越来越成为高净值人士财富管理的热门选择。

(二) 保险公司财富管理的模式

1. 委托银行、财富管理公司代卖产品模式

金融行业的很多高端客户的财富管理底层产品都是保险,因此,银行、财富管理公司都会给自己的客户寻找、推荐好的保险产品作为财富规划的一部分。保险公司也会派驻业务人员去银行等机构,为银行客户提供保险咨询、规划服务,同时,保险公司也会为自己的客户筛选、推荐不同的银行理财产品以及银行其他财富管理产品。

2. 财富管理中心运营模式

2013年6月,我国第一家保险公司创立的财富管理中心——泰康人寿财富管理中心在深圳成立。该机构实行会员制,为会员搭配包括养老社区在内的高端保险产品。

3. 金融混业经营模式

2006年以来,随着金融业综合经营试点的推行,银行投资保险业的模式得以发展。中银保险、建信人寿保险、平安人寿保险等公司就是金融混业经营模式。通过银行投资,也通过银行代理,为高端客户搭配更加合理的金融产品提供服务。

4. 保险资产管理公司经营模式

保险资产管理公司是专门管理保险资金的金融机构,主要业务是接受保险公司委托管理保险基金,目标是使保险基金保值、增值。保险资产管理公司一般由保险公司或保险公司的控股股东发起成立。受委托之后,保险资产管理公司可以管理运用其股东的保险资金或股东控制的保险公司的资金,也可以管理运用自有资金。但保险资金运用不得突破保险法规定,仅限于银行存款、买卖政府债券、金融债券和国务院规定的其他形式。而且资产管理公司不得承诺受托管理的资金不受损失或保证最低收益,不得利用受托保险资金为委托人以外的第三人牟取利益,也不得操纵不同来源资金进行交易。

三、证券公司

在我国,证券公司是指依据公司法和证券法规定设立的、经过国务院证券监督管理机构批准的、从事证券经营业务的有限责任公司或者股份有限公司。

证券公司经过批准可以从事的经营业务主要包括:证券经纪,证券投资咨询,与证券交易、证券投资活动有关的财务顾问,证券承销与保荐,证券自营,证券资产管理,经过批准的其他证券业务。

我国对证券公司实行分类管理,证券公司可以分为综合类证券公司和经纪类证券公司,经国务院证券监督管理机构按照其分类颁发业务许可证。综合类证券公司既可接受客户的委托从事经纪业务,又可以开展自营、承销和其他业务。经纪类证券公司只能接受客户委托,以客户的名义买卖证券。

(一) 我国证券业发展概况

证券业是指从事证券发行和证券交易的专门行业,是证券市场的重要构成要素,包括证券交易所、证券公司、证券协会等。

我国的证券业从1986年开始发展。1987年,深圳成立了我国第一家证券公司——深圳特区证券公司;1988年7月,中国首家股份制证券公司——上海万国证券公司成立。随后,证券公司在各地陆续出现,但当时的证券交易都是人工完成的,不仅效率低,风险也大。1990年,上海证券交易所成立;1991年,深圳证券交易所成立,标志着中国证券市场正式起步。

早期的证券业都是由中国人民银行实施监管。1998年12月29日,全国人大常委会九届六次会议通过了《证券法》,规范证券市场的运行,确立中国证监会对证券市场监督管理的法律地位。法律同时要求作为行业自律组织的中国证券业协会和中国证券投资基金业协会,也必须接受证监会管理,证券市场逐步走向法治化。随后,《证券法》在2004年、2005年、2013年、2014年、2019年进行了多次修正和修订,重点关注投资者权益保护、信息披露等制度。

（二）证券公司的财富管理业务

证券公司拥有大量较为成熟的市场投资者，除了接受客户委托开展证券经纪业务以外，也在不断探索尝试新的财富管理模式。

广发证券 2010 年在国内率先成立财富管理中心，目标客户定位为可投资产在 1 000 万元人民币以上的高净值客户。随后，国泰君安、申银万国、中金、银河、华林、国金等大小券商也先后开拓财富管理业务。

目前，我国证券公司财富管理模式主要有以下三种。

1. 管家服务模式

这种模式主要以广发证券和华泰证券为代表，建立专门的财富管理中心，主要服务金融资产超过 1 000 万元人民币的高净值客户。

广发证券是业内较早布局互联网金融的券商，既有与百度等第三方公司的合作引流，又有自主开发的服务平台。广发证券拥有行业规模最大的投顾团队，可以为客户提供定制化的理财规划，客户可以通过公司官网、易淘金、微信公众号等多个渠道与几千名专业服务人员进行线上咨询。

华泰证券也建立了财富管理部门，并建立多层次的客户分析评价系统，借助互联网金融，利用"涨乐财富通"，采取线上线下协同发展的策略，积极打造差异化的客户服务体系，满足客户多元化理财服务需求。在市场竞争加剧的情况下不断拓展客户，用户覆盖率处于业内领先地位。

2. 独立财富管理模式

这种模式主要以国海证券为代表，将财富管理中心设置成独立的第三方财富管理机构，在对社会上的各类第三方理财产品作出等级评定之后，提供给有不同需要的客户。

3. 投资银行服务模式

这种模式主要以中信证券、招商证券为代表，以类似于国际投行的私人银行服务模式，围绕营业部大户一级市场投资需求为核心，为客户提供全方位、全覆盖的理财产品服务。

四、信托公司

信托是基于"信任和委托"而产生的特殊的财产管理制度和法律行为，同时又是一种金融制度，信托与银行、保险、证券一起构成了现代金融体系。"受人之托，代人理财"是信托行业最初发展宗旨。信托业在弥补我国传统单一的银行信用的不足、利用社会闲置资金、拓展投资渠道等方面发挥了积极作用。

（一）我国信托业发展概况

信托公司，是指依照《公司法》和《信托投资公司管理办法》规定设立的主要经营信托业务的金融机构。信托公司以信任委托为基础，以货币资金和实物财产的经营管理为形式，进行融资和融物相结合的多边信用行为。作为产品的设计商和供应商，相比于商业银行、保险公司和第三方理财的中介属性,信托公司在产品营销上具有专业性的优势,作为"受人之托,代人理财"的专业金融机构,其业务具有资产转移和风险隔离的制度优势,财富管理更贴近资产端,具有天然的创设优势。

信托业务主要包括委托和代理两个方面的内容。前者是指财产的所有者为了自己或其指定人的利益,将其财产委托给他人,要求按照一定的目的,代为妥善地管理和有利地经营;后者是指一方授权另一方,代为办理的一定经济事项。信托业务的关系人有委托人、受托人和受益人三个方面。转移财产权的人,即原财产的所有者是委托人;接受委托代为管理和经营财产的人是受托人;享受财产所带来的利益的人是受益人。

信托业在中国最早可追溯到20世纪初。特别是2001年以后,随着《信托法》的颁布实施,信托业整体资本实力、风险控制能力、业务创新能力和公司管理能力得以快速提升。2007年信托业务资产总规模只有区区9 461亿元,2017年末全国68家信托公司管理的信托资产规模突破26万亿元,年均增速约40%。但2018年经济的不景气直接导致信托业务的规模下降。2018年12月14日,中国信托业协会发布的《2018年三季度中国信托业发展评析》显示,2018年第三季度我国信托业管理资产规模继续回落,信托资产存量同比首次出现负值,截至第三季度末,行业管理信托资产余额23.14万亿元。与此同时,信托业风险暴露有所上升,风险项目规模持续增长,信托业需加快转型布局。

(二) 信托公司的财富管理业务

目前我国信托公司通过信托产品为客户提供财富管理业务。信托产品有以下四种分类方法。

1. 按信托法分类

(1) 集合资金信托,是指信托投资公司办理资金信托业务时,为了共同的信托目的,将不同委托人(委托人为两位及以上)的资金集合在一起管理的资金信托方式。

(2) 单一资金信托,是指信托投资公司办理资金信托业务时,根据委托人确定的管理方式单独管理和运用信托资金的行为。

2. 按合作方分类

(1) 私募合作基金信托,信托型私募基金是指通过信托计划进行股权投资或者证券投资,也是阳光私募的典型形式,分为公司型、有限合伙型和信托型。公司型私募基金,是指按照《公司法》的规定组建投资公司,由特定投资者认缴出资成立公司股东形式的私募基金;有限合伙型私募基金的最大好处在于对合伙企业不征收企业所得税,只征收投资者的个人所得税,减轻了投资者的税负;信托型私募基金是以传统信托为结构设立的集合资金信托计划,该信托计划由信托公司担任受托人,通过信托合同明确投资人(既是委托人也是受益人)与信托公司之间的权利义务关系,由信托公司将投资人的资金进行集中管理或运用。信托公司运用信托资金可以进行证券投资,也可以进行债权、股权、物权及其他方面的投资,但必须和信托计划文件约定的投资方向与投资策略一致。

(2) 信政合作信托,是指地方政府为了缓解地方政府基础建设的资金困难而与信托公司合作推出的,通过信托贷款、股权投资、权益投资或应收债权投资等方式募集资金的一类信托产品。

3. 按资金运用分类

（1）财产信托，是指信托企业受信托人的委托，将财产转让或出售给其指定或不指定单位的一种信托业务。信托的财产包括机器、设备、厂房、仓库和其他物资等各种动产和不动产。

（2）债权信托，是以金融企业及其他具有大金额债权的企业作为委托人，以委托人难以或无暇收回的大金额债权作为信托标的的一种信托业务。它通过受托人的专业管理和运作，实现信托资产的盘活和变现，力争信托资产最大限度地保值增值。

（3）股权信托，是指信托公司运用信托资金对项目进行股权投资，以股息、红利所得以及到期转让股权方式作为信托收益的一种资金运用形式。

（4）标品信托，是以标准化产品，如可分割、公开市场流通的有价证券等进行的信托业务。

（5）同业信托，是指信托公司依据信托文件的约定，将信托资金来源或运用于银行、证券、保险等金融同业机构的信托业务。

（6）事务管理类信托，是指委托人交付资金或财产给信托公司，指令信托公司为完成信托目的，从事事务性管理的信托业务，为不同的委托人提供符合其需求的、个性化的事务管理服务。

（7）资产证券化信托，是指以基础资产未来所产生的现金流为偿付支持，通过结构化设计进行信用增级，在此基础上发行资产支持证券的信托业务。

（8）公益（慈善）信托，是指仅以实现社会慈善事业为目的，并以全社会或部分社会公众为受益人的信托。

4. 按资金投向分类

（1）基础产业信托，基础产业是指与基础设施建设、固定资产投资、经济建设项目（公益性及营利性）、新型城镇化等领域相关的产业，普遍具有资金投入量大、投资期限长的特点，借助信托的特殊制度安排，可实现权益重构和利益安排，吸引社会资金直接参与基础产业，加快基础设施建设步伐，使得各方能够有效合作，实现产融结合，而且能够保证信托财产在封闭、安全的环境下灵活运用，满足投资者对专业性和安全性的严格要求，最终在基础产业领域借助信托方式，实现资本有效转换，推动经济持续高速增长。

（2）房地产信托，是信托投资公司发挥专业理财优势，通过实施信托计划筹集资金，用于房地产开发项目，为委托人获取一定的收益。

（3）证券信托，是信托企业集中众多客户的资金，投资于多种有价证券的信托服务业务，投资者的收益主要来自证券的利息和红利。这种信托具有风险分散、投资安全，能稳定地获得利息，便于以小额资本分享大额有价证券投资的特点。

（4）金融机构信托，信托金融机构是接受他人委托，代为管理、经营和处理经济事务的金融机构，是以受托人身份经营现代信托业务的金融企业。

（5）工商企业及其他信托，是指信托资金的用途是为生产、服务和贸易等类型企业提供并购资金、流动资金以及项目资金的信托计划，一般可采用股权、债权等多种方式运用信托资金。

五、基金管理公司

基金管理公司是依法设立的对基金的募集、基金份额的申购和赎回、基金财产的投资、收益分配等基金运作活动进行管理的公司。基金管理公司按资金募集方式,可分为公募基金和私募基金;按设立方式,可分为封闭型基金、开放型基金;契约型基金、公司型基金;按投资对象,可分为股票基金、货币市场基金、期权基金、房地产基金等。

(一) 我国基金业发展概况

我国的基金业发展比较晚。1991年10月,在中国证券市场刚刚起步时,"武汉证券投资基金"和"深圳南山风险投资基金"分别由中国人民银行武汉分行和深圳南山风险区政府批准成立,成为第一批投资基金。《证券投资基金管理暂行办法》在1997年10月出台,标志着中国证券投资基金进入规范发展阶段。1998年3月,我国第一批基金管理公司——"国泰基金管理公司"和"南方基金管理公司"获得批准,分别在上海和深圳注册成立。同一年,我国又成立了华夏、华安、博时、鹏华四家基金公司。根据中国证券投资基金业协会统计数据显示,截至2018年8月底,我国境内共有公募基金管理公司119家,其中中外合资公司44家、内资公司75家;取得公募基金管理资格的证券公司或证券公司资管子公司共13家,保险资管公司2家。以上机构管理的公募基金资产合计14.08万亿元。

2014年7月11日,证监会正式公布《私募投资基金监督管理暂行办法》,中国的私募基金管理公司开始步入快速规范化发展阶段,该办法中对合格投资者单独列为一章明确进行规定,要求私募基金的投资者金额不能低于100万元。根据要求,"合格投资者"应该具备相应的风险识别能力以及风险承担能力。投资于单只私募基金的金额不能低于100万元。投资者的个人净资产不能低于1 000万元以及个人的金融资产不能低于300万元,且个人最近3年平均年收入不能低于50万元。随着中国市场经济的快速发展,以风险投资为特点的私募股权投资在中国发展迅速,其中,以百度、新浪、搜狐、携程、如家等为代表的一批留学人员回国创业给国内带回了大批风险投资,IDG(美国国际数据集团)资深合伙人熊晓鸽、鼎晖国际创投基金董事长吴尚志、赛富亚洲投资基金首席合伙人阎焱、红杉基金中国合伙人沈南鹏、金沙江创业投资董事总经理丁健、高瓴资本董事长张磊等多位掌管各类风险投资基金的海归人士,极大地促进了国内对创业的热情和海归企业、国内中小企业的发展。

(二) 公募基金

公募基金公司业务主要针对公众募集,按产品投向可划分为货币型基金、股票型基金、混合型基金(blend fund,hybrid fund)和债券基金四类。货币型基金是聚集社会闲散资金、由基金管理人运作、基金托管人保管资金的一种开放式基金,专门投向无风险的货币市场工具,区别于其他类型的开放式基金,具有高安全性、高流动性、稳定收益性,具有"准储蓄"的特征。股票型基金,是指60%以上的基金资产投资于股票的基金。混合型基金,是在投资组合中既有成长型股票、收益型股票,又有债券等固定收益投资的共同基金。债券基金,又称为债券型基金,是指专门投资于债券的基金,它通过集中众多投资者的资金,对债券进行组合投资,寻求较为稳定的收益,根据中国证监会对基金类别的分类标准,基金资产80%以上投资于债券的为债券基金。

(三) 私募基金

私募基金被分为私募证券、私募股权、创投基金、其他基金四大类别,分别与之对应的还有四类母基金,共计八类。私募证券投资基金:主要投资于公开交易的股份有限公司股票、债券、期货、期权、基金份额以及中国证监会规定的其他证券及其衍生品种;私募证券类FOF基金(基金中的基金):主要投向证券类私募基金、信托计划、券商资管、基金专户等资产管理计划的私募基金;私募股权投资基金:除创业投资基金以外主要投资于非公开交易的企业股权;私募股权投资类FOF基金:主要投向私募基金、信托计划、券商资管、基金专户等资产管理计划的私募基金;创业投资基金:主要向处于创业各阶段的未上市成长性企业进行股权投资的基金;创业投资类FOF基金:主要投向创投类私募基金、信托计划、券商资管、基金专户等资产管理计划的私募基金;其他私募投资基金:投资除证券及其衍生品和股权以外的其他领域的基金;其他私募投资基金类FOF:主要投向其他类私募基金、信托计划、券商资管、基金专户等资产管理计划的私募基金。

第二节 专业财富管理机构

随着国民经济的发展和人们收入水平的逐步提高,人们对于金融需求日益增长,呈现个性化、差异化、多样化趋势。传统的金融中介机构难以满足人们日益增长的差异化金融需求,兼顾高度专业化和财富家庭差异化需求的专业化财富管理机构应运而生。专业化的财富管理机构能够根据投资者个性化需求设计因人而异、量身定制的一揽子财富解决方案,以满足不同投资者的财富管理需求。目前,专业财富管理机构主要包括私人银行、家族办公室、第三方财富管理机构等。

一、私人银行

私人银行,是面向高净值人群,为其提供资产管理、保险、信托、税务咨询和规划、遗产咨询和规划、房地产咨询等一系列服务的金融机构。私人银行业务具有私密性、专属性和专业性的特点,成为许多高净值或超高净值客户选择的主要财富管理工具。

(一) 私人银行概述

私人银行最早起源于16世纪的瑞士日内瓦,专门为贵族和富人阶层提供一种私密性极强的金融服务。西方国家私人银行历史悠久,如瑞银集团(UBS)私人银行已有百年的历史,是典型的高端私人银行。中国私人银行起始于2007年。2007年3月,中国银行与其战略投资者苏格兰皇家银行合作在北京、上海两地设立私人银行部,成为国内首家设立私人银行部的中资银行。随后,花旗银行、法国巴黎银行、德意志银行等外资银行逐步开设私人银行业务。根据12家中资私人银行公开披露的信息,经过短短10多年的发展,截至2018年6月底,这12家中资私行的总客户数已经超过60万,管理客户资产规模近10

万亿元人民币(表 9-1)。

表 9-1 12 家中资银行私人银行业务情况(截至 2018 年 6 月底)

银行名称	开业时间	私人银行客户数量/万户	客户资产规模/万亿元	户均资产规模/万元	私人银行准入门槛
中国银行	2007.03	—	1.25	—	800 万元人民币
招商银行	2007.08	7.18	2.03	2 833.34	1 000 万元人民币
中信银行	2007.08	3.07	0.44	1 433.20	600 万元人民币
工商银行	2008.03	8.39	1.46	1 740.17	800 万元人民币
交通银行	2008.03	—	0.50	—	200 万美元
建设银行	2008.07	12.52	1.32	1 054.31	1 000 万元人民币
民生银行	2008.10	1.84	0.33	1 810.83	800 万元人民币
农业银行	2010.09	10.20	1.07	1 049.90	800 万元人民币
兴业银行	2011.04	2.54	0.34	1 347.10	600 万元人民币
光大银行	2011.12	3.18	0.31	966.60	1 000 万元人民币
浦发银行	2012.01	1.95	0.37	1 897.44	800 万元人民币
平安银行	2013.11	2.58	0.40	1 550.40	600 万元人民币

注:"—"表示数据缺失。
资料来源:各银行 2018 年半年报。

(二)私人银行组织形式

从国内外私人银行的发展实践来看,私人银行的组织形式主要有大零售模式、事业部模式和综合模式三种。

1. 大零售模式

大零售模式是在私人银行发展初期选择的一种过渡模式。在我国专业化、独立经营的私人银行机构还没有建立的情况下,大零售模式成为我国私人银行的主要组织形式。这种模式下,私人银行隶属银行零售业务部,依托零售业务部客户开展私人银行业务服务。其实质是零售业务的升级版,当零售银行部门客户账户金额达到一定数量时,便升级成为私人银行客户。这种模式的优点是因其客户来源于零售银行部门,减少客户的开发过程,降低了成本。但是,这种模式难以避免私人银行与零售银行之间产生利益分配和资源配置方面的矛盾。

2. 事业部模式

事业部模式是私人银行发展到成熟阶段常采用的一种经营模式,即私人银行部成立单独部门,接受总行私人银行部门的单独指导,与公司银行部门、投资银行部门、零售银行部门并列,共同成为金融机构的利润支柱。同时,私人银行具有独立的核算体系、风险控制系统、产品平台,进行客户的开发和维护。

3. 综合模式

综合模式就是大零售模式以及事业部模式两者的综合，总行设立私人银行部，业务网点依托零售部进行私人银行业务服务，一方面依托零售银行的客户资源和产品资源开展私人银行服务；另一方面通过独立核算，独立经营，提升资源配置效率。

（三）私人银行的盈利模式

盈利模式是指私人银行收费模式，一般包括手续费、管理费和咨询服务费三种模式。手续费是指私人银行向客户免费提供咨询服务并推荐金融机构产品，并根据产品交易金额收取一定的佣金收入。管理费是指根据客户的资产规模和产品类型收取相应的费用，能够增强客户黏性。咨询服务费主要是针对客户的税务技术、保险计划以及信托安排收取相应的费用。三种收费模式没有特定界限，各大金融机构可以根据自身的客户需求属性制定相应的收费标准。

（四）私人银行业务

私人银行业务是一种面向富人及其家庭的系统理财业务，它为高端客户提供专业化的一揽子资产管理、投资信托、保险规划、税收筹划以及遗产安排、收藏、拍卖、咨询等业务。概括起来，私人银行业务主要包括以下几个方面。

1. 基本的银行业务

私人银行业务体系中，开展基本银行业务的主要目的是提升客户对银行基础服务的满意度，做好客户关系的渠道维护工作，其中包括柜台服务、现金服务、转账服务、结售汇服务、信用卡服务等。

2. 资产管理业务

资产管理业务属于私人银行业务中的核心业务，私人银行通过合理配置资产，以达到财富的保值升值。例如国内的私人银行资产管理涉及的境内产品如货币市场产品、固定收益类产品、权益类股票基金、保险产品以及另类投资产品。

3. 财富规划与传承

财富规划与传承是指帮助高净值人群有效地传承财富，以求在传承过程中做到财富的无缝对接、合理节税及完成客户的某些特定目标。其主要手段有遗嘱、离岸公司的注册、人寿保险、信托等。通过一系列专业合理的安排，有效地为客户做好财产的传承。

4. 家庭增值服务

国内私人银行的家庭增值服务主要有境内外机场贵宾厅服务、医疗健康服务、子女海外教育服务、投资移民服务、艺术品鉴赏服务以及高尔夫赛事等。国外的私人银行在增值服务方面主要有全球奢侈品代购、高端社交晚宴、私人旅游助理、全球体育赛事预订等。

二、家族办公室

家族办公室是以家族资产的长远发展和财富的传承为主要目的，由银行、证券、信托、保险、法律、税务等各领域专家组建金融专业团队，为财富家族提供专业的、全方位的服务。其包括家族企业管理、慈善捐赠、财富管理、信托、税务筹划、子女教育、资产管理、遗产规划、法律服务、上市咨询等服务内容。

家族办公室最早起源于古罗马时期的大"Domus"(家族主管)以及中世纪时期的大"Domo"(总管家)。现代意义上的家族办公室出现于19世纪中叶,随着产业革命的兴起,一些产业大亨的财富迅速增长,他们将金融专家、法律专家和财务专家集合起来组建团队,专门研究如何管理和保护自己家族的财富及广泛的商业利益。这样就出现了只为一个家族服务的单一家族办公室(single family office,SFO)。

2017年,中国工商银行、中国招商银行和中国光大银行等商业银行以及建信信托和中信信托等信托公司,相继推出家族办公室服务,部分金融或非金融机构甚至将家族办公室业务定位为新的业务增长点。国内财富管理市场的"家族办公室"时代已经到来。

(一)家族办公室的种类

1. 根据服务对象的不同,家族办公室分为单一家族办公室和联合家族办公室

单一家族办公室,顾名思义,就是为一个家族提供服务的家族办公室。美国证券交易委员会(SEC)将单一家族办公室定义为"由富有家族设立的法人实体,用以进行财富管理、财富规划以及为本家族成员提供其他服务"。

联合家族办公室,则是为多个家族服务的家族办公室,主要通过有以下三种形式设立:一是由单一家族办公室接纳其他家族客户转变而来;二是私人银行为了更好地服务大客户而设立;三是由专业人士创办。

2. 根据其资产规模和外(内)包程度不同,分为精简型家族办公室、混合型家族办公室和全能型家族办公室

(1)精简型家族办公室。精简型家族办公室主要承担家族记账、税务以及行政管理等事务,直接雇员很少,甚至仅由企业内深受家族信任的高管及员工兼职承担;实质的投资及咨询职能主要通过外包的形式,由外部私人银行、基金公司(VC/PE/对冲基金)、家族咨询公司等承担。有的中国企业内部设立了投资发展部/战略投资部,往往是做主营业务之外的投资,其在事实上承担了精简型家族办公室的职能,我们可以将其看作家族办公室的早期形态。

(2)混合型家族办公室。混合型家族办公室自行承担家族战略性职能,而将非战略性职能外包,外包职能与家族偏好及特征密切相关。混合型家族办公室聘用全职员工,承担核心的法律、税务、整体资产配置以及某些特定的资产类别投资。在某些关键性职能的人员配置上,可能会使用具有相关专业经验且忠诚的家族成员。混合型家族办公室管理的资产规模约为1亿美元至5亿美元。有的中国家族在实体公司以外设立的控股公司、投资公司、投资基金或者其他法人主体,我们可以将其看作混合型家族办公室发展的早期形态。

(3)全能型家族办公室。全能型家族办公室覆盖围绕家族需求展开的大部分职能,以确保家族实现最大限度的控制、安全和隐私。全部职能都由全职雇员承担,包括投资、风险管理、法律、税务、家族治理、家族教育、传承规划、慈善管理、艺术品收藏、安保管理、娱乐旅行、全球物业管理、管家服务等。出于家族目标、成本预算及人才聘用的考虑,在确保投资顶层设计的前提下,可能将部分资产类别的投资外包给其他专业机构,如风险投资、PE投资、对冲基金、另类资产等。全能型家族办公室管理的资产规模超过10亿美元,家族可投资金融资产的主要部分将通过家族办公室进行管理。

(二) 家族办公室的主要业务

家族办公室的主要业务分为家族财富管理与传承、风险管理、家族事务管理和家族企业治理四个方面。

1. 家族财富管理与传承

对于一个富有家族来说,实现资产的保值与增值并有效传承是首先要考虑的问题。家族办公室可以提供家族信托计划、资产配置计划等方面的服务,为家族财富管理和传承保驾护航。

2. 风险管理

家族资产的管理过程中,面对纷繁复杂的国内外环境的变化,如果忽略了事先统筹,直接的后果就是资产的快速流失。家族办公室可以通过提供投资风险管理、法律及税收筹划以及家族保险等方面的服务,降低资产管理过程中各种风险发生的概率。

3. 家族事务管理

家族办公室提供的家族事务管理包括遗产及继承规划、家族成员教育规划、家族慈善规划、家族成员生活质量管理、家族宪法和家族精神以及移民规划等方面。

4. 家族企业治理

每个家族都有其致富的本业,可能是贸易、不动产开发或是投资,未来是否会遇到所有权和经营权分离的问题?是专业经理人或是家族成员来管理?家族股权如何分配?这些问题都需要专业化机构来提出解决方案。

(三) 我国家族办公室的主要类型

我国财富管理行业发展只有短短的10年左右时间,高净值家庭还没有"传"与"承"的完整经历,因而家族办公室在我国发展还处在摸索阶段。目前,我国家族办公室主要有大型金融机构下的高端财富管理中心/私人银行部、超高净值家庭自行组建的家族办公室、财富管理背景的独立家族办公室、律师背景的家族办公室四类形式。

第一类是大型金融机构下的高端财富管理中心/私人银行部。大型银行、信托公司等为更好地服务超高净值家庭,在集团下设私人银行、高端财富管理中心或成立家族办公室,提供量身定制的资产配置方案,以求让高净值家庭的资产长期留存。

第二类是超高净值家庭自行组建的家族办公室。身价上亿的超级富豪,出于家族资产安全、信息私密性的考虑,往往会自己组建家族办公室,管理自身家族财富。例如香港恒隆集团老总的陈氏家族基金、阿里巴巴核心创始人马云和蔡崇信成立的 Blue Pool Capital、龙湖地产董事长吴亚军成立的吴氏家族基金等。

第三类是财富管理背景的独立家族办公室。它是一种以投资为主的、由金融从业者创办的家族办公室,其核心业务为投资管理,运用不同策略为客户量身定制资产配置方案,帮助超高净值家庭实现财富的保值增值,如和谨家族办公室等。

第四类是律师背景的家族办公室。它是一种以事务为主的、由律师创办的家族办公室,其核心业务为法务事务管理,包括税务筹划、遗嘱设立、债务处理、婚姻财产处理等,专注于财富传承、家族治理涉及的相关事务的解决。

三、第三方财富管理机构

第三方财富管理机构是指独立于基金公司、证券公司、保险公司和银行等大型金融机构，以客户需求为导向客观分析客户的财务状况和理财需求，判断所需投资、理财工具，提供量身定做的综合金融解决方案的独立法人金融机构。第三方财富管理机构20世纪80年代起源于北美，中国香港、新加坡从20世纪90年代起步，中国内地在2005年左右出现，目前处于快速发展期。

（一）中国第三方财富管理机构发展

中国第三方财富管理机构从发展阶段来看，共经历了1997年至2004年的萌芽期、2004年至2006年的形成期、2006年至2014年的发展期以及2014年至今的转型期四个阶段。目前，中国具有代表性的第三方财富管理机构有诺亚财富、宜信财富、钜派投资等。表9-2是国内优秀的第三方财富管理机构简介。

表9-2 国内优秀的第三方财富管理机构简介

公司名称	战略定位	目标客户	业务范围
诺亚财富	中国首家"独立第三方"理财规划机构，定位于低成本的产品供应商和金融产品筛选和设计专家	中国高端人士	银行、证券、基金、信托、保险、私募股权等各类跨行业金融投资产品
钜派投资	致力于成为全球化资产配置综合性金融服务机构	高净值客户	金融产品多元化，代理产品包括债券、私募基金、阳光私募、对冲基金、PE产品投资、保险及银行类理财产品
恒天财富	中国精英阶层的首选财富管理专家	高端人群	致力于成为高端人群信托理财产品配置和资产管理的综合平台
宜信财富	中国领先的财富管理机构	中产阶层和高净值人群	全方位的理财规划与财富管理顾问服务，固定收益类、股权类等理财产品
海银财富	专注高净值客户的资产配置，成为客户身边的金融家	高净值客户	从传统的固定收益类产品和类固定收益类产品过渡到权益类资产配置以及具有投资优势的被动管理FOF基金和主动管理的新三板基金，并购基金，再到衍生品期权基金、影视基金等另类创新金融产品
展恒理财	您卓越的财富管家	国内的个人、家庭	以专户理财产品的投资顾问服务为主，为客户提供阳光私募、公募基金、固定收益类信托产品、股权投资产品等投资组合方案
利德财富	权威理财专家愿景：成为全球财富管理行业的领导者	高净值客户	制订科学的资产配置规划

资料来源：根据各财富管理机构官方网站披露信息整理。

（二）第三方财富管理机构的特点

首先，第三方财富管理机构立场独立，客观公正，客户利益至上。第三方财富管理机构不代表金融中介机构的立场，而是客观公正地根据客户的实际情况，来分析其财务状况和理财的需求，通过专业科学的顾问方式开展个人理财业务。财富管理不是推销产品，而是理财规划和资产配置服务。第三方财富管理机构根据客户的资产状况、投资偏好和人生不同阶段的财富目标等情况，为客户量身定制财富管理策略，提供理财产品，实现客户的财富目标。因此，公正、独立、专业是第三方财富管理机构存在的基础，不能有自己的产品是其最基本的特征。

其次，资金由第三方托管及严格监管。第三方财富管理机构一般不会接触客户的资金，而只是为客户提供理财规划及资产配置服务，客户的资金由第三方机构托管，受到监管机构的严格监管，因此客户资金的安全性问题具有完全的保障。

最后，严格风险控制制度。第三方财富管理机构通过设立风险控制委员会，以客观独立的立场从市场众多复杂的产品中精选靠谱的公司和性价比较高的产品，通过层层筛选，保证产品的合规、合法和安全性，为客户的财富保值、增值、传承服务。

（三）第三方财富管理机构的商业模式

第三方财富管理机构的商业模式是随着第三方财富管理机构的发展而不断演变的。在第三方财富管理机构的建立、发展和不断走向成熟的过程中，其商业模式也在不断改变。

1. 以产品为导向的商业模式

第三方财富管理机构发展的初期，其商业模式主要以产品为导向。这种模式相对低端，客户只是从单个产品中获取投资回报，第三方财富管理通过收取佣金的方式获得收益。产品单一，主要经营基金、股票和保险代理等业务。随着人们财富的积累，客户财富管理需求日益多样化，第三方财富管理机构发展了税收筹划、养老规划、子女教育等新的理财业务，其商业模式也逐渐从以产品为导向转向以服务为导向的新模式。

2. 以服务为导向的商业模式

以产品为导向的商业模式不能从全局的角度进行合理的资产配置，不能满足客户多样化的需求。而以服务为导向的商业模式，可以根据客户所处的不同人生发展阶段，设计相应的产品和服务，满足其不同时期的需要，最终成为客户的长期顾问。财富管理机构为客户提出大类资产配置方案，并通过收取咨询费方式获得回报。

3. 全权委托资产管理模式

全权委托资产管理是最具个性化的投资价值模式，它将资产配置、保值增值、税务筹划、法律咨询、保险服务、财产传承等服务融为一体，是为超高净值人士打理财富的最常用方式。全权委托资产管理流程包括：一是财富管理机构接受客户的委托，与客户签订受托资产管理协议，约定好投资策略；二是为每个客户开设独立的受托资产管理账户，按照预先约定好的投资策略进行资产组合配置和投资管理，投资者不参与投资决策；三是按季向投资者披露投资运作报告、持仓明细、账户净值等。全权委托资产管理是财富管理的最高级别,财富管理机构通过收取资产管理费的方式获取收益。

(四) 第三方财富管理机构主要产品类型

第三方财富管理机构收入来源主要依赖于产品代销的佣金收入。第三方财富管理机构代销的主要产品类型有以下四大类:第一,固定收益类,主要包括债券、债券类基金产品、货币基金;第二,权益类,包括股票投资组合、股票基金、并购基金、共同基金等;第三,房地产类,包括商用房地产融资、未开发物业、住宅房地产;第四,另类投资,包括结构性产品、金融衍生品、避险基金、大宗商品等。

展望未来中国第三方财富机构的发展趋势,在商业模式上,逐步向以客户为中心、以资产配置为导向的模式转变,为客户提供各类研究支持、资产配置方案、筛选产品和全方位财富管理服务;对于中低端普惠性的财富管理业务,逐步实现净值化、智能化管理。

第三节 财富管理组织

随着国家、企业和居民财富水平的不断提高,出现了专门为国家、企业、居民提供财富管理服务的一些社会组织,这其中较为典型的代表如大学捐赠基金、主权财富基金、慈善基金等。

一、大学捐赠基金

党的十九大报告指出,我国高等教育要走内涵式发展道路,必须加快一流大学和一流学科建设。从发达国家高等教育的发展历史来看,无论是高等教育建设,还是大学自身高质量高水平发展,都离不开可持续资金的支持。大学发展水平与资金投入多少有着密切关系,而大学捐赠基金可为高校的发展提供可持续的资金支持,是高校资金供给的重要渠道。可以说,大学捐赠基金规模、运作能力,已经成为世界一流大学建设的重要条件之一。

(一) 大学捐赠基金的内涵

大学捐赠基金是指由组织或个人的赠予或拨款构成的,并通过长期投资以达到本金保值增值的一种基金,其投资收益的一部分可用于支持机构运行支出,并对学校的教学与科研提供稳定的资金支持。

(二) 大学捐赠基金的分类

第一,根据捐赠资金的使用方式不同,大学捐赠基金可分为纯粹的捐赠基金、指定的捐赠基金和准捐赠基金三大类。其中,根据捐赠者指定的限制,纯粹的捐赠基金的本金是绝不可使用的;根据捐赠者的约定,在指定的周期或特定事项发生之后,指定的捐赠基金的本金可以被使用;准捐赠基金是由管理委员会建立的,用途与指定捐赠基金类似,但其本金根据管理委员会(如董事会)的意见可在任何时候使用(张伟,2011)。

第二,根据基金的管理模式不同,大学捐赠基金分为市场运作型、行政管理型、委员会型、海外拓展型和行业依靠型(言梓瑞,2007)。

(三)我国大学捐赠基金发展概况

1992年,浙江树人大学暨王宽诚教育基金会的成立,标志着我国大学捐赠基金的萌芽。随后,清华大学、北京大学、浙江大学等高校教育基金会于1994年和1995年相继建立。据《中国大学教育基金会发展报告(2018)》统计显示,截至2017年12月,成建制的全国高校基金会已达527家,42所世界一流大学建设高校中,仅国防科技大学、云南大学尚未成立大学教育基金会,95所世界一流学科建设高校中,仅西北大学等11所高校尚未成立大学教育基金。在地域分布上,除西藏自治区外,我国其他省份均有大学教育基金会组织,其中,江苏、浙江、广东、北京等省市数量较多。从高校教育基金会净资产规模看,2012年至2015年,413家大学教育基金会的净资产翻了一番,达到300亿元,呈现良好的发展态势。但与发达国家高校基金会规模相比,我国高校基金会规模还比较小,且不同高校基金会规模存在较大差异,净资产10亿元以上的较少,大部分学校教育基金会净资产在1亿元以上10亿元以下,"马太效应"日益显现。

1. 清华大学教育基金会

清华大学教育基金会于1994年正式成立,是民政部批准成立的全国性非公募基金会,是中华人民共和国成立后最早正式注册的大学教育基金会。2019年12月31日,民政部发布2018年度全国性社会组织评估等级公告,清华大学教育基金会再次被评为最高等级——5A级基金会。截至2018年12月底,清华大学教育基金会共设立了9个专项基金,分别是人才基金、教育基金、交流基金、研究基金、图书基金、安老基金、社会公益基金、张光斗科技教育基金、校友基金,清华大学教育基金会净资产规模约83.4亿元。

2020年4月2日,万科企业股中心与清华大学教育基金会签署捐赠协议,将把经整理后可动用的全部资产2亿股万科股票,市值约53亿元,一次性全部捐赠给清华教育基金会设立的专项基金,创立清华大学万科公共卫生与健康学院。这次捐赠创造了中国教育慈善界最大单笔捐赠项目的纪录,是清华大学教育基金会立足大学贡献社会,推动国家公共卫生健康研究与教育事业发展取得的重大成果。

自1994年成立以来,经过20多年的探索发展,清华大学教育基金会在资金筹集、项目管理、资产运营、团队建设等方面日趋完善,社会声誉与品牌形象不断提升,名列中国高校基金会前茅,先后倡导举办"中国高校基金会年会"、发起成立"中国高等教育学会教育基金工作研究分会"并成为理事长单位,为中国大学教育基金会的可持续发展、我国高等教育事业与公益慈善事业的改革发展发挥了积极作用。

2. 北京大学教育基金会

北京大学教育基金会成立于1995年,是在民政部正式登记注册的高教领域非营利性组织,是中国成立最早、运行最完善、发展最迅速的大学基金会之一。

北京大学教育基金会的总体目标是"服务北大战略、坚持科学发展,加快推进创建世界一流大学步伐"。其下设立了学生奖助学金、教师奖励基金、讲席教授基金、学术科研资助基金、基础设施建设基金等专项基金,为学校各个领域的发展提供有力的资金支持,成为北京大学发展进步的财政支柱之一和重要推动力量。截至2018年12月底,北京大学教育基金会净资产规模约57亿元。

基金会每年在学校设立的各类奖教金、奖学金、助学金总数达 260 多项,受益师生近 6 000 人次;每年资助各学科领域的教学科研和学科发展项目 300 余项;筹资支持了遍布全校的校园基础设施建设,如已建成的北京大学体育馆、百周年纪念讲堂、英杰交流中心、图书馆新馆、光华管理学院大楼、国际关系学院大楼、生命科学学院大楼、政府管理学院大楼、法学院科研楼、农园食堂、学生宿舍和人文学科大楼等,为北大师生创造了相宜的教学科研环境。

3. 浙江大学教育基金会

为纪念竺可桢老校长的卓越功绩,弘扬他亲自倡导的"求是"精神,开拓海内外共创教育大业渠道,加快浙江大学进入世界一流大学的进程,为国家培养更多的栋梁人才,1994 年 3 月,浙江大学联合社会各界成立"浙江大学竺可桢教育基金会"。

2000 年 5 月,"浙江大学竺可桢教育基金会"和"杭州大学基金会"融合而成新的"浙江大学竺可桢教育基金会"。

2004 年 11 月,根据国务院颁布实施的《基金会管理条例》,"浙江大学竺可桢教育基金会"重新进行登记注册,更名为"浙江大学教育发展基金会"。

2006 年 7 月,经教育部批准,"浙江大学教育发展基金会"在民政部重新进行登记注册,更名为"浙江大学教育基金会"。

2010 年 2 月,浙江大学教育基金会被民政部授予"中国社会组织评估等级 4A"等级。

2015 年 7 月,浙江大学教育基金会被民政部授予"中国社会组织评估等级 5A"等级。

2017 年 3 月,浙江大学教育基金会被民政部认定为慈善组织。

浙江大学教育基金会下设立了奖学金、助学金、奖教金、国际交流奖学金、学科建设、校园基地项目、学院基金等,用于支持学校各个领域的发展。截至 2018 年 12 月底,浙江大学教育基金会净资产规模约 27.8 亿元。

(四) 美国大学捐赠基金发展概况

美国的大学捐赠基金相当于西方社会的私人基金会,且都起源于西方的信托制度。而捐赠则与欧洲殖民主义者和基督教的文化传统有关。一直以来,传教士把向教育捐资作为宣扬宗教的一种方式,这种"教教相连"的理念一直影响着美国的捐赠事业。目前,大学捐赠基金已经成为美国资本市场上非常活跃的机构投资者。

1. 哈佛大学捐赠基金

哈佛大学作为美国乃至世界上最负盛名的私立大学之一。经过近 400 年的发展,哈佛大学管理的资产规模十分庞大,其捐赠基金已经发展成为非常成熟的机构投资者。在美国众多的大学捐赠基金中,哈佛大学捐赠基金非常具有代表性。哈佛大学捐赠基金由成立于 1974 年的哈佛管理公司管理。哈佛管理公司的主要职责就是专门负责管理哈佛大学接收的校友捐赠、非现金捐赠和养老金、周转资金。其使命在于确保哈佛大学的金融资产保值增值。哈佛大学捐赠基金的捐赠和使用具有鲜明特点,一是接受任何一笔捐赠都不能影响甚至威胁到大学的自主权,二是捐赠资金的使用严格按照捐赠人的意愿和捐赠分类。

2. 耶鲁大学捐赠基金

耶鲁大学起源于 1718 年美国康涅狄格州的一所教会学校,该校为了纪念伊莱休·耶鲁先生的慷慨捐赠,将学校更名为"耶鲁学院"。耶鲁大学早期接受的捐赠主要为书籍、土地、设备等实物。1890 年耶鲁大学基金成立,当年捐赠收入只有 11 000 美元,后来捐赠收入逐步提高,最初基金主要投资于债券,发展比较缓慢。直到 20 世纪中叶在马科维茨的"现代投资组合理论"的影响下,耶鲁大学对捐赠基金管理进行了改革,并将基金管理权外包给 EM&R,但基金发展并没有达到支撑耶鲁大学财政预算的预期目标。1985 年,耶鲁大学聘请 David F. Swensen 担任基金首席投资官,从此耶鲁大学捐赠基金翻开了新的篇章,在 David F. Swensen 近 30 年的管理生涯中,耶鲁基金表现越来越好。

耶鲁大学捐赠基金成立以来,主要用于聘请教授、学生奖学金和特定用途等方面。除此之外,耶鲁大学捐赠基金积极开展资产管理,其投资的主要对象包括绝对收益基金、美国国内股票、国外股票、私募股权、实物资产、固定收益等金融资产。

(五)美国大学捐赠基金的组织形式

从美国大学捐赠基金发展历程来看,其组织形式主要包括以下几种。

1. 外包基金

外包基金是指大学将大部分捐赠基金资产委托外部投资公司或投资经理人管理。如哈佛大学的捐赠基金在哈佛管理公司没有建立之前,委托给波士顿的州道路管理和研究公司负责管理其全部的捐赠基金。

2. 聘用顾问

这种组织形式是指大学捐赠基金通过聘请一名资深投资专家或与一个公司法人建立顾问关系,并由其进行捐赠基金管理。从 20 世纪 50 年代到 80 年代,底特律国家银行一直是美国密歇根大学捐赠基金的投资顾问,为密歇根大学捐赠基金的投资管理提供咨询服务。

3. 外包办公室

外包办公室是指将大学捐赠基金管理的部分或全部职能外包给专业的投资公司或投资经理人。杜克大学管理公司从 1989 年成立以来,只要它认为外部投资管理公司或投资经理人比杜克大学管理公司更有效地或更经济地发挥作用,那么这一职能就会被外包。在杜克大学管理公司,投资事务由外部基金经理负责,内部人员只负责风险管理。

4. 建立内部办公室

这种组织形式是指大学捐赠基金由大学内部设立的专门办公室来负责管理。如得克萨斯州立大学捐赠基金在成立之初主要由其内部建立的大学资产管理办公室负责管理。密歇根大学在 1986 年解除了与底特律国家银行的顾问关系后,逐步建立起自己的投资办公室,开始自己控制捐赠基金的投资管理、资产分配和支出政策。一般地,在这种形式下,都会设有投资顾问委员会,以具有丰富投资经验的顾问来弥补投资办公室人员专业技术上的欠缺。

5. 捐赠基金管理公司

随着捐赠基金规模的迅速膨胀,资产种类的日益多样化、复杂化,另类资产、风险管理等对专业技术的高要求,以及对获取高额总投资回报的长期期望,设立大学完全所有的投资管理公司,已经成为越来越多美国大学建立现代化、专业化、高效率的捐赠基金管理体制的普遍选择。

二、主权财富基金

主权财富基金是指一国政府通过特定税收与预算分配、可再生自然资源收入和国际收支盈余等方式积累形成的,由政府控制与支配的,通常以外币形式持有的公共财富。随着主权财富基金规模的扩大,主权财富基金已经成为全球资本市场上非常重要的机构投资者。

(一)主权财富基金发展概况

一般认为,成立于1953年的科威特投资委员会是世界上最早的主权财富基金。科威特投资委员会资金来源主要是科威特石油收入,每年科威特政府将10%的石油收入划入科威特投资委员会管理账户。随后,主权财富基金经历了两次发展高峰期。

第一次发展高峰期是20世纪七八十年代。这一时期石油输出国发生了两次石油危机,石油危机的爆发导致石油价格猛涨,使得石油输出国积累了大量石油外汇,由此引发了石油输出国建立主权财富基金的第一次高峰。如1976年阿联酋成立阿布扎比投资局、1980年阿曼成立国家储备基金。此后,委内瑞拉、阿塞拜疆、安哥拉等国也相继成立了以石油收入为主要资金来源的主权财富基金。

第二次发展高峰期是在2000年以后。进入21世纪以来,在新自由主义思想影响下,一些新兴经济体开放程度不断加深,经济迅猛发展,并通过实施出口导向发展战略,导致外汇储备大幅增加,这些新兴经济体国家纷纷将一部分外汇储备用来成立主权财富基金。如马来西亚1993年成立国库控股投资有限公司,中国于2007年9月成立中国投资有限责任公司。

(二)主权财富基金的管理模式

随着主权财富基金的不断发展壮大,主权财富基金的管理模式也在不断发生变化,从最初的中央银行管理模式向专业化机构管理模式转变。同时,主权财富基金管理目标从规避风险为目的,逐步向追求稳定的投资回报、更加多元化目标转变。

1. 中央银行直接管理

一国的外汇储备一般都由中央银行直接管理,因此,在主权财富基金发展初期,主权财富基金由中央银行直接管理。这种管理模式的好处在于,中央银行对于所有国家财富进行集中管理,在金融市场出现较大波动时,中央银行能够迅速作出反应,平抑市场的波动。

2. 专业化投资机构管理

20世纪90年代以来,随着各国财富的不断增加,各国主权财富基金在保证资产必要的流动性和安全性的前提下,将剩余资产单独成立专门的投资机构,由专业化的投资机构进行投资运作管理,以提高投资总体收益率。

三、慈善基金

近年来,随着人们收入水平的不断提高,尤其是中高净值人群的不断增加,人们从事慈善事业的意愿也在不断增强,推动了我国慈善事业的不断发展。慈善基金作为从事慈善事业的非政府组织,成为我国社会保障体系中非常重要组成部分。

(一)慈善基金含义及分类

慈善基金,是指具有一定组织性的个人、企业,无偿为弱势群体筹集资金的一种非政府组织。慈善基金根据性质不同,分为公募和非公募两种形式。

1. 公募基金会

公募基金会是指面向公众募捐的基金会。目前,我国已登记的基金会大都是公募基金会。相对于非公募基金会,公募基金会的监管相对严格。这主要是因为国家通过严格规范公募基金会的募捐活动,来保护爱心资源,减轻公众负担,维护社会平稳安定。

2. 非公募基金会

非公募基金会不得公开面向公众募捐资金。国家允许以企业和个人的名义命名非公募基金会;对于用私人财产设立的非公募基金会,允许捐赠人的亲属在限定的比例内在理事会担任职务。根据国外的经验,非公募基金会是一种引导个人和组织的财产流向社会,特别是流向弱势人群的有效形式,也是社会财富实现再分配的一种途径,可以最大限度地调动企业和个人的捐赠积极性,吸引更多的社会资源从事公益事业,使公益事业的资金来源于多渠道。对于非公募基金会,《基金会管理条例》规定,国家应当采取扶持鼓励的政策,在基金会的名称、登记条件、资金使用等方面的规定相对比较宽松。

(二)中国慈善基金会

近年来,我国慈善组织不断涌现,慈善基金规模不断扩大,参与慈善事业的人群不断增加,有力推动了我国慈善事业不断向前发展。下面简要介绍一下我国十大慈善机构。

1. 中华慈善总会

中华慈善总会是我国规模较大、扶助弱势群体最多的公益组织机构之一。1994年4月,在时任民政部部长崔乃夫的倡导下,中华慈善总会正式成立。中华慈善总会成立以来,以发扬人道主义精神、弘扬中华民族扶贫济困的传统美德为己任,积极为不幸的个人和困难群体提供援助,广泛开展社会救助工作。

2. 中国青少年基金会

中国青少年基金会(简称"中国青基会")成立于1989年,其宗旨是促进中国青少年教育、科技、文化、体育、卫生、社会福利事业和环境保护事业发展。它开展的救助项目包括希望工程、保护母亲河行动、中华古诗文经典诵读工程、公益信托基金、国际青少年消除贫困奖、中国十大杰出青年评选等。其中,最具有影响力的是希望工程。通过开展希望工程项目,为中国农村贫困地区的失学儿童提供接受教育的机会,为祖国的未来播下了希望的种子。

3. 中国扶贫基金

中国扶贫基金成立于1989年,中国扶贫基金成立之初没有任何资金,基金会工作人员也没有任何民间扶贫经验,可谓白手起家。后来,在海内外各界人士的支持和帮助下,中国扶贫基金不断发展壮大。

4. 中国妇女发展基金会

中国妇女发展基金会是由中央人民银行批准、在民政部登记注册的全国性非营利性社会组织,它面向国内外企事业单位、社会组织和个人募集资金和物质,旨在全面提高妇女素质,维护妇女合法权益,促进社会为妇女发展创造良好环境。

妇女基金会基金来源主要有三个渠道:一是接纳海内外热心妇女事业的企业、社会组织、人士的捐赠;二是国家政策允许的基金增值和服务收入;三是利息及其他合法收入。

5. 中国残疾人联合会

中国残疾人联合会成立于1988年3月15日。它是由国家法律认可、国务院批准的为各类残疾人提供帮助的全国性统一组织。其资金来源包括社会各界(国内外组织机构和个人)捐赠、政府资助、国际合作项目、创收和其他收入五部分。

6. 中国红十字会

1904年,为了救助日俄战争中受害的我国同胞,中国红十字会正式成立。1912年,中国红十字会正式加入国际红十字会,1993年全国人大制定《中华人民共和国红十字会法》,明确中国红十字会是"从事人道主义工作的社会救助团体"。并规定中国红十字会主要职责包括:开展救灾的准备工作;在自然灾害和突发事件中,对伤病员和其他受害人进行救助;普及卫生救护和防病知识,进行初级卫生救护培训;参与输血献血工作,推动无偿献血;开展红十字青少年活动,参加国际人道主义救援工作等。

7. 中华环保基金

1992年,在巴西里约热内卢的联合国环境与发展大会上,为奖励首任国家环保局局长曲格平教授为环境保护作出的贡献,特别颁发10万美元作为奖金。这10万美元也是中华环保基金会成立时的基础资金。2005年,中华环保基金会获得联合国经社理事会的"专门资商地位"。

中华环保基金会的宗旨是通过资助和奖励对中国环保事业作出贡献的个人和组织,推动中国环境保护的管理、科学研究、人才培训及国际合作等各项环保事业的发展。基金会的基金来源主要有三种途径:国内外热心于环保事业的企、事业单位、团体的捐赠;其他组织、个人的捐赠;国内外有关组织和友好人士的捐赠。

8. 宋庆龄基金会

十大全国性慈善机构中,宋庆龄基金会是唯一以国家领导人名字命名的慈善机构。1981年5月29日,也是中华人民共和国名誉主席宋庆龄逝世一周年的纪念日,宋庆龄基金会成立。基金会成立的宗旨是"和平、统一、未来"六个字,即维护世界和平,促进祖国统一,关注民族未来。

基金会的资金来源包括现金和现金支票,可以直接寄到基金会;股票、有价证券、产权契约,在住所地的中国银行办理;各类物资,向基金会去信去电商量。

9. 中华见义勇为基金会

作为目的性最强的基金会,中华见义勇为基金会1993年6月由公安部、中宣部、中央综治委、民政部、团中央等部委联合发起成立。中华见义勇为基金运行模式如下。

第一,每两年开一次全国性表彰大会,由中宣部、公安部、民政部等单位抽人员组成评审委员会,对各省上报的人员事迹进行评审。

第二,面对日常申请补助的见义勇为人员,由基金会办公会进行研究,看够不够标准、够哪一级标准,形成意见后报基金会会长或常务副会长审批,再对外发钱。

10. 中国光彩事业促进会

1994年4月,为配合"国家八七扶贫攻坚计划",以刘永好为代表的10位民营企业家在全国工商联七届二次常委会议上联名倡议"让我们投身到扶贫的光彩事业中来",进而在中共中央统战部、中华全国工商业联合会(中国民间商会)的发起下成立了中国光彩事业促进会。它是光彩事业的组织机构,是经由民政部注册的非营利社团法人组织,享有联合国经社理事会特别咨商地位。它以广大非公有制经济人士和民营企业为参与主体,包括港澳台侨工商界人士共同参加。促进会的经费来源包括会费,有关社会团体、企业人士的赞助以及其他资助。

第四节 其他服务机构

财富管理其他服务机构主要是指中介服务机构,中介服务机构特别是会计师事务所、律师事务所、评级机构、评估机构是诚信基础设施的重要组成部分,是保证财富管理市场长期健康发展的基石。中介机构的专业知识和技术服务是沟通财富管理各方之间的桥梁和纽带,对于财富管理是必不可少的。因此,本节以律师事务所和会计师事务所为例,重点介绍律师事务所和会计师事务所的特征、业务范围、组织形式,以帮助了解律师事务所、会计师事务所等中介机构的重要职能。

一、律师事务所

(一)律师事务所及其特征

律师事务所是依法设立、组织律师开展法律服务活动,依法承担法律责任的执业机构。律师事务所应该具有以下特征。

(1)律师事务所必须依法设立并取得执业许可证。

(2)律师事务所是律师的执业机构。律师,是指依法取得律师执业证书,接受委托或者指定,为当事人提供法律服务的执业人员。律师承办业务,由律师事务所统一接受委托,与委托人签订书面委托合同,按照国家规定统一收取费用并如实入账。律师事务所是律师从事业务活动的唯一场所,取得法律职业资格的人要从事律师业务活动,必须加入一个律师事务所。

(3)律师事务所提供的是法律服务。《中华人民共和国律师法》(以下简称《律师法》)第27条规定:"律师事务所不得从事法律服务以外的经营活动。"可见,律师事务所是只提供法律服务的中介机构。

(二) 律师事务所的业务范围

律师事务所的业务非常广泛,凡是人们社会生活中涉及法律问题的事务,都包括在律师事务所的业务范围之内。为了方便了解律师事务所的业务范围,我们将律师事务所的业务分为刑事辩护与代理、民商事诉讼与仲裁、行政法律服务、非诉讼业务、法律顾问、法律咨询六大业务范围,实务中每家律师事务所提供的服务也不尽相同。

1. 刑事辩护与代理

(1) 刑事辩护,律师事务所可以接受委托对当事人在遭遇司法机关追究刑事责任时,针对被指控的罪行进行无罪、罪轻、减轻或者免除处罚的辩解和辩论。其包括在侦查阶段为当事人提供法律帮助,起诉阶段为犯罪嫌疑人辩护,审判阶段为被告人辩护,死刑复核阶段为被告人辩护,等等。

(2) 代理申诉案件,代理客户制作申诉材料,代为再审立案,参与再审案件的辩护。

(3) 代理刑事案件,在自诉和公诉案件中代理举报、指控犯罪,担任附带民事诉讼当事人的诉讼代理人。

2. 民商事诉讼与仲裁

民商事诉讼是指法院在当事人和其他诉讼参与人的参加下,以审理、判决、执行等方式解决民事纠纷的活动,以及由这些活动产生的各种诉讼关系的总和。律师事务所可以代理各类民事、经济案件的诉讼、仲裁。

(1) 家庭纠纷:离婚、析产、继承、抚养、赡养纠纷等。

(2) 合同纠纷:买卖、借款、保证、承包、租赁、运输、建设施工、房屋买卖、合伙协议等各类合同的效力确认、解除、违约、赔偿等纠纷。

(3) 物权纠纷:物权确认、所有权争议、担保物权、用益物权等纠纷。

(4) 知识产权纠纷:著作权、专利权、商标权的权属确认、侵权、合同纠纷。

(5) 劳动争议案件:劳动合同纠纷、人事合同纠纷的仲裁和诉讼。

(6) 侵权纠纷:产品责任、医疗事故、交通事故、环境污染等侵权责任、损害赔偿。

(7) 与公司有关的纠纷:股东资格确认、股东出资、股权转让、公司决议、公司设立、公司合并、上市公司收购、损害股东利益责任等纠纷。

3. 行政法律服务

律师有权接受当事人的委托,依据行政法律规范,从事行政诉讼、行政复议、行政赔偿以及其他行政案件的代理业务,为社会提供法律服务。律师事务所可以代理以下业务活动。

(1) 当事人可以委托律师代理行政处罚听证。

(2) 代理行政复议:公民、法人或者其他组织对政府的公安、市场监管、劳动、房地产、质量、烟草专卖、交通、海关、税务、财政、金融、审计、物价、统计、科技、司法、城管、铁路、民航等行政管理机关的行政处罚、行政强制措施、行政许可、行政不作为等政府机关的行政行为不服提起行政复议。

(3) 代理行政诉讼:如果公民、法人或者其他组织对国家行政机关所进行的行政处罚和行政强制措施不服,或者认为行政机关没有履行应尽的职责和义务,或者认为行政机关侵犯其经营自主权、人身权、财产权等行为,可以委托律师发起行政诉讼。

(4) 国家赔偿:因国家机关及其工作人员违法行使职权造成公民、法人、其他组织合法权益造成损害,要求国家赔偿的案件,可以委托律师办理。

4. 非诉讼业务

非诉讼业务指除诉讼案件及仲裁案件之外,由律师完成的专项法律事务的总称,包括但不限于非诉讼调查、律师鉴证、出具法律意见等业务。律师办理非诉讼法律事务的范围相当广泛,方式多种多样,主要包括以下几种。

(1) 公司业务,为企业(公司)设立注册、变更、资产重组、股权转让、兼并与收购、合并与分立、改制、重组、产权界定、产权交易、资产置换、不良资产处置、破产清算等公司业务提供法律服务。

(2) 证券业务,包括公司首次公开发行股票及上市;上市公司的收购、重大资产重组及股份回购;上市公司实行股权激励计划;上市公司召开股东大会;境内企业直接或者间接到境外发行证券、在境外上市交易;证券公司、证券投资基金管理公司及其分支机构的设立、变更、解散、终止;证券投资基金的募集、证券公司集合资产管理计划的设立;证券衍生品种的发行及上市等,律师事务所为这些证券业务提供法律服务。

(3) 金融业务,包括对企业向单位或金融机构借款、集资、担保、抵押行为所涉及的法律文件进行审查;对企业向外贷款行为进行法律风险分析;处理银行同业之间同业拆借纠纷;处理企业与保险公司之间发生的人身、财产保险索赔纠纷;为信贷、投资业务提供审查借款人的还贷能力等方面的资信调查、出具法律意见书;办理银行按揭(抵押贷款)及执行抵押的法律事务;等等。

非诉讼业务范围非常广,涵盖了企业投融资决策、招标投标、项目开发、房地产开发与转让、知识产权、企业改制、股份转让、涉外业务、保险业务、税务业务等经济领域的事务,非诉讼业务在单位或个人的法律事务中所占的比例基本上在80%左右,也是律师业务的主体。

5. 法律顾问

律师事务所可以接受国家机关、企事业单位或其他中外经济组织的聘请,担任法律顾问。律师可以帮助顾问单位提供以下法律服务。

(1) 为顾问单位业务活动和内部经营管理中的法律问题提供法律意见、法律咨询,帮助顾问单位制定、修改内部的规章制度。

(2) 协助或代理顾问单位参与经济合同和其他经济活动的谈判、签约。

(3) 草拟、审查、各类合同及其他法律文书,或为顾问单位草拟的各类合同提供参考意见。

(4) 代理顾问单位参与各类经济纠纷的调解、仲裁、诉讼活动。

(5) 为顾问单位草拟和修改劳动合同,规范员工管理规章制度,调整工资架构,规避用工风险,帮助调整劳资关系。

(6) 为顾问单位生产经营和管理中的决策事项进行法律上的可行性分析,并提供可行性报告。

（7）根据顾问单位的需要，列席重大会议，现场提供法律咨询。

（8）根据顾问单位的需要，以法律顾问的名义对外签发律师函，为顾问单位的法律行为和法律事实出具律师见证书。

6. 法律咨询

法律咨询是指从事法律服务的人员就有关法律事务问题作出解释、说明，提出建议和解决方案的活动。法律咨询可解答有关法律的询问、代写法律文书和有关法律事务的其他文书。由于法律的复杂性，非专业人士在遇到法律问题时，往往需要求助于律师一类的法律专业人士。

（三）律师事务所的组织形式

根据《律师法》的相关规定，目前律师事务所的组织形式主要有三种：国资律师事务所、合伙律师事务所和个人律师事务所。

1. 国资律师事务所

国资律师事务所，原称国办律师事务所，是指由国家出资设立并以其全部资产对债务承担有限责任的律师执业机构。国资律师事务所具有以下基本特征。

（1）国资律师事务所是事业法人单位。国资律师事务所受当地司法行政机关领导，是其直属的事业法人单位，其人员编制属于司法事业编制，实行全额管理、差额补助、自收自支三种经费管理方式。

（2）国资律师事务所以其全部资产对外承担责任。国资事务所是独立的法人组织，独立开展业务活动，并以事务所的全部资产对外承担责任。

2. 合伙律师事务所

合伙律师事务所是依法设立的，由合伙人依照合伙协议约定共同出资、共同管理、共同受益、共担风险的律师执业机构。合伙律师事务所可以采用普通合伙或者特殊普通合伙形式设立。合伙律师事务所具有以下基本特征。

（1）合伙律师事务所以合伙协议为基础。合伙协议是合伙律师事务所成立和存续的基础，这就要求合伙人在设立律师事务所时必须订立合伙协议，并将该协议提交审核部门。合伙协议应在合伙人平等、自愿、协商一致的基础上订立，并就合伙律师的出资数额、盈余分配、债务承担、入伙、退伙、合伙终止等事项作出说明。合伙协议一经确立，即对每个合伙人都具有约束力。

（2）合伙律师事务所由合伙人共同出资，财产共有。律师事务所设立所需要的资金由合伙人按照合伙协议约定的比例交付。合伙人的出资以及从事律师业务活动中取得的财产，为合伙律师事务所的财产，属于合伙人共有。

（3）合伙律师事务所的债务由合伙人按照合伙形式依法承担责任。合伙律师事务所的合伙人按照合伙形式对该律师事务所的债务依法承担责任。如果采用普通合伙形式，合伙人对律师事务所的债务承担无限连带责任。如果采用特殊的普通合伙形式，一个合伙人或者数个合伙人在执业活动中因故意或者重大过失造成律师事务所债务的，应当承担无限责任或者无限连带责任，其他合伙人以其在合伙律师事务所中的财产份额为限承担责任；合伙人在执业活动中非因故意或者重大过失造成的合伙律师事务所债务，由全体合伙人承担无限连带责任。

3. 个人律师事务所

个人律师事务所是律师以个人名义申请设立的律师事务所,设立人对律师事务所的债务承担无限责任的律师执业机构。个人律师事务所具有以下基本特征。

(1) 个人律师事务所由设立人单独出资设立。个人律师事务所是由一人以个人名义单独出资设立的。因此,个人律师事务所名称中可以用设立人的名称。需要注意的是,个人律师事务所的设立人为一人,并不意味着律师事务所中只有一个律师。

(2) 个人律师事务所的债务由设立人承担无限责任。个人律师事务所由设立人一人出资设立,因而个人律师事务所在执业中产生的债务由该设立人一人承担,且承担无限责任。

二、会计师事务所

在世界发达国家,会计中介机构被形象地比喻为"经济警察",在保护股东和投资人的利益,减少舞弊现象的发生,降低公司经营风险,规范公司制度等方面发挥着重要作用。

(一) 会计师事务所的定义

会计师事务所是由具有一定会计专业水平、经考核取得注册会计师证书的会计师组成、受当事人委托承办有关审计、会计、咨询、税务等方面业务的组织。会计师事务所实行自收自支,独立核算,依法纳税,具有法人资格。但合伙设立和特殊普通合伙设立的会计师事务所不具有法人资格。

会计师事务所由注册会计师组成,注册会计师是依法取得注册会计师证书并接受委托从事审计和会计咨询、会计服务业务的执业人员。在我国,注册会计师不能以个人名义承办业务,而必须加入会计师事务所,由会计师事务所统一接受委托。

(二) 会计师事务所的业务范围

1. 鉴证业务

鉴证业务是指注册会计师对鉴证对象信息提出结论,以增强除责任方之外的预期使用者对鉴证对象信息信任程度的业务。鉴证业务涉及三方关系人,即注册会计师、责任方和预期使用者。责任方与预期使用者可能是同一方,也可能不是同一方。责任方可能是鉴证业务的委托人,也可能不是委托人。鉴证业务包括历史财务信息审计业务、历史财务信息审阅业务和其他鉴证业务。

(1) 财务报表审计。财务报表审计是注册会计师根据《中国注册会计师审阅准则第2101号——财务报表审阅》的规定,对公司财务报表实施审计程序并出具审计报告,以提高财务报表预期使用者对财务报表的信赖程度,财务报表审计服务所提供的是合理保证。财务报表审计服务主要包括各类企业的年度财务报表审计、股票首次发行业务审计、各类专项审计(如特殊目的财务报表审计、收购项目审计、清算审计等)。

(2) 财务报表审阅。财务报表审阅是注册会计师在实施审阅程序的基础上,说明是否注意到某些事项,使其相信财务报表没有按照适用的会计准则和相关会计制度的规定编制，未能在所有重大方面公允反映被审阅单位的财务状况、经营成果和现金流量。财务报告审阅服务所提供的是有限保证。

（3）内部控制鉴证。内部控制鉴证是指注册会计师根据《企业内部控制审计指引》及中国注册会计师执业准则的规定，对已执行《企业内部控制基本规范》及其配套指引的企业所提供的内部控制审计服务以及根据《中国注册会计师其他鉴证业务准则第3101号——历史财务信息审计或审阅以外的鉴证业务》的规定，对尚未执行《企业内部控制基本规范》的企业所提供的内部控制鉴证服务。内部控制鉴证服务既有利于促进企业健全内部控制体系，又能提高企业的经营管理水平。

（4）预测性财务信息审核。预测性财务信息审核是指注册会计师根据《中国注册会计师其他鉴证业务准则第3111号——预测性财务信息的审核》的规定，注册会计师对公司依据对未来可能发生的事项或采取行动的假设而编制的财务信息（如盈利预测报告等）实施审核并出具报告。预测性财务信息审核服务可以增强公司预测性信息的可信赖程度。

（5）验资。验资是注册会计师根据《中国注册会计师审计准则第1602号——验资》的规定，通过审验注册资本的实收情况或注册资本及实收资本的变更情况，出具验资报告来为客户提供验资服务。验资服务主要包括设立验资、变更验资、发行证券募集资金验资、发行证券申购资金总额验证等。

2. 相关服务业务

会计师事务所的相关服务是相对于鉴证服务而言，是指那些由注册会计师提供的、除了签证服务以外的其他服务，主要包括以下内容。

（1）对财务信息执行商定程序。对财务信息执行商定程序的目的是注册会计师对特定财务数据、单一财务报表或整套财务报表等财务信息执行与特定主体商定的具有审计性质的程序，并就执行的商定程序及其结果出具报告。注册会计师执行商定程序业务，仅报告执行的商定程序及结果，并不提出签证结论。报告使用者自行对审计师执行的商定程序及其结果作出评价，并根据审计师的工作得出自己的结论。

（2）代编业务。代编业务是指注册会计师运用会计专业知识和技能，代客户编制一套完整或非完整的财务报表，或代为收集、分类和汇总其他财务信息。

注册会计师执行代编业务使用的程序并不旨在也不能对财务信息提出任何鉴证结论。

（3）税务服务。①代理纳税申报，注册会计师可以代理纳税人、扣缴义务人在发生法定纳税义务后，按照税收法律、法规、规章和规范性文件所规定的期限和内容，在申报期限内，向税务机关提交有关纳税事项的书面报告。②协助税收筹划，注册会计师可以协助企业在遵守法律、法规，依法纳税的前提下，以对法律和法规的详尽研究为基础，对现有税法规定的不同税率、不同纳税方式的灵活利用，使企业创造的利润有更多的部分合法留归企业。在法律规定范围内，最大限度地保护当事人的合法权益。③提供税务咨询，注册会计师可以以书面、电话或晤谈的方式，对企业提供税收法律法规方面的咨询、办税实务方面的咨询、涉税会计处理方面的咨询等，具体包括以下内容：企业日常生产经营过程中涉税问题的咨询；企业改制、重组、并购、分立等过程中涉税问题的咨询；上市公司重大资产重组、定向增发涉税问题的咨询等。

（4）咨询服务。咨询服务是针对企业的组织、人事、财务、经营、体制以及其他活动提供建议和帮助的一种咨询活动，包括以下内容。

① 战略管理咨询。战略管理涉及企业发展的全局性、长远性的重大问题。注册会计师依据其专业经验，采用分析、预测、规划、控制等手段，帮助企业进行战略设计、选择、控制和实施。战略咨询业务主要涉及企业的经营方向、市场开拓、产品开发、科技发展、机制改革、组织机构改组、重大技术改造、筹资融资等，以充分利用本企业的人、财、物等资源，达到优化管理、提高经济效益的目的。

② 财务战略变革咨询。注册会计师可以运用专业优势和丰富的经验，帮助企业进行会计核算、管理会计体系建设、财务共享服务中心建设、XBRL（可扩展商业报告语言）在财务报告中的实施应用、全面预算管理、资金管理、成本管理、财务制度设计、财务风险预警等。帮助企业解决各种复杂的财务问题，为战略决策和业务分析提供支持。

③ 内部控制与风险咨询服务。当今企业的生存与经营环境日趋纷繁复杂，面临着高度竞争、全球化、客户期望值提高、新技术、法规变化等诸多的不确定性，要想在复杂多变的环境中游刃有余，并且保持可持续发展，必须加强企业内部控制与风险管理。注册会计师可以为客户提供内部控制问题诊断、风险评估与应对、风险控制矩阵设计、业务流程梳理与架构设计等服务，解决企业面临的诸多内部控制与风险管理实务问题，帮助提升企业的管理能力和水平。

近年来，会计师事务所的管理咨询服务业务量增长迅速。由于独立性以及其他一些原因，许多大型事务所都已经将其咨询业务与签证业务予以分离。从国际会计师事务所的发展来看，管理咨询服务给事务所带来的增值在逐渐超过鉴证服务，未来将成为会计师事务所重点的业务领域。

（三）会计师事务所的组织形式

会计师事务所的组织形式直接影响会计师事务所的执业范围和执业质量。纵观国内外会计师事务所的组织形式，主要有以下几种。

1. 独资会计师事务所

独资会计师事务所由具有注册会计师执业资格的个人独立开设，承担无限责任。它的优点是，对执业人员需求不多，容易设立，执业灵活。缺点是无力承担大中型企业的鉴证业务和管理咨询业务。我国不允许设立独资会计师事务所。

2. 普通合伙制会计师事务所

普通合伙制会计师事务所是由两位或者两位以上注册会计师组成的合伙组织，合伙人以各自的财产对事务所的债务承担无限连带责任。它的优点是，在风险牵制和共同利益的驱动下，促使会计师事务所强化专业发展，扩大规模，提高规避风险的能力。缺点是，任何一个合伙人执业中的错误与舞弊行为，都可能给整个事务所带来灭顶之灾，连带责任严重。

3. 有限责任公司制会计师事务所

有限责任公司制会计师事务所由注册会计师认购会计师事务所股份，并以其所认购股份对会计师事务所承担有限责任。会计师事务所以其全部资产对其债务承担有限责任。它的优点是可以通过公司制形式迅速聚集一批注册会计师，建立规模较大的会计师事务所。这种事务所能够能承办大型业务，但弱化了注册会计师个人责任。

4. 有限责任合伙制会计师事务所

有限责任合伙会计师事务所是会计师事务所以全部资产对其债务承担有限责任，各合伙人对个人执业行为承担无限责任。合伙人之间不相互承担连带责任的民间审计组织形式。有限责任合伙制会计师事务所具有合伙制与有限责任公司制的双重优点。这种兴起于20世纪90年代的会计师事务所的组织形式是目前国际四大会计师事务所（普华永道、毕马威、德勤和安永）所采用的组织形式，也成为当前的发展趋势。

5. 特殊普通合伙会计师事务所

我国现行的特殊普通合伙会计师事务所，在性质上相当于西方国家的有限责任合伙会计师事务所。2010年7月，财政部、工商总局联合发布了《财政部 工商总局关于推动大中型会计师事务所采用特殊普通合伙组织形式的暂行规定》。该规定指出，采用特殊普通合伙组织形式的会计师事务所，一个合伙人或者数个合伙人在执业活动中因故意或者重大过失造成合伙企业债务的，应当承担无限责任或者无限连带责任，其他合伙人以其在合伙企业中的资产份额为限承担责任。合伙人在执业活动中非因故意或者非重大过失造成的合伙企业债务以及合伙企业的其他债务，由全体合伙人承担无限连带责任。

本章术语

商业银行　证券公司　信托公司　基金管理公司　私人银行　家族办公室　第三方财富管理机构

本章练习题

1. 我国的信托产品主要有哪些？
2. 私人银行的组织形式有哪些？
3. 简述私人银行的主要业务。
4. 家族办公室分为哪几类？
5. 第三方财富管理机构的商业模式有哪些？
6. 分析私人银行在我国快速发展的原因。
7. 资管新规下，专业财富管理机构财富管理业务如何转型与发展？
8. 简述大学捐赠基金的含义及分类。
9. 律师事务所有哪几种组织形式？有何特点？
10. 律师事务所的业务范围包括哪些？
11. 我国会计师事务所有哪几种组织形式？
12. 会计师事务所的业务范围包括哪些？

即测即练

第十章

财富管理产品及服务

【教学目标】

1)理解标准化、非标准化金融产品及金融衍生品的含义;掌握其概念及产品分类
2)掌握财务规划、避税、投资管理等财富管理的各种服务
3)了解旅游、健康、教育等财富管理的增值服务

【教学重点】

1)标准化金融产品类型
2)非标准化金融产品的监管趋势
3)金融衍生品的概念、类型和特征
4)投资咨询行业业务的多元性
5)委托客户风险与收益的博弈
6)避税与税务违法行为的区别
7)退休规划财富管理手段
8)投资与财富管理的关系
9)旅游消费、教育消费、健康消费与艺术品投资与财富管理之间的密切联系

【教学难点】

1)非标准化金融产品的类型及其监管
2)不同情境下以原则为导向的职业道德的框架
3)税法不断变迁背景下的避税方案的时效性
4)退休规划的流程与设计

随着我国经济建设取得巨大成就,社会财富有了巨大的积累,产生了对财富管理产品和服务的巨大需求。随着这一需求的不断扩大,财富管理产品也不断演化,呈现出多元化、定制化的特点。本章详细介绍各种财富管理产品和服务的基本内容与逻辑,前三节主要介绍财富管理产品,后面五节介绍财富管理服务。

第一节 标准化金融产品

随着我国金融市场的发展,金融产品类型不断丰富,数量不断增多。在庞杂的金融产品谱系中,标准化金融产品因其数量规模大、市场认可度高、风险相对小,成为金融支持实

体经济最为重要的金融供给。此外,目前金融监管的大方向仍是约束非标准化金融产品的发展,驱动非标转标。标准化金融产品扩容是大势所趋。因此,认识和把握标准化金融产品是财富管理学习的入门基础要求。

一、标准化金融产品的定义

标准化金融产品,通常是在标准化融资渠道进行的、具有标准化的业务模式、合同文本、操作流程的金融产品的统称。一般而言,在银行间市场及证券交易所市场上市交易的债权性金融产品或股权性金融产品都属于标准化金融产品。标准化金融产品是相对于非标准化产品来讲的,两者最主要区别在于是否制定了国家认可的统一标准,是否有正规部门监管发行销售。标准化金融产品是在一种相对明确、规范与公平的机制保护下发行或交易的。

标准化金融产品通常由金融机构或者符合资质的企业发行,产品金额、期限、收益水平、征信措施等比较规范,安全性较好,同时一般有相应的转让机制,流动性也比较好。这两个特点使得标准化金融产品成为金融机构或者企业资产配置的首选。整体上,标准化金融产品的市场认可度要高于非标准化金融产品。

当然,对一种金融产品是否属于标准化金融产品并不是一成不变的。标准化金融产品是受到严格监管的,但监管总是相对落后于市场的实践,现有标准化金融产品难以满足需要时会出现一些创新的金融产品来突破监管。这些新生的创新产品刚开始是没有"标准"模式的,一定是"非标准"的。但随着业务发展、监管跟进完善,有了制度、规范,"非标准"的金融产品就会逐渐转变为"标准化"的金融产品。这种过程在非标业务、非标投资上表现得就很明显。

二、标准化金融产品的界定分类

标准化金融产品界定的动态过程也导致了标准化金融产品分类的困难。标准化金融产品根据其定义可以分为标准化股权资产与标准化债权资产两大类。

标准化股权资产界定相对清晰,现阶段主要是在沪深交易所市场上市的股票、权证等品种,依据其上市条件的不同,又分为主板股票、中小板股票、创业板股票和新三板股票等。非标准股权类资产主要是指未上市公司股权。

标准化债权类资产的界定一直比较模糊,除了标准化债权资产与非标准化债权资产,甚至还出现了"非非标"的称谓,这从侧面反映了分类的含混程度,可以从以下几个节点来理解和把握"标""非标""非非标"的概念。

2013年3月,中国银监会发布的《中国银监会关于规范商业银行理财业务投资运作有关问题的通知》,首次正面定义了"非标",将信贷资产、信托贷款、委托债权、承兑汇票、信用证、应收账款、各类受(收)益权、带回购条款的股权性融资等8项资产列举为非标准化债权资产。文件仅定义了"非标准化债权",但并未定义什么是"标准化债权",也没有明确规定其互斥的关系,因此市场后来又衍生出边界模糊的"非非标"产品。常见的表现形式有:理财直融工具、银登中心挂牌的类ABS或者地方金融资产交易所债权直融计划等,这些资产部分地获得"标准化债权"待遇,成为介于标准化债权类资产和非标准化债券类资产之间的一种资产。

2018年4月,中国人民银行会同中国银保监会、中国证监会、国家外汇管理局发布的《关于规范金融机构资产管理业务的指导意见》中首次提出了标准化债权资产认定的五大条件,分别为:①等分化,可交易。②信息披露充分。③集中登记,独立托管。④公允定价,流动性机制完善。⑤在银行间市场、证券交易所市场等经国务院同意设立的交易市场交易。明确了标准化债权类资产之外的债权类资产均为非标准化债权类资产。

2019年10月,中国人民银行会同中国银保监会、中国证监会、国家外汇管理局发布的《标准化债权类资产认定规则(征求意见稿)》,首次对标准化债权资产、非标债权资产以及可以被排除在被认定为"非标债权资产"范围内的资产(新"非非标")都做了清晰的认定。标准化债权类资产是指依法发行的债券、资产支持证券等固定收益证券,主要包括国债、中央银行票据、地方政府债券、政府支持机构债券、金融债券、非金融企业债务融资工具、公司债券、企业债券、国际机构债券、同业存单、信贷资产支持证券、资产支持票据、证券交易所挂牌交易的资产支持证券,以及固定收益类公开募集证券投资基金等。此外的债权类资产均为非标,但存款(包括大额存单)以及债券逆回购、同业拆借等形成的资产除外。

三、区分标准化与非标准化金融产品的意义

从以上定义和内涵界定上来看,区分标准化金融产品与非标准化金融产品是比较困难的,尤其是标准化债权类资产的认定。那么,为什么金融监管部门持续出台相关文件规范界定"标"与"非标"呢?对金融机构和消费者有什么影响呢?

首先,对于金融监管机构来说,清晰给出定义的目的主要是规范理财的投资行为,统一同类资产管理产品监管标准,有效防控金融风险。近年来,我国资产管理业务快速发展,在满足居民和企业投融资需求、改善社会融资结构等方面发挥了积极作用,但也存在部分业务发展不规范、多层嵌套、刚性兑付、规避金融监管和宏观调控等问题。"非标"透明度较低、流动性较弱,规避了宏观调控政策和资本约束等监管要求。将"非标"与"标"明确区分开来,从严规范是趋势。资管行业同一产品类型、相同的业务模式适用同一监管原则,制度性洼地、监管套利消除,将是贯穿资管行业的监管理念和共识。

其次,对于金融机构来说,标准化债权资产和非标资产的认定主要对于投资限额和期限匹配要求有所影响。资管新规对非标投资的要求更加严格,理财新规对商业银行理财产品投资非标的比例也有所限制。

标准化债权资产与非标准化债权资产的监管待遇大有不同,最大差异在于期限错配。所谓期限错配,是指如果风险缓释的期限比当前的风险暴露的期限短,则产生期限错配。如有期限错配且风险缓释的剩余期限不到1年,则不承认风险缓释在资本要求上的作用。举个简单的例子,你这个月10号要交房租了,但是你的唯一收入是这个月15号才发的工资,你的现金流入流出不匹配了,就产生了期限错配。期限错配在金融行业中的表现是资金来源短期化、资金运用长期化,即"短存长贷"。比如,假定某银行里面都是1名储户1年期的定存,放的贷款都是3年期的长贷,那么1年期到期以后,假如储户需要银行归还1年期定存的时候,银行如果自有资产不足,必然存在"提前收回3年贷款"或者"违约滞提"之间的矛盾。期限错配可以说是由拆标引发的,更准确地说是拆期限的标的引发的。

期限错配的风险主要体现在流动性风险上,一旦"发新偿旧"其中一个环节出现了问题,那么,就有可能导致资金链断裂,平台倒闭,投资人的钱拿不回来。期限错配表面上提高了资金流动性和融资效率,但背后风险不容小觑,期限错配阶段过程中的借新还旧从本质上来说十分接近庞氏骗局。

基于以上原因,资管新规提高了资管产品投资非标准化债权资产的要求,禁止期限错配投非标,而标准化债权资产则不受此限制。明确标准化债权资产的认定,对于未来银行理财、信托等资产配置的影响重大,进而将影响未来非标业务量的大小。

最后,对于消费者而言,两者区分有利于消费者识别风险,保障金融消费者权益。我国家庭随着财富大幅增长,对金融产品的购买需求逐渐旺盛。部分金融机构对消费者适宜程度不加区分,借着服务方式创新的名义,将大量良莠不齐、风险程度不一的金融产品,甚至部分非法违规产品提供给消费者,引发兑付风险、误导风险、欺诈风险,成为社会关注点,影响社会稳定。标准化金融产品的交易渠道与合同文本标准化、可读性、易读性特点,有助于保障金融消费者的知情权、自主选择权、公平交易权和依法求偿权等权益。

第二节 非标准化金融产品

长期以来,我国的融资结构中以银行间接融资为主导,而银行又面临着资本充足率、存贷比、狭义信贷规模窗口指导等约束而无法满足实体经济融资需求。与此同时,标准化的直接融资产品的供给又严重不足。在这种背景下,非标准化金融产品(包括融资和投资,以下简称"非标")应运而生,一些信用资质较差,或者无法满足贷款审查、第一还款源不足,但风控措施充足的项目,无法通过银行信贷、债券等形式融资的企业可以通过非标满足融资需求。而对于投资者来说,非标的收益高、形式灵活是增加投资收益的有力渠道。总体来说,非标是在标准化融资体系之下,部分企业融资需求得不到满足而产生的金融创新产品。

2017年以来,针对非标,监管机构采取了一系列的严监管措施,非标规模大幅萎缩。例如,据央行社融指标统计,2018年5—7月委托、信托和未贴现票据三项表外融资合计下降1.6万亿元,同比环比均出现"断崖式"下跌。尽管2018年7月20日,央行在关于公募理财能否投资非标的问题上给予一定的放松,但非标投资总体仍受到一系列的限制,我们可以判定,非标过去爆发式的增长态势不复存在。

本节我们探讨非标准化金融产品的定义、产品模式、监管趋势以及后续发展。

一、非标准化金融产品定义

对于非标准化金融产品,尚未有统一的定义,可理解为与银行间或交易所交易的标准化产品相对的金融产品。目前,只有在银监会2013年8号文《中国银监会关于规范商业银行理财业务投资运作有关问题的通知》中,定义了非标准化债务融资工具,指"未在银行间市场及证券交易所市场交易的债权性资产,包括但不限于信贷资产、信托贷款、委托债权、承兑汇票、信用证、应收账款、各类受(收)益权、带回购条款的股权性融资等"。从中可以看到,非标准化金融产品有两点需要特别注意:一是没有活跃、集中的交易场所，未在银行间市场及证券交易所市场交易的债权性资产。二是非标资产公允价难以可靠取得。

二、非标准化金融产品的优点

非标准化金融产品是金融创新的产物，是为满足企业融资需求，也是为满足银行投资需求。作为标准化金融产品的补充，非标准化金融产品有如下优点。

（1）可以规避常规贷款的政策限制。

（2）加快流程，提高效率，非标准化金融产品放款速度比单纯银行放款流程/发债融资流程要快。

（3）结构更灵活，可以满足企业对于创新融资渠道的需要。

（4）对银行来说，在常规存款之外，银行能够以理财资金、同业资金来投资非标准化金融产品扩大营收，因为有时候同业或理财资金成本会低于存款成本。

（5）利收转中收。通过结构设置，将部分企业的融资成本作为手续费或者投资顾问费，作为中间业务收入，而不是利息收入。

三、非标准化金融产品分类

非标准化金融产品形式多种多样，可根据通道和基础资产进行分类。

（一）按通道分类

（1）银证合作。银行投资于证券公司成立的资产管理计划（单一资金对应定向资产管理计划，多笔资金对应集合资产管理计划），资产管理计划资金投向底层资产（融资人债权）。

（2）银信合作。银行投资于信托公司成立的信托计划，信托计划投向融资人债权。

（3）银基合作。银行投资于基金子公司成立的资产管理计划，资产管理计划资金投向融资人债权。

（4）金融资产交易所合作。银行与金融资产交易所合作，将债权打包成金融资产交易所的产品（如委托债权投资、债权融资计划等）后，银行再投资该产品，最后通过金融资产交易所将钱给到客户。

（5）复合类型。上面的模式可以进行复合，如银证信合作，银行投向证券公司资产管理计划，证券公司资产管理计划再投向信托计划，从而规避监管对银信的限制。

（6）其他模式。如契约型基金、保险资管等，现阶段实际运用较少。

（二）按基础资产分类

（1）贷款模式。贷款模式又分为信托贷款模式和委托贷款模式，分别对应信托计划和券商/基金资产管理计划委托银行进行发放。

（2）各类受（收）益权，即债权转让模式。该模式可以带回购，也可以不带回购，如票据、应收账款转让、租赁权转让、保理资产转让等，转让的一般为债权的（受）收益权而非债权本身。这种模式比较方便，因为资产收益权的转让并不需要进行转让公示，也无相关的登记制度。

(3)带回购条款的股权性融资即"明股实债"模式。信托计划增资形式投资融资人的股权,再由第三方到期回购股权。

(4)产业基金模式。产业基金模式一般以有限合伙类产业基金为主。银行通过通道投资有限合伙类产业基金的优先份额,融资人投资劣后级,再找一家管理人作为普通合伙人,产业基金再投向融资人需要融资的项目。融资人作为劣后级为优先级提供安全垫,到期一般由第三方回购优先级的份额。

四、非标准化金融产品介绍

(一)银信-信托贷款结构

项目结构:银行投资于信托公司成立的单一资金信托,信托为融资人发放信托贷款。若有担保、抵押等,由信托公司和保证人签署相关合同。抵押权人和受益权人都是信托公司代替信托计划来担任,行权也是信托公司来做。项目到期之后,融资人归还信托贷款,信托向银行分配收益。

另外,根据2014年新颁布的信托业保障基金管理办法,此结构下融资人需要按照信托贷款规模的1‰缴纳信托业保障基金,按照1年期存款基准利率计息,到期后信托贷款若无违约,则保障基金及对应利息返还给融资人。实务中保障基金可以要求信托公司代缴,对应需要提高信托费用。该模式下可以延伸出银证信模式,即银行投资于券商资管计划,券商资管计划投资于信托计划,信托计划向融资人发放委托贷款。

(二)银证-委托贷款模式

项目结构:银行(出资行)投资于证券公司成立的资产管理计划,资产管理计划委托具有委托贷款资格的银行(受托行)发放委托贷款给融资人。如有抵押、质押等担保增信,则由受托行做增信的有权人。

(三)银信-收益权模式

项目结构:银行投资信托计划,信托计划向融资人购买融资人持有的一笔优质债权收(受)益权,融资人承诺在信托计划到期时回购该优质债权收(受)益权。标的债权,可以是融资人持有的优质应收账款、租赁公司的租金收益权、保理公司的保理资金收益权等。

该模式不限信托,银证银基都可以。

(四)明股实债+股东借款模式

项目结构:银行投资信托计划,信托计划以小部分资金对融资人进行增资扩股,或象征性买入融资人大股东持有的部分融资人股权,成为融资人股东,然后将剩下资金以股东的名义借给融资人,信托计划到期之后,融资人归还股东借款,并且大股东买回信托计划持有的该部分股权。

五、非标准化金融产品的监管

2013年开始,一场针对非标的监管风暴来袭。根据监管机构对非标监管的特点,可将非标投资监管分为两个阶段:第一阶段是收紧资金源头,严控规模;第二阶段是清理通道,多部门协同推进监管。

(一)严控规模阶段

为了约束理财投资非标,2013年3月,银监会8号文出台,规定商业银行理财投资非标债权的余额不得超过理财产品余额的35%和上一年审计总资产的4%。

尽管8号文限制表外投资非标的规模,但非标的高收益对于银行有较高的吸引力,表内同业投资非标的渠道逐渐打开,集中体现为买入返售类非标业务的扩张。

(二)多部门协同推进监管阶段

虽然我国监管机构对非标投资的总量进行控制,但是在分业监管模式下,银行通过加长链条和特殊结构设计,获取监管套利。由于非标投放的实现依赖多头参与,因此在非标监管上也存在多方协同。2016年以来,我国各监管机构对非标业务进行监管合力,从资金端到资产端实行严监管,非标业务整体均面临严峻监管形势。

1. 资金端角度

2018年5月23日,银保监会颁布的《商业银行流动性风险管理办法》将其他投资包括股权投资、债券投资(包括ABS)、SPV投资(同业理财和各类资管)折算率设定为100%,导致流动性匹配率难以达标以及存在压力的银行减少该类投资,其中包括非标投资。

2018年4月27日,人民银行、银保监会、证监会、外汇局联合发布的《关于规范金融机构资产管理业务的指导意见》(以下简称"资管新规")以白名单的形式确定标准化债权的含义,其余皆为非标准化债权。总体来看,与以往文件相比,资管新规中关于标准和非标准的定义更为严格,在新规体系下,原先未被划入非标的债权资产极可能被重新归类为非标准化债权资产。

新规严格按照公募和私募划分银行理财,其中,私募银行理财需要满足合格投资者条件,同时受200人上限约束;公募银行理财投资主要是标准化债权资产和上市公司股权,私募理财可以由合同约定。这就意味着未来非标资产只能由私募产品承接。

对于银行而言,虽然整个银行理财的合格投资者体量比较大,但要从其中筛选出愿意投资私募理财产品的投资人并不容易,总体私募业务在银行资管业务中占比会很低。从资金面来看,限制非标资金来源于银行理财的规模。

当然200人的限制短期来说对部分信托项目也有一定制约,尤其同一家管理人发行不同产品投资同一个融资项目需要合并计算投资人是否超过200人。

资管新规对禁止期限错配进行了严格的规定,开放式产品几乎不能投非标,对于封闭式产品,非标债权类资产的终止日不得晚于封闭式产品的到期日,而银行理财产品绝大部分都是3~6个月期限,非标资产则是1年期限以上,银行发行长期限的理财对接非标存在很大难度,增加了非标债权资金募集的难度。

除此之外,资管新规禁止多层嵌套和通道业务,此前为规避监管,一些非标投资往往结构设计复杂,而资管新规下一层嵌套的规定使得之前规避监管的非标资产将会重新受到固有监管文件的制约,从而非标投资规模也将缩减。

2. 资产端和通道角度

2017 年以来,监管机构在整顿非标资产端和通道业务上形成监管合力,具体如下:

(1) 整顿基金子公司通道。2016 年 7 月,证监会发布《证券期货经营机构私募资产管理业务运作管理暂行规定》,要求证券期货经营机构不得开展或参与具有"资金池"性质的私募资产管理业务。

(2) 银信合作通道的监管。2017 年底,银监会发布《中国证监会关于规范银信类业务的通知》(55 号文),针对银信业务着手监管。严格执行 55 号文内容,信托通道业务将会受到严格限制,规模将面临萎缩。

(3) 券商资管和基金子公司专户通道的清理。2018 年 1 月 11 日,证监会进行窗口指导,几乎全面禁止了其监管的各类资管计划对接委托贷款和信托贷款。

上述银信合作和券商资管、基金子公司专户的清理几乎堵住了信托贷款投放渠道。

(4) 委托贷款的监管。2018 年 1 月,银监会发布《商业银行委托贷款管理办法》(银监发〔2018〕2 号),主要是禁止具备贷款资质的金融机构和受托资金作为资金来源发放委托贷款,基本上封堵了绝大部分委托贷款的资金来源。

(5) 私募非标业务备案。2018 年 1 月 12 日,基金业协会更新了备案须知,强调私募基金的投资不应是借贷活动,并从 2018 年 2 月 12 日开始全面禁止"借贷类"业务产品的备案。总体上,其他类私募基金受政策影响非常大。这里缩减的主要是私募基金投资委托贷款部分,所以该部分缩量已反映在央行社融指标里的"委托贷款"中。

除了上述整顿措施外,监管机构在明股实债和股票质押式回购融资等方面进行了进一步的监管。对于明股实债而言,暂时可行。但因部分存在监管套利的问题,在未来可能会进一步收紧。从资产投放的角度看,股权投资并没有实质性障碍,也是政策鼓励方向。对于股票质押式回购,2018 年 1 月 12 日,股票质押新规正式下发,从资产、融资方和融出机构三方面对股票质押业务提出更严格的要求。

整体来看,第一阶段的监管更多的是对非标业务的扩张,避免过多融资需求逃脱表内监管额度的制约,做监管套利。同时结合 2016 年底,银监会将表外理财纳入广义信贷的考核范围,利用表外理财对接非标投资规模扩张受到一定限制,结合此前 8 号文,表外理财投资非标规模扩张有了双重保障。

在总量受到控制后,监管随后将非标监管重点转为资管产品的资金池运作、期限错配、刚性兑付与流动性风险上。因此,监管机构在 2017 年以来下发多部打破刚性兑付、规范资金池运作以及禁止期限错配等监管措施。在这样的要求下,非标资产投资需求将被大幅压缩,以后非标融资期限将会短期化。从规范与防风险的角度来看,对流动性与禁止期限错配的要求是对前期非标监管的有益补充。

第三节 金融衍生品

社会的发展进步使得人们物质财富积累增加,对财富管理的需求导致理财产品和服务的多元化与个性化。金融创新主要集中在开发新的金融工具,进一步拓展了金融衍生品的边界，为客户的财富管理提供多样化的服务选择。为了进一步地了解金融衍生品，本节从金融衍生品的概念、类型、特征、功能、定价原理几个方面进行了梳理和分析。

一、金融衍生品的概念及类型

（一）金融衍生品的概念

金融衍生品，又称派生金融工具、金融衍生工具等。美国财务会计准则委员会将其定义为"价值由名义规定衍生于所依据的资产的业务或合约"。国际互换和衍生协会将其描述为"旨在为交易者转移风险的双边合约。合约到期时，交易者所欠对方的金额由基础商品、证券或指数的价格决定"。根据巴塞尔银行监管委员会的定义，它是"一种合约，该合约的价值取决于一项或多项标的资产或指数的价值"。简单来讲，金融衍生品是指价值依赖于基本标的资产的各类合约的总称。这些标的资产可以是股票、债券等基础证券，可以是黄金、白银等贵金属，也可以是小麦、玉米、咖啡等大宗商品，甚至可以是不以实物形态存在的股票指数、污染指数等。

（二）金融衍生品的类型

金融衍生品主要包括远期、期货、期权和互换四种基本形式和由它们通过变化、组合、合成再衍生出来的变形体。一般来说，金融衍生品主要有以下五种分类方法。

（1）根据交易合约形态，可以将金融衍生品分为远期、期货、期权和互换四大类。其中，远期是在未来某一确定日期，按照合约签订日规定的价格，购买或出售一定数量的某项标的资产的合约。远期合约由合约签订双方协商，而不是在有组织的交易所内交易。期货是在未来某一确定日期，按照合约签订日规定的价格，买方购买、卖方出售一定数量的标的资产的合约。与远期合约不同的是，期货合约在有组织的交易所内交易，并且是标准化的，每天对合约进行市值重估，在交易日结束时要对收益或损失进行清算。

期权是一种权力的交易。期权买方在付出一定的费用（期权费）之后，获得了在未来与卖方按照一定价格（执行价格）交易一定数量金额资产的权力。如果期权买方获得的是买入某种资产的权力，叫作看涨期权或买权；如果是卖出某种资产的权力，叫作看跌期权或者卖权。根据权力执行的期限不同，分为欧式期权与美式期权。欧式期权的买方只有在到期日才可以选择行使权力；美式期权的买方在到期日之前任意一天都可以选择行使权力。当然，如果市场价格不合适，期权买方也可以放弃这种权力，但是，无论行使或放弃权力，之前付出的期权费概不退还。因此，期权很像一个保险，期权费也被叫作保险费。

互换也称掉期，是指双方达成的在未来一定期限内交换现金流的一项合约。最常见的互换类衍生品是利率互换和货币互换。利率互换合约中，双方同意互相支付现金流，一方支付的数额按照一定的名义本金和确定的固定利率计算，另一方支付的数额按照浮动利率和相同的名义本金计算，两种现金流都以同一种货币计价；在货币互换合约中，合约双方在开始时交换一定数量的两种不同货币，然后按照一种事先确定的方式在未来偿还这两种货币，这种方式要规定分期归还本金和利息的数额。其他互换类衍生品还有商品互换、股票指数互换等。

这四类衍生工具中,远期合约是其他三种衍生工具的始祖,其他衍生工具均可以认为是远期合约的延伸或变形。

(2) 根据原生标的资产,大致可以将金融衍生品分为五类,即商品类、汇率类、利率类、信用类和股票类金融衍生品。

(3) 根据交易场所,可将金融衍生品分为场内衍生品和场外衍生品两类。互换交易和远期交易就是具有代表性的在柜台交易的衍生产品。

(4) 根据交易双方的风险收益,可将金融衍生品分为两类:一类是双方的风险收益对称的衍生产品,如远期合约、期货、互换等;另一类是双方风险收益不对称的衍生产品,如期权及其期权的结构化产品等。

(5) 根据产品形式,可将金融衍生品分为两类:一类是普通型衍生品,即远期、期货、期权和互换;另一类是复合型衍生品。它是将各种普通型衍生品组合在一起,形成一种创新的产品。

陈先生有一笔100万澳元的应收账款,这笔钱将于3个月后收款,现时澳元兑港元汇价是1澳元兑6.5港元。假若陈先生什么都不做,3个月后澳元可能大升大跌,对陈先生来说,外汇风险很大。陈先生可以和A银行进行远期外汇交易,以锁定到期日的外汇价格。假设A银行愿意用1澳元兑6.6港元的汇价,在3个月后购入陈先生手上的100万澳元,那么不管3个月后澳元的汇价有多大变化,陈先生都可确保收到660万港元。

为何在上述例子里,陈先生不选择使用外汇期货?相对期货合约,远期合约的自由度比较大,如到期日、货币类型和交收数量等,都可以由买卖双方协商,故此,与期货合约相比,远期合约是一种量身定做的金融产品。而且,有些货币、商品没有期货市场,远期合约提供了另一种可供对冲的途径。再者,由于一些货币不能自由兑换,所以市场也可以将货币交收改为抵补差价,由亏的一方给予赚钱的一方现金补偿,这就是远期不交收合约。我们时常听到人民币远期不交收合约现时的价格是多少,其实就是指这种独特的远期合约。人民币的NDF(无本金交割远期外汇交易)市场主要是新加坡和中国香港,但是,随着DF市场的兴起,人民币NDF市场逐渐萎缩。

二、金融衍生品的特征

1. 跨期性

金融衍生品是交易双方通过对利率、汇率、股价等因素变动的趋势的预测,约定在未来某一时间按一定的条件进行交易或选择是否交易的合约。

2. 联动性

金融衍生品的价值与基础产品紧密联系,规则变动。

3. 不确定性和高风险性

金融衍生品所依赖的金融工具具有各种不确定性,因此具有一系列风险。例如,因交易双方违约而产生的信用风险和法律风险,因价格变动而产生的市场风险,因缺乏对手而不能平仓或变现的流动性风险,以及因人为错误、系统故障或控制失灵而产生的操作风险等。

4. 杠杆性

金融衍生品的交易采用保证金(margin)制度,即只要支付一定比例的保证金,就可进行全额交易,因此,其交易具有杠杆效应,保证金越低,杠杆效应越大。

5. 契约性

金融衍生品的交易对象并不是债券、股票、利率等原生产品,而是对这些原生产品在未来某种条件下进行处理的权利和义务。从法律上理解是合约,是一种建立在高度发达的社会信用基础上的经济合约关系。

6. 交易目的的多重性

金融衍生品交易通常有套期保值、投机、套利和资产组合管理四大目的。其交易的主要目的并不在于所涉及的基础金融产品所有权的转移,而在于转移与该金融商品相关的价值变化的风险或通过风险投资获取经济利益。

7. 产品设计的灵活性

金融衍生品种类繁多,还可以根据客户的需要,在时间、金额、杠杆比率、价格、风险级别等方面为其量身定做。这也成为衍生金融衍生品与原生金融产品相比最具吸引力的特性之一。

三、金融衍生品的功能

金融衍生品除具有金融产品的一般功能外,还具有一些特殊的功能,主要包括风险管理与转移、价格发现以及资源配置。

1. 风险管理与转移

金融衍生工具的功能之一是可以有效地管理风险。金融衍生品正是以风险存在为前提,并为适应风险管理的需要而产生的。金融衍生工具能够将市场上的各种风险重新组合和分配。应用金融衍生品规避金融风险已经成为世界上管理风险的一种重要方式。

2. 价格发现

价格发现是指大量的购买者和出售者通过公开竞价后形成了市场均衡价格,远期和期货的价格发现功能尤其突出。现实中,商品类期货市场价格经常被作为现货市场定价基础,引导企业的生产和经营。

3. 资源配置

金融衍生品的交易市场吸引了大量的市场参与者,他们根据原生产品的供求情况,对衍生品的未来价格趋势作出判断和预期,从而提出自己的交易报价。市场参与者尽可能地收集来自各方面的信息,使这些信息迅速地体现在衍生品的价格波动上,从而提高了市场的有效性,有利于促进资源的合理配置。

四、金融衍生品的定价原理

与原生金融产品通常应用绝对定价法不同,金融衍生品应用的是相对于标的资产价格的相对定价法。相对定价法的基本思想是利用标的资产价格与衍生证券价格之间的内在关系,直接根据标的资产价格求出金融衍生品的价格。以下几种金融衍生品的定价方法都是相对定价法。

1. 无套利定价原理

金融市场上实施套利行为非常方便和快速,这种套利的便捷性也使得金融市场的套利机会的存在总是暂时的,因为一旦有套利机会,投资者就会很快实施套利而使得市场又回到无套利机会的均衡中,所以,无套利均衡被用于对金融衍生品进行定价。金融衍生品在市场的合理价格是这个价格使得市场不存在无风险套利机会,这就是无套利定价原理。

2. 风险中性定价原理

所谓的风险中性定价原理,是指在对衍生证券进行定价时,可以作出一个简单假设:所有投资者对于标的资产相关问题的分析过程与投资者的风险偏好无关,则可以将问题放到一个假设的风险中性世界里进行分析,所得的结果在真实的世界里也应当成立。利用风险中性假设可以大大简化问题的分析,因为在风险中性的世界里,对所有的资产(不管风险如何)都要求相同的收益率(无风险收益率),而且,所有资产的均衡定价都可以按照风险中性概率算出未来收益的预期值,再以无风险利率折现得到。

3. 状态价格定价法

所谓状态价格,指的是在特定的状态发生时回报为1,否则回报为0的资产在当前的价格。此类资产通常被称为"状态或有证券"。如果未来时刻有 N 种状态,而这 N 种状态的价格都知道,那么只要知道某种资产在未来各种状态下的回报状况,就可以对该资产进行定价,这就是状态价格定价技术。

第四节 投资咨询

投资咨询是市场经济发展的需要,是现代经济发展的必然。随着科学技术的飞速发展和社会投资规模的不断扩大,单靠一个部门、地区或单位的领导来正确决策其投资目标的可能性极小。因此,要依托专业机构,组织各方面的专家和技术人员,运用现代科学技术、信息和方法,对投资领域或投资企业、建设项目的重大问题进行评估论证,提出改进、创新意见或提出决策建议,帮助投资者解决问题,降低投资风险,获得最大的投资经济效益。投资咨询是金融机构提供的财富管理业务服务的重要内容。随着现代科学技术的不断进步、政府职能的转变和科学决策的加强,投资咨询在国民经济中的地位和作用将日益重要。

一、投资咨询的定义与特点

(一)投资咨询的定义

投资咨询是咨询产业的一个重要组成部分,是现代咨询机构或金融机构接受政府、企业或个人投资者的委托,组织相关专业人员,对投资领域的重大问题进行评价和论证,最终给出决策建议,帮助决策者解决问题,减少投资风险,以获得最大的投资效益的智力服务活动。

传统的投资咨询业务主要是从事投资的可行性分析、项目论证等,现代的投资咨询业务已经发展为既针对组织又针对个人尤其是大众富裕阶层开展投资咨询为主的一项金融服务。针对组织的投资咨询业务已经发展为以公司资本重组和公司上市为目标的咨询服务。著名的投资咨询公司一般都是以金融资本为后盾的投资银行,如摩根斯坦利、高盛和美菱等。针对个人的投资咨询业务往往集中在各个商业银行的理财服务部门和专业的个人财富管理公司。

(二) 投资咨询的特点

1. 投资咨询是典型的智力和知识密集型行业

投资咨询的主要优势是人才聚集,通过从业人员的智力活动为委托者提供服务。投资咨询是典型的软科学研究。投资咨询机构接受了委托后,需要组织相应的人才队伍,制定工作方案,通过系统周密的调查,掌握大量的资料和数据,进行严肃认真的分析研究、预测计算,提出可供选择的最佳方案和建议。

2. 职业道德的高度重要性

在投资咨询的过程中,客户出于信任进行了委托,并且信赖投资咨询顾问以方案或建议的形式呈现的咨询成果。咨询成果的优劣将会极大程度影响委托者的风险和收益,投资咨询从业人员在执行业务的过程中也会知悉委托者的相关敏感信息,这一系列原因使得投资咨询行业中职业道德有着高度的重要性。

3. 投资咨询行业的投入少、社会收益大

投资咨询机构的成立,通常不需要巨大的初始投资成本和资金,但是投资咨询行业的服务对象涉及的金额可能是庞大的。通过相关服务活动,设计资金需求最优的风险—收益组合,实现委托者财富的保值增值,对于促进社会经济稳定有序发展具有重要的现实意义。

二、投资咨询的功能与分类

(一) 投资咨询的功能

1. 决策功能

投资咨询最主要和最核心的功能就是帮助委托者进行决策。由于委托者缺少专业的知识储备和技能,对市场信息的把握不够完整全面,寄希望于专业的投资咨询机构能够提供合理可行的实施方案。因此,投资决策最直接的功能就是帮助决策者针对需要解决的问题进行全面的了解、分析和预测,使决策者从细节到全局都有所把握,能够从本质上掌握问题的来龙去脉,作出正确的决策。

2. 鉴证功能

投资咨询行业是相关人才的集聚地,从业人员能够收集较为全面完整的信息给出独立的见解和建议。由于是来自外部,往往咨询建议的独立性更强,因此对实际情况容易作出客观公正的评价。因此投资咨询机构发布的建议往往具有一定的权威性和客观性,从而能够为使用者和第三方提供鉴证参考。

3. 信息传播

有序高效运行的市场的核心特征就是信息的及时有效传播。投资咨询机构往往更加关注信息的更新和披露,不但能够帮助委托者寻找有效信息,并且能够从信息中发现规律,预测趋势。因此投资决策机构变成了有效信息的过滤者、创造者和传播者,从而提升市场效率,解决信息不对称问题。

4. 繁荣市场

投资咨询机构可以通过信息的传递来组织和协调资金、技术、物资和劳务等，为投资主体——委托者提供投资机会，同时也为投资需求者寻找投资伙伴和资金。这对促进、繁荣、调节、控制以及管理投资市场、控制投资规模、调剂投资余缺、促进投资效益的提高发挥着积极和重要的作用。

（二）投资咨询的分类

1. 按照业务性质划分

按照业务性质，可以将投资咨询划分为专题咨询和综合咨询。专题咨询主要是针对特定客户的特定需求展开的，如某项投资的可行性和评估分析等。而综合咨询则是针对复杂和综合性问题的咨询，如家族财富信托的投资咨询、私募基金的投资方向和重点等。

2. 按照委托者对象划分

按照委托者对象，可以将投资咨询区分为政府投资咨询、企业投资咨询和个人投资咨询。不同的委托者，投资咨询业务的核心诉求存在较大区别。例如政府的投资咨询项目关注固定资产投资的经济和社会效益，企业的投资咨询重点关注如何实现企业价值或股东价值的最大化，个人的投资咨询业务通常关注个人或家庭财富的保值增值。

3. 按照组织形式划分

按照组织形式，通常可以将投资咨询划分为书面咨询和口头咨询。通常投资咨询业务应当采取书面咨询的形式，以书面资料提供数据、信息和解答问题。但是内容简明的投资咨询业务可以采取口头形式，但口头形式存在较大的缺陷。

三、投资咨询的业务开展过程

（一）接受业务委托

接受委托人的委托是投资咨询业务的起点，当客户有咨询需求时，应当与客户就具体的咨询的内容、要求、期限和费用预算达成一致的协议。首先应当由客户提出需要解决的问题，投资咨询机构根据自身具备的专业人员的数量和素质确定该业务是否可以承接。一旦承接，双方应当共同订立投资咨询合同，确立受法律保护的委托关系。

（二）组建团队

由于委托人委托目的和意图的多样性，投资咨询机构应当从内部或者必要时从外部聘请专家组建咨询团队。通常投资咨询团队的组成人员应当具备该领域的专业知识和工作能力。同时要考虑成员的薪金结构问题，从而实现成本与质量之间的平衡。团队可以下设若干工作小组，并设置相应负责人。

（三）调查研究

投资咨询团队成立后，成员应当对客户委托的内容进行调查研究和相关分析，包括查阅相关资料、了解相关市场信息、收集信息资料。重要的数据资料应当获取第一手数据。

(四）咨询报告

咨询报告是投资咨询业务的终极产物,咨询报告应当逻辑清晰,内容表达明确,与客户尽可能达成共识。在设计时,应当采用可视化文本提高咨询报告的直观性和可读性。

(五）指导实施

由于客户缺乏实施方案的经验和能力,为了保证方案的顺利实施,达到预期的咨询目标,投资咨询机构及从业人员需要提供指导帮助,也可以根据反馈的信息,改进和完善投资咨询工作。

四、投资咨询从业人员的素质要求

(一）相关专业知识

在投资咨询业务中,从业人员要运用专业知识为客户解决具有一定深度和难度的问题。因此从业人员首先应当具有投资相关领域内的专业知识,否则无法提供专业服务。除了知识的获取,还应当注意知识的及时更新。需要优化专业知识的结构,成为博专相济、博学多长的高素质人才。

(二）丰富的咨询经验

投资咨询从业人员除了具备良好的专业知识外,还必须具有一定的实际工作经验。尤其是针对复杂业务,仅仅依靠专业知识很难提供令客户满意的咨询意见。

(三）缜密的思维能力和综合分析解决问题的能力

从业人员在咨询过程中,通过调查从各个方面获取大量的信息资料,并以此为基础进行分析研究,最后得出结论。从业人员应当具有超前的思维能力,要面向未来,要在了解事物过去的基础上思考未来会出现的种种情况,探讨未来发展趋势,要有可信的超前性而不是主观猜测。

(四）良好的交流沟通能力

大多数投资咨询业务是因委托而产生的业务,因此投资咨询工作要求从业人员必须掌握必要的沟通方法和技巧,与客户交流沟通并达到预期的目的。无论是在业务的承接阶段、进行阶段还是完成阶段,都需要与客户及其他有关部门发生联系。在承接阶段,要向客户宣传介绍本机构的情况和既往业绩,运用良好的交流沟通能力获取第一手真实的信息,在此基础上对客户存在的问题作出正确的分析与判断,进而成功地提供解决方案。无论是书面沟通还是面对面沟通,都需要从业人员有较强的分析归纳能力、清晰的思路和严谨的逻辑。合格的从业人员必须善于用不断创新的思想或理论,以生动、易懂的语言表达,使客户能够准确全面地了解相关情况。

第五节 避税方案

世界上存在这样一些国家和地区,如巴哈马国、瑙鲁共和国、开曼群岛、维尔京群岛和哥斯达黎加等,都属于国际避税港或低税区,即所谓的"避税天堂"。辛乔利和张潇匀(2012)在《避税天堂》一书中写道:避税天堂是国家间竞争的战略、跨国公司制胜的法宝、超级富豪增收的手段;避税天堂是一个阳光与黑暗并存的地方、一个游离在征税与逃税之间的灰色地带、一个社会公平与正义的破坏者。避税天堂通常自然资源稀缺,人口数量较少,经济基础薄弱。为了发展本地经济,政府另辟蹊径想出了一个吸引投资、增强地区竞争力的策略,即创造宽松的税收环境,增强配套的金融服务。大部分避税天堂靠近经济发达的国家和地区,从而便于为纳税人的避税活动提供服务。

一、避税方案的定义与分类

(一)避税和避税方案的定义

广义的避税,通常也被称为税收筹划,但是避税更为直观和具象。避税,是指在税法和相关法律允许的范围内,纳税人依据相关法律规定,控制和减轻税赋,以实现税后收益最大化的谋划、对策与安排。通俗来讲,就是纳税人努力寻找自身生产经营或投资消费活动与税收法规契合点的行为,是具有典型的自我收益性质的行为。

在避税定义的基础上,避税方案主要是指专业的服务机构或人员针对企业或个人的避税提供专业建议和实施方案的财富管理与服务活动,目的在于帮助企业或个人在税收相关法律法规允许的范围内减轻纳税负担,实现税后收益的最大化。

(二)避税方案的分类

1. 按照避税方案的受益方划分

按照避税方案的受益方,避税方案可分为针对企业的避税方案和针对个人的避税方案。二者最大的区别在于避税的主要领域存在差异。对于企业来说,避税方案的设计重点在于通过其经营活动、投资活动、筹资活动以及兼并重组等事项作出筹划和安排,以实现最低税赋。对于个人来说,重点在于通过精心安排其个人投资、经营和消费活动,实现减轻税赋的目的。

2. 按照避税方案的涵盖时间划分

按照避税方案的涵盖时间,避税方案可分为长期避税方案和短期避税方案,二者的划分通常以1年或超过1年的一个经营周期。超过1年或一个经营周期的避税方案为长期避税方案。短期的避税方案具有明显的短视性,以减少当前纳税年度的税负为主要目标,而长期避税方案考虑得更为长远,意图实现总体的税负水平的下降。

3. 按避税方案的涵盖范围划分

按照避税方案的涵盖范围,避税方案可分为国内避税方案和国际避税方案。国内避税方案主要涉及在一国范围内的避税筹划活动;国际避税方案则是综合考虑国际税收环境,利用各国税法的差异性和国际税收协定的具体条款来降低税负。

二、避税方案设计的目标

避税方案的主要目标是在法律法规、国际惯例、道德规范和经营管理之间寻求平衡,以争取在涉税零风险下的税后利润最大化。避税方案的基本目标是:减轻税收负担,争取税后利润最大化。避税方案的外在表现为:纳税最少、纳税最晚,实现经济纳税。避税方案的具体目标为:第一,要恰当履行纳税义务。这一目标主要在于规避避税风险,规避任何法定纳税义务之外纳税成本的发生,即依法纳税,实现涉税零风险。税制具有复杂性且随着经济状况的变化而不断调整,因此要及时关注变化,避免纳税风险。第二,纳税成本最低化。尽量降低为履行纳税义务而付出的人力、物力和财力。第三,税收负担最小化。实现税收负担最小化是避税方案的最高目标。实现税负最低、税后利润最大更多的是从经济观点来谋划和安排,焦点是现金流量、资源的充分利用,收益、纳税人所得的最大化。

三、避税方案的设计原则

1. 守法原则

避税方案的设计一定不能违反税法,换言之,违反税法的行为不属于避税方案的设计范畴。

2. 成本效益原则

避税方案的效益要大于避税的成本,即体现经济有效。不仅要考虑避税方案在经营过程中的显性收入和显性成本,还要考虑避税方案中的隐性成本。同时还要衡量长远利益,不仅仅关注短期利益。因此,在考虑税负最低时也要考虑纳税的时间问题,递延纳税也是避税方案带来的收入之一。

3. 时效性原则

避税方案是在一定的法律环境下,在既定范围和方式下进行的,有着明显的针对性和特定性。不断调整和修订避税方案,以确保避税方案能够持续地带来避税收益。

4. 整体性原则

整体性原则是指避税方案应当考虑整体的税负效应,进行整体筹划、综合衡量,以求整体税负最轻,长期税负最轻,避免出现顾此失彼和前轻后重的现象。避税方案不能只关心个别税种的税负高低,应当考虑一种税少缴了,另一种税是否会因之而多缴。因而要着眼于整体税负的轻重。从另一个角度看,税金支付的减少不一定就是资本总体收益的增加。

5. 风险收益均衡原则

收益与风险价值具有配比性。避税方案有收益,但也存在风险。避税方案的设计应当遵循风险与收益均衡的原则,采取措施,分散化解风险,选优弃劣,趋利避害。

四、避税方案的基本内容:避税手段和技术

(一) 恰当选择避税的切入点

避税是利用税法客观存在的政策空间进行筹划,不同的税种、不同的税收优惠政策、不

同的纳税人身份都存在不同的政策空间。避税应当以税法客观存在的空间为切入点,研究实施具体避税方案。具体来说,应选择税收筹划空间大的税种为切入点,尤其是选择税负弹性较大的税种作为重点,税负弹性越大,避税的潜力也越大。另外,国家为了实现税收的调节功能,在税种设计时,都设有税收优惠条款,应选择税收优惠政策作为避税的切入点。

(二)充分利用税收优惠政策

常见的税收优惠政策包括免税、减税、税率差异、税收扣除、税收抵免、优惠退税和亏损抵补等。免税是指国家出于照顾或奖励的目的,对特定的行业、企业、项目或行为给予纳税人完全免征税收的优惠。而减税则是减征纳税人部分税收。税率差异是指针对性质相同或相似的税种实施不同的税率。税收扣除是指从计税金额中减去一部分,再计算出应纳税额。税收抵免是指从应纳税额中扣除税收抵免额。优惠退税是指政府将纳税人已经缴纳或实际承担的税款退还给规定的受益人。亏损抵补是指当年的亏损在次年或其他年度盈利中抵补,以减少以后年度的应纳税款。

利用税收优惠政策制定避税方案要注意以下两点:一是注意对优惠政策的综合衡量。政府提供的税收优惠往往是多方面的,要着眼于整体税负的轻重,从各种税收优惠方案中选出最优的方案。二是要注意许多税收优惠是与纳税人的既定承诺相联系的,如果不能完成相关承诺,优惠政策并不能完全转化为实际收益。

(三)高纳税义务转换为低纳税义务

高纳税义务转换为低纳税义务是指同一经济行为有多种税收方案可供选择时,纳税人避开高税点而选择低税点,以减轻纳税义务,获得税收利益。

(四)税收递延

税收递延,也可以称为纳税期的递延或延期纳税,即允许纳税人在规定的期限内,分期或延迟缴纳税款。纳税期的递延有利于资金周转,节省利息支出,以及由于通货膨胀的影响,延期以后缴纳税款的价值下降,从而降低了实际纳税额。就税收递延来说,避税方案的目标是在不违反税法的前提下,尽量地延缓纳税时间,就等于获得了一笔无息贷款。

(五)税负转嫁

税负转嫁是在市场经济条件下通过经济交易中的价格变动将所纳税收部分或全部转移给他人负担的客观经济过程。在税负转嫁下,纳税人和真正的负税人是分离的,纳税人只是法律意义上的纳税主体,负税人是经济意义上的承担主体。税负转嫁分为税负前转、税负后转、税负消转和税收资本化。

税负前转是指通过提供商品或生产要素价格的方法,将所纳税款转嫁给购买者或最终消费者承担,这是最为典型的最具普遍意义的税负转嫁形式。税负后转是指纳税人将已纳税款向后逆转给货物的生产者。税负消转是指一定的税额在名义上分配给纳税人后,既不能前转也不能后转,而是要求纳税人对所纳税款完全通过自身经营业绩的提高和技术进步等手段,自行补偿其纳税的损失。税收资本化是指课税商品出售时,买方将今后若干年应纳的税款从所购商品的资本价值中预先扣除。这种情况多发生在土地买卖和其他收益来源较为永久性的财产上。

税负转嫁是补税特殊而又重要的形式,税负转嫁并不侵害国家利益,只是改变了税款在不同经济主体之间的重新负担状况。

五、避税方案的实施

纳税关系到纳税人的重大利益,享受法律的保护并进行合法的筹划是纳税人的正当权利。避税方案是对纳税人资产和收益的正当维护,属于纳税人应享有的经济权利。避税方案的实施是纳税人对社会赋予其权利的具体运用,属于纳税人应有的社会权利。经济活动复杂多变,税收制度也具有一定的弹性,而恰恰也是这种弹性为避税方案的实施提供了空间和可能性。但是在实施的过程中,要注意特定界限,当税法中有明确规定时,筹划权利就可能成为纳税义务。因此,在实施过程中,纳税人和避税方案的设计者需要时刻关注相关法律法规的变化和动态,只有在此基础上,避税方案才能够得到有效的应用,体现避税方案设计的初衷。

第六节 投资管理

伴随着经济的迅速发展,国内生产总值不断攀升,社会财富实现快速积累,中国居民财富发生了结构性的变化。贝恩公司和招商银行联合发布的《2018中国私人财富报告》显示,2018年中国个人可投资资产1 000万元以上的高净值人群规模已达到100万人,全国个人总体持有的可投资资产总体规模达到112万亿元人民币。中国私人财富市场规模正在快速增长,持续释放可观的增长潜力和巨大的市场价值。随着私人财富的增长,个人投资管理的资产配置结构也在发生变化,投资者对金融资产的多样化和专业化配置需求增加,财富亟须找到合适的方式实现新经济形势下的保值、增值以及传承。本节旨在让读者了解投资管理的功能以及资产配置在投资管理中的作用,重点阐述一种前沿投资理念——基于基本面的量化投资管理。

一、投资管理的内涵

(一)投资管理的定义

投资是将货币转化为资本的过程。资产分实物资产和金融资产,因此根据投资的内容不同,投资可以划分为实物投资和金融投资。本书主要阐述金融性资产的投资管理。

(二)投资管理的功能

投资管理主要包括三个基本功能。

首先是资产价格的预测。例如,股票市场价格的预测。服务提供商可以通过分析各种经济和财务指标,或者直观地预测本期股市是涨还是跌。此外,还可以预测市场上的哪些股票在收益方面会相对较好,哪些股票在收益方面会很差。资产定价一直是学术界和实务界感兴趣的话题,并且已经提出了无数的方法,但都未能找出令人满意的解决方案,而且预测的准确性不是很高。

其次,通过多元化投资实现投资组合多元化。这是为了通过合并投资者持有的现有资产与收益之间相关性较低的资产来降低整个投资组合的绩效差异。由于资产组合具有绩效持续性的特征,资产收益之间的相关性相对容易衡量,因此投资组合的多样化通常比资产价格预测更容易。但在大量资产备选的情况下,需要花费大量的精力和时间来找出组合最有效、波动性最小的资产来投资,快速准确地找到它与相关产品之间的区别。

最后,根据投资者情况定制投资的资产管理。它的任务是确定客户的风险倾向、融资计划和财务状况,然后构建合适的投资组合。具体而言,有必要考虑投资者的预期收益和风险承受能力,以及投资目的、运作方式等投资收益以外的因素。对投资者的评价可用于确定哪些投资是适合的,应从客户的角度出发,构建反映这些投资因素的投资组合。

二、资产配置的作用

个人投资者的投资行为往往都不是最优的投资,在投资和资产配置上做一些低成本的改进就极可能获得更高收益。Markowitz(1952)、Sharpe(1964)和 Lintner(1965)等学者认为在以不确定性收益为特征的环境中,个人投资者更倾向于选择具有较高预期收益和较低风险水平的投资组合。风险和收益的权衡是投资组合选择的本质,多元化资产配置最优的投资组合是获得高额收益的关键。

投资体系以价值投资理念作为投资的基本导向,选股、择时、资产配置为重要原则,估值基本面优良的资产,建立分散投资组合,平衡各种市场风险,实现稳健的投资收益。不要把所有的鸡蛋放在同一个篮子里,这是大家都比较熟知的分散投资理念。随着投资者投资经验的丰富和成熟程度的提高,为了避免过高风险和过低收益,应根据多元化原则选择若干资产进行搭配投资。现代投资组合理论归结了理性投资者应如何利用分散投资来优化他们的投资组合。传统投资组合理论假定投资者为规避风险的投资者。如果两个资产有相同的预期回报,投资者会选择其中风险最小的资产。只有在获得更高预期回报的前提下,投资者才会承担更大的风险。一个理性的投资者会在几个拥有相同预测回报的投资组合中选择风险最小的投资组合。同样地,如果风险相同,投资者则会选择回报最高的那个投资组合,这样的投资组合称为最优投资组合。

三、基于基本面的量化投资管理

(一)基本面量化投资管理内涵

基本面投资是对决定证券价值及价格的基本要素进行考察,从未来的价格变动中获得利润。基本面分析将经济、行业和公司分析结合起来,得出股票当前的公允价值并预测未来的价值。在公司层面,基本面分析涉及公司销售以及财务数据方面的分析。在行业层面上,对行业发展情况、产品市场情况进行检查,在宏观经济层面,关注宏观经济政策、经济运行态势及经济数据来评估当前和未来经济的增长。评估方法一般选用自上而下的顺序,从整体宏观经济的分析开始,然后从行业到具体企业。

基本面投资可以用量化投资来实现。量化投资是通过数量化方式及计算机程序化发出买卖指令,以获取稳定收益为目的的交易方式。过去10多年来,量化投资成了欧美资本市场发展的热点之一,并逐渐成为投资界的一个新的交易方法,在每年取得超额收益的基金中,均不乏量化基金的身影。例如,国际上赫赫有名的詹姆斯·西蒙斯管理的文艺复兴科技公司,其年均收益率高达40%,远超同期的"股神"巴菲特旗下的伯克希尔基金和标普500指数。

格雷厄姆的十条量化投资规律

(1) 收益/价格比至少是3A级债券的两倍。若3A级债券收益率为8%,则满足条件的股票收益率至少为16%,也就是说市盈率为6.25。

(2) 市盈率低于最近5年最好的平均市盈率的40%。

(3) 股息率不低于3A级债券收益率的2/3。

(4) 股价应低于每股有形资产账面价值的2/3。

(5) 股价不高于流动资产净值或速动清算净值的2/3。速动清算净值等于当前资产减去债务总额,固定资产不包括在内。

(6) 总负债低于有形资产的账面价值。

(7) 流动比率(流动资产/流动负债)不小于2。

(8) 总负债等于或少于速动清算净值的两倍。

(9) 过去10年平均每股收益(EPS)增长率在7%以上。

(10) 利润成长稳定,在过去的10年中(与上一年相比)年终利润下跌超过5%的年份不超过两年。

从以上十条量化投资规律中可以看出,前五个因素是衡量廉价程度的,应该投资那些价格相对于价值更加便宜的公司。后五个因素是衡量公司质量的,这些因素都是基于基本面的指标。

基本面投资和量化投资的理念在某种程度上来看存在着相互冲击的关系。基本面投资是分析师用比较传统的方式分析股票,依据研究和人类直觉来对投资进行评估。量化投资则是分析师则依靠复杂的计算机算法,从大量数据中找出隐藏的市场信号,并迅速作出投资决策。但是,最近在这两个阵营的中间地带出现了第三种投资策略,也是基本面投资和量化投资的结合体基本面量化投资(quantamental)。它是对基本面投资和量化投资的融合,是将计算机算法与人类的分析结合起来的一种"1+1>2"的新型投资方式。

(二) 量化投资组合管理

量化投资策略往往被看作一个个因子,为了获取超额收益率,也就是通常所说的阿尔法(α),风险因子的选择就显得比较重要。我们主要介绍下面几种常见的因子模型。

1. CAPM模型的阿尔法(CAPM α)

CAPM模型下,投资组合收益计算公式如下:

$$r_p = \alpha + \beta r_m$$

上式中投资组合的收益被分解为与市场收益相关的部分(βr_m),以及和市场收益无关的部分(α),后面这一部分就是 CAPM 模型的阿尔法。CAPM 模型考虑了投资组合和市场收益的相关性(用贝塔系数衡量),并认为和市场收益相关的部分不是超额收益。举例来说,如果一个投资者使用 1 倍的杠杆投资于沪深 300 指数,假定业绩基准和市场组合均为沪深 300 指数,使用杠杆的成本忽略不计,当期沪深 300 指数收益为 10%,那么该投资者的收益为 20%。此时,相对业绩基准的阿尔法为 10%(投资组合收益减去业绩基准收益),而 CAPM 模型的阿尔法为 0,因为投资组合所有的收益均与市场收益相关,实际上承担了两倍的市场风险(贝塔系数为 2)。从这个例子可以看出,采用 CAPM 模型调整的阿尔法是一种风险调整的收益(risk-adjusted return),因此也被称作剩余收益(residual return)。

2. 多因子模型的阿尔法(Multifactor α)

在学术界领域中,用得最多的因子模型莫过于得到诺贝尔奖的 Fama 和 French 提出的 Fama-French 三因子模型,三因子分别指市场资产组合($R_m - R_f$)、市值因子(SMB)、账面市值比因子(HML)。动量策略也是学术界和业界比较吹捧的量化因子之一。Carhart(1997)的动量因子结合 Fama-French 的三因子构建出四因子模型。之后,Fama-French 在三因子模型的基础上添加了盈利能力(profitability)和投资模式(investment patterns)两个指标作为参考因素,并将其推广为五因子模型。构建自变量的方式和三因子相似。盈利能力是 RMW(robust-weak),投资模式是 CMA(conservative-aggressive)。投资组合的收益为 r_p,有 k 组风险因子,因子收益是多因子带来的收益。

(1)Fama-French 三因子模型的阿尔法。

Fama-French 三因子模型下,投资组合收益计算公式如下:

$$r_p = \alpha + \beta_1 r_m + \beta_2 \text{SMB} + \beta_3 \text{HML}$$

Fama-French 模型认为除市场因子之外,规模因子以及价值因子会影响股票预期收益,β_1 是投资组合对风险因子的暴露度(factor exposure)。投资组合收益被分解为和风险因子有关的部分,以及和风险因子无关的部分(α),后者即三因子模型调整的阿尔法。

(2)Cahart 四因子模型的阿尔法。

Cahart 四因子模型下,投资组合收益计算公式如下:

$$r_p = \alpha + \beta_1 r_m + \beta_2 \text{SMB} + \beta_3 \text{HML} + \beta_4 \text{MOM}$$

Cahart 四因子模型是在 Fama-French 三因子模型的基础之上,填入可以影响股票预期收益的动量因子。除了市场因子、规模因子和价值因子和动量因子被解释为与风险因子有关的部分,那么与风险因子无关部分即为四因子模型调整的阿尔法。

(3)Fama-French 五因子模型的阿尔法。

Fama-French 五因子模型下,投资组合收益计算公式如下:

$$r_p = \alpha + \beta_1 r_m + \beta_2 \text{SMB} + \beta_3 \text{HML} + \beta_4 \text{RMW} + \beta_5 \text{CMA}$$

相比 CAPM 模型的阿尔法而言,多因子模型的阿尔法有着更为严格的风险调整机制,通常也被称为特殊收益(specific return)。它可以看作一种方法论,在基本面量化投资中发挥着重要作用。

第七节 退休规划

就大多数国家而言,居民退休资金的来源主要有三个方面:国家基本养老制度提供的退休金,企业提供的企业年金,个人投资的商业保险及个人储蓄收入。西方发达国家大多建立了比较完备的社会保障体系,但随着全球人口老龄化加剧,养老保险负担越来越重,为了解决这个矛盾,许多国家正在积极探索及鼓励国民尽早进行养老规划,以保障自己将来退休以后的生活需要。

一、退休规划的内涵

退休规划是人生最重要的规划之一。在人口老龄化的来临与加剧,以及社会保险及企业补充退休计划尚未健全的大背景下,由个人来主导自己的退休规划来保障退休之后的财务支持就显得非常必要。退休后的财务如何保障生活需要是一个长期的规划,不是简单地通过在退休前存一笔钱就能解决,需要个人在退休前的几十年就开始进行详细规划,否则,通货膨胀的侵蚀、经济发展中的不可抗力、意外的发生等各种情况将不可避免地导致退休后生活水平的下降。

二、退休规划的意义

我国人口老龄化速度很快,且老年人口规模大,预计2030年左右达到高峰。随着社会的发展和生活水平的提高,人们平均寿命在不断增长,社会各界日益关注退休规划。专业的退休规划将有利于完善我国养老保障体系,有利于金融市场的发展,当然主要目标还在于保障广大退休人员的晚年基本生活需要。

我国目前的基本养老保险制度主要覆盖国有企业及部分事业单位,仍有相当部分从业人员、农民工、被征地农民及自由职业者尚未参保。因此,退休规划是构建及完善我国多层次养老保障体系的必然要求,也是满足退休人员养老需要的必要保障。

三、退休费用支出估算

退休费用依退休生活设计而有所不同。退休费用主要包括基础费用(日常饮食支出、衣着、物业管理费、水电气费用、房屋租金等)、居住环境(是否搬离城市、是否住养老院、是否换购小的住房及由此产生的交通费用等)、兴趣爱好(计划在兴趣爱好方面的资金投入)、旅游观光(旅游的目的地及消费水平、旅游的品质要求、旅游的次数等)、运动保健(医疗投入、保健活动方面的投入等)及社交活动(与亲朋好友的社交、参加社团活动等方面的支出)等。总之,退休后的各项支出可分为两类:基本生活支出和品质生活支出。基本生活支出每个家庭也不一样,必须要确保。一旦退休后的收入低于此支出,生活就会入不敷出。更重要的是我们并不知道自己会活多久,所以这部分收入还必须能"源源不断",活多久领多久。目前,只有社保的养老金和商业保险的终身年金保险可以解决这部分问题。而品质生活支出是实践生活理想所需的额外支出,有较大的弹性,在规划时可以用股票、基金等投资工具来实现。不管是规划退休后基本生活还是品质生活,都是越早越轻松财富累积最能产生效应的是复利,投资时间越长,复利的效应越大。养老规划是长期规划,最能体现复利效应。规划时,先要解决基本生活支出,选择能"终身领取"的年金保险,其具有很好的确定性和安全性,并且活得越久,越体现保障性。在此之后,再用剩余资金做其他高风险和回报的投资。

费用的估算根据所生活的不同城市及环境而有所不同。按中国人口平均寿命80岁、平均退休年龄为55岁计算,一对夫妇从退休到去世的25年间平均花费100万~300万元。

四、退休规划财富管理手段

(一)基本养老保险计划

我国的基本养老保险是国家根据法律规定,强制建立和实施的一种社会保险制度,用人单位和劳动者个人必须依法缴纳养老保险费,在劳动者达到国家规定退休年龄或因其他原因退出劳动岗位后,社会保险经办机构依法向其支付养老金等待遇,从而保障其基本生活。采取"社会统筹"和"个人账户"相结合的方式,由国家、单位和个人共同负担,既体现了社会保险的社会互济、分散风险的特点,又充分发挥了对职工的激励作用。其中,个人账户由本人缴纳工资的8%,单位缴费不再划入个人账户。缴费年限累计满15年的人员,退休后按月发给基本养老金;缴费年限不满15年的人员,不发给基础养老金,个人账户存额一次性支付给本人,终止基本养老保险关系;在规定实施前已经离退休人员,仍按国家原来的规定发给基本养老金,同时执行基本养老金调整办法。

国家针对没有固定工作或失业的灵活就业人员,颁布实施了灵活就业人员养老保险政策,必须按规定进行就业登记,以个体身份按规定按时足额缴纳社会保险费。另外,为了保障农村居民年老时基本生活的需要,由政府组织实施新型农村社会养老保险制度,由社会统筹与个人账户相结合,与土地保障、社会救助等其他社保政策相结合,建立个人缴费、政府补贴相结合的方式共同筹资,以补充当前农村居民的养老金主要来源于土地收入和个人积累的不足。

(二)企业补充养老计划

为建立多层次养老保险体系,更好保障职工退休后的生活,增强企业对人才吸引力,国家鼓励企业为职工设立企业年金等补充养老计划。企业补充养老计划是社会基本养老保险的有效补充。众所周知,企业退休人员退休后的收入水平大多低于在职收入,有的甚至会相差很大,这势必会影响到退休人员的生活水平和生活质量。当前国际通行的养老保险体系是建立基本养老保险、企业补充养老保险及个人储蓄相结合的制度,其中企业补充养老保险作为重要的组成部分,在很多国家获得了长足的发展,是解决养老问题的得力举措。

企业补充养老保险也叫企业年金,既不是社会保险,也不是商业保险,不具有强制性,而是一项企业福利制度,责任主体是企业。该项制度将企业利益和职工个人利益有机结合,有利于吸引高水平人才的加盟及调动职工的积极性、创造性,提高劳动生产率,增强企业竞争力。目前,国外企业年金覆盖率在50%以上,而中国有企业年金计划的职工人数只占社会基本养老保险职工人数的10%左右,仍有较大的发展空间。

(三) 商业养老保险计划

目前商业保险中的年金保险、定期保险、终身保险等保险产品都属于商业养老保险范畴,也算是一种强制储蓄的手段,都可以在不同程度上起到补充养老的作用。投保人与保险公司在签订合同时,双方约定确定的领取养老金的时间、方式及额度。将来,商业保险机构应开发安全性高、保障性强,能满足终身领取要求的保险产品,为个人提供个性化、差异化的养老保险服务。

(四) 个人储蓄计划

个人储蓄计划即利用各种投资工具进行资产投资,以达到资产的保值增值,以备将来不时之需。退休前的个人储蓄计划以保值增值为主,可以选择存在一定风险,但收益较高的理财产品,如混合型基金、信托产品及其他理财产品;接近退休及退休后应以保值为主,应选择较为保守的投资工具,如银行的定期存款、国债、货币型基金都是有较稳健收益的投资产品,虽然收益少,但风险相对较低。

五、退休规划的设计

不同人生阶段,退休规划会有较大差异,各阶段设计方案建议如下:

(1) 成长期,20～34岁,养成良好的规划习惯,量入为出,每月拿出收入的20%左右,10%购买年金保险,10%定期定额投资基金、股票等。规划期限尽量长些,可选择20年以上。

(2) 成熟期,35～49岁,可以制定退休后的生活目标,根据目标制定投资理财策略。规划资金可占收入30%～40%,规划期限可选10～20年。年金保险与风险投资比例为2∶1。

(3) 接近退休期,50～59岁,临近退休,相信已为退休准备好一定财富,但财富不能变成稳定的、源源不断的现金流,因此可选择转换成缴费10年期以下或趸交终身年金保险,保证安全性、确定性和持续性。风险投资尽量减少。

第八节 增值服务

马斯洛将人们的需求分为生理需求(physiological needs)、安全需求(safety needs)、爱和归属感需求(love and belonging)、尊重需求(esteem)和自我实现需求(self-actualization)五类,依次由较低层次到较高层次排列。在自我实现需求之后,还有自我超越需求(self-transcendence)。当人们已经可以吃饱穿暖,甚至吃好穿好之后,人们的需求将会提升到更高的层次,去追求更高的目标,实现更大的满足。人们对自身财富的管理也会存在类似的需求变化,其晋级路线也完全符合马斯洛需求层次理论对人们一般需求变化的描述。

当人们对财富的分配已经完成生理层面、安全层面、爱与归属层面,乃至尊重层面之后,财富的所有者自然就会将财富投资的目光放到那些不仅能够实现财富的增值,更能够实现生命价值的升值的领域,如为增加生命的深度和广度而旅行,感受不同的人生,见识更广阔的世界;如不断学习新知,时刻与时代脉搏保持同步;又如将财富进行合理配置并实现保值增值。这一群体是在完成了生理、安全等层次的财富创造和运用之后,对财富具备了更高层次管理需求。旅游、教育、健康以及艺术品等产业相关产品的增值属性恰恰能够满足这一群体更高层次的财富管理与财富增值的需求。

一、旅游的消费与财富增值

世界旅游组织和联合国统计委员会对"旅游"这一词的推荐定义是,旅游是为了休闲、商务或其他目的离开他们惯常环境,到某些地方并停留在那里,但连续不超过1年的活动。人们旅游的目的包括休闲、娱乐、度假、探亲访友、商务、专业访问、健康医疗、宗教/朝拜等。旅游活动过程是个人体验的过程,旅游者必定会消费一定的物质产品和精神产品以满足个人享受和体验的需要,这被称为旅游消费。

首先,旅游消费是一种个体性非常强的消费活动。是否选择旅游、选择怎样的旅游路线、选择怎样的旅游产品以及何时进行旅游都取决于旅游者的独立意识。这些都受到旅游者消费意识、消费能力、消费习惯和个体决策行为特征的影响。其次,旅游消费是一种精神性和服务性的高层次消费。根据马斯洛需求层次理论,旅游消费最大的特点是,在满足人们衣食住行等基本生理需要和安全需要的基础上,进一步满足人们的享受、发展以及自我实现的需要。

因此,旅游消费作为一种特殊的个人消费,从内容上看包括物质和精神两个方面。物质层面的部分包含了旅游产品、旅游路线等一系列与之相关的有形商品;精神层面的部分包含了旅游过程中的以文化形式存在的各种精神感受与共鸣。由此旅游消费的目的可以衍生出两个不同的层面:外在的有形物质的消费与内在的人文与精神感受的获取。

旅游的产品多样性决定了旅游消费的财富增值。旅游产品的核心部分是旅游吸引物和旅游服务,是旅游产品能够提供给旅游者的基本效用和利益。旅游吸引物按其性质可以分为自然吸引物(如名山、海洋、森林、草原等)和人文吸引物(如古城、宫殿、民族风情、博物馆以及地方土特产品购物等)。旅游服务则是旅游经营者向旅游者提供服务的过程,如售前的咨询、签证等;售中的服务指在旅游过程中食、住、行、游等服务;售后服务则包括旅游活动结束后的返程安排。旅游者会获得与其支付相匹配的回报,甚至会在名山大川的行走中、在古城宫殿的徜徉中、在博物馆的奇妙之旅中感受到身心的放松、思想的启迪以及灵魂的净化。这就完成了对旅游产品从使用价值上升到价值的过程。通过外在的有形物质感受无形的内在的放松、内省、提升和净化,这就是旅游者财富增值的过程,也是旅行真正的意义。

二、教育产品的消费与财富增值

个人教育投资是除国家或集体以外的教育投资,是指受教育者个人(或家庭)为自己(或子女)获得受教育的机会而进行的必要的资金投入。人力资本理论提出,教育是一种对人的投资,其在推动技术进步和经济发展中具有重要作用。

对子女教育的投资,对中国人而言,古来有之。但是对教育投资已经不再局限于自己的下一代。它不再是一个代际传承的关系,而越来越多地出现对自我教育的投资。在国际经济学的理论研究中有个非常著名的谜题——"里昂惕夫之谜"。美籍经济学家里昂惕夫通过数据分析了美国进出口商品结构,发现美国大量出口劳动密集型商品,进口资本密集型商品。但是,美国作为一个资本大国,按照要素禀赋理论的分析以及人们常识的判断,都应该出口资本密集型商品,而进口劳动密集型商品。这一数据结果与理论判断结果相背离的现象被称为"里昂惕夫之谜"。在对这一谜题的众多分析中,较为有信服力的一种解释是,美国出口的劳动密集型商品其实不是单纯的劳动力的密集。这些从事生产的劳动者是受过多年教育、经过严格技能培训的劳动力。在他们的成长过程中,不论自身还是国家与企业,都花费了大量的金钱。在衡量这种劳动力的劳动产出时,我们必须要把蕴含其中的资本的价值体现出来,将之看作资本,而非劳动力。这就能够很好地解释美国对外出口劳动力密集型商品的原因。美国出口的仍然是资本密集型商品。

这个例子充分告诉了我们教育培训对劳动者价值提升的重要意义。提高劳动者素质是促进经济发展、缩小收入差别的根本途径。教育投资是最突出、最基本的人力资本投资,教育所带来的成果是一种资本。对自我教育的投资还具有主动性、目标性、收益即时性及收益递增性等特性。人们在一个相对较短的时间就能够看到教育对我们生活和工作的明显改变。教育投资同时还具备外溢效应,这种投资不仅可以转化为知识的存量,提升受教育者自身知识、智力和技术水平,而且能够影响受教育者对下一代教育的意识和行为,产生教育的扩散效应。教育投资不仅能够直接造福劳动者本人,也能够间接造福其家庭和子女,可以看作一种财富的传承。

教育提升了人们对世界的认知与了解,改变了人们对生活理解与诉求。为了能够更好地生活,人们则需要随时进行学习,随时更新知识。在这个充斥着大数据、人工智能的世界里,知识的落后会导致一个企业的破产、一个行业的落幕,乃至一个社会的衰退。所有的这些,源自微观中的无数个个体是否构成合格的知识资本,也推动着微观个体对知识的学习夙兴夜寐、孜孜以求。人们通过更主动、更多元的学习渠道与学习方式,实现自身社会价值的保值与增值,这就是对财富的创造与管理。

三、健康与保险产品的消费和财富增值

随着我国城市化进程的推进,人民生活节奏日益加快,工作竞争压力加剧,越来越多的人,尤其是高知阶层和白领群体逐渐体会到"四十岁前用命换钱,四十岁后用钱换命"的生活工作状态。据统计,中国死亡率最集中的年龄段为 30~50 岁,高知人群的平均寿命仅为 58.5 岁。2018 年,北京佰众健康体检中心和北京中关村人力资源经济协会通过对中关村 82 家企业的 2 642 名员工(年龄在 26~35 岁的约占总体人数的 80%)的调查显示:84.2%的人工作压力很大;89.9%的人对自己的健康并不自信;在接受调查的人中没有一人能够保证三餐规律。颈椎增生、骨质疏松、微量元素缺乏和脂肪肝等"中关村综合征"尤为突出。这与被调查样本长期在电脑前工作、缺少户外阳光运动以及饮食结构不合理有关。

健商(health quotient,HQ),代表一个人的健康智慧及其对健康的态度,指一个人已具备和应具备的健康意识、健康知识和健康能力,三方面缺一不可。健康同时也是多维

度、多层次的。就微观个体而言,健康不仅指健康的身体和心理,还包括健康的社会人际关系与道德水平。从宏观的层面上,健康则包括个人健康、家庭健康和社会健康。个人健康是核心,家庭健康是基础,最终才能够实现社会健康。

由此可见,对个人健康的重视是必要及必需的。当我们通过努力工作实现了吃饱穿暖、安全无虞之后,就将面对如何合理安排财富的投资,以保证财富的安全和升值,对健康的投资是其中重要的一环。健康是人生最大的财富,如同健康是 1,事业、爱情、金钱、家庭、友谊、权利等都是 1 后面的零。光有 1(健康)的人生是远远不够的,可如果失去了 1(健康),后面的零再多也没有任何意义。

如何防范健康状况对人们造成的风险?维多利亚健康宣言①中提出,健康的四大基石是合理膳食、适量运动、戒烟限酒和心理平衡。因此,对健康财富的投资与管理,应从以下几方面入手。

首先,应注意日常生活,从吃好每一餐饭开始,一点一滴、日积月累。

其次,从防范风险的角度来看,购买适量的保险产品是极其必要的。著名动作明星柯受良因为工作危险性大,保险公司开出的保费较高,他一直没有购买保险。在其意外去世后一家人的生活陷入困顿。"香港乐坛教父"罗文 2002 年罹患肝病逝世。他生前未立遗嘱亦没有购买保险,为治病耗尽积蓄。同为香港明星的张国荣早在 20 世纪 90 年代就在美国友邦保险公司买入保险,先后涉及 4 张保单,其中一张保单的最高赔偿额约为 780 万港元。在张国荣过世之后,美国友邦保险公司对其批出了超过 3 000 万港元的赔偿。《中华人民共和国继承法》第 33 条规定,遗产继承应当清偿被继承人依法应当缴纳的税款和债务。但人寿保险可以规避这一点。不论是在罹患疾病时有所补偿还是对财富进行保值增值,保险产品的价值正日益受到财富阶层的看重。

最后,对潜在疾病进行合理的医疗干预。健康是我们所拥有的一切财富的基础。对潜在疾病进行预防和干预使人们对自身健康的管理从被动转向主动,体现了我们对生命质量、财富安全、家庭保障的更深层次的思考和行动。安吉丽娜·朱莉 2013 年就已经为了降低罹患癌症的风险接受预防性的双侧乳腺切除手术。由于来自母亲遗传的基因缺陷,安吉丽娜·朱莉罹患乳腺癌和卵巢癌的比率分别是 87% 和 50%。作为 6 个孩子的母亲,为了不使自己的孩子因此而遭遇失去妈妈的恐惧,她决定用专业的医学治疗降低患病风险。经过 9 周复杂的手术之后,她患乳腺癌的概率已经从 87% 降低到 5%。虽然安吉丽娜·朱莉的做法在当时饱受争议,但却向普通人提供了一个非常好的案例:我们可以通过自主选择、提前预防从而对自己的健康负责。包括近几年出现的冷冻卵子等案例,虽然仍然只是个案,但是却向我们提供了一个很好的思路。

对健康的投资小到规律日常作息,吃好每一餐饭,大到通过医疗手段提前降低患病风险,购买保险产品防范疾病风险。它们的一个共同特点都是我们是无法得到即时的收益回报的。它是一个长期的过程,是一种长线投资,是对财富未来增值的一种当下的投资。

---

① 1992 年 5 月 24 日至 29 日,在澳大利亚维多利亚举行的第一届国际心脏健康会议的闭幕会议上,世界卫生组织发布了"维多利亚健康宣言"。全文共 491 字,由声明及执行摘要组成。"维多利亚健康宣言"提出了健康的四大要素,并指出健康是金,如果一个人失去了健康,那么,他原来所拥有的和正在创造即将拥有的统统为零。

但是这种投资是必要的,甚至是必需的,是一切财富管理的基础。

四、艺术品的投资与财富增值

艺术品自诞生之日起,在漫长的历史时期一直充当着个人赏玩的角色。进入商品社会后,随着人们对美的欣赏能力和追求能力的提升,出现了对艺术品的消费需求。艺术品也随之逐渐成为可以进行交换的商品。随着人们财富的增加和社会阶层的分化,艺术品开始被看作社会地位和财富的象征,成为王公贵族与巨商富贾收藏的对象。中国历史上第一次收藏大热大概出现在北宋时期。之后在晚明、康乾盛世和明末清初也出现了大规模的收藏热。

随着人们财富的增加,对财富的管理成为一个重要的问题。艺术品其独特的经济价值和文化价值使之成为投资资本追逐的对象。其实,在收藏阶段艺术品就已经具有一定的投资功能。但是真正以投资为直接目的的艺术品交易活动出现得则比较晚。国际上通常把1961年理查德·拉许发表的《作为投资的艺术品》看作一个分界线。财富所有者在使其财富保值增值的过程中,合理配置资产是一项重要内容。按照投资组合理论,考虑到投资风险的存在,在资产配置中,最重要的并非是选择增值潜力最大的资产,而是确保配置的各项资产之间的收益存在负相关关系,以期在市场波动的过程中能够实现预期的平均收益率,也即风险一定的情况下收益最大或收益一定的情况下风险最小。艺术品由于其与其他实物资产具有较低的相关性而成为资产配置中的重要选择。在财富管理中,艺术品作为一种重要的资产,其发挥的作用和所占的份额也越来越大。

所谓艺术品资产,是指基于艺术品商品化、资产化、金融化、证券化(大众化)这一过程,能够为收藏者和投资者带来收益的可以进行确权、估值与货币计量,可以依托要素与资本市场流转的艺术品及其资源。艺术品投资指的是在一定时期内通过购买艺术品、经营艺术商业等交易行为带来经济收入,是一种经济和文化的双重行为。艺术品成为一种重要的资产。艺术品资产化的趋势向艺术金融机构提出了新的挑战,同时也向财富管理提出了新的要求。现有的对于艺术品的投资手段非常多样。我们可以直接购买和收藏艺术品,也可以投资购买一些艺术品衍生金融产品,如艺术品股票、艺术品信托产品和艺术品投资基金等。

中国艺术品市场潜力巨大。据统计,2017年艺术品市场总成交额近6 000亿元。据测算,进一步挖掘市场潜力可实现的需求大概是2万亿元。这也从另一个角度说明,人们创造财富的能力不断增强,对财富管理的需求不断提升,艺术品投资在我国财富管理领域当中担当起越来越重要的角色。

 本章术语

标准化金融产品　非标准化金融产品　金融衍生品　期货　远期　期权　互换　套利　合理避税　投资管理　量化投资　因子策略　投资组合　风险属性　退休规划　教育投资　艺术品投资

本章练习题

1. 谈一谈标准化金融产品的含义与重要性。
2. 标准化金融产品的种类有哪些?特征是什么?
3. 谈谈在监管不断收紧的背景下非标准化金融产品的未来。
4. 金融衍生品包含几个重要类型?它们之间有何共性和差异?
5. "期货和期权是零和游戏。"你如何理解这句话?
6. 如何理解投资咨询的功能和应用?
7. 如何理解合理避税与偷逃税款的界限?
8. 如何理解投资管理的内涵?
9. 请列出投资管理的三个功能。
10. 如何依据退休规划的流程,针对不同客户群提出合理的财富管理方案?
11. 什么是旅游消费?如何理解旅游消费的有形性与无形性?
12. 教育投资的内涵是怎样的?
13. 对医疗保险产品应持有怎样的态度?如何理解购买保险是一种财富管理方式?
14. 什么是艺术品投资?目前艺术品投资的产品都有哪些?
15. 应如何防范艺术品投资的风险?

 即测即练

第十一章

财富管理市场

【教学目标】

1) 掌握各个市场的概念、特点、结构和功能
2) 理解各个市场与财富管理的关系

【教学重点】

1) 货币市场与资本市场比较
2) 保险市场的构成要素与组织形式
3) 股票的特征和类型
4) 债券的功能和类型
5) 房地产市场与财富管理的关系
6) 大宗商品价格波动的内在动因

【教学难点】

1) 保险商品的特殊性,保险供给与需求
2) 房地产投资决策的方法

与传统金融市场相比,财富管理市场是一个增速更快、前景更广、对金融机构更有价值的市场。国民财富的快速增长构成了对财富管理的巨大需求,以大资管为代表的新兴财富管理行业有着诱人的市场前景,但是同发达国家相比,我国财富管理行业仍不够成熟。本章将主要介绍各财富管理市场的运行状况、概念、特征等,包括货币市场、资本市场、保险市场、房地产市场、大宗商品市场、贵金属市场和艺术品市场。

第一节 货币市场

货币市场是短期资金市场,是金融市场的重要组成部分,具有保持金融资产的流动性,以便随时转换成可以流通的货币的功能。货币市场参与者以机构为主,日常交易量巨大,是中央银行开展公开市场操作、实施货币政策以调控宏观经济的重要操作场所,其发展状况对资本市场等中长期金融市场会产生重要影响。在货币供应量层次划分上,货币市场工具置于现金货币和存款货币之后,称之为"准货币",所以该市场被称为"货币市场"。

在本节中,我们主要从概念与特征、参与者和类型三方面对货币市场进行剖析。

一、货币市场的概念与特征

(一)货币市场的概念

货币市场,是指以期限在1年以内(含1年)的金融工具为媒介进行资金融通的市场,又称短期资金市场。

货币市场产生和发展的初始动力是为了保持资金的流动性,它借助各种短期资金融通工具将资金需求者和资金供应者联系起来,既满足了资金需求者的短期资金需要,又为资金有余者的暂时闲置资金提供了获取盈利的机会。但这只是货币市场的表面功能,将货币市场置于金融市场以至市场经济的大环境中可以发现,货币市场的功能远不止于此。货币市场既从微观上为银行、企业等提供灵活的资金管理手段,使它们在对资金的安全性、流动性、营利性相统一的管理上更方便灵活,又为中央银行实施货币政策以调控宏观经济提供手段,在保证金融市场健康稳定发展方面发挥巨大作用。

(二)货币市场的特征

(1)交易期限短。交易期限短是货币市场交易对象最基本的特征。最短的交易期限只有1天,最长的不超过1年,大多为3~6个月。

(2)交易的主要目的是解决短期资金周转的需要,一般是弥补流动资本的临时不足。

(3)交易工具的流动性强。较强的流动性这个特点来源于交易的期限短。期限短的交易对象随时可以在市场上转换成现金而使其接近货币。

(4)交易风险相对较低。货币市场交易对象的期限短,不确定因素相对较少,加上变现的时间间隔较短,很容易被短期交易者接受。虽然短期收益非常有限,但其价格平稳,参与交易的双方遭受损失的可能性很小,风险相对较低。

二、货币市场参与者

(一)资金需求者

货币市场上的资金需求者主要是由于短期资金不足或是日常经营需要更多的短期资金并希望通过货币市场交易获得短期资金的主体。这类参与者主要有商业银行、非银行金融机构、政府和政府机构以及企业。

(二)资金供给者

货币市场上的资金供给者主要是满足了日常经营需要后仍然拥有多余闲置资金并希望通过货币市场交易将这部分资金借出以获得一定收益的主体。这类主体主要有商业银行、非银行金融机构和企业。

(三)交易中介

货币市场的交易中介是为货币市场交易中的资金融通双方提供服务从而获得手续费

或价差收益的主体。这类参与者主要有商业银行以及一些非银行金融机构。

（四）中央银行

中央银行参与货币市场交易是为了实施货币政策，控制货币供应量，引导市场利率，实现宏观金融调控的目标。

（五）政府和政府机构

政府和政府机构主要是作为短期政府债券的供给者和短期资金的需求者而参与货币市场交易。

（六）个人

个人参与货币市场，一般都是作为资金供给者，但由于货币市场单笔交易数额较大以及监管的需要，个人一般不能直接参与货币市场的交易，主要通过投资货币市场基金等方式间接参与货币市场的交易，但也有个人持有短期政府债券和大面额可转让存单的情况。

三、货币市场的类型

（一）同业拆借市场

1. 同业拆借市场的概念

同业拆借市场，是指由各类商业性金融机构相互间进行短期资金借贷活动而形成的市场。参与者包括各类商业性金融机构，主要有商业银行以及非银行金融机构，它们根据自身资产负债情况决定对同业拆借的供应或需求。

2. 同业拆借市场的种类

拆借品种一般以 1~2 天最为常见，最短的为隔夜拆借品种。其他种类包括 7 天、14 天、1 个月、3 个月等，最长不超过 1 年。

（二）证券回购市场

1. 证券回购市场的概念

证券回购市场，是指证券的持有方（正回购方、资金需求者）以持有的证券做让与担保，获得一定期限内的资金使用权，期满后则需归还借贷的资金，并按约定支付一定的利息；而资金的贷出方（逆回购方、资金供给者）则暂时放弃相应资金的使用权，从而获得融资方的证券担保权，并于回购期满时归还对方让与担保的证券，收回融出资金并获得一定利息的市场。实质上，证券回购市场是一种以证券资产做抵押的资金融通。参与者主要包括各类商业银行、非银行金融机构、企业和中央银行。

2. 证券回购市场的种类

根据所质押的证券所有权是否由资金融入方（正回购方）让渡给资金融出方（逆回购方），证券回购可分为质押式回购和买断式回购。

（1）质押式回购。质押式回购是指交易双方以债券为权利质押所进行的短期资金融通。在质押式回购交易中,资金融入方(正回购方)在将债券出质给资金融出方(逆回购方)融入资金的同时,双方约定在将来某一日期由正回购方向逆回购方返还本金和按约定回购利率计算的利息,逆回购方向正回购方返还原出质债券。

债券质押并不改变债券的所有权,只是在首次交割日将质押债券冻结,到期交割日由逆回购方发出解冻指令后解冻,债券质押期间不能买卖,不能再用于质押。

(2)买断式回购。买断式回购是指债券持有人(正回购方)将债券卖给购买方(逆回购方)的同时,交易双方约定在未来某一日期,正回购方再以约定价格从逆回购方买回相等数量同种债券的交易行为。

逆回购方拥有买入证券的完整所有权和处置权,因而逆回购方享有在回购期间灵活运用质押证券的权利。

(三)商业票据市场

1. 商业票据市场的概念

商业票据市场,是指以流通和转让商业票据的形式短期融通资金的市场。票据市场是直接联系产业资本和金融资本的枢纽,作为货币市场的一个子市场,是货币市场体系中最基础、交易主体中最广泛的组成部分。商业票据对投资人的限制较少,因而参与者十分广泛,包括中央银行、商业银行、非金融机构、企业等,但由于面值较大,只有少数个人投资者有实力进行投资。

2. 商业票据市场的种类

商业票据市场主要包括票据承兑市场和票据贴现市场。

(1)票据承兑市场。承兑是指汇票到期前,汇票付款人或指定银行确认票据记明事项,在票面上作出承诺付款并签章的一种行为。

(2)票据贴现市场。票据贴现是指票据持有者为取得现金,以贴付利息为条件向商业银行或贴现公司转让未到期票据的融资关系。

(四)大额可转让定期存单市场

1. 大额可转让定期存单的概念

大额可转让定期存单,简称NCDs,是指商业银行发行的可以在金融市场上转让流通的一定期限的银行存款凭证。大额可转让定期存单的发行人只限于各类银行存款类金融机构,可以在发行人的营业网点、电子银行、第三方平台以及经中国人民银行认可的其他渠道发行。发行利率以市场化方式确定,固定利率存单采用票面年化收益率的形式计息,浮动利率存单以上海银行间同业拆借利率(Shibor)为浮动利率基准计息。参与者包括个人、金融机构、非金融企业、机关团体和中国人民银行认可的其他单位。

2. 大额可转让定期存单的种类

大额可转让定期存单分为1个月、3个月、6个月、9个月、1年、18个月、2年、3年和5年共9个品种。

(五)短期政府债券市场

1. 短期政府债券的概念

短期政府债券,是指政府为满足短期资金需求而发行的1年内偿还本息的有价证券。

短期政府债券市场的参与者包括发行市场的参与者和流通市场的参与者。发行市场的参与者主要包括政府和投资者，投资者主要是参与债券发行投标的一级自营商，通常由实力雄厚的投资银行和商业银行共同组成。除此之外，还有其他金融机构、企业、外国中央政府作为投资者参与。流通市场的参与者范围十分广泛，包括各类金融机构、企业、个人投资者等。

2. 短期政府债券的种类

目前我国短期政府债券主要有两类：短期政府债券和中央银行票据。广义的短期政府债券不仅包括财政部发行的国债，还包括省、自治区、直辖市政府（含经省级政府批准自办债券发行的计划单列市政府）发行的债券；狭义的短期政府债券仅指财政部发行的国债。中央银行票据是中央银行为调节商业银行超额准备金而向商业银行发行的短期债务凭证，其实质是中央银行债券，之所以叫"中央银行票据"，是为了突出其短期性特点。

第二节　资本市场

资本市场是融资期限在1年以上的金融市场，包括股票市场、债券市场、基金市场和衍生品市场等，是资产配置的重要领域，本节重点介绍股票和债券市场。

一、股票市场

股票市场是股票发行和交易的场所，包括发行市场和流通市场两部分。股份有限公司通过面向社会发行股票，迅速集中大量资金，实现生产的规模经营；而社会上分散的资金盈余者本着"利益共享、风险共担"的原则投资股份有限公司，谋求财富的增值。股票市场起源于1602年荷兰人在阿姆斯特河大桥上进行荷属东印度公司股票的买卖，而正规的股票市场最早出现在美国。中国内地有上海证券交易所和深圳证券交易所两个交易市场。

（一）股票的含义

股票是一种有价证券，它是股份有限公司发行给投资者以证明其身份、权益，并据以获取股息和红利的凭证。股票代表着其持有者（股东）对股份有限公司的所有权，这种所有权是一种综合权利，如参加股东大会、投票表决、参与公司的重大决策、收取股息或分享红利等。股东是公司所有者，以其出资额为限对公司负有限责任，承担风险，分享收益。

（二）股票的类型

股票作为社会化大生产的产物，已有400多年的历史。股票形形色色，按不同的标准或从不同的角度，可以分为不同的种类，常见的股票类型如下：

1. 按股东享有的权利和承担的义务不同，股票可分为普通股股票和优先股股票

普通股是指公司的经营管理和盈利及财产的分配上享有普通权利的股份，代表满足所有债权偿付要求及优先股东的收益权与求偿权要求后对公司盈利和剩余财产的索取权。它构成公司资本的基础，是股票的一种基本形式，是标准化股票，也是发行量最大、最为重要的股票。普通股股东享有公司经营决策的参与权、公司盈余分配权、剩余资产分配权和认股优先权。目前在上海证券交易所和深圳证券交易所上市交易的股票都是普通股。

优先股股票是一种特殊股票,在其股东权利、义务中附加了某些特别条件。优先股股票的股息率是固定的,其持有者的股东权利在表决权等方面受到一定的限制,但在公司盈利和剩余财产的分配上比普通股股东享有优先权。

2. 按是否记载股东的姓名,股票可分为记名股票和不记名股票

记名股票,是指将股东姓名记载于股票票面和股东名册的股票。一般来说,如果股票是归某人单独所有,则应记载持有人姓名;如果股票是以国家授权投资的机构或者法人所持有,则应记载国家授权投资的机构或者法人的名称。持有者变更姓名或名称的,应办理变更手续。不记名股票,是指在股票票面和股份公司股东名册上不记载股东姓名的股票,又称为无记名股票。

3. 按是否在股票票面上标明金额,股票可分为有面额股票和无面额股票

有面额股票,是指在票面上记载一定股票金额的股票,这一金额又称作票面金额、票面价值或股票面值。无面额股票,是指在股票票面上不记载股票面额,只注明它在公司总股本中所占比例的股票,也称为比例股票或份额股票。其价值是不确定的,随着公司资产的变化而相应变化:公司资产增加,每股价值上升;反之,价值下降。目前世界上很多国家(包括中国)的公司法规定不允许发行无面额股票。

4. A股、B股、H股、N股和S股

我国上市公司的股票有A股、B股、H股、N股和S股等的区分。这一区分主要依据股票的上市地点和所面对的投资者而定。

A股的正式名称是人民币普通股票,它是由我国境内的公司发行,供境内机构组织或个人(不含台港澳投资者)以人民币认购和交易的普通股股票。

B股的正式名称是人民币特种股票,它是以人民币标明面值,以外币认购和买卖,在上海证券交易所和深圳证券交易所上市交易的股票。深圳是以港币交易,上海是以美元交易。

H股是用人民币标明面值,由境内公司发行,在香港上市,用港币交易的股票;香港的英文是HongKong,取其字首,在港上市的外资股就叫作H股。H股企业主要是在香港上市的内地企业,以国企为主,所以H股又称红筹股,大部分是优秀企业。

N股类似于H股,纽约英文的第一个字母是N,是境内企业在境外的纽约交易所上市的外资股票,包括道琼斯指数和纳斯达克指数。我国在纽约交易所上市的企业有联想、新浪、搜狐、网易、百度等。

S股也类似于H股,只是上市交易地在新加坡,新加坡英文的第一个字母是S。那些核心业务在中国内地而企业的注册地在新加坡或其他地区、但是在新加坡交易所上市挂牌的企业股票,可以叫作S股。此外,在我国境内主板上市的A股企业中正在进行股改的股票也称为S股,但是含义差别很大。

(三)股票发行的方式

依照不同的分类标准,可以划分出以下几类主要的股票发行方式。

1. 公募发行和私募发行

按照发行对象的不同,可以将股票发行方式划分为公募发行和私募发行两大类。

公募发行又称公开发行,是指以不特定的广大投资人为股票发行的对象,按统一的条件公开发行股票的方式。公募发行一般数额较大,发行人通常委托股票承销商代理发行,因而发行成本较高;公募发行需经过严格的审查,发行过程比较复杂,但信用度较高且流动性较好。

私募发行又称不公开发行,是指以特定的投资人为对象发行股票的发行方式,发行对象一般是与发行人有特定关系的投资者,如发行人的职工或与发行人有密切关系的金融机构、公司、企业等。发行人的资信情况为投资人所了解,不必像公募发行那样向社会公开内部信息,也没有必要取得股票资信级别评定。私募发行的数额一般较小,发行程序也比较简单,所以发行人不必委托中介人办理推销,可以节省手续费开支,降低成本。但由于私募发行未经过严格的审查和批准,所以一般不能公开上市,流动性较差。

《证券法》规定,向社会公众公开发行的股票票面总值超过人民币5 000万元的,应当由承销团承销。

2. 担保发行和无担保发行

按照有无担保,可以将股票发行划分为担保发行和无担保发行。

担保发行是指发行人为了提高股票信誉和吸引力,增加投资者的安全感,采用某种方式承诺,保证到期支付股票收益(股息和红利)的一种股票发行方式。在股票担保发行中,具体的担保形式又可分为信用担保发行和实物担保发行两种。

信用担保发行是指股票发行人凭借担保人的信用来保证发行人履行责任的发行方式。担保人必须是除发行人以外的、具备担保资格、信誉良好的第三人,担保人同意担保必须出具正式的书面担保文件,一旦被担保的股票发行人无法履行责任,担保人必须及时提供全部资金予以代偿。担保人代偿后,对被担保的股票发行人具有追索权。

实物担保发行是指股票发行人以符合担保条件的实物为抵押品来保证发行人履行发行责任的发行方式。担保物的价值要经中介机构的评估。发行人一旦到期无法履约,则应用担保物进行清偿。担保物变价金额不足偿付的按比例偿付,原债权人保留差额追索权。

无担保发行是不提供担保条件的发行。

3. 定价发行和竞价发行

按照股票发行价格确定方式的不同,可以将发行方式划分为定价发行和竞价发行。

定价发行,是由发行人与承销商参照市场上同行业价格股票的价格水平,加上对企业发展前景与风险水平的预测,以及对宏观经济形势的综合判断,确定最终发行价格来发售股票的方式。根据发行价格同股票面值之间的关系不同,可以分为平价发行、溢价发行和折价发行,我国法律规定股票不得折价发行。

竞价发行,又称招标发行,是由发行人通过公开招标的方式,经过投标人的竞争,选择对发行人最有利的价格作为中标价格及发行价格的发行方式。发行股票的公司和承销商事先确定一个发行底价,然后投资者在此价格之上按照自己的意愿和购买能力进行自由报价,最后按价格优先、时间优先的原则,由高到低对价格排序以确定投资者是否认购成功。

二、债券市场

作为金融市场的重要组成部分,债券市场为满足实体经济的投融资需求发挥着重大作用,为财富管理提供多元化的产品,为资本的流动与定价创造便利条件。

(一) 债券市场的概念

债券是一种金融契约,是政府、金融机构、工商企业等直接向社会借债筹借资金时,向投资者发行,同时承诺按一定利率支付利息并按约定条件偿还本金的债权债务凭证。

债券市场,是指为筹资者和投资者提供债券发行与买卖的场所。债券市场是金融市场的一个重要组成部,一个统一、成熟的债券市场可以为全社会的投资者和筹资者提供低风险的投融资工具,也是传导中央银行货币政策的重要载体,构成了一个国家金融市场的基础。

(二) 债券市场参与主体

债券市场参与主体包括发行主体、投资主体、结算机构和监管机构。

1. 发行主体

债券发行主体包括财政部、中国人民银行、地方政府、政策性银行、商业银行、财务公司等非银行金融机构、证券公司、非金融企业或公司等。发行的债券产品包括政府债券(国债、地方政府债)、中央银行债(央行票据)、金融债券(政策性金融债、商业银行债券、特种金融债券、非银行金融机构债券、证券公司债、证券公司短期融资券等)、企业债券、短期融资券、中期票据、资产支持证券、国际机构债,以及政府支持机构债(目前包括汇金公司发行的债券)和政府支持债券(2011年以来铁道部发行的债券)等。

在我国债券市场,债券可以通过三种方式发行:债券招标发行、簿记建档发行、商业银行柜台发行。目前,国债、央行票据、政策性金融债绝大多数通过招标发行;部分信用债券通过簿记建档方式发行;2014年以前只有传统凭证式国债通过商业银行柜台发行,2014年3月起,国家开发银行、政策性银行和中国铁路总公司等政府支持机构债券登陆商业银行柜台,接受个人和非金融机构客户购买。

从发行规模来看,2017年,债券市场共发行各类债券40.8万亿元,较2016年增长12.9%。国债发行3.9万亿元,地方政府债券发行4.4万亿元,金融债券发行5万亿元,政府支持机构债券发行2 860亿元,资产支持证券发行1.5万亿元,同业存单发行20.2万亿元,公司信用类债券发行5.5万亿元。

2. 投资主体

目前所有的投资者都可以通过不同形式参与到债券市场,投资主体包括人民银行、政策性银行等特殊机构、商业银行、信用社、邮储银行、非银行金融机构、证券公司、保险公司、基金(含社保基金)、非金融机构等机构投资者和个人投资者。

然而由于目前债券产品的交易分割,债券投资人的市场分割也非常明显。上市商业银行、非银行金融机构和部分的非金融机构等都可以参与交易所市场和银行间市场;特殊机构、商业银行、信用社等债券交易的主体只能参与银行间市场；部分非金融机构和个人投资者只能参与交易所和商业银行柜台市场。

3. 结算机构

我国债券市场基本实现了债券登记、托管、清算和结算集中化的管理，相应的机构包括中国证券登记结算有限责任公司（以下简称"中证登"）、中央国债登记结算有限责任公司（以下简称"中央结算公司"）和银行间市场清算所股份有限公司（以下简称"上清所"）。

中证登的主管部门是中国证监会。上海证券交易所、深圳证券交易所是公司的两个股东，各持50%的股份。中证登承接了原来隶属上海证券交易所和深圳证券交易所的全部登记结算业务，标志着全国集中统一的证券登记结算体制的组织框架基本形成。

中央结算公司是为全国债券市场提供国债、金融债券、企业债券和其他固定收益证券的登记、托管、交易结算等服务的国有独资金融机构，是财政部唯一授权主持建立、运营全国国债托管系统的机构，也是中国人民银行指定的全国银行间债券市场债券登记、托管、结算机构和商业银行柜台记账式国债交易一级托管人。

上清所是银行间市场清算所股份有限公司，是经财政部、人民银行批准成立的旗下专业清算机构。上清所的主要业务是为银行间市场提供以中央对手净额清算为主的直接和间接的本外币清算服务，包括清算、结算、交割、保证金管理、抵押品管理、信息服务、咨询业务，以及相关管理部门规定的其他业务。

从托管结构看，中国债券市场的主体实现了集中统一托管体系。中央结算公司作为中国债券市场的总托管人，直接托管银行间债券市场参与者的大部分债券资产；而中证登作为分托管人，托管交易所债券市场参与者的债券资产，四大国有商业银行作为二级托管人，托管商业银行柜台市场参与者的债券资产。此外，尚有部分债券未纳入上述中央托管体系。

4. 监管机构

我国的债券市场监管机构主要包括发改委、财政部、人民银行、证监会、银保监会（根据2018年3月13日公布的《国务院机构改革方案》显示，拟将银监会和保监会的职责整合，组建银保监会，作为国务院直属事业单位。2018年8月14日，银保监会三定方案正式出炉）等。对债券市场的监管体系可以分为债券发行监管、债券挂牌交易和信息披露监管、债券清算结算和托管监管、债券市场参与主体的监管以及评级机构等相关服务机构的监管等。

（1）债券发行监管。目前我国按照产品发行主体和发行品种两个维度对债券产品发行实行多头监管。例如，公司发行中期票据要向人民银行主管下的交易商协会进行注册，公司发行企业债券由发改委审批，公司发行公司债券由证监会审批。

（2）债券挂牌交易和信息披露监管：主要通过交易所进行自律监管。交易场所主要包括交易所市场、银行间市场和商业银行柜台市场，其相应的主管机关分别是证监会、人民银行和银保监会。

（3）债券清算、结算和托管监管：主要通过清算、结算和托管机构完成。债券清算、结算和托管机构主要有中证登、上清所和中央结算公司，其相应的主管机构是证监会、人民银行、银保监会和财政部。

（三）债券市场的类型

1. 按发行主体不同分类

（1）政府债券。政府债券发行主体是政府，包括中央政府、政府机构和地方政府。

中央政府债券是由中央政府以财政部名义发行的债券，简称国债，一般不存在违约风险。

1年期以下（含）为短期国债，被视为准货币，一般采取贴现形式发行；1年期以上10年期以下（含）为中期国债；10年期以上为长期国债。

地方政府债券是以地方政府为发债主体的债券。根据债券偿还资金来源不同，地方政府债券可分为普通债券和收益债券。普通债是指以政府税收能力为偿债保证的债券，主要用于地方公共服务。收益债券，是指以政府项目建成后的运营收入为偿债保证的债券，主要用于投资建设。

（2）公司债券。公司债券是公司为了筹措资金而向投资者出具的，承诺在未来按照约定的日期和利率支付利息，并偿还本金的一种债务凭证。公司债券的发行人一般是有限责任公司或股份公司。

在国外，金融机构属于公司的范畴，因此，由银行及非银行金融机构发行的债券也被划为公司债券。

2. 按债券发行主体国别不同分类

（1）国内债券。国内债券是指发行人与发行市场在同一个国家或地区的债券。

（2）国际债券。国际债券是指发行人与发行市场不在同一国家或地区的债券。

3. 按债券的利率是否固定分类

（1）固定利率债券。固定利率债券是指在偿还期内利率固定不变的债券。这种债券在偿还期内，无论市场利率如何变化，债券持有人只能按照债券票面所载的利率获取债息。

（2）浮动利率债券。浮动利率债券是指利率可以定期变动的债券（按基准利率予以定期调整）。

4. 按内含选择权分类

（1）可转换公司债券。可转换公司债券是指由公司发行的，投资者在一定时期内可以按照一定条件转换成公司股票的公司债券，通常称作可转债。

可转换公司债券具有债券的性质，有规定的利息和期限，必须按时偿还投资者本息；具有股票期权的性质，其在一定条件下可以转换成债券发行人的股票。

（2）可分离交易转换债券。可分离交易转换债券全称是"认股权和债券分离交易的可转换公司债券"。与普通可转债不同的是，可分离交易转换债券在投资者行使认股权利后，该债券依然存在，持有者仍然可以继续获得本金及相应利息。可分离交易转换债券对于发行人而言，具有"二次融资"的特点。在债券发行时，投资者向发行人支付款项认购债券；在行使认购股票的权利时，需要再次向发行人支付相应款项。

（3）其他含权债券。投资者具有向发行人回售债券选择权的债券（投资者要求提前赎回),其利率一般相对比较低(债券有利于投资者,利率低可看作对发行人的补偿)。发行人具有向投资者赎回债券选择权的债券(发行人要求提前赎回),其利率一般相对较高(债券有利于发行人,利率高可看作对投资者的补偿)。

(四)我国债券市场主要类型

1. 国债

我国的国债专指财政部发行的、具有免税特征的债券。其期限通常在1年以上,以中长期债券为主。国债的形式有记账式国债、凭证式储蓄国债、电子式国债和其他国债。

记账式国债,又称为无纸化国债,是由财政部通过无纸化方式发行,以计算机记账方式记录债权并可以上市交易的债券。

凭证式储蓄国债,是指由财政部发行的、有固定利率,并通过纸质媒介记录债权债务关系的国债,可记名、可挂失、可提前支取(损失利息),但不可流通转让,到期由财政部还本付息。

电子式国债,是由财政部面向境内公民储蓄类资金发行的、以电子方式记录债权的不可流通的国债,其通过部分商业银行柜台以实名制方式向个人投资者销售。

2. 地方政府债

地方政府债是指省、自治区、直辖市政府(含经省级政府批准自办债券发行的计划单列市政府)为没有收益的公益性项目发行的、约定一定期限内主要以一般公共预算收入还本付息的政府债券。

3. 金融债券

金融债券是指由金融机构发行的债券,主要在银行间债券市场发行并交易,包括政策性金融债券、商业银行债券(普通、次级和混合资本债券)、财务公司金融债、证券公司债券、资产支持证券等。

4. 企业债券

企业债券是指在我国境内具有法人资格的非金融企业,主要是中央政府部门所属机构、国有独资企业或国有控股企业在境内依照法定程序发行并约定在一定期限内还本付息的有价证券。

5. 公司债券

公司债券是指公司依照法定程序发行的,约定在一定期限内还本付息的有价证券。公司债券与企业债券在发行主体、监管机构等方面具有一定区别,公司债的监管机构是证监会,企业债监管机构是国家发改委。

第三节 保险市场

保险业是金融体系的支柱产业,保险具有经济补偿、资金融通、社会管理的重要功能,是社会经济体系健康运行的"稳定器"。保险市场既可以为企业提供生产经营方面的风险保障,又可以分散、转移个人的人身与财产风险,避免企业、个人财富因意外风险事件而遭受损失。通过保险资金的合理运用，保险市场还可以为实体经济发展提供长期资金支持，有力推动经济发展。在世界经济体系中，保险市场正在发挥着越来越重要的作用。

2019年3月6日，瑞再研究院(Swiss Re)发布《新兴市场：充满挑战的前景中的一线希望》，研究报告指出，尽管周期性和结构性因素对整体宏观增长前景构成压力，但新兴经济体的保险市场前景依然强劲。报告预测未来10年，新兴市场（中国、俄罗斯、墨西哥、巴西和土耳其）在全球保费收入中所占份额将增加约50%，亚洲新兴市场将引领全球保费增长，未来两年的保费增幅将是全球平均水平的3倍，而中国将在15年内成为全球最大的保险市场。

一、保险市场的概念

保险市场是指保险商品交换关系的总和，包括保险商品供给与需求两方面。它既可以指固定的保险交易场所，也可以是所有实现保险商品让渡的交换关系的总和。保险市场的交易对象是保险供给方为保险需求方提供的风险保障，即各类保险商品。

早期的保险市场上只有保险供给方与保险需求方两个交易主体。随着保险市场规模的快速扩张，保险业务量迅猛增长，与之相关的市场营销、业务咨询、损失评估、保险理赔等服务需求大幅增长，充当保险供需双方媒介的保险中介方应运而生，一方面推动了保险业的发展，另一方面也增加了保险交换关系的复杂程度。现代科技日新月异，信息革命波及全球，移动支付、区块链等新事物层出不穷，账号盗刷、信息泄露等新的风险形态不断涌现，这也给保险市场带来了新的挑战与机遇。

二、保险市场的构成要素

（一）保险市场的主体

保险市场的主体是指保险市场交易活动的参与者，包括保险商品的供给方、需求方以及中介方。

1. 保险商品的供给方

保险商品的供给方即保险人，是指专门经营各类可保风险的市场经济单位。保险人依循大数法则进行经营，通过汇聚大量同质风险，以收取保险费的方式建立保险基金，为发生风险事故的客户提供损失补偿或满期给付，以承担、分散和转移客户风险。保险人在不同的国家和地区得到不同程度的法律许可，以各类保险组织形式出现在保险市场上，如保险股份有限公司、相互保险公司、相互保险社、保险合作社、劳合社、专业自保公司等。

2. 保险商品的需求方

保险商品的需求方是指为寻求风险保障而对保险商品具有购买意愿和购买能力的消费者的集合，包括个人、企业与政府，统称为保险消费者。保险是一种传统的风险管理手段，人们的保险需求源自分散风险的强烈意愿。生活中的风险无处不在，各类自然灾害、人为事故、责任风险给人们带来巨大的财产与人身损失，造成社会财富的大幅减少。基于风险厌恶的天性和分散风险的实际需要,面临同质风险的人们通过提前缴纳保险费的方式形成保险基金,以弥补其中少数人遭遇的风险事故损失,从而实现风险分散、损失共担的目的,避免个人财富的剧烈波动。保险消费者的保险需求水平与其面临的风险水平、自身的风险承受能力、风险态度及缴费能力有关,在不同的国家和地区,人们的生活习俗、传统观念等意识形态因素也对保险需求影响深远。

3. 保险商品的中介方

保险中介(insurance intermediary)机构因保险业务需要而产生,是指为保险人与保险消费者提供专业服务,专门从事保险业务咨询、保险产品销售、保险标的物价值与损失评估、保险理赔清算等中介服务活动,并依法获取服务佣金与手续费的单位或个人。

保险中介机构主要包括保险代理人、保险经纪人和保险公估人等主体形式。此外,一些专业领域的单位或个人也可以从事某些特定的保险中介服务,如保险精算师事务所、保险律师、保险事故调查机构等。

(二)保险市场的客体

保险市场的客体是保险商品。保险商品是指在商品经济条件下用作交换,用以满足人们风险保障需要的无形劳动产品,是使用价值和价值的有机统一体。与其他商品不同,保险商品具有其特殊性:①保险经营的是无形风险,能满足人们对纯粹风险所引致损失的保障需要;②保险商品本质上是一份法律契约,是在法律规定的权利与义务范围之内,保险人对被保险人作出的经济保障承诺;③保险交易具有期限性,被保险人在灾前缴纳保险费,在灾后获得损失补偿,其权利和义务并非同时完成,交易具有一定的期限性。

根据风险损失发生的载体不同,保险商品可分为财产保险与人身保险两大类。财产保险承保有形财产及有关利益因意外事故或自然灾害遭受损失的风险,具体险种包括企业财产保险、家庭财产保险、责任保险、海上保险、农业保险、工程保险、信用与保证保险等。人身保险是指以人的生命和身体为保险标的,当被保险人发生死亡、伤残、疾病、年老等保险事故或约定的保险期限届满时,由保险人按照保险合同约定承担给付保险金责任的保险商品,具体险种包括人寿保险、年金保险、健康保险和意外伤害保险。

三、保险市场的组织形式

保险市场的组织形式是指经营保险业务的保险机构所采取的经营形式,目前主要存在保险股份有限公司、相互保险公司、相互保险社、保险合作社、劳合社、专业自保公司等保险组织形式,其中以保险股份有限公司、相互保险公司、专业自保公司最为普遍。

(一)保险股份有限公司

保险股份有限公司又称"股份保险公司",是指遵照一般的股份有限公司经营规则所形成的保险经营形式,是当今世界最主要的保险组织形式。保险股份有限公司以获取经营利润为直接目的,通过发行股票或股权证在资本市场上筹集资本,由多方投资者共同出资设立。保险股份有限公司的所有权与经营权相互分离,一般通过招募聘请职业保险经理人来负责公司的日常运营管理及业务拓展。

保险股份有限公司的组织结构主要包括股东大会、董事会、监事会和总经理。股东大会由保险股份有限公司所有股东组成,是保险股份有限公司的最高权力机构。股东大会会议由股东选举的董事会负责召集举行,一般每年召开一次,对公司合并、分立、清算等重大决策事项进行投票表决。董事会是公司最重要的决策与管理机构,一般由全体股东选举产生,受股东委托行使公司日常经营管理活动的决策权。监事会由股东与职工代表组成,负责公司财务、行政法规、公司章程、董事行为等公司经营事务的检查督促工作。总经理是高级管理人员,由董事会聘任,负责执行公司的经营策略,管理日常经营活动。

保险股份有限公司是我国最主要的保险市场组织形式,根据资本金来源结构,一般可分为中资保险公司和外资保险公司。我国中资保险公司的市场份额远高于外资保险公司。

(二) 相互保险公司

相互保险公司是由所有保单持有人自己设立的保险组织形式,公司经营的根本目的是给会员提供低成本的保险,而不是为了盈利。相互保险公司不发行股票,没有股东,所有投保人通过购买保险或认缴资本金的方式成为公司会员,他们既是保险消费者,又是相互保险公司所有者。其组织结构与保险股份有限公司相似,最高权力机关为全体会员大会,董事会由会员大会选举产生,由董事会聘用或任命公司的高级管理人员。

相互保险公司在我国比较少,但在国外则比较常见。在美国,大约7%的人寿保险公司采用相互保险公司的组织形式,创立于1912年的美国利宝相互保险公司更是美国第三大财产保险公司,位列2018年《财富》世界500强企业中的第255名。

(三) 专业自保公司

专业自保公司一般存在于大型集团公司,往往由母公司全资设立而成,目的是为母公司与其他子公司承保本企业所面临的特殊风险或不可保风险,是集团公司利用内部基金进行风险融资的高级形式。专业自保公司不以盈利为主要目的,业务对象为母公司与其他子公司,可以为其提供价格较为低廉的保险产品,以节约集团公司的保险成本。对专业自保公司而言,母公司既是被保险人,又是自保公司的所有者,直接介入支配着公司的主要经营活动,包括承保、理赔管理和资金运用等。

各国政府往往会为各类保险组织形式提供税收、政策方面的优惠与便利,因此,成立专业自保公司也可以为企业避免不合理税收,降低经营成本。据统计,目前在世界财富500强企业中有超过70%的企业都设立了专业自保公司。

四、中国保险市场概况

保险业是我国经济体系和社会保障体系的重要组成部分,发挥着社会"稳定器"、经济"减震器"和"助推器"的积极作用。自1980年恢复国内保险业务以来,我国保险市场一直保持着快速发展态势,取得了显著成就。2017年,我国总保费收入超越日本,成为世界第二大保险市场。中国保险市场目前已成为世界保险业最重要的增长动力源泉,是世界新兴保险市场的核心成员。

(一)保险机构

截至 2018 年底,中国保险市场各种类型的保险机构共 232 家。其中,保险集团控股公司 12 家,财产保险公司 88 家(中资 66 家,外资 22 家),人身保险公司 91 家(中资 63 家,外资 28 家),再保险公司 12 家,保险资产管理公司 24 家,另有相互保险社 4 家,专业自保公司 1 家。

我国当前已形成了保险集团控股公司、股份制保险公司、政策性保险公司、再保险公司、保险资产管理公司、相互保险社等多种组织形式、多种所有制成分并存、共同发展的市场格局,其中,保险公司数量最多,是我国保险市场最主要的保险组织形式。在 2018 年《财富》世界 500 强企业中,我国共有中国平安保险、中国人寿保险、中国人民保险等 9 家保险公司入选,入选的保险公司数量仅次于美国,居世界第二位。

(二)保费收入

2018 年,中国原保费收入 38 016.62 亿元,同比增长 3.92%。其中,财产保险公司保费收入 11 755.69 亿元,同比增长 11.52%;人身保险公司原保险保费收入 26 260.87 亿元,同比增长 0.85%。2018 年全年原保费收入是 2009 年(11 137 亿元)的 3.41 倍,10 年间复合增长率高达 13.06%,几乎是同期 GDP 增长率的 2 倍,保险业高速发展态势十分明显。

(三)保险资产状况

截至 2018 年底,中国保险业总资产 183 308.92 亿元,较年初增长 9.45%,净资产 20 154.41 亿元,较年初增长 6.95%。其中,财产保险公司总资产 23 484.85 亿元,较年初下降 5.92%;人身保险公司总资产 146 087.48 亿元,较年初增长 10.55%;再保险公司总资产 3 649.79 亿元,较年初增长 15.87%;资产管理公司总资产 557.34 亿元,较年初增长 13.41%。

保险资金运用方面,截至 2018 年底,中国保险业资金运用余额 164 088.38 亿元,较年初增长 9.97%。其中,银行存款 24 363.50 亿元,占比 14.85%;债券 56 382.97 亿元,占比 34.36%;股票和证券投资基金 19 219.87 亿元,占比 11.71%;其他投资 64 122.04 亿元,占比 39.08%。

(四)中国保险市场潜力

尽管我国保险市场发展迅猛,市场体量庞大,但与发达国家相比,我国的保险需求尚未得到有效释放。如表 11-1 所示,2017 年中国内地总保费收入虽然位居世界第二,但在全球前十大保险市场中,保险深度(总保费除以 GDP)和保险密度(人均保费)却均为最低。中国内地保险密度约为其他地区的 1/10,这说明中国保险市场仍有巨大的发展空间,市场潜力巨大。

表 11-1　2017 年全球前十大保险市场

国家和地区	保费收入/亿美元	保险深度/%	保险密度/(美元/人)
美国	13 771	7.10	4 216
中国内地	5 414	4.57	384
日本	4 221	8.59	3 312
英国	2 833	9.58	3 810
法国	2 416	8.95	3 446
德国	2 230	6.04	2 687
韩国	1 812	11.57	3 522
意大利	1 555	8.34	2 620
加拿大	1 195	7.23	3 260
中国台湾	1 175	21.32	4 997

资料来源：瑞再研究院。

第四节　房地产市场

随着经济体制改革的深化，我国经济获得蓬勃发展，在一定程度上也刺激了我国房地产业和房地产市场的发育。同时，经济体制转轨必然要求我国经济在放宽商品流通渠道的基础上放宽生产要素的流通，建立包括房地产、金融、人才等要素市场。近年来，我国大地上，特别是在沿海开放城市中，兴起了一股前所未有的房地产热。我国当前房地产开发和房地产市场的兴起与完善，不仅使处于"休眠"状态的房地产经济自身得以走入良性循环的道路，而且也有力地带动了相关产业的发展，大批人员在此过程中也获得了巨大的物质财富。

一、房地产市场的概念

房地产经济是国民经济的重要支柱，而房地产市场又是房地产经济运行的基础，是社会统一市场的重要组成部分。因此，在发展国民经济的过程中，需高度重视房地产市场的发展。

房地产市场可从狭义和广义两个角度来定义。从狭义角度来看，房地产市场是指房地产买卖、租赁、抵押、典当等交易的活动场所；从广义角度来看，房地产市场是指整个社会房地产交易关系的总和。一个完整的房地产市场是由市场主体、客体、价格、资金、运行机制等因素构成的一个系统。

二、房地产市场的分类

房地产市场根据具体操作可进行如下分类。

(一) 按市场经营方式

(1) 售买市场,即以物业的全部产权或部分产权或使用权作为买卖标的物的房地产市场。

(2) 租赁市场,即物业主在保有物业所有权的前提下,仅把物业使用权分期投入市场流转的房地产市场(我国城市土地只有租赁市场,没有售买市场)。

(3) 抵押市场,即抵押人以物业作为还款担保物,向抵押权人取得贷款的房地产市场。

(4) 换房市场,即房屋所有人或承租人之间在政策允许的范围内,以房换房的房地产市场。

(二) 按市场经营的竞争方式

(1) 拍卖市场,即物业所有人或其代表人以当场竞卖的方式确定买受人的房地产市场。

(2) 招投标市场,即物业所有人以招投标形式确定买受人或承租人的房地产市场。

(3) 协议市场,即在先选择和确定物业买卖或租赁双方的前提下,以非竞争性的自由协商方式进行成交的房地产市场。

(4) 普通市场,即众多的物业买者和卖者,出租人和承租人,根据各自的需要和利益,择优结对成交物业的所有权或使用权的房地产市场。

(三) 按交货方式

(1) 现货交易市场,即以实际已存在并进入流通领域的物业作为标的物的房地产市场,若交易成功,则买受人或承租人即可实际取得物业。

(2) 期货交易市场,即以将来预定日期才能完成并进入流通领域的物业作为现时交易标的物的房地产市场。在期货市场上,交易双方的价款支付和物业交付行为的发生在时间上是相互分离的。

(四) 按市场活动的对象

(1) 地产市场,即以城市土地的使用权和征用农地的所有权、使用权为交易对象的房地产市场,它的建立直接影响着整个房地产市场的发育和经济的发展。

(2) 房产市场,即以房产为表现形式的"房地结合"的市场。

(3) 资金市场,即通过房地产专业银行等金融组织,用信贷、发行股票、期票和债券,开展住房储蓄业务,以及企业动用期货预售等方式,帮助房地产企业融通资金的市场。

(4) 劳务市场,即为用户提供各种服务的市场。这些服务包括房屋装饰、维修、管理及经纪人的活动。

除此以外,可以按城市的经济地理区域,把房地产市场分为大城市房地产市场、中等城市房地产市场和小城镇房地产市场,或分为沿海开放城市和地区房地产市场、内陆地区房地产市场和经济特区房地产市场;根据房地产市场的国际关系程度,可以分为涉外市场和境外市场。

三、房地产市场的特征

房地产市场具有以下显著特征。

（一）房地产市场是信息不充分的市场

市场信息通常包含供求信息与产品信息等。而在市场种类中，一般只有完全竞争市场信息比较充分，房地产市场是缺乏相关信息的。在房地产市场中，房地产的交易过程是买卖双方相互谈判的过程。在谈判过程中，某个房地产的潜在买家并不会知道其他买家对房地产的报价，同时，房地产的卖家在决定接受或拒绝相关报价时，也并不知道是否还有别的报价。因此，对于一些具体的房地产交易，其交易结果在一定程度上并不能真实地反映房地产的市场价值。

（二）房地产市场的区域性强

房地产市场具有很强的区域性，其中的原因主要是：房地产的生产地点和买卖地点往往具有统一性，也就是说，房地产的生产地点即是房地产的买卖地点。基于此，消费者要去消费房地产，只能通过消费者的移动来完成，而无法通过房地产的移动来实现。然而，消费者的移动并不能完全由自己决定，还受到其他因素的制约，如经济的发展水平等，因此消费者的有效需求只能局限在一定的区域范围内。例如，某类型的商品房在甲地供过于求，产品迟迟卖不出去，价格较低，而在乙地则供不应求，产品十分畅销，价格也相对较高。面对此种境况，甲地的房地产商自然希望可以把甲地的商品房移动到乙地来销售，乙地的消费者自然也希望能购买到与甲地同价格的房地产，但是，现实是残酷的，人们根本没有能力将商品房由甲地运到乙地来销售，乙地购买者一般也不会到甲地去购买。

（三）房地产市场产品的异质性

房地产市场的产品具有异质性，这种异质性在这里主要指的是房地产市场所提供的产品都是非标准化的，也就是说房地产市场中的产品之间往往不可替代，这一点和一般产品有着显著区别。首先以地产为例，人们不可能找到两块完全相同的土地，每块土地对应的地点、土地质量和价值潜力等都是不同的。而对于房产，房产之间也是完全不同的，原因主要有：房产的存在是基于地产的，地产的异质性显然会引致房产的异质性；另外，房产在建筑样式、建筑层级和建筑面积等方面也往往存在较大差别。因此，房地产市场不可能是批量供给、规范统一的大市场，市场中的每一种产品都存在异于其他产品的地方。所以消费者想找到两个完全相同的房地产，是极其困难的。

（四）房地产市场的垄断性

土地是一种稀缺的资源，因此一旦被某人或组织占有，就会在所有权上形成垄断，并且，这种垄断会因土地所有制的不同而表现出不同的特点。例如，在西方资本主义国家，土地是私有的，因此土地所有权主要表现为私人的垄断；而在我国，土地的所有权主要表现为公有制形式，所以，我们国家的土地是由国家垄断的，这种垄断实质上是一种代表着全体人民整体利益的垄断。在我们国家,土地使用权的出让由政府组织实施,国家通过土地规划等方式规定不同的土地出让方式与出让价格,并按照相关政策措施对土地市场进行宏观计划管理。另外,地产市场交易的金额一般都很大,使进入地产市场的竞争者较一般市场大为减少,因而也容易出现垄断。

(五) 房地产市场是房地产权益的交易市场

房地产市场的主要经营对象是房产与土地的使用权,而房产和土地都属于不动产,具有不可在空间上转移的物理属性。房地产商品在营销过程中没有运输成本,从这个意义上说,房地产市场是房地产权益的交易市场和权益转让市场。

四、房地产市场与财富管理

房地产市场在财富管理中的作用主要表现在企业或民众可以把自己的资金投资于房地产市场以实现自身财富的增值。基于此,有必要先了解一下房地产投资的相关知识。

房地产投资是指经济主体以获得未来的房地产资产增值或收益为目的,预先垫付一定数量的货币与实物,直接或间接地从事或参与房地产开发与经营活动的经济行为。

房地产投资的对象从广义上来说,包括房地产资产和房地产资产权益。前者拥有的是实物资产,进行的是直接投资(如房地产开发投资和房地产置业投资等);后者拥有的是权益资产,进行的是间接投资(如购买房地产企业发行的股票、债券,以及购买房地产资产支持的证券或债券等)。

房地产投资具有抗通货膨胀和风险适中等特点,因此,房地产投资已逐渐成为投资方最为喜爱的投资方式之一。在中国,随着工业化和城市化的不断发展,房地产投资也越来越受到重视。在过去的几年里,房地产投资已经成为大多数投资者获取高额利润或快速增加资产价值的重要投资形式,这大大刺激了广大民众投资房地产的欲望。虽然近年来我国加大了对房地产市场的宏观调控,但不可否认的是,房地产投资仍然是当前投资领域的热点。

第五节 大宗商品市场

大宗商品(bulk stock)一般是指可进入流通领域,但非零售环节,具有商品属性,可用于工农业生产以及消费的大批量买卖的物质商品,主要包括三个类别,即能源商品、基础原材料和农副产品。其特点是交易量大,价格波动剧烈。由于大宗商品一般属于工业基础,处于产业链的最上游,因此反映其供需状况的期货及现货价格变动会直接影响到整个经济体系。中国已成为国际市场大宗商品的主要进口国,在未来相当长时间内,我国在大宗商品方面的进口依赖程度将保持在较高水平。因此,研究国际大宗商品市场信息的特点,了解和掌握国际大宗商品市场变化趋势已经成为一个重要任务。

一、大宗商品概述

大宗商品市场,狭义上指的是进行大宗商品交易买卖的市场,而广义上指的是一切与大宗商品有关的实物及其衍生合约的交易,既包括场内市场,也包括场外市场。

大宗商品,特指一些实物产品,在金融投资市场,大宗商品指同质化、可交易、被广泛作为工业基础原材料的商品,如原油、有色金属、农产品、铁矿石、煤炭等。大宗商品是指可进入流通领域,但非零售环节,具有商品属性,用于工农业生产与消费的大批量买卖的物质商品。

大宗商品主要包括三大类别:第一类是作为能源的商品,主要是石油等;第二类是基础原材料,如螺纹钢、金银铜铁等金属;而第三类则是大宗农产品,也就是棉花、大豆等。三类大宗商品对应有相关的大宗商品交易场所,即各类大宗商品市场,又叫商品交易所。著名的如纽约商品交易所、芝加哥商品交易所等。

大宗商品交易分为三个层次:一是现货批发市场,二是大宗商品电子交易市场,三是期货及其他衍生品市场。在此,大宗商品市场专指大宗商品电子交易市场,包括大宗商品的现货即期交易和中远期交易。

大宗商品设计为期货、期权作为金融工具来交易时,可以更好实现价格发现和规避价格风险。相比于股票市场,大宗商品市场具有以下的特点:①买卖的是标准化电子货物仓单;②双向交易且存在完善的对冲机制,无论商品涨跌,均存在赚钱的可能;③杠杆机制,以小搏大,可以通过借贷加杠杆,放大资金交易,最大化投资收益;④交易手续费低。每笔交易手续费用只需要1元左右,开户、查询、撤单、打印结算清单、撤户等功能均不另收佣金和费用,佣金和成本相对股票市场更低。

二、国际大宗商品简介

上述所说的大宗商品基本上都可以在金融市场公开交易,主要类别划分与大宗商品现货的划分一致。从芝加哥商业交易所集团(CME)、洲际交易所(ICE)以及伦敦金属交易所(LME)的交易情况来看,能源类交易品种总持仓金额最大,金属类次之,农产品最小。按照2017年9月的名义持仓金额估算,能源类持仓金额达到3 606亿美元,占比47%,其中原油期货持仓占比为31%;金属类持仓金额达到3 142亿美元,占比36%;农产品类持仓达到1 510亿美元,占比17%(图11-1)。

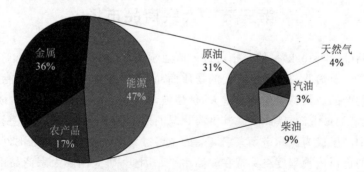

图11-1 三大类商品持仓占比

资料来源:CME、ICE、LME、兴业研究。

三、国内大宗商品简介

过去十几年,为满足国内建设需要,中国对大宗商品和原材料的进口增长了数倍,中国也早已成为全球第一大大宗商品的进口国和消费国。然而,与第一大消费国身份不相符的是,中国在大宗商品的定价上还是没有与之相当的话语权。目前全球三大类大宗商品的定价中心均在国外。为了争夺大宗商品的定价权,以及给实体企业提供更好的套期保值的工具,国内近些年来也在大力发展大宗商品期货市场。国内目前有三大商品期货交易所,包括上海期货交易所、大连商品交易所和郑州商品交易所,可交易的品种共 43 个。然而我国商品期货市场与国际相比有以下两个较大的区别。

(1) 国内上市能源类期货正处于起步阶段。国际上,能源类期货品种持仓金额占比最大。截至 2017 年 9 月 5 日的持仓数据,CME 以及 ICE 两大交易集团的 WTI 和 Brent 能源类期货占国际上主要活跃交易品种 47% 左右的持仓金额。2018 年我国原油期货在上海国际能源交易中心正式挂牌交易,这意味着中国首个国际化期货品种正式上市。原油期货的推出,将改变我国没有能源类期货品种的现状。

(2) 国内形成特有的黑色系商品期货品种。大宗商品传统大类分为能源类、金属类和农产品三大品种。但是因为我国钢铁以及煤炭在世界上产量以及消费量均为第一的现状,国内形成了特有的"黑色系"商品期货的概念,涵盖螺纹、热卷、铁矿石以及焦煤焦炭等多种商品。也因为此,我国的商品期货分类通常包括金属(有色)、黑色、农产品和化工商品期货四大类。从四大类品种来看,金属类期货持仓金额占比最大,达 37%;其次是黑色商品,为 28%;农产品占 22%,化工类持仓金额占比最小,为 13%。从具体品种来看,按照 2017 年 9 月 11 日的统计数据,持仓金额排名前十位的国内商品期货品种分别是:螺纹钢、铜、黄金、铁矿石、焦炭、铝、豆粕、白糖、锌、PTA(精对苯二甲酸)。

第六节 贵金属市场

贵金属交易市场主要指黄金和白银交易市场。贵金属投资主要是指黄金和白银的投资,是财富管理的重要渠道之一,历史悠久,深得老百姓喜爱和信任。贵金属投资可以分为现货市场投资和期货市场投资。

黄金(白银)现货交易主要是指金(银)块(砖)、金(银)锭、金(银)条和金(银)币的买卖,主要交易主体是贵金属开采加工企业及贵金属的持有者,主要交易平台是金银首饰店及银行柜台等。贵金属现货交易一般是在成交后即行交割或在 2 日内完成交割。贵金属期货交易是在成交后不立即交割,而由交易双方先签订合同,交付押金,在预定的日期再行交割。

一、贵金属投资要素

贵金属投资要素是指参与贵金属投资的各个群体,包括投资主体、投资客体和投资中介。

(一) 贵金属投资主体

贵金属投资主体指的是投资贵金属的各个群体或资金。投资贵金属的各路资金主要有主权国家的外汇储备投资、各类企业的投资以及个人投资，它们构成了贵金属的投资主体，它们的行为决定了贵金属价格的涨跌。

(1) 主权国家的官方储备。官方储备是各国央行用于防范金融风险的重要手段之一。根据世界黄金协会公布的数据，截至2018年1月，全球官方黄金储备共计33 726.2吨。其中，官方黄金储备最多的10个国家分别是：美国、德国、意大利、法国、中国、俄罗斯、瑞士、日本、荷兰、印度。截至2018年12月，中国官方的黄金储备为5 956万盎司，折合1 847.55吨，而俄罗斯大幅增持至2 066.2吨，超越中国。中国黄金储备量变化如图11-2所示。

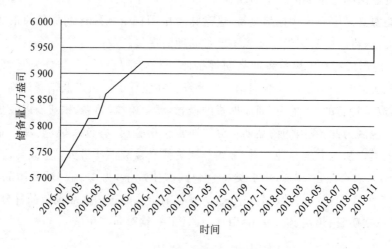

图 11-2 中国黄金储备量变化

(2) 商业银行。在黄金交易中，有些银行仅仅为客户代行买卖和结算，自己并不参加黄金买卖，只扮演经纪人的角色，有一些银行做自营业务，直接参与贵金属投资。

(3) 贵金属生产加工经营企业。其包括专门出售黄金的公司如各大金矿、贵金属冶炼企业、金银首饰制造企业、金银首饰经营商行、私人收藏投资者、专门从事黄金买卖业务的投资公司等，种类多样数量众多，主要目的是投资、保值、投机、转嫁风险等。

(4) 个人投资者。黄金是个人投资最喜爱的商品，全世界存量黄金的90%在个人投资者手里。

(5) 国际金商(做市商)。最典型的就是伦敦黄金市场上的五大金行，其自身都是黄金交易做市商，由于其与世界上各大金矿和金商的广泛联系，而且其下属的各个公司又与许多商店和黄金顾客有广泛联系，五大金行会根据自身掌握的情况不断报出黄金的买价和卖价，当然，黄金做市商要面临金价波动的风险。

(6) 对冲基金。近年来国际对冲基金尤其是美国的对冲基金活跃在国际金融市场的各个角落,包括石油市场、外汇市场、黄金市场等,一些规模庞大的对冲基金利用与各国政治、工商及金融界千丝万缕的联系往往较先捕捉到经济基本面的变化,利用管理的庞大资金进行买空和卖空,使黄金市场价格大幅波动而从中渔利。

(二)贵金属投资客体

贵金属投资客体是指贵金属投资的对象,主要有:金(银)块(砖)、金(银)锭、金(银)条、金(银)币、纸黄金、黄金(白银)期货等。

(1) 实物黄金(银)。黄金现货市场上交易的实物黄金(银),主要形式有金(银)条、金(银)块、金(银)币、金(银)质奖章和首饰等。市场参与者主要有黄金(银)生产企业、黄金(银)加工提炼企业、黄金(银)经营企业、中央银行、投资人和其他需求方。实物黄金(银)买卖以持有黄金(银)作为投资,因无杠杆效应,往往是投资额较高,实际回报率较低,而且只有买入后金(银)价上升之时才可以获利。另外,买卖差价较大,手续费较高,持有期不产生利息收益。黄金首饰从价值上可分为高档、中档和低档三档,高档黄金首饰是不蚀、不锈的永恒财宝,中档首饰用K黄金制作,镶嵌一般的宝石、半宝石,如翡翠、红宝石、蓝宝石、孔雀石、松石、珍珠等。

(2) 纸黄金。纸黄金交易是指投资者的买卖交易记录只在个人预先开立的"黄金存折账户"上体现,而不涉及实物金的提取,投资人主要是通过低买高卖获取投机利润。相对实物金,其交易更为方便快捷,交易成本也相对较低,适合专业投资者进行中短线的操作。目前中国的四家国有大银行中国银行、中国工商银行、中国建设银行、中国农业银行均已开办纸黄金业务,分别是中国银行的黄金宝,中国工商银行的金行家,中国农业银行、中国建设银行的账户金。

(3) 黄金(白银)期货。黄金(白银)期货指的是投资(机)人关于黄金(白银)期货合约的买卖,投资人或在合约到期日前做一笔品种相同、数量相等、方向相反的交易,也就是对冲(平仓),无须真正交割实金(银),或在合约到期日实物交割。黄金期货合约交易是杠杆交易,投资人只需缴纳 5%~10% 交易额的定金作为投资成本,不需全额缴款,节约了交易成本。另外期货市场为生产经营者提供规避价格风险的手段,即生产经营者通过在期货市场上进行套期保值业务来规避现货交易中价格波动带来的风险,锁定生产经营成本,实现预期利润的功能。黄金(白银)期货被广大贵金属生产加工经营企业广泛用于企业的生产经营中。像国内的主要贵金属生产企业山东黄金集团、中国黄金集团、紫金矿业集团等均大量使用黄金、白银期货套保。

当前,我国上海黄金交易所白银交易合约 12 种,黄金期货合约 8 种。上海黄金交易合约见表 11-2。

(4) 黄金期权。黄金期权中,买卖双方约定未来的价位,具有购买一定数量标的的权利而非义务。

表 11-2　上海黄金交易合约

交易品种	沪金	交易代码	AU
交易单位	1 000 克/手	报价单位	元(人民币)/克
上市交易所	上海期货交易所	最小变动价格	0.05 元/克
跌涨停板幅度	不超过上一交易日结算价±……	合约交割月份	最近 3 个连续月份的合约以及最近……
交易时间	上午 9:00—11:30 下午 13:30—15:00 下午 21:00—次日 2:30(夜盘)	最后交易日	合约交割月份的 15 日(遇法定假日顺延)
最后交割日	最后交易日后连续 5 个工作日	交割品级	金含量不小于 99.95%的国产金锭及经交易所认可的伦敦金银市场协会(LBMA)认定的合格供货商或精炼厂生产的标准金锭
最初交易保证金	合约价值的 4%	交割方式	实物交割

(三) 贵金属投资中介

贵金属投资中介指的是将贵金属投资主体和贵金属投资客体联系起来的中间桥梁，主要有期货交易所、银行、贵金属商店等。像中国的上海期货交易所的黄金白银交易，纽约黄金交易所、东京黄金交易所、伦敦黄金交易所等。

二、贵金属投资市场

下面仅以黄金市场为例来说明贵金属投资市场情况。黄金市场是专门集中进行黄金买卖的交易中心或场所，与货币市场、资本市场、外汇市场一起同为金融市场的重要组成部分，对国家经济金融运行具有重要作用。黄金市场一般分为黄金现货市场、黄金期货市场、纸黄金交易市场。

黄金又称为金，化学元素符号为 Au，黄金具有非常好的导电和导热性能，化学性质非常稳定，在自然界中仅与碲生成天然化合物——碲化金，在低温或高温时均不会被氧直接氧化，而以自然金的形态产出。黄金带有黄色光泽，既便于储存，又是首饰、通信、航空等行业的重要材料，是重要的战略资源，兼具商品和货币双重属性。随着社会发展，人类财富增加，人们对财富保值增值的需求不断增加。在通货膨胀的情况下，为达到资产保值的目的，投资者对黄金的偏好加强。近年来，随着世界经济不确定性的增加，黄金的货币属性越来越凸显，是唯一经过时间检验的、不可替代的全球性战略资产，是各国金融储备体系的基石，在满足人民生活需要、维护国家金融稳定、维护国家经济安全中具有不可替代的作用。黄金存储量少、采掘难度高、花费的劳动量大，同时又具有体积小、重量轻、便于分割和携带、稀有珍贵等特点，是供应弹性很小而需要弹性巨大的特殊商品，是人类社会中最适宜充当货币的特殊商品。黄金是一种同时具有货币属性、商品属性和金融属性的特殊商品，与钌、铑、钯、锇、铱、铂、银等金属统称为贵金属。

黄金交易市场是黄金供应商、需求者与投机者进行交易的场所，是一个全球性的市场，主要分布在欧、亚、北美三个区域。欧洲以伦敦、苏黎世黄金市场为代表；亚洲主要以香港为代表；北美主要以纽约、芝加哥和加拿大的温尼伯为代表。全球各大金市的交易时间，以伦敦时间为准，形成伦敦、纽约（芝加哥）、香港连续不断的黄金交易。每天上午10:30（北京时间17:30）伦敦黄金交易市场开盘交易，其次是纽约、芝加哥，再次是中国香港、新加坡。伦敦的收盘价会影响美国的开盘价格，美国的收盘价会影响香港的开盘价，而中国香港和美国的收盘价又会影响伦敦的开市价，如此循环。周六日，是全球交易机构休息时间，该时段都会停止交易。

（一）中国内地黄金市场

中国内地黄金市场由以上海黄金交易所为代表的现货市场、以上海期货交易所为代表的黄金期货市场和商业银行黄金业务组成。

上海黄金交易所是经国务院批准、由中国人民银行组建、在国家工商行政管理局登记注册的、不以盈利为目的、实行自律性管理的法人，遵循公开、公平、公正和诚实信用的原则组织黄金、白银、铂等贵金属交易。黄金交易所实行会员制组织形式，会员由在中华人民共和国境内注册登记，从事黄金业务的金融机构，从事黄金、白银、铂等贵金属及其制品的生产、冶炼、加工、批发、进出口贸易的企业法人，并具有良好资信的单位组成。现有会员128家，分散在全国26个省（区、市）；交易所会员依其业务范围分为金融类会员、综合类会员和自营会员。金融类会员可进行自营和代理业务及批准的其他业务，综合类会员可进行自营和代理业务，自营会员可进行自营业务。

（二）美国黄金市场

纽约黄金市场和芝加哥黄金市场是20世纪70年代中期发展起来的，主要原因是1977年后美元贬值，美国人（主要是以法人团体为主）为了套期保值和投资增值获利，使得黄金期货迅速发展起来。目前纽约商品交易所（COMEX）和芝加哥商品交易所（IMM）是世界最大的黄金期货交易中心，两大交易所对黄金现货市场的金价影响很大。

（三）苏黎世黄金市场

苏黎世黄金市场是第二次世界大战后发展起来的国际黄金市场。瑞士特殊的银行体系和辅助性的黄金交易服务体系，为黄金买卖提供了一个既自由又保密的环境。苏黎世黄金市场没有正式组织结构，由瑞士三大银行——瑞士银行、瑞士信贷银行和瑞士联合银行负责清算结账，三大银行不仅可为客户代行交易，而且黄金交易也是这三家银行本身的主要业务。苏黎世黄金总库（Zurich Gold Pool）建立在瑞士三大银行非正式协商的基础上，不受政府管辖，作为交易商的联合体与清算系统混合体在市场上起中介作用。

（四）东京黄金市场

东京黄金市场于1982年成立，是日本政府正式批准的唯一黄金期货市场。会员绝大多数为日本的公司。黄金市场以每克日元叫价，交收标准金的成色为99.99%，重量为1千克，每宗交易合约为1千克。

(五)伦敦黄金市场

伦敦黄金定盘价是独一无二的,与其他黄金市场不同,它为市场的交易者买入或卖出黄金只提供单一的报价。它提供的标准价格,被广泛地应用于生产商、消费者和中央银行作为中间价。有 5 个银行成员参加定盘,每次定价时他们各派一个代表出席。在定盘过程中这些人用电话与其自身的交易员保持联系。现在伦敦交易所里的 5 个定价代表是:德意志银行、香港上海汇丰银行－密特兰银行、洛西尔银行、瑞士信贷第一波斯顿银行、加拿大枫叶银行。

(六)新加坡黄金所

新加坡黄金所成立于 1978 年 11 月,目前时常经营黄金现货和 2、4、6、8、10 个月的 5 种期货合约,标准金为 100 盎司的 99.99% 纯金,设有停板限制。

(七)中国香港黄金市场

中国香港黄金市场已有 90 多年的历史,其形成是以香港金银贸易场的成立为标志。1974 年,香港政府撤销了对黄金进出口的管制,此后香港金市发展极快。由于香港黄金市场在时差上刚好填补了纽约、芝加哥市场收市和伦敦开市前的空档,可以连贯亚、欧、美,形成完整的世界黄金市场,伦敦五大金商、瑞士三大银行等纷纷来港设立分公司,促使香港成为世界主要的黄金市场之一。

第七节 艺术品市场

随着股票市场、房地产市场的降温,互联网金融的快速发展,关注艺术品投资人群日益增多,艺术品投资与收藏群体逐渐扩大。艺术品作为资产配置,具有保值性强、安全系数高的优点。越来越多的资金不断涌入艺术品行业,艺术品市场已发展成为一个巨大的资本市场。

2016 年初,文化部发布了《艺术品经营管理办法》,于 2016 年 3 月 15 日起施行,并将"美术品"改为"艺术品",对艺术品经营的范围、类别、规范及法律责任等基本问题提出了具体的管理措施。政府主管机构的这些举措,为我国文化艺术品市场的进一步繁荣和健康发展提供了政策保障。在此情况下,厘清艺术品及市场的基本概念及形态,是进行艺术品财富管理、艺术品市场运行与经营必不可少的环节和基础。

一、艺术品市场及发展阶段

(一)艺术品的概念

艺术品是指经人创作、制造、加工的具有艺术审美性、非再生性,体现创作者及制造者文化个性和民族性的艺术载体。

一切艺术产品都属文化产品的范畴,但文化产品并不都是艺术产品(或艺术品)。文化产品是人们在社会生活和生产过程中创造的物质及非物质形态。

(二)艺术品市场的概念

艺术品市场是指以商品形式进行的艺术品交易,艺术品的需求方与艺术品的供应方共同运作形成了具体微观层面的艺术品交易市场,而艺术品的生产、消费、流通、管理及环境等关联运作形成了宏观层面的艺术品市场。金融手段的加入,促进了艺术品市场创新模式的发展。这些创新模式最初都模拟一般金融证券的操作方式,出现了艺术基金、艺术银行、艺术信托等多种形式的艺术品金融市场。并不是所有艺术品都能够被确认为有升值价值的资产,都能够被金融化。所以如何确定具有可观升值潜力的艺术品,是艺术品金融化的核心问题。

(三)艺术品金融化的概念

艺术品金融化,其实是将艺术品市场金融化。艺术品作为金融资产纳入个人与机构的理财范围,使艺术品转化为金融工具,成为一种投资品,进行投资理财。

二、艺术品市场结构类型及特点

1. 高交易成本性

艺术品的鉴定、估值、运输、保管和保险、拍卖等多个环节的交易成本较高。拍卖的相关费用包含法律费用,保险费用,图录费,复制费用,关税,广告费,包装和运输费,复制权的费用,税收,测试费用,拍品的调查费和询价,佣金介绍费,帮违约买家的收藏费用,相关的增值税等。此外,艺术品的保管成本也较高。不懂艺术品保存或缺乏相应条件的投资者还需委托专门的机构为其打理,这一部分的费用是相当可观的。

2. 信息不对称性

艺术品市场是一个信息极为不对称的市场,艺术品的欣赏与鉴别、艺术品品质的判断都需要很高的专业水准,买卖双方在很多场合都无法完全准确、充分地了解对方以及艺术品的信息,艺术品市场比其他的产品市场存在更为严重的逆向选择和道德风险问题。

3. 投资高回报性

层出不穷的高价拍品使得艺术品成为人们追捧的投资方式。艺术品比炒房赚钱,比黄金抗通胀,从梅摩西艺术品指数中发现,艺术品的收益率优于国债。此外,艺术品投资收益还具有非线性的特征,即越高端的艺术品回报越高。这就是艺术品投资的杰作效应。通过将数据按大师及其他进行分类,大师的作品通常会有较好的成绩。同时,高端画作比便宜的作品回报更高,且通常没有伴随着高风险。

4. 避险资产性

对于顶级投资者而言,艺术品是避险投资优秀选择之一:有实物、能运输,可抵御通胀和传统市场的动荡风险。由于艺术品和传统金融产品之间较低的相关性,艺术品投资作为资产配置的设置越来越深入人心,艺术品的收藏和投资行为日益由财富阶层的个人爱好逐渐转化为一种企业的投资行为。艺术品作为财富人群资产配置的选择之一,属性特别,与股市及其他金融商品有反向互补的一些特性,市场分散且间隔明显,是有效的风险结构性金融产品。因此,将艺术品纳入财富人士的资产配置组合,能够达到分散风险、实现投资多样化、提高资产配置收益的理想诉求。

5. 收藏与投资的结合性

艺术品市场的参与者都有自身的动机。投资者应该认识到艺术品作为一种特殊的商品，不仅是一种金融资产类别，具有保值增值功能，而且具有审美属性和精神价值，是一种精神产品。具有资产和精神消费品的双重属性是艺术品区别于其他金融资产的重要特征。

三、艺术品市场消费群体

（一）艺术消费者

对于艺术这种以精神文化价值为主的产品，消费既可以是物质性的，也可以是非物质性的。艺术消费者可以购买艺术品据为己有，也可以支付一定的钱来仅仅是欣赏艺术：不占据实物，只消费精神价值。艺术消费者之所以会花钱来消费艺术，一个很重要的原因就是他对艺术的爱好。其一般都具有一些艺术专业知识，而且具有一定的经济条件。在具备一定的资本条件之后，艺术消费者可以很容易地转变为艺术投资者和艺术收藏者。

（二）艺术投资者

艺术投资者购买艺术品的主要目的是获利，他主要关注的是艺术品的经济价值，至于艺术品实际的艺术价值究竟怎样，对投资者而言是不太重要的。当然，很多艺术投资者对艺术是有一定的专业知识的，这些艺术知识是用来对艺术市场走向进行判断，而非用于对艺术价值进行判断，他将专业知识应用到艺术投资中希望借此获利。艺术投资者以获利为目的，他关注的内容主要是投资风险和升值空间。

（三）艺术收藏者

艺术收藏者包括个人身份的收藏家和一些以收藏为主的艺术机构，如博物馆、美术馆等。相对而言，博物馆、美术馆这些大部分是非营利机构，所具有的艺术知识和鉴定技术专业性与权威性更高，其对艺术品的意见在社会上具有较高的公信力，著名博物馆、美术馆对艺术家、艺术品的意见更是构成了艺术领域的权威意见，对艺术市场影响极大。对于个人身份的收藏家而言，他们对艺术市场的影响主要集中在经济方面。这些收藏家往往具有非常雄厚的经济实力，对于看中的艺术品也愿意重金收购，是艺术市场中重要的购买者。

四、艺术市场与财富管理

中国艺术品市场与中国艺术品产业的发展孕育了中国艺术品金融，而中国艺术品金融及其产业的发展，不断推动中国艺术品资产化及艺术品财富管理的创新与发展，这是一个基本的发展逻辑。也就是说，中国艺术品资产化及艺术品财富管理的发展是中国艺术品金融及其产业不断发展的结果。在中国艺术品金融及其产业不断向纵深发展的进程中，随着其产业规模与产业水平的不断提升，产业金融服务的需求也在不断增加。在这一大的背景下，中国艺术品资产化及艺术品财富管理不断走出理论与概念形态，正在形成一个极具战略意义的新业态。

（一）艺术品财富管理的概念

概括来讲，艺术品财富管理就是对艺术品财富进行系统管理的过程。关于艺术品财富管理的基本概念,可以总结为:在艺术品资源系统化、资产化、金融化、证券化(大众化)过程中,以需求为中心,规划设计的一套系统全面地满足不同需求的解决方案,通过综合服务平台,提供咨询、确权、鉴定、评估、鉴证备案、集保、物流等支撑服务及现金、信用、保险、投资组合、顾问等一系列的金融服务,将客户对需求的标的,如艺术品资产、负债、流动性进行有效管理,以满足需求方不同阶段的财务与其他需求,帮助客户达到保证艺术品资产安全、降低艺术品资产风险、实现艺术品财富增值的目的过程。

(二)艺术品财富管理的模式

从欧洲财富管理的经验来看,与艺术品资产相关的财富管理模式根据其目的可以划分为四个类型,即积累财富型管理模式、保护财富型管理模式、财富收益型管理模式、转移财富型管理模式。各种类型又包含多项内容。积累财富的目的是财富增值,业务包括艺术品投资、艺术基金、艺术证券、初创企业风险投资等。保护财富的目的财富保值,业务包括艺术品评估、资产整合、艺术品保险、被动投资管理、艺术品收藏管理等。财富收益是指将资产转化为收益,形成收入渠道,如安全的艺术品租赁业务。转移财富型管理模式包括与艺术品相关的慈善活动、遗产继承等。总之,艺术品资产化将促使财富管理的金融业务不断创新。

(三)艺术品财富管理的主要路径

艺术品财富管理的路径主要有以下几种。

(1)艺术品基金。艺术品基金定位于高净值人群的私募基金,大多遵循低价买入、高价卖出的商业模式。

(2)私人银行。私人银行可以为客户提供艺术品咨询、鉴定估值、保管运输等服务,组织客户参加艺术展、古董博览会和拍卖会,代客买卖等。私人银行还可以为客户提供艺术品质押贷款融资和艺术品资产配置等。

(3)家族信托。家族或家族企业委托人通过设立信托,将家族资产(包括房地产、有价证券、艺术品、企业、专栏和版权等动产与不动产)委托给受托人,受托人以信托的形式通过投资、继承和发展公益事业等方式管理资产,合同的受益人享有信托的利益。

(4)家族办公室。家族办公室定位于为热爱艺术品的家族提供有效的管理服务,是为超级富有家庭提供整个家族综合的、定制化服务的财富管理机构。

(5)公益慈善基金会。信托公司和慈善组织基金会具有各自的比较优势,信托公司是资产管理、专用账户运作等方面的专业机构,慈善组织在开展慈善活动方面具有专业的素养和渠道。

(四)艺术品财富管理发展中的问题

艺术品资源的特殊性使得艺术品资产化、金融化过程有更多瓶颈、更加复杂,这些问题在中国艺术品资产化及艺术品财富管理发展中会进一步呈现,成为急需解决的问题。对于中国艺术品财富的创新管理,从目前来看,还需要建构多样态、多层次的中国艺术品财富创新管理平台。在此,需要强调以下四个观点。

(1)中国艺术品财富规模不断扩大,急需提高中国艺术品财富创新管理水平。重视中国艺术品资产化及艺术品财富管理的行业管理职能建设,完善中国艺术品资产化及艺术品财富管理的管理服务体系,加强不同行业组织建设,建设完善的艺术品资产化及艺术品财富管理行业管理体系与组织。

(2)建立多样态、多层次、多元化的财富管理中心。围绕我国区域规划及区域经济社会发展水平,积极实施战略管理,以区域特色艺术品金融产业资源发展差异化为基础,发展艺术品资产化及艺术品财富管理产业体系,建构不同层次、不同种类的艺术品资产化及艺术品财富管理中心。同时,围绕各类自贸区、保税区,在有条件的地方,进一步探索艺术品资产化及艺术品财富管理的国际化发展,建构相应的国际化管理中心。

(3)开展多样态、多层次的中国艺术品财富管理中心的工作,一定要做好战略研究与规划,在培育人才,学习与融合经验的基础上,重视实验示范与实践探索,在总结提升的过程中,筛选有条件的区域不断推开,切忌一哄而上、一哄而散,搞同质化竞争。

(4)重视新技术融合与进步对艺术品资产化及艺术品财富管理的推动作用,大力发挥大数据、云服务、人工智能与终端进步对新业态的促动作用,提高中国艺术品资产化及艺术品财富管理的智能化能力与水平。

本章术语

保险人　保险中介　保险深度　保险密度　股票　债券　狭义房地产市场
广义房地产市场　房地产投资决策　大宗商品　大宗商品市场　大宗商品价格

本章练习题

1. 简述货币市场的功能和特点。
2. 简述保险与财富管理的关系。
3. 与其他国家相比,中国保险市场有何优势与不足?
4. 简述股票的含义和特征。
5. 简述债券的分类和债券市场的功能。
6. 房地产市场的特征有哪些?
7. 房地产市场在财富管理中起着何种作用?
8. 大宗商品市场在我国的发展现状?
9. 金融化对大宗商品价格的影响体现在哪几方面?
10. 简述艺术品金融化的必要性。
11. 简述中国当代艺术品市场的结构。
12. 简述艺术品财富管理的创新。

即测即练

第十二章

财富管理客户

【教学目标】

1）熟悉不同层次财富管理的客户
2）掌握针对不同客户财富管理的模式

【教学重点】

1）国家财富管理的主要内容
2）企业财富管理的目标与内容
3）家族财富管理的主要模式
4）我国家庭与个人财富管理的现状与问题

【教学难点】

1）以政府资产为代表的国家财富管理的主要内容
2）企业财富管理追求的目标与内容的一致性
3）家族财富管理模式及其影响因素分析

通过财富管理实现财富保值增值，是大到国家、小到个人的各类社会成员的普遍需求。本章选取国家、企业、社会组织、家族、家庭及个人六类主要的财富管理客户群体，分别阐释了它们在财富管理目标、财富管理内容、财富管理模式等方面的特点。通过本章内容的学习，读者能够对各类财富管理活动主体有充分了解，明确不同主体的差异化财富管理需求，开展有针对性的财富管理服务。

第一节 国　　家

国家财富实际上是指政府拥有和控制的财富，也称为主权财富。随着我国经济社会的发展进步，国家财富规模不断扩大，实现国家财富保值增值是经济现实的需要，也是国家治理水平现代化的重要标志和要求。

一、国家财富的定义

国家财富也称主权财富，是指政府拥有和控制的所有财富。国家财富通常是广义上的财富,包括物质财富、知识财富、文化财富、生态财富以及人力资源财富等维度。

具体到物质财富的内涵,中国特色社会主义财富观认为物质财富既包括人类劳动在自然物基础上加工创造而形成的各种物质产品,也包括自然界各种天然资源、能源。党的十八大以来生态环境保护受到前所未有的重视,以习近平为代表的中国共产党人提出了"我们既要绿水青山,也要金山银山;宁要绿水青山,不要金山银山;而且绿水青山,就是金山银山"的财富观,并通过制定严格的制度和严密的法制来保护我国的生态环境。

就精神财富内涵而言,中国特色社会主义财富观认为,精神财富是指各种以物质或非物质形态表现出来的精神产品,包括能陶冶情操、升华精神的各种文艺作品,能带来经济效益的各种知识、经验和技术,以及各种有利于政治、经济、文化、社会、生态发展的制度和体制机制等内容。

此外,中国特色社会主义财富观还提出了制度财富的概念,认为制度财富属于精神财富的范畴,科学合理的社会制度和各种政治、经济、文化体制是有助于社会发展和人民生活水平提高的宝贵财富,主张通过建立和完善社会主义市场经济体制实现社会财富的充分涌流,并通过实行公平正义的分配制度使人民共享改革发展的成果。

二、国家财富管理的内容

(一)国家财富、政府资产与财政收入

狭义上的国家财富,是指国家财富中的物质财富,也称为政府资产,是政府作为投资人关注其财富的价值及其实现的一种财富形态,即财富保值增值。归政府所有的资产是国家财富重要的构成要素。在我国,归政府所有的资产是国家对社会政治、经济、教育、卫生、社会福利、文化、军事、安全、科技领域的投资和经营形成的。

国家财政收入是归国家所有并支配的财政收入,主要来源是国家凭借其权力参与社会产品分配而取得的收入,从其征集方式形成的结构来看,我国现行财政收入主要由各项税收、企业收入(企业上交利润)、债务收入(内债收入和外债收入)、征集能源交通重点建设基金、国家预算调节基金收入等组成的以货币形式为主的国家财富,财政已成为国家财富的主体。财政收入的来源是核算和计量国家财富来源的主要流量,但财政收入经过再分配后,财政收入以存量的方式为不同的单位或组织拥有,形成国家财富的具体主体。从财富研究的视角来看,财政收入的各具体使用主体净资产存量是实现国家财富保值增值的起点和累计的结果。

(二)政府资产的具体范畴

政府资产中一部分主要用于提供公共服务或者维持政府的正常运营等,这部分政府资产存在于纯公共产品领域、准公共产品领域、基础设施领域、公共服务领域及营利性市场竞争领域,这些国有资本及经济实体所构成的国家财富有的以货币资本、实物资本、债券资本、股权资本等价值形态资本存在,有的以各种形式的经济实体资本的形态存在,显著特点体现在其所包含的服务潜能上。

政府资产另一部分的主要用途是为政府提供收入,如国有经济等,其特点是体现了其

所包含的经济利益。由于国家资本及经济实体的投资、运营大多以产权资本为内容,所以,国有资本及产权收益就构成了国家财富形成和积累中价值形态财产来源的重要途径。

因此,以所体现的是属于经济利益性质还是服务潜能的性质作为标准,将政府资产分为财力性资产和服务性资产,前者是带来经济利益的政府资产,后者则是具有服务潜能的政府资产。服务性资产主要包括金融资产、固定资产、存货、无形资产;财力性资产主要包括:非金融企业国有资产,金融企业国有净资产,资源性资产,归国家所有并支配的黄金等贵金融储备,归国家所有的外汇储备及其他国际储备及无形资产。

1. 服务性资产

(1) 金融资产。金融资产包括财政性金融资产、全国社保基金和其他金融资产。其中,财政性金融资产和其他金融资产分别为各级财政部门和其他政府单位所拥有的金融资产,包括现金、存款、有价证券等。全国社保基金存款规模最大,可以划分为直接投资资产与委托投资资产,或境内投资资产与境外投资资产。

(2) 固定资产、存货和无形资产。作为服务性资产的固定资产、存货和无形资产,主要是行政事业单位占用的国有资产。

2. 财力性资产

(1) 国有非金融企业国有资产。国有非金融企业国有资产主要指的是经营性国有资产,是指国家作为出资者在企业中依法拥有的资本及其权益。具体地说,经营性国有资产指从事产品生产、流通、经营服务等,以盈利为主要目的,依法经营或使用,其产权属于国家所有的一切财产。这类资产通常存在于国有企业中。

(2) 金融企业国有净资产。①商业银行国有净资产。按照中国证监会的分类方法,商业银行分为国有商业银行和股份制商业银行。国有商业银行与股份制商业银行的国有净资产是国民财富的主要构成部分之一。②政策性银行与主权财富基金等国有净资产。政策性银行主要包括:农业开发银行、国家开发银行(国家开发银行 2008 年改制后不再是传统意义上的政策性银行,业务经营上和商业银行有更多相似性)、中国进出口银行。具有主权财富基金性质的有中国投资责任有限公司(以下简称"中投公司")。中投公司的国有净资产是金融机构国有净资产的重要组成部分。另外,中央汇金投资有限责任公司是中投公司的全资子公司。

(3) 资源性资产。归国家所有、支配、管辖、专属的资源性资产中主要包括土地、矿藏、森林、山脉、河流、湖泊、海洋等自然资源及环境。

土地在中国地方政府可支配财力形成中发挥着至关重要的作用。最近 20 多年,地方政府无论是建设基础设施,还是提供公共服务,都离不开土地所产生的财力。因此,土地是地方政府重要的财政收入来源,是国家财富不可忽视的一个组成部分。

(4) 归国家所有并支配的黄金等贵金属储备。国家货币当局往往持有一定数量的黄金储备,由于黄金的稀缺性,其本身是一种价值实体,具有体积小、价值高、易分割、易久藏、无国际、保值性强、储存比较安全的特点。国家可以储存一定的黄金,可以进行国际结算;也可以调节对国际货币的需求,并影响本国货币与他国货币的汇率,进而通过汇率来影响国际贸易。

(5) 归国家所有的外汇储备及其他国际储备。外汇储备又称为外汇存底,指为了应付国际支付的需要,各国的中央银行及其他政府机构所集中掌握的外汇资产。

外汇储备的具体形式是:政府在国外的短期存款或其他可以在国外兑现的支付手段,如外国有价证券,外国银行的支票、期票、外币汇票等。主要用于清偿国际收支逆差,以及干预外汇市场以维持该国货币的汇率。

外汇储备的功能主要包括以下四个方面:调节国际收支,保证对外支付;干预外汇市场,稳定本币汇率;维护国际信誉,提高融资能力;增强综合国力,抵抗金融风险。

国际储备除官方持有的黄金外,还包括官方持有的自由兑换的货币以及国际货币基金组织的储备资产和特别提款权。根据国际储备的作用可将其分为两部分:一部分用于日常弥补赤字和干预外汇市场的需要,称为交易性储备;另一部分用于不可预测的突发性内外冲击,称为预防性储备。前者与弥补赤字和干预外汇市场所需储备量保持一致,后者则需按照分散原则进行投资。

三、主权财富与国家安全

当前,我国已进入中等收入国家之列,国民经济持续快速增长,国家整体财富大幅增加,特别是以外汇储备为核心的主权财富连续多年位居全球第一,充足的外汇储备对防范金融风险、维护外汇市场稳定及经济平稳运行具有重要意义。

我国主权财富规模较大,截至2019年末,共3.2万亿美元官方储备资产,其中外汇储备规模为3.1万亿美元,约占全球外汇储备的30%,以主权财富基金形式管理的外汇资产1.8万亿美元,均位居世界首位。面对如此庞大的外汇储备资产,怎样进行科学配置、有效管理,提高资产回报率,并充分发挥主权财富的资源性作用,更好地服务于国家战略,促进国家安全是新时期国家主权财富管理面临的主要问题。

(一)主权财富管理存在问题

我国主权财富基金在投资的行业、地域与方式等方面的多元化趋势显著增强,分散投资比重明显提高,实现了较好的发展,但仍面临着许多问题。一是投资运作监管不足。我国主权财富基金对相关资产投资规模、投资组合、投资策略和回报率等内容并未披露,缺乏有效的监管机制。二是风险控制有缺陷。我国主权财富基金虽然成立了风险管理委员会,但并未有效发挥其控制风险的职能。三是受资国家有戒备。由于主权财富基金的政府背景,资金接受国存在戒备心理,不利于我国主权财富基金在全球范围内进行投资。

(二)主权财富管理对策分析

主权财富基金作为实现主权财富管理最直接和最有效的途径。针对我国主权财富管理,一要提高基金运作透明度,建立信息披露制度,定期公布投资收益,接受监督,减少主权财富基金的政治色彩。二要完善风险防控体系机制,建立有效的风险防范和监督管理体制,注重投资风险评估,避免国家财富流失。三要建立跨国对话机制,加大与国际重要组织和地区主权财富基金的合作,探索建立以自身为主体的全球主权财富基金行为准则,减少来自投资国家的政治阻力。四要坚持投资多元化,进行资产类别、国别及行业的多元化配置,增加战略性资源投资、国际高科技企业和新能源企业的投资,适当降低美元资产的比重。

国家之间的竞争,核心是经济实力的较量。要运用好各种政策及金融工具维护国家、企业和个人海外财产权益;充分发挥主权财富基金的作用,扩大其投资规模和范围。积极挖掘"一带一路"沿线投资机会,稳步推进新型多双边基金投资。同时,扎实推进人民币国际化进程,提升人民币在国际贸易中的结算比例。主权财富管理要服务于国家战略,助力国家整体财富的保值增值,促进国家安全。

第二节 企业与社会组织

企业与社会组织都是财富管理的重要客户。卓越的财富管理是企业的聚才之道、生财之道和用财之道。企业财富管理的目标包括利润最大化、股东财富最大化和企业价值最大化。企业财富管理要积极关注内外部环境的变化,防范风险。企业财富管理包括财务资本和非财务资本两方面内容。

社会组织作为公共关系的主体,是人们为了有效达到特定目标按照一定的宗旨、制度、系统建立起来的共同活动集体。它有清楚的界限、明确的目标,内部实行明确的分工并确立了旨在协调成员活动的正式关系结构。

一、企业财富管理的主要内容

企业财富管理的核心是资本的保值增值,这主要依赖于企业资本经营的效率和效益。资本经营的关键在于盘活资本存量、用好资本增量、优化资本配置和合理分配资本收益,这些是财富管理的重点所在。企业财富管理的内容可以分成两类:基于财务资本的财富管理和基于非财务资本的财富管理。

(一) 基于财务资本的财富管理

1. 资本存量管理

资本存量经营的核心是提高资本利用率。一方面,企业要着力挖掘潜力,盘活闲置资本,使现有资本得以充分利用,增加资本收益;另一方面,企业要优化存量资本的投向,压缩或去除落后产能,增加新产品研发或引进以技术创新、技术推广、技术改造为主要内容的投入,通过资本存量经营提高技术进步对企业的贡献率,以此撬动资本收益率提升。

2. 资本增量管理

资本增量管理的核心是提高投融资效率。企业资本增量经营,一是选择好增量资本的投资方向,科学地进行投资决策,通过优选项目提高投资收益率;二是选择合适的资本增量筹集渠道,优化资本结构,通过控制筹资成本提高资本收益率;三是处理好企业经营风险与经营规模之间的关系,获得规模经济效益;四是充分考虑国家的产业政策和技术进步因素,提升企业的技术进步带来的经济效益。

3. 资本配置管理

资本配置管理的核心是提升资本配置效率,关键在于通过资源配置结构的调整提升企业资本收益率。企业的资本配置效率可以从以下几个方面获得:一是投入资源已确定,通过优化资本配置使产出最大化;二是产出已确定,通过优化资源配置使投入最小;三是解决已有资源错配问题,通过资本配置的调整优化企业的产品结构和资产结构,改善经营状况,使投资收益率最大;四是通过资本配置的调整优化企业的资本结构,使债务资本与权益资本保持恰当比例,控制财务风险,让企业处于可持续发展的良好状态。

4. 资本收益管理

资本收益管理的核心是合理分配资本收益,提升收益激励效益。不仅包括传统财务管理中股利政策的选择与制定,还应该包括含有收入、成本与价格管理在内的利润管理和盈利能力管理、盈利质量评价、资本收益考核等内容。企业财务管理需要针对资本收益过程管理、业绩管理和分配管理等方面不断进行创新。要从优化融资结构、控制财务风险、提升股票价值、保持公司可持续发展的高度来认识资本收益分配的重要性。

(二) 基于非财务资本的财富管理

1. 企业品牌管理

优秀的品牌是市场竞争的强有力手段,是企业重要的无形财富。品牌的交易使品牌要素带来直接的财富效应。在一定条件下,品牌这种无形资产可以变为有形资产,从而扩大企业控制资本的能力。企业可以以品牌作为质押,增强企业的贷款能力;也可以通过转让品牌或者特许经营的形式获得资金或控制市场。品牌的市场控制力使品牌要素可以创造间接的财富效应。

2. 企业人力资本管理

人力资本是企业的宝贵财富,属于"隐形资本"和"活资本"。人力资本体现在劳动者身上,以劳动者技术水平、业务能力等来表示的一种资本类型,主要指的是掌握核心技术的技术人员和具有企业家素质的经营者,他们都是企业财富保值增值的核心力量。人力资本是具有主观能动性和可开发性的资源,是企业创新力的源泉,其对企业发展的推动作用要远远大于物质资本。

3. 企业社会资本管理

企业在与经济领域的各个方面发生联系时所摄取的稀缺资源就是企业的社会资本。丰富的社会资本有助于企业获取资源推动创新,并最终提高企业的竞争力。

此外,企业卓越的技术和知识资本、优秀的企业文化、先进的管理模式等能够为企业带来成本节约或价值增值的资源或能力,都属于企业财富管理的对象。企业经营管理者要增强财富意识,制定财富战略,优化财富结构,挖掘财富来源,实现企业财富管理的长期化、系统化与动态化。

二、企业财富管理的环境

企业财富管理的环境,是企业进行财富管理活动、实现财富管理目标的各种条件或因素的综合体。企业财富管理环境可以简单地分为外部环境和内部环境两大类。

(一) 企业财富管理的外部环境

企业财富管理的外部环境是指对企业财富管理产生作用和影响的来自企业外部的各

种条件和因素,包括经济环境、法律环境、社会文化环境、技术环境和金融环境等。

1. 经济环境

经济环境主要是指作用和影响企业理财的各种宏观经济因素。

(1) 经济周期。在经济周期波动的不同阶段,企业财富管理策略也不相同。例如,在繁荣阶段因为市场需求旺盛,企业应抓住机遇,积极筹集资金扩大生产和投资,以期获得更多收益;而在萧条阶段,因为经济状况整体上不景气,企业就不应采取繁荣时期的生产经营策略。

(2) 经济政策与税收制度。经济政策是一国或地区为实现特定经济目的或目标而对有关经济社会采取干预手段。经济政策对于企业筹资、投资等理财活动都有重要的影响。税收制度是国家向应纳税人依法征收税金的法令和规程,国家调整各类税种和税率,以及实行税收的优惠与减免等政策,都直接关系到企业的盈利水平、收益分配和现金流量。

(3) 通货膨胀。通货膨胀直接影响企业生产经营活动,因而也直接影响企业财富管理活动。其影响表现在:通货膨胀会引起国家货币政策变化,增加企业筹资难度和筹资成本;通货膨胀导致企业资金占用增加,增大企业对资本的需求;通货膨胀导致原材料价格上涨,引起经营成本上升等。

2. 法律环境

法律环境是指企业与外部发生经济关系时所应遵循的法律规范和法律准则。法律对于任何企业而言,一方面是其进行一切经济活动必须遵守的规范,对企业具有强制性的约束作用;另一方面是为其正常、合法经济活动提供了强大的保护作用。影响企业经济活动及财富管理活动的法律环境,主要包括有关企业组织形式和公司治理的法规、税收法规、财务与会计法规和其他有关法规。

3. 社会文化环境

社会文化是某一特定人类社会在其长期发展过程中形成的特定的价值观念、伦理道德规范、宗教信仰及风俗习惯等。影响企业财富管理的社会文化因素有社会关系、社会规范、文化传统和价值观念。例如,在不完整的法律保护和信贷歧视的融资环境中,受歧视的企业通常依赖声誉机制及个人关系获得非正式融资。

4. 技术环境

技术环境分为硬技术环境和软技术环境。硬技术是整体技术中有形的部分,体现在研究开发出来的产品实体中,如当前云计算、移动互联网和大数据的发展能够为企业提供强大的数据存储和处理能力,以科学的分析预测方式帮助企业规避风险,为企业带来更多的经济价值。软技术对企业财富管理的影响体现在诸如集团化管理思想对内部资本市场的影响、战略管理思想对专业化和多元化投资决策的影响等方面。

5. 金融环境

企业财富管理的金融环境是指为企业短期和长期资金的融通提供场所的金融市场、参与交易的金融机构、作为交易手段的金融工具以及对金融市场起作用的利率组成的金融体系。在这个体系中,利率是金融市场上体现为资金供需双方的资金交易价格,是企业筹集资金的成本。

（二）企业财富管理的内部环境

企业财富管理的内部环境是指影响企业财富管理的各种微观方面的条件和因素，主要是限于某一特定范围内对企业理财产生重要影响的各种条件和因素，包括企业组织形式、生产经营特点、供销状况和人员状况等。

1. 企业组织形式

企业组织形式是指企业存在的形态和类型，主要包括业主制、合伙制和公司制三种形式。一方面，企业不论以何种组织形式从事生产经营活动，其自身所具有的经营权和所有权都是企业各项经济活动与财富管理活动的基础。另一方面，不同组织形式的企业，其筹资、投资、收益分配等有着重大的区别。因此，在不同的组织形式下，企业依据自身特点，组织财富管理活动、处理财富管理关系，达到实现财富管理目标的目的。

2. 生产经营特点

生产经营特点直接影响企业财富管理的各种与生产经营相关的因素。生产技术条件必然导致企业财富管理的重点不同，如知识和技术密集型的企业在科技开发、固定资产投资方面需要投入大量资金，因此企业财富管理中需要重点筹集长期资金，而劳动密集型企业在财富管理中需要重点关注营运资本的运营效率；产品品种结构的差异体现在科技含量、资源投入、成本与价格、生产工艺流程、生产周期等诸多方面，这必然影响到企业财富管理中资金的筹集、投资方向与规模、投资风险与效益分析等方面。

3. 供销状况

供销状况因素对于企业理财的影响，主要表现在企业生产经营活动上、下游的物资采购供应与销售活动质量对企业理财的影响。企业的供销状况，在一定意义上反映出企业在同行业市场竞争中所处的地位。一方面是市场竞争状况直接影响企业以商业信用为核心的应收、应付账款管理策略、广告策略、价格策略等；另一方面是企业在与所处上、下游的供应商、客户之间在商品购销业务往来中如何建立和营造出诚信、和谐的商业氛围，使企业在激烈的市场竞争中立于不败之地，谋求又好又快地发展。

4. 人员状况

能够对企业财富管理构成影响且来自人的因素，既包括企业内部的股东、管理者、员工等，也应包括债权人、社会公众、竞争对手、客户等利益相关者。其中直接作用于企业财富管理的是企业财务管理者及相应财务会计人员等。

三、企业财富管理的目标

每个企业都应选择与本企业相适应的理财目标。企业主要的财富管理目标包括利润最大化、股东财富最大化和企业价值最大化三种。

（一）利润最大化

经济学家将人类的行为界定为追求财富的最大化，以利润最大化为标准来分析与评价企业的行为和业绩。以利润最大化为企业理财目标的合理性包括：第一，利润是剩余产品的价值形式，追逐利润最大化将鼓励企业创造更多剩余产品；第二，利润是经营收入减去经营成本的剩余,追逐利润最大化将鼓励企业加强管理、降低成本、节约资源;第三,全社会范围内的企业追逐利润最大化,将促进全社会的财富最大化,进而促进全社会的繁荣与发展。

以利润最大化作为企业财富管理目标,其不足之处主要包括:第一,利润概念模糊了利润实现的时间差异,即没有考虑货币时间价值因素,使相关决策失去科学依据。第二,没有把取得的利润和对应的投资资本联系起来。利润最大化是一个绝对值指标,只考虑了最终利润的大小,并未考虑投资资本的规模。第三,没有考虑取得利润所对应承担的风险,而事实上要求收益越高就要承担越大的风险,片面追求利润最大化的风险显而易见。

(二)股东财富最大化

股份有限公司是现代企业的主要形式,根据现代委托代理理论,投资者是股东,是委托人,委托经营者经营管理企业;企业经营者是代理人,在其企业经营管理中最大限度地为股东谋取利益。股东财富最大化,就是指通过企业理财,最大限度地为股东谋取财富。

与利润最大化相比较而言,以股东财富最大化作为企业理财的目标的优点包括:第一,股东财富的增加值等于股东财富的现在价值减去股东的原始投资资本,因此其考虑了公司的投资资本,把投入和产出联系起来;第二,股东财富的现在价值等于公司未来每期创造的、隶属股东的财富的现值,因此它是权衡每期股东财富的结果,考虑了当期财富和未来财富的差异,充分体现了资金的时间价值;第三,根据资金时间价值的观点,股东财富的现在价值等于未来每期的财富乘以特定的折现率。因此,股东财富最大化目标反映了风险的大小。

以股东财富最大化作为企业财富管理目标,其不足之处主要包括:第一,只适用于上市公司。第二,只强调了股东利益的最大化而忽略了其他利益相关者。第三,要求具有运行良好的资本市场这一重要前提条件。第四,资本市场即使运行良好,股票价格本身也受多种因素影响,这里便产生了以下两个问题:一是某些影响价格的因素非上市公司自身所能控制,将不可控因素引入理财目标不够合理;二是实施股权激励的公司可能诱导管理层采取非理性措施以达到抬高股价之目的。

(三)企业价值最大化

企业价值是企业全部资产的市场价值,企业价值最大化强调的是包括负债与股东权益在内的全部资产市场价值的最大化,而股东财富最大化是强调股东权益市场价值的最大化。因此,企业价值最大化是股东财富最大化的进一步扩展和演化。

以企业价值最大化为财富管理目标,就是在企业财富管理中通过最优资本结构决策和股利政策等财务决策活动,在充分考虑货币时间价值和风险报酬,保持企业长期稳定发展的基础上,使企业总价值达到最大。企业价值最大化与股东财富最大化的优点基本相同,但比股东财富最大化更有优势。其优势主要表现在以企业价值最大化作为财富管理目标,所追求的不仅是股东财富的最大化,还包括企业的内在价值和长期价值,这就兼顾了与企业相关者的利益。

以企业价值最大化作为企业财富管理目标,其不足之处在于实际操作存在较大困难。

从理论上讲,企业总价值等于自有资本价值与债务价值之和。债务的价值比较容易确定,一般就是债务的面值。而自有资本价值的估价则相当困难,既受资本结构的影响,也与公司股利政策直接相关。

四、企业财富管理面临的主要风险

企业常见的财富风险可以划分为系统风险与非系统风险两种类型。系统风险主要受外部环境等因素的影响,如宏观政治、经济、安全等;非系统风险主要是企业在运营过程中由于资金链以及融资模式等产生的风险。

(一)系统风险

系统风险即宏观环境风险,指在政治、经济、文化等外部环境变化下企业遇到的风险,属于不可避免的风险,市场中的全部参与主体都必须正视此类风险。但是企业的发展阶段、行业属性等因素也使得企业市场风险具有差异性。

(二)非系统风险

1. 投资风险

企业投资的根本目的是提高利润水平,增加企业财富。但风险总是和收益共存的,企业在投资时,必须在考虑收益的同时认真考虑风险水平。为了尽可能地降低投资风险,企业投资前要认真进行市场调查和投资环境分析,保证投资决策的及时性;提高投资决策的预见性;要建立科学的投资决策程序,认真进行可行性分析;还要及时足额地筹集资金,保证项目资金供应,以免出现"半截子工程",造成损失。

2. 融资风险

企业融资活动常常是出于企业扩张或者偿债的需要,融资无法获取以及高成本资金风险都属于企业融资中的常见风险。企业融资前要合理确定资金需要量、认真选择筹资来源,力求降低筹资成本。融资过程中要按照资金的投放使用时间来合理安排融资活动,使资金筹措和资金使用在时间上相互衔接,避免取得资金过早造成闲置或取得资金滞后而贻误有利时机。要合理安排企业的资本结构,保持适当的偿债能力,既要防止负债过度,也要有效利用负债经营,提高自有资本的收益水平。

3. 债务风险

企业债务主要由生产经营活动产生或外部融资活动形成。企业如果无法偿还银行以及金融机构的借款,将会面临降低企业的信用等级、担保物变现等风险;甚至将会面临法律诉讼甚至破产等严重后果。

4. 债权风险

随着商业信用的推行,以应收账款为主的赊销、分期付款等销售方式,给企业带来的风险也越来越显著。作为债权人,企业承担了相应的投资成本。首先是机会成本,企业资金失去了用于其他投资并获得收益的可能。其次是管理成本,企业需要承担调查客户信用、收集信息、沟通及收账等各种费用。因此,企业要管好用好债权,必须制定科学的信用政策对债权风险进行防范和管理。

5. 成长风险

企业的经济效益是其可持续发展的长远目标。缺乏成长性的企业在市场中的份额会逐渐降低,且会流失大量忠诚顾客,资产收益以及主营业务利润增长缓慢甚至负增长,这就是企业的成长风险。行业周期性变化、领导人变更、行业竞争加剧、内部组织调整、宏观经济政策变动等均可能影响企业成长。

五、社会组织机构

有财富管理需求的相关组织或团体主要有以下几种。

(一) 政府机构

一般来说,政府机构指中央和地方的行政机关,即依照国家法律设立并享有行政权力、担负行政管理职能的国家机构。政府机构中对财富有保值增值需求的更多是掌握着公共资金的单位。例如负责管理社会保险和社会保障事务的社会保障机构、财政局和基金理事会等。

1. 全国社会保障基金理事会

全国社会保障基金于 2000 年 8 月设立,同时设立"全国社会保障基金理事会"(简称"社保基金会"),负责在保证安全的前提下管理运营全国社会保障基金。全国社会保障基金是国家社会保障储备基金,由中央财政预算拨款、国有资本划转、基金投资收益和国务院批准的其他方式筹集的资金构成,专门用于人口老龄化高峰时期的养老保险等社会保障支出的补充、调剂。2018 年,全国社会保障基金理事会由国务院管理调整为由财政部管理,承担基金安全和保值增值的主体责任,作为基金投资运营机构,不再明确行政级别。社保基金主要采取直接投资与委托投资相结合的方式开展投资运作。其中,直接投资由社保基金会直接管理运作,委托投资由社保基金会委托投资管理人管理运作。

2. 各地财政局与社会保障部门

与全国社会保障基金统一归理事会运营管理不同,地方政府管理的基本养老、基本医疗等社会保险基金体量更大、数量更高,进行保值增值的必要性更强。但是由于没有妥善地管理和运营,并抱着"不求增值,只求安全"的态度,大部分资金只存放在国有银行开设的社会保障基金财政专户中。这种存入银行的方式受利率变化及通货膨胀的影响,很难实现保值增值的目标,难以抵御人口老龄化的冲击。因此,各省、市、县级的社会保障机构和财政局在对社保基金专业化的管理和增值上有着非常大的需求。

(二) 慈善组织

慈善组织是以慈善为目的对他人进行帮助的非营利组织。作为非营利组织的一种,它通过募捐,把一定的资金或财物集中起来,然后分配给有需要的人。大多数慈善组织的财产全部为接受捐赠而来,作为一个特殊的机构,其财产具有社会公共性。为了保障财产的可持续性,也为了降低通货膨胀带来的损失,慈善组织也有将闲置资金进行保值增值的需求。

(三) 私人团体

私人团体或私人组织，由于参与者有着相同的兴趣爱好，于是决定组成一种联盟。随着时代的变迁，由于这种俱乐部为相同社会阶层的人士提供了一种私密性的社交环境而大受欢迎并逐渐流行，发展到今天，会所已经成为中产阶级和相同社会阶层人士的聚会、休闲场所，而会所的会员身份，也演变成财富的象征与身份标签。

1993年，第一个以"顶级的展望"为理念的京城俱乐部落户北京。此外，上海、香港等地也出现了如高尔夫俱乐部、游艇俱乐部、乡村俱乐部等会所，如长安俱乐部、北京美洲俱乐部、中国会、银行家俱乐部、鸿艺会、雍福会、证券总会、香港马会、香港游艇会等大多收取高额的入会费。

除了上述这些私人会所外，近几年由马云、冯仑、郭广昌、史玉柱、沈国军、钱颖一、蔡洪滨、邵晓锋8名企业家和著名学者等共同发起创办的"江南会"，也引起了大家的关注。

(四) 宗教团体

目前，国内主要有佛教、道教、伊斯兰教、天主教、基督教五大宗教。全国性宗教团体包括中国佛教协会、中国道教协会、中国伊斯兰教协会、中国天主教爱国会、中国天主教主教团、中国基督教三自爱国运动委员会、中国基督教协会等。各宗教团体按照各自的章程选举、产生领导人和领导机构。各地根据本地区实际情况也相应成立地方各级宗教团体。

宗教团体的收入主要包括：①会费；②按照国家有关规定接受的境内外组织和个人的捐赠；③提供宗教服务的收入；④从事社会公益慈善事业和其他社会服务的收入；⑤政府补助；⑥自养收入；⑦其他收入。

第三节 家 族

伴随社会财富快速积累，以家族企业为主的民营经济在地区经济发展中的作用不断增强，形成了以家族企业家为代表的一批富有家族。家族财富传承与管理模式多样，选择何种财富管理模式受到家族自身、社会环境及法律环境等多种因素的影响。

一、家族及家族财富管理的内涵

(一) 家族的概念

家族是根据单系（父系）亲属原则组成的社群，它被看成家庭的扩大，是一个按照父系血缘关系、以家庭为单位组合而成的群体。家族不仅是以家庭为基础具有亲缘关系的集合体，而且是对家族延续、家族财富、家族文化、家族荣誉具有高度一致的认知，具有较强烈维持整体性、稳定性意愿的社会关系群体。

(二) 家族财富管理的概念

家族财富管理是高净值个人、小企业主或财富家族，在拥有资质的金融咨询专业人士的协助下,借助资产管理经理人整合私人储蓄、资产管理、法律资源、税收专业服务和投资管理。通俗地理解,就是财富家族通过商业银行、投资银行、第三方财富管理机构等,对家族拥有的产业资本、金融资本和社会资本进行运营,实现家族资产保值增值、永续传承的管理活动。

二、家族财富管理的模式

(一) 家族信托模式

在美国,家族信托由来已久,最初出现于19世纪末20世纪初,即镀金年代(Gilded Age)之初,是由一些富裕家庭创造的。早期的家族信托受法律法规监管,设立家族信托方式较为单一。在经历了长达25年的经济繁荣时期后(被称为美国的第二个镀金年代),设立和运营家族信托变得更加容易,富人因此更容易实现其财富规划和传承的目标。

中国2001年颁布了《信托法》,人们往往把家族信托理解为一个单纯的理财投资业务。然而家族信托是一个复合多元的概念,包括三个层面的内涵:一是财富管理的工具,它类似于股票或债券,是获取投资收益的手段,是具体的金融业务;二是财富管理的机构,是在既定的信托法律规制下,应用信托工具,为客户提供财产的信托服务;三是一种委托代理关系,即在既定的信托法律规制下,由财富所有人或委托人将财富委托给第三方的受托人进行管理的委托代理关系。家族信托的专业机构既提供家族信托的财富管理服务,也提供家族信托以外的专业财富管理服务,如资产托管服务。

(二) 家族办公室模式

家族办公室最早起源于古罗马时期的家族主管以及中世纪时期的总管家。一个家族可以雇用一个管理员,在中世纪就变成了管家,掌握一个家族的财富和商业活动。当家族成员不断增加时,家族的首领和管理者就意识到保持家族财富的完整性和集中化管理的重要性。

而中国早在春秋战国时期便有"家宰"的概念,即古代卿大夫家中的管家,负责主宰家中事务,其职能也就相当于我们今天所说的家族办公室的负责人。家宰在家臣中地位最高,为家臣之长,掌全部家政。家宰有誓死捍卫家主家族利益的职责。可以说,家宰即中国家族办公室的鼻祖。

家族办公室资产管理模式,就是财富家族自主创办家族所有的家族办公室,将家族全部的经济资源汇集到家族办公室的平台上,通过对家族资产战略性的配置,实现财富家族资产安全保障、保值增值、战略扩张等既定目标,增强财富家族对家族产业控制力的资产管理模式。

(三) 家族基金会模式

家族基金会资产管理模式,是指通过设立家族基金会,将家族财富以无偿捐赠的方式转移给家族基金会,用于政府鼓励和支持的慈善项目,由此获得政府的轻税或免税政策优惠。但家族基金会的实际控制权仍然保持在财富家族的手中,由财富家族直接或间接管理运营捐赠给家族基金会的财产,从而实现家族财富在高税负的经济社会环境下保值增值和永续传承的目的。

家族基金会资产管理模式的应用有两个重要外部条件:一是要有较高的遗产税、赠予税、资本利得税、个人所得税的课征负担,财富家族如果不通过家族基金会的渠道分离家族资产的所有权,就要负担高昂的税收成本;二是所在国家或地区的法律制度中有专门的立法,对以慈善为目的的非营利组织的投资收益给予所得税或资本利得税税收减免的优惠待遇。当满足上述两个重要条件时,通过设立家族基金会来实现家族财富的保值增值和永续传承,不失为一种财富家族、社会与政府三方共赢的资产管理方法。

(四)第三方托管资产管理模式

第三方托管资产管理模式是指财富家族将企业的金融或实体资产委托给专业第三方机构,以实现家族产业或资产管理在特定阶段或特定诉求下的资产管理目标。具体而言,第三方资产托管业务的范围既包括实体资产的范畴,如家族企业的经营托管、上市托管等形态,也包括金融资产的范畴,如家族资产中的股权托管、债权托管、收益性权属托管等内容。

财富家族的第三方托管资产管理模式的实施区别于一般意义上的第三方托管资产管理模式,主要是因其聚焦于三个财富家族财富传承的核心命题。

(1)增长陷阱。财富家族的财富增长都是以家族产业的扩张增长为基础的,当家族产业的发展遭遇到"增长陷阱"时就需要借助外脑突破管理"瓶颈",通过第三方专业机构的外部资源介入,助力家族产业。

(2)产业转型。财富家族的家族产业面临着发展战略的调整优化,是延续发展的老路,还是走一条转型升级的创新之路,成为决定家族产业未来命运的重大决策,这时请专业第三方进行托管是实现"转型升级"的有效途径。

(3)传承接续。财富家族的发展到了新老交替的节点,财富二代能否顺利接班就成为关系到财富家族重大利益的关键性决策。财富二代是否愿意或是否有能力接班,需要有一个磨合的过渡阶段。此时,可以将家族产业的运营托管给第三方专业机构,实现家族财富稳定传承的战略目标。

(五)资产管理公司模式

资产管理公司模式是指财富家族基于财富管理的战略需求,在具有从事资产管理业务丰富经验的前提下,通过设立隶属财富家族的资产管理公司,在功能定位、组织结构和运行机制设计上都服务于家族财富管理目标,以针对特定投资对象进行战略投资为手段,以获取对家族既有企业或家族扩展产业的控制能力为目标的资产管理模式。

这种家族资产管理模式,以家族资产管理公司为载体,实现对家族财富的有效管理,同时,成立家族资产管理公司不仅可以服务于家族所有的资产,更可以通过为其他财富家族进行资产管理,实现金融资产的聚集,在获取资产管理服务费的同时,更能够通过庞大金融资产的战略性应用,助推家族在产业领域的战略扩张。

三、影响家族财富管理模式选择的因素

影响家族资产管理模式选择的因素,分为三部分:一是家族内部的影响因素,二是外部市场的影响因素,三是财产制度的影响因素。

(一)家族因素

1. 代际更迭

财富家族的代际更迭是一个复杂的代际亲缘关系和财产关系的传承。按照财富家族的家庭及其家族形态的差异,在理论上可以将代际更迭划分为三种类型。一夫一妻制核心家庭内部的代际更迭中,受家族和传统文化的影响,长子继承制、幼子继承制、诸子均分制等均是核心家庭内部财产继承的主要类型。一夫多妻制核心家庭内部的代际更迭中,财富传承常采取"有嫡立嫡,无嫡立长""立子以贵不以长"等方式。在多代多家庭财富家族内部的代际更迭中,多代多家庭财富家族内部家庭成员关系较为复杂,为实现家族利益最大化,较多采用的是举贤继承的办法。

2. 产业承袭

(1) 财富家族的实体资产承袭。财富家族的崛起与成功通常有其依托的特定实体产业。从全球财富家族的实践来看,一个家族在经济上的成功总是与该家族在某一个产业内的成功经营密切相关的。财富家族的财富传承首要任务是将家族拥有的实体资产的产权传承给下一代。

(2) 财富家族的金融资产承袭。金融资产实体资产转化为金融资产有多种方式,如实体资产经营中的利润积累、实体资产的转让收益、实体资产证券化后的收益、金融资产投资收益等。财富家族的后代在承袭家族实体资产的同时,也会有数量规模巨大的金融资产的承袭。后代可以在不直接干预实体资产运营的情况下,通过对金融资产的控制来实现对家族实体资产的有效控制。

(3) 财富家族的文化资产承袭。财富家族的经济成功和财富积累背后,既有看得见、摸得着的实体资产和金融资产的有形财富,又有抽象但更重要的家族精神的传承和发扬光大。这种家族精神如果将其资产化,就是所谓的文化资产。这种文化资产的传承,从某种意义上而言,是比物质化的财富形态更为重要的财富形态。

3. 经营能力

(1) 有能力有意愿。财富家族的家族资产传承给后代时,如果后代中的成员既有继承家业的能力,同时又具有子承父业的热情,那么这种后代继承家业的心理状态和能力水平都处于最优状态。

(2) 有能力无意愿。财富家族的家族资产传承给后代时,也会出现子女有很强的个人能力,如在非家族企业的某个领域具有浓厚的兴趣,出现个人爱好超越对家族热情的现象。如此,就会出现家族后代成员有能力继承家业,但无意愿主动参与资产管理。

(3) 无能力无意愿。财富家族的家族资产传承给后代时,出现子女既无能力又无意愿经营的情况。既无能力又无继承意愿的情况在各国著名财富家族的传承实践中是较为普遍的现象。

(二)市场因素

1. 市场成熟程度

(1) 私有产权保障水平。家族财富管理期限较长,通常要跨越几代人,因此,家族财富管理对于私有产权保障水平的要求更高。衡量一个国家、区域市场成熟程度的第一重要的尺度是私有产权保障水平的高低。客观上来讲,目前中国的私有产权保障水平低于发达的市场经济体制国家和地区,也在一定程度上限制了中国财富管理尤其是家族财富管理行业的发展。

(2) 行业开放准入水平。它是市场成熟程度的第二个重要衡量标准。以中国为例,从改革开放前的极端国有化向社会主义市场经济转轨,降低行业准入的门槛,对于市场经济的活动主体而言是市场经济主体成长的必经之路,是财富家族能够获得生存空间、经济成功的至关重要的环境因素。

行业开放准入水平影响家族资产管理模式的另一途径是自由化程度的差异。金融自由化包括金融市场的开放和资本管制的放松。金融市场的开放有利于促进金融行业的竞争,可以更好地为家族客户提供具有竞争力的服务。资本管制的放松以及资本项下的开放可以让财富家族在全球范围内进行资产配置,从而达到更高的风险报酬比,可以更高效地实现家族资产的保值增值。

(3) 区域市场国际化水平。市场经济的本质属性要求区域市场有机地融入一个全球化、国际化的宏大市场体系中去。区域市场的国际化不仅要求货物贸易自由地进入国际市场,更要求组织生产的虚拟市场要素在国际市场上无限制地自由融通。家族财富的管理在初级阶段表现为实体财富的国际化流转,而在高级阶段则必然表现为虚拟财富的国际化流转,这都要仰赖区域市场国际化的体制保障水平的提高。

2. 经济运行周期

(1) 经济增长期(财富总量增长区间)。在经济运行的增长期,通过政策创新、技术进步、需求扩张等动因的激励,全社会的要素配置会进入一个活跃期。在这个阶段,社会个体或家族通过整合个人或家族的内外资源,可以快速实现个人或家族财富的扩张和积累。从财富家族的财富格局来看,如果把握住经济增长期的良机,家族财富可以实现从无到有、从小变大,是非常重要的实现家族财富绝对总量增长的战略机遇期。

(2) 经济繁荣期(财富质量震荡区间)。当经济运行进入繁荣期后,经济总体会表现出在高位盘整的特征。这一阶段市场的供求关系会表现出震荡的特点。此时,政策创新、技术进步和市场需求的动力逐步衰竭,经济主体参与经济活动的收益也开始表现出震荡的特点。各种各类的商业活动开始表现出有赔有赚的格局。对财富家族而言,经济增长期快速增长的家族财富要开始承受市场震荡的考验,能够经受得住冲击和考验的家族财富才是真正稳固的家族财富。

(3) 经济萧条期(财富比例增长区间)。经济萧条期对于财富家族而言,既是机遇也是挑战。财富家族在经济萧条期会有重大的两极分化。这是因为经济萧条期,资产的市场价格大幅下降,不仅实体资产的购买价格会大幅回落,金融资产的获取也可以节约经济成本。这时,成功的财富家族通过收购企业和股权,不仅实现了财富绝对比例上的增长,而且实现家族财富的战略性的结构调整和优化。

3. 金融创新水平

（1）实体资产证券化。财富家族创富初期财富保有的主要资产形式是实体资产的不动产。一个区域或国家的金融体系将实体资产证券化的能力和水平对于财富家族的财富管理是非常重要的影响因素。中国的金融市场将实体资产证券化的能力和水平还有待提高，因为实体资产证券化的渠道有限，中国财富家族流转和管理的家族财富多以实体资产为主，净资产以日常现金流为主，对于财富家族的财富管理是非常不利的。

（2）金融机构多样性。中国的金融市场在主体结构上以国有金融机构为绝对的优势形态，市场的金融机构仍然处于发展的初期阶段。国有的金融机构具有垄断性，不仅具有金融业的规模效应，还同时具有空间布局上的范围效应。但作为财富家族的财富管理者而言，更重要的不是金融机构的规模经济和范围经济的优势，而是提供个性化、专业化、市场化和长期化金融服务的能力。这就需要在财富管理的创新市场空间中，两种类型的金融机构形成优势互补的合作机制，实现多元化、多样性的金融机构的商业生态。

（3）金融政策市场化。金融政策管制导向及原则可以概括为市场化和非市场化两种类型。市场化的金融政策既能融通国内外市场的金融资源，又能够合理配置财富家族的内外部资产，从而实现财富家族的最优资产配置和最大化资产收益。而非市场化的金融政策更多的是呼应政府的金融管制，强调通过金融政策的管制实现政府宏观调控目标。

（三）财产制度因素的影响

大陆法系、美英法系由于法律制度设立的理念不同，导致在处理政府与私人经济关系和私有产权的保护制度方面存在明显差异。大陆法系的法律制度设立理念强调对社会行为合法性的严格界定。大陆法系下的政府与私人经济关系的本质是管制和服从的关系。英美法系，又称普通法系或者海洋法系。在政府与私人经济关系调整中，如因政府自身的原因导致的不利结果，政府不能借助政治威权转嫁自身行为的损失。就私有产权的保护制度而言，大陆法系下的私有产权的制度保障具有不确定性。私人财产权利的保障就转向遵从法律与违反法律之间的灰色地带寻求私有财产权的自我保护。美英法系下的私有产权保障具有制度的确定性。私人在保护私人财产权利时可以合法地与政府威权进行博弈。

在中国经济转型升级和全面深化改革的背景下，中国的家族财富管理行业总体还处于发展初期阶段，缺乏一批良性、专业化的家族财富管理机构，民营企业家和相关从业人员对家族财富管理也缺乏足够的认识。中国的家族财富管理存在着家族资产配置混乱、家族财富投资渠道单一、家族财富风险隔离机制僵化、家族内部管理结构落后、家族企业转型路径不明、家族企业代际传承困难、家族企业人才流失严重等诸多难题。家族纠纷的传闻不绝于耳，家族企业败落的案例更是屡见不鲜，直接向家族财富管理与家族企业发展传承提出了新的要求和挑战。

第四节 家 庭

随着国民收入水平的不断提高,积聚在家庭中的财富也在不断增加,家庭财富管理的重要性也就愈加突出。家庭财富管理得当可以帮助一个家庭防范风险、增加收入来源、提高收入水平,有利于微观家庭的健康稳定发展,进而有利于整个经济社会的健康发展。

一、家庭

(一)家庭的含义

对家庭含义本质的认识是从近代才开始的。综合各学科对家庭的理解,再具体到本书的研究对象是财富管理,将家庭定义为:家庭是在婚姻关系、血缘关系、收养关系基础上产生的,以依赖和互助为基本特征的,亲属之间所构成的基本社会单位。家庭是最基本的社会细胞,是最基本的社会组织,也是最基本的经济组织,同时还是人们的精神家园。家庭的健康和可持续发展是社会与国家健康和可持续发展的基石。

(二)家庭财富管理的目的

家庭财富管理的目的主要体现在合理规划支出,提高家庭生活质量;合理配置资产,提高财产收益;提高家庭抗风险能力等方面。

1. 合理规划支出,提高家庭生活质量

合理规划家庭支出可以提高家庭生活质量并控制支出总额,如何在有限的家庭收入基础上科学合理地安排各项支出成为衡量一个家庭的核心管理能力的标准。同样的收入,同样的家庭人口,不同的家庭生活质量大相径庭,在物资和收入紧缺的时候差异更加明显,合理安排支出体现了一个家庭的生活智慧,是最基本、最朴素的财商。

2. 合理配置资产,提高财产收益

在基本生活需求的支出满足之后,合理配置家庭资产就成为最重要的一项财富管理需求。家庭资产的合理配置一方面可以更好地满足家庭生活需求;另一方面可以提高资产收益率,达到资产保值增值的目的,让家庭财富以更快的速度增长。

3. 提高家庭抗风险能力

任何家庭都有可能遭受大病、意外等突发事件的打击,财富基础薄弱的家庭甚至无力承担这些意外打击。所以提高家庭的抗风险能力成为家庭管理的重要一环,甚至可以算是最重要的一环。如何提高家庭抗风险能力?我们可以从以下几个方面进行考虑。

(1)通过合理搭配购买保险来规避风险。合理搭配家庭保险是非常专业的资产管理行为,目前我国大部分家庭还不具备这种能力,需要专业人士提供专业的规划服务。目前我国普通家庭对商业保险还存在一定偏见和误解,这和长期以来保险业务员错误的推销模式有关,这种刻板印象一时间尚无法彻底扭转,而家庭保险的配置对于规避家庭意外风险是刻不容缓的事情,这就需要财富管理机构或人员站在独立客观的角度为家庭配置保险提供服务。

(2) 配置家庭风险准备金。如果一个家庭配置了风险准备金,当意外发生时家庭能够迅速调配到资金来应付危机。家庭风险准备金可以是一定数额的活期存款,可以是随存随取的短期理财,也可以是随时能够动用的银行贷款授信额度。

(3) 提高收入。想要提高收入,一方面可以从提高知识层次、增加工作技能方面努力,以提高工资薪金报酬收入;另一方面要努力拓展收入来源,创造更多的税后收入[①],提高财富管理水平是创造更多税后收入的重要前提。

二、我国家庭的财富管理状况

(一) 我国家庭财富收支情况

随着我国经济持续高速发展,国民收入水平不断提高,家庭财富也在不断增加,下面将从收入、支出、结余、发展趋势四个角度分析我国家庭财富现状。

1. 收入

收入是一个家庭赖以生存和发展的经济资源,决定着一个家庭的支出和结余,直接影响家庭生活水平和发展前景。从表12-1中我们可以看出,我国居民人均可支配收入在逐年增加,主要收入来源是工资性收入,在总收入中占比达到56%左右,财产性收入占比最低,虽然近5年也在不断增加,但是增加幅度缓慢,这与我国居民财富管理能力不强有直接关系。每一个家庭和个人都需要进行合理恰当的财富管理,不断增加财产性收入。

表12-1 2013—2017年全国居民人均可支配收入及构成　　　　单位:元

指　　标	2013年	2014年	2015年	2016年	2017年
全国居民人均可支配收入总额	18 310.8	20 167.1	21 966.2	23 821.0	25 973.8
1. 工资性收入	10 410.8	11 420.6	12 459.0	13 455.2	14 620.3
2. 经营性收入	3 434.7	3 732.0	3 955.6	4 217.7	4 501.8
3. 财产性收入	1 423.3	1 587.8	1 739.6	1 889.0	2 107.4
4. 转移净收入	3 042.1	3 426.8	3 811.9	4 259.1	4 744.3

资料来源:《中国统计年鉴2018》。

2. 支出

支出是一个家庭对经济资源的消费,应在可支配收入范围内合理安排各项消费和支出。家庭支出的安排是否合理将会直接影响家庭生活质量,同时也会影响家庭经济资源结余,进而影响家庭财富积累。从表12-2可以看出:我国居民的主要支出是食品烟酒和居住支出,占比超过50%,其次是交通通信和教育文化娱乐支出,占比超过20%。

---

① 税后收入,网络流行词,就是被动收入,不需要花费多少时间和精力照看,就可以自动获得的收入,它更是获得财务自由和提前退休的必要前提。"税后收入"不需要照看,但是并不代表不劳而获,其实在获得"被动收入"之前,往往需要经过长时间的劳动和积累。

表 12-2　2013—2017 年全国居民人均支出　　　　　　　　　　单位：元

指标	2013 年	2014 年	2015 年	2016 年	2017 年
全国居民人均支出总额	13 220.4	14 491.4	15 712.4	17 110.7	18 322.1
1. 食品烟酒	4 126.7	4 493.9	4 814.0	5 151.0	5 373.6
2. 衣着	1 027.1	1 099.3	1 164.1	1 202.7	1 237.6
3. 居住	2 998.5	3 200.5	3 419.2	3 746.4	4 106.9
4. 生活用品及服务	806.5	889.7	951.4	1 043.7	1 120.7
5. 交通通信	1 627.1	1 869.3	2 086.9	2 337.8	2 498.9
6. 教育文化娱乐	1 397.7	1 535.9	1 723.1	1 915.3	2 086.2
7. 医疗保健	912.1	1 044.8	1 164.5	1 307.5	1 451.2
8. 其他用品及服务	324.7	358.0	389.2	406.3	447.0

资料来源：《中国统计年鉴 2018》。

3. 结余

每年家庭的收入扣除当年支出就是结余，家庭需要积累第一桶金，然后对结余的经济资源进行合理管理，达到财富保值增值的目的。由于我国人民自古以来的勤俭持家和热衷储蓄的习惯，我国居民每年都有结余积存下来。从表 12-3 收入支出结余结构分析，我国居民人均结余逐年上升，2017 年的结余额在收入总额中占比接近 30%。

表 12-3　2013—2017 年全国居民人均结余额　　　　　　　　　　单位：元

指标	2013 年	2014 年	2015 年	2016 年	2017 年
全国居民人均可支配收入	18 310.8	20 167.1	21 966.2	23 821.0	25 973.8
全国居民人均支出	13 220.4	14 491.4	15 712.4	17 110.7	18 322.1
全国居民人均结余额	5 090.4	5 675.7	6 253.8	6 710.3	7 651.7
人均结余占人均收入比重/%	27.80	28.14	28.47	28.17	29.46

资料来源：根据《中国统计年鉴 2018》计算。

4. 发展趋势

通过分析比较表 12-4 我们发现：总体上我国居民的收入增幅大于支出增幅，结余增幅大于收入增幅。随着这个趋势的发展，加上合理的财富管理，未来家庭财产性收入会以更快的速度增加，这会进一步增加居民收入，进而增加结余额。良好的财富管理可以帮助居民家庭进入良性循环，提高家庭生活水平和财富存量。

表 12-4 2013—2017 年全国居民人均收入、支出、结余及增幅

指标	2013 年	2014 年	2015 年	2016 年	2017 年
全国居民人均可支配收入/元	18 310.8	20 167.1	21 966.2	23 821.0	25 973.8
较前一年增幅/%		9.04	8.44	8.92	10.14
全国居民人均支出/元	13 220.4	14 491.4	15 712.4	17 110.7	18 322.1
较前一年增幅/%		7.08	8.90	8.43	9.61
全国居民人均结余额	5 090.4	5 675.7	6 253.8	6 710.3	7 651.7
较前一年增幅/%		11.50	10.19	7.30	14.03

资料来源:根据《中国统计年鉴 2018》计算。

(二)我国家庭资产配置情况

我国家庭资产配置的主要种类包括房产、现金和储蓄、车、耐用消费品、保险、基金、股票、住房公积金、贵金属和艺术品收藏品等。财富水平较低的家庭,主要的家庭资产配置为储蓄、房产、汽车和耐用消费品,金融资产的配置极少。财富水平较高的家庭,金融资产的配置占比较高,如债券、基金、股票等金融资产,这些金融资产如果配置得当能够带来可观的投资收益,这就会导致富者愈富的财富效应。

1. 房产

在平均富裕程度不高的我国,房产成为最重要的家庭资产配置。根据广发银行和西南财经大学的中国城市家庭财富健康调研项目发布的《2018 中国城市家庭财富健康报告》(China Urban Household Wealth Health Report,CUHWHR2018)数据,我国城市家庭 2017 年住房资产占家庭总资产的 77.7%。房产价值高,不容易迅速变现,对其他投资产生挤出效应,导致我国家庭整体金融资产的配置较少,同时由于我国居民金融知识不足,对金融资产投资的参与率也较低。

2. 保险

保险应该是家庭资产配置中最重要的一块,但是我国家庭在大病、医疗、意外等商业保险的配置上没有足够重视,配置比例比较低。根据 CUHWHR2018 数据,我国城市家庭仅有不到 15% 的家庭成员拥有商业保险,而且大多数家庭倾向于给未成年子女投保,忽视了家庭顶梁柱的保障,这个数据在农村比例会更低。

3. 现金和银行存款

我国居民有良好的储蓄习惯,所以现金和银行存款等资产在家庭资产配置中占比也比较高。最近几年由于支付宝和微信等互联网金融的兴起,产生了余额宝等各种取用灵活且收益率远高于银行存款的货币型基金,家庭的储蓄资金有一部分转移到了这些货币基金投资中,这也是提高家庭财富收益能力的可喜变化,但风险的防范不可忽视。

除了上述房产、保险、储蓄以外,居民家庭资产在股票、基金、贵金属和艺术品收藏品等类别上也有不同配置,但这些资产的配置基本都需要专门的知识和技能,不具备这些知识和技能的家庭很难实现资产的保值增值,还可能会血本无归,所以大部分家庭对这些投

资的参与率比较低。

三、影响我国家庭财富管理的因素

（一）影响我国家庭财富管理的微观因素

影响我国家庭财富管理的微观因素主要包括家庭财富水平、家庭成员受教育程度、年龄、收入的稳定性等。

家庭财富水平直接影响家庭资产的配置。财富水平低的家庭，资产主要配置在生活必需品上；财富水平高的家庭在家庭资产配置上就更加灵活和宽泛，除了生活必需品外，还包括金融资产和其他资产。

一方面家庭成员的受教育程度直接影响家庭收入水平，一般家庭成员受教育程度越高其收入水平也越高；另一方面家庭成员的受教育水平也影响着家庭资产的配置，受教育程度高的家庭的配置能力就比较高，受教育水平低的家庭配置能力也低。

年龄也会影响家庭资产配置，无赚取收入能力或者赚取收入能力低的儿童和老年人在配置资产时会回避风险选择安全性高的资产，而赚取收入能力高的青年和中年人则会对高风险高收益的资产比较热衷。

另外收入的稳定性也会影响家庭资产配置，收入稳定的家庭配置资产时可以选择长期性资产，并适当配置风险高收益高的资产，收入不稳定的家庭应该多配置安全性高变现能力强的资产。

（二）影响我国家庭财富管理的宏观环境因素

影响我国家庭财富管理的宏观环境因素主要包括金融发展水平、整体社会价值观、税收制度、社会保障制度以及医疗服务水平等。

一个国家的金融发展水平决定着该国可以投资的金融产品种类，这直接影响着该国居民的家庭金融资产配置。整体的社会价值观也会影响居民家庭的资产配置，如我国成家立业的传统观念导致人民对房子具有根深蒂固的渴求，进而导致我国家庭主要的资产配置就是房产。国家的税收制度也会直接影响家庭资产配置选择。社会保障制度和医疗服务水平也会影响家庭资产配置，如果社会保障完善，医疗服务水平高，家庭在银行储蓄等流动资产的配置上就可以大大减少。

四、我国家庭财富管理存在的问题

我国居民的家庭财富管理能力整体不高，而且水平参差不齐，尚不能做到家庭资产的优化配置。根据CUHWHR2018数据结果显示，66.5%的家庭财富管理处于不健康和亚健康状态，仅有6.7%的家庭财富管理非常健康，如果算上农村家庭，这个比例会更糟糕，主要存在以下几项问题。

1. 受传统观念的束缚，房产占比过高

受到成家立业的传统观念的束缚，我国家庭房产配置在家庭资产配置中的占比过高，这对其他资产的配置产生极大的挤出效应，一旦房产价格停止上涨甚至下跌，大量家庭的资产会面临缩水的风险,所以我国居民应该逐渐摆脱对房子的执念,多元化配置家庭资产。

2. 知识不足,导致资产配置受限

大部分家庭在资产投资方面的知识不足,不能合理配置这些资产,不能正确认识风险与收益的关系,这直接反映了我国参与金融资产投资的投资者极不成熟,亟须提高家庭金融知识普及教育,也需要更多的专业机构和人员给家庭提供合理的财富管理服务。

3. 缺乏家庭财富管理意识,抗风险能力弱

部分家庭缺乏家庭财富管理意识,消费购物没有节制,如果没有良好的财富管理习惯,不只家庭生活质量无法保证,抗风险能力也极弱,一旦遇到疾病意外等突发事件会迅速陷入困境。

4. 我国家庭对专业财富管理机构或者人员的需求旺盛,但供给不足

我国居民家庭财富不断增长,居高不下的储蓄也急需进行收益率更高的资产配置,这会产生巨大的财富管理需求,而居民家庭自身的财富管理能力却极其有限,这就需要专业的财富管理机构或者人员提供相应的服务。

第五节　个　　人

个人是社会最基本的组成分子,随着经济发展、男女平等观念的深入人心以及女性就业,他们的财富状况、财富管理意愿及需求都会随着其生活状态、生活目标、养老规划等因素发生变化。

一、个人、个人的生活和经济特征

(一) 个人概念的界定

个人就是一个独立的自然人,在社会学或者生物学概念里每一个自然出生的人都是个人。具体到财富管理的个人客户群体研究,个人范围划定为:有独立民事行为能力和赚取收入能力,离开原生家庭独立生活的未婚不婚人口以及因离异丧偶等原因独自生活的单身人口。根据《中国统计年鉴 2018》统计数据分析,2017 年中国单身人口规模超过 2 亿,这个数字随着时间的推移还会继续上升。

(二) 个人的生活和经济特征

在经济生活的维度上,独立生活独立赚取收入的个人不同于以互助与依赖为主要特征的家庭,这种独立的生活状态往往只是他们人生中的一个阶段,当然不排除有些个人会选择终身单身生活,这个阶段有其独特的生活和经济特征。

1. 收入水平较高

有勇气、有能力选择单身的人群主要集中在白领和新中产阶级,这部分人收入水平普遍较高,又没有家庭成员需要赡养,所以他们的财富可以迅速积累。根据速途研究院发布的《2018 年中国单身人群消费行为调研报告》数据,单身人群的月收入主要集中在人民币

6 000～10 000元，其占比为42.84%，月收入人民币3 000～6 000元的人群占比为29.74%，月收入在人民币10 000元以上的人群占比约为19.93%，而月收入不超过人民币3 000元的人群占比仅有7.49%，这在一定程度上表现出单身群体拥有较高的可支配收入和较强的消费水平。

2. 赡养父母和抚养子女的负担较轻，但抗风险能力更弱

处于这个阶段的未婚和不婚个人基本没有抚养子女的负担，在赡养父母方面负担也比较轻。部分处于单身阶段的离异或丧偶个人会有抚养子女的负担，赡养父母的负担与其他单身个人相差不大。但是这种状态也有弊端：当个人遭遇疾病、意外等突发事件时，也很难得到家庭成员之间能够提供的互助和照顾，所以个人的抗风险能力较之家庭更弱。

3. 独立自主性强，但更易挥霍财富

单身个人的独立自主性更强，可以自由支配自己的收入。但这种独立自主也有其弊端：没有沉重的家庭负担且没有家人约束的状态，如果不能很好地规划管理自己的财富，更容易迅速挥霍掉自己的财富。

4. 储蓄倾向低，消费倾向高

一方面，目前白领单身人群储蓄倾向较之家庭普遍偏低，而消费倾向较家庭偏高。另一方面，单身个人没有家庭那种规模经济效应，其支出也会远高于家庭人均支出。另外单身个人工作之余拥有更多的休闲时间，所以他们的休闲性消费会远高于家庭。

二、个人的财富管理状况

（一）个人的财富收支情况

参照家庭财富的分析模式，分别从收入、支出、结余等方面对其进行分析。

1. 收入

收入也是单身个人赖以生存的经济来源。从表12-1全国居民人均可支配收入数据进一步分析：我们假设一个标准家庭是由父母加孩子的三口之家构成，父母二人赚取收入，孩子没有收入，以2017年的数据进行分析，单身个人的人均收入会是家庭人均收入的1.5倍（38 960.7÷25 973.8＝1.5），另外，家庭需要赡养更多人口的情况，加上单身个人实际收入高于家庭收入的情况，所以单身的人均收入应该远远不止是全国人均可支配收入的1.5倍。

2. 支出

个人的主要支出项目除了通常的衣食住行之外，在休闲和教育文化娱乐方面占比会比家庭更多。由于没有家庭那种规模经济效应，单身个人的人均支出会高于家庭人均支出。单身个人合理规划日常消费支出同样重要，也是个人财富管理的一个重要环节。

3. 结余

单身个人的结余弹性很大，他们总体收入较高，但消费支出也较高。科学合理地规划消费支出，增加结余，并对结余财富进行科学管理，增加财产性收入，是提高单身人群生活质量和财富水平的重要途径。

(二) 个人的财富、资产配置情况

单身人群没有沉重的家庭负担,对固化财富的执着远远低于家庭,对物品使用权的期待大大高于所有权,从某种意义上来说,这会大大提高资源利用效率、降低资源消耗。由于单身人群并不执着于固化财富,他们成为租房市场的主要客户,房租支出在总支出中占较大比例,即使配置房产也大多是精致小户型,总价较家庭住房低。

单身人群受教育程度普遍高于社会平均水平,这部分人较之普通家庭具备更多的投资理财知识,在保险、理财、股票、基金等资产的配置上较之家庭参与率和占比更高。但储蓄占比低于家庭。除以上资产配置外,单身人群在期货、贵金属、艺术和收藏品上也有不同配置,但这些资产的管理需要更加专业的知识和技能,单身个人在这些资产的配置上参与率和占比也比较低。

三、影响个人财富管理的因素

单身人群一个非常重要的特点是变化,单身个人在进行财富管理的时候需要考虑以下问题。

(1) 未来要不要组建家庭?要不要养育子女?未来是否要组建家庭或者养育子女会直接影响到单身人群的财富管理行为,如果未来需要组建家庭或者养育子女,那在进行财富管理的时候就需要做长远打算;如果未来不打算组建家庭或者养育子女,那单身生活特有的风险就需要着重考虑。

(2) 人生追求是什么?单身人士的人生追求可以更自由、更独立,单身人士的财富管理更具个性化,需要根据不同的人生目标进行不同的财富管理,以更好更快地实现人生追求。

(3) 有没有财富目标?当下人人向往的财务自由其实就是实现被动收入能够满足生活所需的状态,那么被动收入从哪里来就是财务自由首先要考虑的问题。单身人士有没有实现财务自由的财富目标?财务自由的标准是什么?这些都会影响他们对财富管理的关注和需求程度。

(4) 如何规划养老?我国已进入未富先老的状态,养老成为社会难题。就现实情况来看,在可以预见的较长时期内我国养老还得依靠传统的家庭养老模式。单身人群如何高质量地安度晚年成为他们财富管理必须要考虑的问题。

(5) 如何防范风险?由于单身人群重消费、轻储蓄的习惯,一旦出现失业、疾病、意外等突发状况就会迅速陷入困境,另外单身人群房产拥有量不高,诸如此类的单身生活风险如何防范必须提前进行考虑和规划。

四、个人财富管理存在的问题

1. 投资理财专门知识和技能不足

单身人群虽然在平均受教育程度和知识拥有量上高于家庭平均水平,但在投资理财的专门知识和技能上并不是所有单身个人都擅长,依然有大量的单身人士财商很低,不能好好管理自己的财富,陷入收入很高却入不敷出的怪圈。

2. 财富管理意识不足

单身人群积累财富和投资理财的意识不强，同时由于没有家人在身边约束，即使有积蓄和投资理财的计划也可能由于不够自律而中断或放弃。

3. 缺少长远打算

单身人群对于疾病、意外、养老等问题很少加以考虑，缺少长远打算，加之商家通过大数据等技术手段捕捉每个人的消费习惯，年轻的单身人群很容易陷入过度消费的误区。

4. 对风险的防范意识不足

目前以年轻人为主的单身人群对于风险的防范意识明显不足，如果单身人群不能认真考虑失业、疾病、意外等风险，并加以规划和防范，将来很可能会突然陷入困境。

5. 个人财富管理市场有待进一步发展

为个人提供财富管理服务可能比为家庭提供服务更加灵活多样，需要考虑更多的个性化要求。单身人群收入更高，消费弹性更大，进行财富管理的空间也就更大，管理得当会使单身人士的财富快速积累和增值。财富管理机构和个人应该利用大数据分析等现代技术对单身人群的收入、支出、消费习惯和结构进行分析，在良好的财富管理模式下实现客户资产的保值增值。

本章术语

国家财富　政府资产　国有企业　企业价值最大化　企业财务资产与非财务资产　家族信托　家庭财产性收入　个人财富管理

本章练习题

1. 简述政府资产的核算范围。
2. 简述财政收入与国家财富的关系。
3. 从国家财富管理的视角，您认为可以利用什么手段和工具对国家财富进行系统和全面的计量与核算？
4. 简述企业财富管理的主要目标和具体内容。
5. 比较并理解多种社会组织的财富管理目标的差别。
6. 分析家族财富管理模式选择的影响因素。
7. 比较各种家族财富管理模式的优缺点及适用性。
8. 分析影响我国家庭财富管理的主要因素。
9. 结合实际，分析我国个人财富管理服务的主要对象及其财富管理行为特征。

即测即练

第十三章

财富管理发展新趋势

【教学目标】

1）掌握大数据、区块链、人工智能等科学技术在财富管理中的应用
2）了解数字货币交易潜在的风险及防控措施
3）理解财富管理服务实体经济的内在逻辑

【教学重点】

1）大数据对财富管理模式的创新应用
2）人工智能对传统财富管理模式的重构
3）实体经济与金融的辩证关系
4）区块链技术在财富管理中的创新应用以及发展方向
5）数字货币如何对财富管理产生影响

【教学难点】

1）大数据对财富管理模式的创新应用未来的发展方向
2）人工智能在财富管理模式运用中的局限性与改进措施
3）区块链技术对财富管理模式的影响机理
4）数字货币和电子货币的区别与联系

近年来，金融科技的发展开启了财富管理的新时代。大数据、云计算、人工智能及区块链等技术日臻成熟并应用于财富管理领域，节约了成本、降低了风险，促使财富管理进入新的发展阶段。同时，资产的全球配置、服务于实体经济也成为财富管理领域的特点。本节将基于大数据等新兴技术展开，讨论财富管理的科技性、全球性和服务实体经济的趋势。

第一节 大数据与财富管理

大数据在国内金融行业已经进入具体应用的快速发展阶段。这是数据生态与算法技术日益成熟的表现，也是金融行业在数字化时代转型与发展的需求所致。金融行业经历了电子化、网络化的进程，流程的标准化与自动化程度已经今非昔比。例如，网银、手机银

行对于交易的替代率超过 90% 已是银行业中的常态。在这样的基础上,数据的积累在质和量上不断提升,也日益多元,而云技术和高级算法的不断精进使低成本、高效能地从数据中获得洞察成为可能。近几年可以观察到大数据在网络信贷、财富管理、证券交易等金融各个子行业中都得到积极应用,且每一个领域中,大数据又在每一个价值链环节逐步渗透,创造新的价值。

一、什么是大数据

(一)大数据的概念

研究机构 Gartner 指出,大数据(big data)指无法在一定时间范围内用常规软件工具进行捕捉、管理和处理的数据集合,是需要新处理模式才能具有更强的决策力、洞察发现力和流程优化能力的海量、高增长率和多样化的信息资产。

麦肯锡全球研究所指出:大数据是一种规模大到在获取、存储、管理、分析方面大大超出了传统数据库软件工具能力范围的数据集合,具有海量的数据规模、快速的数据流转、多样的数据类型和价值密度低等特征。

(二)大数据的特征

(1) 容量(volume):大数据容量大,而数据的容量大小决定所考虑的数据的价值和潜在的信息。

(2) 种类(kind):大数据类型多样。

(3) 速度(velocity):大数据增长速度快,处理速度也快,时效性要求高。

(4) 真实性(facticity):大数据的质量。

(5) 价值(value):合理运用大数据,以低成本创造高价值。

(6) 可变性(variability):大数据呈现出多变的形式和类型,妨碍了处理和有效地管理数据的过程。

(7) 复杂性(complexity):数据量巨大,来源多渠道。

(三)大数据相关技术

从技术上看,大数据必然无法用单台的计算机进行处理,必须采用分布式架构。它的特色在于对海量数据进行分布式数据挖掘。但它必须依托云计算的分布式处理、分布式数据库和云存储、虚拟化技术。适用于大数据的技术,包括大规模并行处理(MPP)数据库、数据挖掘、分布式文件系统、分布式数据库、云计算平台、互联网和可扩展的存储系统、感知技术等。

二、大数据与财富管理

传统的财富管理机构以银行等金融机构为主体,很难根据个人的风险偏好提供理财建议,信息不透明,偏重线下,更看重高端客户,不仅成本比较高,而且无法及时地了解客户的行为习惯和想法的转变,无法对客户的真实需求进行有效的创新,从而财富管理的产品相对单一,不能充分满足客户的财富管理的需要。从目前的情况来看,以银行为主体的传统的财富管理机构,也看到了数据以及客户的重要性,开始积极地争抢那些之前从来不入眼的散户以及小额的资金。未来的财富管理必然是朝着基于大数据的互联网金融管理方向发展的,因此以银行主体的传统的财富管理机构,也必须要创新自身的数据和客户的发展渠道,提高自身的竞争力。

(一)基于大数据的理财模式

实现大数据驱动的理财模式,即以大数据驱动的、端对端的、客户随时都可以来管理其资产组合的理财模式。这种模式用大数据的思维来看,从理财服务提供端角度,无论是银行,还是专门的理财公司,有两个部分:一个是产品,它给客户提供的是不是定制的个性化产品;另外一个是服务,它给客户提供的服务是不是一个互动的模式,当你对投资有疑问的时候是不是能够及时找到答案。还有一个就是从投资人的角度,对用户来讲能不能实现投资的智能化与自动化,即大数据驱动的个性化财富管理中的产品设计与服务推送、个性化定制与智能互动等核心问题。

建设以大数据为基础的互联网金融平台,一方面,致力于为金融行业提供产品服务,不断进行产品拓展及特色理财创新探索;另一方面,以大数据为基础,实现专业服务能力系统化输出,进行用户财商教育,让理财变得更简单。在金融科技时代,用户需求越来越被财富管理市场所重视。而智能财富管理平台则以金融属性数据为主,同时参考消费记录、朋友圈、社交行为、移动设备数据、填写时间和习惯等多种行为数据,对用户进行多维度识别,对风险进行充分揭示,能够客观、高效率地满足用户的资金需求。从技术应用层面来看,金融科技实质就是利用大数据和算法做判断、预测和优化。基于用户的信息建立一套完整的用户画像,然后基于用户画像,利用机器学习搭建优化的模型,可以对用户进行精准分级和行为预测,从而实现精准营销,提升用户体验和运营效率;将大数据技术应用于量化投资领域,结合传统投资理论和数据挖掘技术,有效提升量化投资策略表现。互联网金融企业收集关于用户的广泛数据并基于一定的算法对用户进行反欺诈和风险定价。在此基础上,金融企业能够实现"数据—算法—客户—数据"的闭环。财富管理平台的价值不仅在于开发优质产品,更在于通过专业的团队、互联网大数据的方式,根据用户需求和画像,提供量身定制的资产管理解决方案,同时满足其对投资收益及流动性要求。为平台用户提供优质、高效的财富管理服务,助力平台用户实现稳定、安全的财富增值。

(二)提高财富管理的风险管控能力

大数据和财富管理相结合的优势在于数据和信息的传播以及处理方式的重新构建,在于操作运营成本以及违约率的降低。

一方面在互联网不断发展的情况下,大数据时代的到来改变了信息的获取路径以及获取的方式。大数据、云计算的发展不仅带来信息共享的便利,同时也便捷了平台对用户信息的采集分析与判断。平台利用大数据、云计算,以先发的经验和专业优势,研发动产质押系统,加上智能投顾系统的计算分析能力,提供快速的服务效率。

另一方面,银行等传统的财富管理机构还可以同当前的互联网金融平台的巨头进行合作,强化和物流、电商以及其他行业的合作,从而达到获取各个行业的信息和数据,以降低自身的操作成本的目的。在这种情况下,传统的财富管理机构不仅可以有更多的方式进行金融以及产品的创新,而且其风险的管控能力无疑也会有很大的提高。

为了提升用户安全体验,需要引入独立的第三方电子数据保全系统存储用户交易信息,通过智能化的反欺诈模型决策,监控用户账户和交易情况。此外,采用基于复杂信息流的风险实时检测系统,通过数据、安全技术等手段为平台的业务安全风险保驾护航。未来在智能投顾、安全体验等方面也将继续加大技术投入,为用户提供更安全、更具个性化的理财服务。

(三) 运用大数据进行财富管理遇到的困难

大数据带来的外部数据量是巨大的,并且数据碎片化严重,对客户同一特征的分析往往无法依赖单一的指标,需要从数据的不同维度综合考量。大量非结构化数据更需要整理和加工,需综合运用语义分析、知识图谱等多种技术手段进行分析,构建庞大的信息资讯库。需要更多地依托外部数据进行客户获取,进而构建完善的客户画像。如何从各渠道获取海量数据,并从纷繁复杂的数据中提取有价值的信息,进行精细化的分析和判断,定位潜在客户并有针对性地开展营销活动,是系统建设中亟须解决的现实问题。

以大数据等为核心的金融科技技术将为互联网财富管理平台带来更好的用户体验和更低的运营成本,例如平安财富宝通过大数据风险控制体系对产品进行筛选把关,并且通过 KYC(know your customer,识别你的客户)体系判断客户的风险承受能力和投资能力,进行严格的投资者适当性管理,实现理财服务计划和客户的精准匹配;在资金管理安全方面,平安财富宝通过人脸识别等技术,更高效安全地实现了客户身份识别验证,强化客户的安全感知。

对于基于大数据平台建设的财富管理应用系统,如何依托大数据实现客户服务和业务创新,成为提升核心竞争力,实现以客户为中心、以资产配置服务为核心的财富管理的关键。相对于传统财富管理模式,基于大数据和人工智能技术的智能财富管理平台具有得天独厚的优势,代表着财富管理行业未来的发展方向。

第二节 人工智能与财富管理

一、什么是人工智能

(一) 人工智能的概念

人工智能(artificial intelligence,AI),是研究、开发用于模拟、延伸和扩展人的智能的理论、方法、技术及应用系统的一门新的技术科学。人工智能是计算机科学的一个分支,它企图了解智能的实质,并生产出一种新的能以人类智能相似的方式作出反应的智能机器,该领域的研究包括机器人、语言识别、图像识别、自然语言处理和专家系统等。人工智能从诞生以来,理论和技术日益成熟,应用领域也不断扩大,可以设想,未来人工智能带来的科技产品,将会是人类智慧的"容器"。人工智能可以对人的意识、思维的信息过程进行模拟。人工智能不是人的智能，但能像人那样思考,也可能超过人的智能。

(二)人工智能的实现范式

1. 早期的人工智能范式

从人工智能发展的历史来看,早期的人工智能主要以哲学、数学、经济学、神经科学、心理学、计算机科学、控制论及语言学等多学科为基础,出现了以下几种范式:以算法为中心的范式;以经验为中心的范式;以物理为中心的范式;以结构为中心的人工智能范式。

2. 大数据时代的人工智能范式

近年来,随着数据收集手段和能力的提升,可获取的数据量急剧增加,人类社会进入大数据时代。大数据出现后的人工智能范式是对传统 AI 范式的修正,目的是希望能从大数据中发现隐藏的、有效的、可理解的知识。

(1)以感知为中心的 AI 范式。以感知为中心的 AI 范式主要研究一组分布的、松散耦合的主体(agent)如何协同运用它们的知识、技能信息,以尽可能好地实现各自的或全局的目标或规划。

(2)以数据为中心的 AI 范式。利用海量数据,通过机器学习、大规模数据库、复杂的传感器和巧妙的算法,来完成智能任务。

(3)人脑科学 AI 范式。该范式是以物理为中心范式的拓广。其目的是打造基于信息通信技术的综合性研究平台,采用计算机模拟法绘制详细的人脑模型,促进 AI、机器人和神经形态计算系统的发展,实现由低级别人脑模拟向高级别人脑模拟的飞跃。

(4)认知计算(cognitive computing)AI 范式。在过去的 10 多年中,出现了认知计算,其目标是用大数据来逼近"心智"问题,即形式化特定情况下的认知,打造可以学习并与人类自然交互的系统。

二、人工智能与财富管理

人工智能的发展影响了各行各业,对传统财富管理而言也是一个新的发展契机。财富管理行业容易生成海量、非结构化数据,通过对其进行实时分析,可以为互联网金融机构提供客户全方位信息,通过分析和挖掘客户的交易与消费信息掌握客户的消费习惯,并准确预测客户行为,使金融机构和金融服务平台在营销与风险控制方面有的放矢。

(一)基于人工智能的财富管理运营模式

互联网财富管理以投资者为中心,对客户的资产、负债、流动性进行管理,以满足客户不同阶段的财务需求,并帮助客户达到降低风险实现财富增值的目的。随着以人工智能为代表的互联网技术的发展,市场上互联网理财产品和服务的种类越来越多样化、个性化,尤其受到中小投资者的关注。

1. 互联网智能投顾

智能投顾,又称机器人投顾,借助人工智能技术,把传统投资顾问所做的事情(个人资产分析、风险偏好分析、资产配置、组合推荐等)变成互联网直接可用的服务。

同传统投顾相比,智能投顾具备以下特点和优势。

(1) 服务流程简化。依托于互联网数字科技，投资者只需要在平台上完成相应的投资调查问卷，智能投顾系统便可以评估出投资者的风险偏好、确定理财方案，整个流程仅需几分钟。而传统投顾的流程包括了解客户需求、给出理财方案、实施理财方案以及后期跟踪调整，其中理财方案的敲定还需要客户与理财顾问面对面交流以及设计方案。

(2) 低门槛、低费率。传统银行的私人理财服务门槛多为600万元以上，且主要针对高净值客户。智能投顾对投资人资金的最低要求普遍在1万～10万元，部分智能投顾（如国外的Betterment投顾平台）甚至实现了零门槛。智能投顾采取完全透明化收费，大体来看，费用主要为资产管理费和交易费，其中资产管理费的费率多为0.1%～0.25%。

(3) 较高的专业化程度和较强的策略执行力。财富管理的过程涉及标的种类选择、配置比例划分、风险事件处理等。智能投顾给出的资产配置方案多数是基于典型的资产配置理论形成的，具有较强的专业性。

(4) 丰富的定制化场景。《2013年中国城市居民财富管理与资产配置现状调查报告》显示，我国居民的理财目标包括退休养老规划、子女教育、财富增值保值、突发事件预防、购房购车、子女婚嫁等，这对财富管理行业提出了更高的要求。智能投顾为投资者提供了基于多种场景的资产配置计划，颠覆了传统投顾单一的资产管理模式。

(5) 7×24小时全天候提供投资咨询和管理服务。智能投顾提供的投资咨询、投后管理皆由后台智能算法独立完成，用户可以在任何时间注册专属账户、评测风险水平、建立投资计划，以及在投资策略执行后的任何时间登录自己账户，了解浮动盈亏水平，甚至调整策略组合。此外，部分智能投顾算法可以实时监控全球资本市场以及风险事件，会自动调整组合中相应资产的权重以降低组合的风险敞口。智能投顾就像一个贴身管家，7×24小时智能化管理投资账户。

2. 人工智能风险控制体系

与传统财富管理模式面临的风险与难题相似，消费金融中的风险主要包括信用风险与欺诈风险两大类。以人工智能技术为代表的财富管理提供了智慧的风险控制解决机制，具体体现在以下两方面。

(1) 针对信用风险，基于人工智能、互联网技术，通过大数据背景下的个人信用信息的整合，为信用风险的解决提供了可能的途径。

(2) 针对欺诈风险，部署以人工智能技术为基础的智能风控体系。

除了上述风险之外，还存在资金流动性风险，互联网财富管理在一定程度上改变了传统融资方式资金来源单一的现象，进而造成资金池较浅，以及因为环境因素等可能导致的流动性风险问题。

通过引入互联网财富管理模式，不仅有利于资金供给方范围的扩大，同时也有利于资金需求方的扩大。对于互联网财富管理而言，这一点尤其重要。传统小额贷款公司等金融机构受到商业银行准入和我国证券市场严格管制的限制，资金来源渠道有限。同时，对于广大非富裕人群而言，日常储备资金的投资途径也十分有限。以余额宝与理财通为代表的互联网理财产品的出现为互联网金融提供了资金的来源。这样，通过将互联网支付的沉淀资金转化为可供借贷投资使用的资金，扩充了资金池。通过规模巨大的资金来源与依据大数据计算的错配系统，解决了流动性与资本压力的问题。在余额宝等T+0模式的理财产品的基础上,支付宝体系还进一步推出了招财宝等更高利率的理财产品,通过在统一系统内的操作,丰富了"长尾"用户日常沉淀资金的投资途径。这些无疑都进一步促进了互联网财富管理本身对资金池与流动性要求的满足。

(二)基于人工智能的财富管理存在的问题

从人工智能财富管理的两种运营模式出发,分析其存在的问题。

1. 智能投顾在投资策略、客户画像等方面还较为单一

各家银行推出的以智能投顾为代表的互联网财富管理产品,纷纷采用先通过诸如均值—方差(mean-variance,MV)模型、(Black-Litterman,BL)模型等资产配置模型优化权益、债券等大类资产配置比例,再优选基金的"自上而下"方式构建投资策略,在投资逻辑以及量化模型的应用上都比较趋同,对客户和资产组合的划分也均从风险等级、投资期限两个维度进行。从智能投顾的底层配置基金来看,我国的智能投顾以公募基金为主,而美国的智能投顾以交易所交易基金(exchange traded funds,ETF)为主,这是由于当前我国基金市场上 ETF 基金数量较少,基金产品尚不丰富,这也在一定程度上造成了智能投顾投资策略的单一性问题。总体来讲,由于我国智能投顾仍处于初期发展阶段,资产配置模型、风险控制等各个环节尚未成熟,远未达到"千人千面"的理想状态。

2. 基于人工智能的财富管理的风险控制依然存在问题

虽然以人工智能、互联网技术为代表的互联网财富管理提供了智慧的风险控制解决机制,但同时也带来了新的风险,主要表现为技术风险、监管风险及社会风险。

就目前而言,由于我国人工智能财富管理尚处于起步阶段,还存在着诸多不完善的地方。并且,客户对于人工智能财富管理这类新型产品的接受度、认可度也有待进一步提高,所以人工智能财富管理短期内快速增长受限。不过,基于人工智能技术的财富管理具有低门槛、专业化的特点,使其非常契合广大普通工薪阶层以及中产阶层的理财需求;其自动化资产配置的特点,也适合银行等金融机构以较低的成本服务更广大的客户,扩大银行客群。因此,从供需两方面来看,人工智能财富管理有着广阔的发展空间。

第三节 区块链技术与财富管理

区块链因解决了有价值信息的传播和去中心化问题而被誉为"下一代互联网"。据统计,2012—2015 年,全球区块链领域吸引的风险投资增长超过了 200 倍,投资额从 2012 年的 200 万美元增加至 2015 年的 4.69 亿美元,累计投资达 10 亿美元左右。区块链可广泛应用于支付汇兑、登记结算、知识产权保护、身份认证、防伪与供应链、物联网等诸多领域,未来发展将对财富管理产生深远影响。

一、区块链技术介绍

区块链技术是一种构建在点对点网络上的全新分布式基础架构与计算范式。区块链中的交易数据通过链式结构存储并验证,各节点利用共识算法共同参与并管理和监督数据的更新,节点间通信传输数据内容通过密码学加密提高安全性,利用脚本化代码组成的智能合约来编程和操作数据,具有去中心化、开放性、自治性、信息不可篡改和匿名性等特征。

分布式账本作为区块链技术的核心,可以实现多个不同的节点共同完成交易和记账的过程,并且在每个节点中都详细记录着账本,因此它们都参与到了交易的过程中,可监督记账的合法性。区块链中的各个节点存储都是独立的、地位等同的,通过共识机制确保存储数据的一致性。区块链中没有中心节点,节点间相互独立互不干扰,节点的退出和故障都不会影响到整个链。另外,非对称加密作为区块链技术的重要手段,可以对账户身份信息进行加密和认证。

二、区块链技术在财富管理中的应用

(一)个人信用资产管理

个人没有对自己的个人征信数据的掌控权,现在我们提出基于区块链技术的服务,围绕"个人征信"提出"去中心化"管理,构建个人金融关系和信用资产管理服务平台,这样我们就拥有了一个解决个人借贷问题的新方法,构建了完善的个人征信体系,将该体系实现了数据自主、全球化。

对于去中心化信用评分系统中的个人信用数据,我们采用轻智能合约库来存储这些多维度数据,从多方面建立个人用户的信用评分。该系统的优势在于,通过智能合约的协议控制与执行,再结合区块链本身的安全性、可追溯性、不可篡改性、透明性和隐私性,更进一步完善了系统的安全性,达到既有高信息披露透明度,又有高信息隐私保护度的要求。

由于区块链本身的不可篡改性,借款人无须证明,只要授权个人信用评分即可。并且,存储在区块链的个人信用数据会建立信用历史,永久保存,这些信用数据将成为个人征信报告的一部分,被应用到借贷、租赁等场景,最终使得个人信用报告将成为数字时代最具可信力的个人经济身份证。

(二)银行资产管理

网络去中心化、任务去信任化等问题,使用区块链技术可以得到很好的解决。在理论上,区块链技术的使用可以全方位地改善金融市场环境,可以加快金融市场交易速度、减少费用、降低交易对手风险以及系统性的风险等。而区块链技术对金融行业的影响主要体现在支付结算系统、信用管理模式、IT系统的技术架构、弱化互联网金融平台等方面。

简言之,银行资管业务的运行模式,是银行以理财计划、信托计划、资管计划等方式,将单个或多个投资者汇集为一个整体,而后将筹集到的资金以之前预定好的投资策略和计划作用于确定好的对象和用途,借此保证筹集资金的保值增值,并且根据资管合同给投资者分配收益的过程。与资管业务有关的部门,可以成立研发实验室或金融科技公司,先推进一些小型的、实验性的应用项目,加强技术储备,有序地推进资管业务各系统的应用,根据不断实践应用项目更深层次地掌握区块链技术,从而以期实现开发银行资管业务的区块链应用。

区块链主要以共享账本、智能合约、隐私保护、共识等技术基础应用于资管业务运作模式的每一个过程,并且还应该突出资管业务中系列化产品的信息共享和资产使用情况。另外,区块链技术的实践应用体系需要进一步构建资管业务,还需要建立起对债券登记、资产公证系统和风险管理组织体系等相应的区块链。例如,可以将投资风险较低但投资价值极高的银行信用类资产公证产品和基于区块链的资产配置作为起点,强化并且跟踪调查研究。

(三)互联网保险

通过引入"可编程脚本",区块链的智能合约机制不需要人为干预,就能自动执行程序,这个在互联网保险行业有着极其重要的应用价值。智能合约有很多优点,如提出保险的智能化程度,开发更多触发赔付型的互联网保险产品,同时降低人工成本。智能合约有可靠、透明的机制保障及时履行合同所确定的支付义务,也可以用来执行预先设定的合同规则,这样可以解决大量小额理赔效率低下的"痛点",即支持自动化理赔。在保险事故发生之后,如果满足智能合约预设的索赔条件,就通过虚拟机的方式执行脚本,从而实现智能合约的相关功能,同时通过公开的支付机制自动完成划款赔付,这样大大地减少人工操作的环节,而且赔付的效率也得到了质的提升,就能帮助互联网保险机构大量减少运营费用。

互联网保险的承保和投保的过程是通过网络完成的,制约互联网保险高质量发展的重要因素是信息不对称。一方面,保险销售方不能主动面对面向消费者说明产品的相关信息是由互联网的网络特性决定的,但总是采用"勾选阅读"的方式,容易出现问题,如在保险条款不透明、销售误导等方面,会造成消费者单方面曲解合约的内容,在需要理赔的时候引发投诉;另一方面,客户也许会进行欺诈和骗保,这就是信息不对称可能给保险公司带来的安全隐患。理赔定损和保险承担的难点在于"唯一性",区块链可以为防范保险欺诈提供相关的技术支撑,区块链中的信任机制能给解决空间、时间范畴里的保险唯一性提供全新可能。区块链上能记录在线订立互联网保险合同,完成交易的操作细节,这些记录可以作为双方说明义务、履行告知的证据。区块链上面所存储的记录,保险公司能用它判别保险欺诈的风险,同时,投保人可以将它视为可保性证明。为帮助识别在赔付过程中可能有的欺诈骗保行为、重复交易行为,解决互联网保险的道德风险、逆向选择问题,减少信息的不对称,区块链的分布式数据库能通过查找完整的交易记录,各自验证客户身份和索赔事项等一系列事情的真实性,这样,关于互联网保险的欺诈骗保等问题都会得到改善。

(四)固定资产证券化

因为区块链技术的发展,深刻地改变了以往以数据库为关键的模式,大批量数据的存储以及刻入通过每个环节来一起完成,而且也会同时有一个完备的账单。通过在资产证券化的环境中来构造一个不一样的过程,进而来提高安全效率,可以在未来处理掉很多在资产证券化过程中难而未解的问题,如复杂不透明、缺乏活力等。

ABS(抵押支持证券)业务交易体系是由两部分组成的:各参与方和交易结构。随着时代的发展，ABS交易结构的设计变得越来越复杂，现阶段的金融服务底层设施已无法满足日益增长的管理需求。盘根错节的资产信息数据和交易链条对整体业务造成了很大的影响，同时也分割了各交易方和各个环节，打破了交易形式。鉴于目前资产证券化的缺点，区块链赋能ABS一体化生态有望在未来打破传统模式的限制。

穿透资产主要用于消除信息的不对称。把ABS运行过程中的资产信息和现金流信息数据加入区块链中，所有参与项目的都会因此享用共同的信息。从资产评级的角度来看，传统资产评级机构的评价往往具有主观性，主体信用评级和项目信用评级难以分开。无法客观地评价项目。利用区块链数据库中记录的数据，可以方便地分离项目数据，生成独立的项目和主体信用评价，对于完善投资评价体系有很大的帮助。从风险控制角度来看，在智能合约中加入预警参数和与之相对应的违规处置、合约终止等止损操作设置，设置业务时间、资金临界值，触发条件后自动执行投资或担保方案，从根本上来预防特殊目标载体（SPV）管理人等参与方的违约行为，最大限度地保证投资人的利益。由于分布式结构的设计，金融监管机构只要连接上其中一个节点便可实时监视查看金融杠杆等状态，凭借永久性审计追溯防范系统性风险。

（五）资源配置新模式

大家都在说生产关系的改变与区块链是分不开的，但是中央银行数字货币研究所前所长姚前认为，原本资产配置的方式由于区块链技术的出现开辟了第三种可能性：算法机制。它可以伴随着价格机制与公司机制存在。

算法经济的本质不仅在于提高效率或者降低成本，还在于突破互联网经济的界限，利用分布式、可编程的智能合约技术，使共识算法具有多样性，来解决不同应用场景下数据资产的确权、循环流通和最优化分配问题。从这个意义上说，区块链技术使得算法经济推动了价格机制的进一步延伸。

一般来说，算法、价格和企业是三种资源分配机制。"物质广度"上的扩张指的是从价格到企业，人们可以越来越广泛地开展贸易，企业可以降低货物之间的交易成本。"经验广度"上的扩张指的是从企业到算法，无形的经验可以通过算法使其有形化，从而节省了大量学习内部知识的时间，并且极大地降低了人们获取相关经验和知识的成本。

但是，不管是算法、价格还是企业，最终的目的都是要达成一个稳定的共识。理论上，只要有一些人达成共识，他们就可以互相交易，分配资产，DAO（去中心化的自主组织）的短期合同可以看作这种（微）共识，这使得在一定范围内达成共识变得越来越容易和迅速，并使市场分化得更加细致，这些共识（包括价格共识在内）汇聚形成了一个稳定的自组织结构。

三、区块链技术应用中存在的问题

目前区块链技术还处于一个非常早期的阶段，不仅尚未形成统一的技术标准，而且各种技术方案还在快速发展中。过去人们认为基于区块链技术的系统会非常耗费资源，或者区块链技术系统处理数据有限制之类的问题已经在技术上获得了突破。但是，对于区块链技术的可扩展性，还没有大规模的实践考验，而现在主要还停留在原型设计阶段。

前沿新技术从理论到规模化应用,需要一定的探索过程。目前,区块链技术在中国金融领域的应用仍处于试点阶段,缺乏典型的创新应用。相对较低的技术成熟度和应用场景挖掘能力是导致此问题的重要因素。一方面,区块链技术本身成熟度有待进一步提升,系统吞吐量、信息安全防护能力等有待进一步提升,区块链技术需要不断迭代演进与完善优化;另一方面,当前区块链技术应用主要集中于对实时性、交易吞吐量要求不高的现有业务场景的改进,金融机构挖掘创新业务场景的能力相对不足。

共识算法是区块链的核心技术之一。当前的一致性算法存在难以在节点大小、性能和容错之间平衡的问题。基于工作量证明(workload proof,POW)的算法在容错和参与节点数方面具有明显的优势,但需要通过大量哈希函数来计算和等待多个共识确认。共识期相对较长,达到每秒一次。

区块链的跨链互连可以链接不同业务场景的独立区块链应用,进一步开辟各种区块链的底层基础设施,促进技术和服务的进一步整合与扩展。但是,实施跨链互连是一个复杂的过程,需要链中的节点具有单独的验证功能和对链外信息的访问。尽管存在三种解决方案,但是在三种方案中存在某些缺陷。引入第三方中介作为公证人可以实现不同区块链之间的相互信任,但第三方中介机构的引入偏离了多中心区块链技术的概念;侧链/转发器模式通过复杂的智能合约。

区块链技术可以保证链中记录数据的真实性、完整性和不可篡改性,但是当涉及离线接受、物理交付和其他方案时,很难涵盖业务流程的所有阶段。可能存在连锁数据和连锁资产实际信息不一致的问题。

区块链平台的性能受网络环境、节点数、一致性算法、业务逻辑等因素的影响很大。行业各方对其技术性能指标评估缺乏统一的标准。一些区块链服务提供商倾向于夸大宣传。金融机构很难判断不同区块链平台的性能和安全性,这给技术选择和应用场景选择带来了困难。此外,区块链技术缺乏应用安全性和互操作性标准,并在一定程度上影响区块链技术的跨链互连、场景扩展和产业合作。

第四节　数字货币与财富管理

数字货币不依靠法定货币机构发行,而是依靠密码学原理和分布式计算机系统的共识机制来确保交易安全和账目正确,被普遍认为是具有颠覆性力量的下一代货币和金融技术。本节从数字货币的含义、起源与发展开始讲解,介绍了数字货币交易与相关的数字财富管理机构,并论述了数字货币财富管理行业各种潜在问题以及未来的发展方向。

一、数字货币的含义

数字货币(digital currency)也称为加密数字货币或者加密货币(crypto currency),它依靠密码学原理和分布式计算机系统的共识机制来确保数字交易的安全以及货币单位的产生,具有分布式记账、记账信息难以篡改以及去中心化结算等特点。以加密数字货币为基础的资产和财富,称为数字资产(digital asset)和数字财富(digital wealth)。

二、数字货币的起源与发展

最早的数字货币是比特币（BTC）。2008年10月，一个化名为中本聪（Satoshi Nakamoto）的匿名人士在网络上发表论文：《比特币：一种点对点的电子现金系统》（图13-1），标志着比特币的正式诞生。目前，比特币已成长为一个在全球有着数百万用户、数万商家接受付款、市值最高时达千亿美元的货币系统。

Bitcoin: A Peer-to-Peer Electronic Cash System

Satoshi Nakamoto
satoshin@gmx.com
www.bitcoin.org

图13-1 中本聪发布《比特币：一种点对点的电子现金系统》论文

在比特币之后，又相继出现了莱特币（LTC）、瑞波币（XRP）、以太坊（ETH）等多种多样的数字货币品种。近年来区块链技术的不断进步，也极大地促进了数字货币的发展。根据CoinMarketCap网站的数据，截至2019年1月，全世界数字货币市场总价值已经超过1300亿美元。根据目前数字货币的发展速度，未来全球数字货币市场有望突破数万亿美元。

三、数字货币的特点

与传统金融产品相比，基于数字货币的数字资产配置和交易更加方便、透明，数字货币持有者避免了传统金融市场的交易欺诈风险，其合法权益更容易得到保障。全天候没有休市时间的交易机制提升了交易效率，增大了操作空间，提升了获利机会。而去中心化的底层技术机制也减少了中间环节，使得交易的成本更低。在可预见的未来，人们拥有的数字财富将快速增加，这也为现代财富管理带来了新的机遇和挑战。

随着以比特币为代表的多种数字资产价值逐渐得到认可，越来越多的民众开始将财富转移到数字资产领域。以数字货币为基础的金融产品也在不断涌现，形成了新生代投资者热衷的投资市场。

四、数字货币交易与财富管理

目前世界范围内有几百家大大小小的数字货币交易所，其中主要的数字货币交易所包括Coinbase、币安（Binance）、火币网（Huobi）、OKEx等。Coinbase是美国第一所持有正规牌照的比特币交易所，用户超过1310万，币安、火币网与OKEx交易所的总部分别设立在日本、新加坡与中国香港。

数字货币的交易方法与股票交易方法相似，用户通过在交易所开设账户，注入资金后买入数字货币（法币交易）。另外一种主流的交易方式是"币币交易"，即用户在开设账户之后并不转入法币，而是使用比特币、以太坊等主流的数字货币作为支付手段去购买其他种类的数字货币。与股票买卖一样，交易者都是通过低买高卖来获得收益。

目前大多数的数字货币投资者仍是散户，缺乏专业的投资机构。由于数字货币交易是新生事物，对一般人来说其交易方法和安全细节比较复杂，所以让不少想要通过数字货币进行财富管理的客户望而却步。与此同时，很多传统的金融与财富管理公司开始进军数字货币交易与财富管理领域。一方面是利用区块链来改造传统的基金管理模式，通过设立专门从事数字货币交易的子公司，为没有专业知识的个人客户打开进入数字货币交易世界的大门。另一方面也是通过投资于数字资产，来抢占数字资产领域的制高点。

五、数字货币交易问题与展望

（一）个人投资者要注意控制风险

作为一种财富管理方法，数字货币仍然属于高风险和高回报的资产类别，交易者可以在 24 小时内获得 30% 的收益或遭受 50% 的损失。对于专注于该领域的全职交易员和个人而言，这样的波动水平尚为可控，但对于普通交易员和机构投资者来说，将很难对付高波动性的资产。因此，投资者需要从鱼目混珠的数字资产投资中甄别出有利于实体经济发展的、能够保证自身收益的投资。防止被投机心理吞噬理智，盲目跟风，这样才能在数字财富管理中保全自身财产的安全。在进行理财投资时，一定要合理评估风险，将投资时间看作一个较长时期的事情，要有长远的眼光和打算，不要在资本市场上一有风吹草动时就如惊弓之鸟，茫然不知所措。频繁地买入和卖出都是短视的行为，在财富管理中要适当坚持长线价值投资的理念。

（二）监管部门要加强对数字货币市场的监管

2017 年 9 月 4 日，中国人民银行、中央网信办、工业和信息化部、工商总局、银监会、证监会、保监会联合发布《关于防范代币发行融资风险的公告》。公告指出，首次代币发行 ICO 类似于数字货币社区中的 IPO（首次公开募股），是指融资主体通过代币的违规发售、流通，向投资者筹集比特币、以太币等数字货币。该公告禁止在中国境内进行 ICO 非法融资以及相关的非法集资、金融诈骗和传销等违法活动。根据中国裁判文书网的数据，2018 年中国发生了 202 起加密货币诈骗案，相关诉讼的数量比前一年翻了一番。

我们认为金融监管部门的适当监管有利于引导数字货币财富管理行业的规范发展。具体的监管举措应该包括出台规范性文件，促进数字货币行业脱虚向实，与实体经济深度融合，从而为实体经济的发展作出贡献。还要防范数字货币发展过程中可能出现的消极因素，如传销利用、无规划的产业布局、地方盲目出台鼓励政策等，防止出现"劣币驱逐良币"的业态。对技术的发展也要进行适当的导引，建立必要的国家标准，为开放协同、公开公正的技术环境做好准备。同时还要对相关产业的需求进行及时的梳理和导引，充分发挥数字货币在我国经济转型中的作用。最后，要重视并加强国际合作，导引国家人才交流和开放性竞争与合作，充分运用中国在国际经济领域中的优势，抓住本轮世界数字经济革命中的机遇。

（三）新一代财富管理从业者要加强学习

与传统的证券、期货、保险等财富管理产品相比，基于区块链技术的加密数字货币是不折不扣的新生事物。对于新一代的财富管理从业者来说,这既是机遇,也是挑战。一方面,相关从业者要加强学习,争取早日掌握数字货币领域的相关专业知识,了解和掌握数字货币技术的原理和相关应用,能够发现真正有投资价值的数字货币,并能鉴别和提防"空气币"的骗局,这样才能在未来的就业市场上具备更大的优势。另一方面,数字货币财富管理领域包含的相关知识范围广、难度深,要想真正具备利用数字货币进行财富管理的能力,需要付出很大的努力。青年学生应该学会从各种网络媒体和渠道,尤其是英文媒介获得相关的信息和知识,并适时参加社会上的相关讲座和培训,为自己的职业发展做好规划和准备。

第五节 实体经济与财富管理

一、实体经济与财富管理的关系

实体经济和金融,这两者密不可分。金融为实体经济服务,而实体经济离不开金融的支持。金融的性质是逐利,实体经济利用了金融资本,也要为它提供效益。在宏观政策为市场经济服务的背景下,金融与实体经济两者相互依存、相互支持、共同发展、共同创新。实体经济是国民经济的命脉和基础,世界主要经济体都把发展实体经济放在了国家战略高度上来对待。"脱实向虚"在投资市场上的重要表现,就是资本过于追求短期利润,而忽略了长期可持续发展,过于注重财务指标而忽略了企业或投资者应该承担的环境与社会责任。

在新时代背景下,财富管理的意义必须不断被提升和超越。新实体经济是我们的未来,培育其壮大发展,不仅是改造提升传统部门,更要围绕分享经济、认知科技等打造发展"新引擎",借助资本力量,培育出一批为社会创造财富、为国家创造税收、为人民提供就业机会,提供普惠服务、持续推动技术创新,为传统行业提供新出路的创新企业。通过财富管理,完善实体经济的投资活动、融资活动及营运资本管理等行为,提升企业营运能力和市场竞争力。

二、实体经济中财富管理要素

1. 投资活动

投资指企业为了在未来可预见的时期内获得收益或是资金增值,在一定时期内向一定领域的标的物投放足够数额的资金或实物的货币等价物的经济行为,可分为实物投资、资本投资和证券投资。实物投资是以货币投入企业,通过生产经营活动取得一定利润。资本投资和证券投资是以货币购买企业发行的股票和公司债券,间接参与企业的利润分配。

投资决策是做好财富管理的重要环节之一,是指投资者为了实现其预期的投资目标,运用一定的科学理论、方法和手段,通过一定的程序对投资的必要性、投资目标、投资规模、投资方向、投资结构、投资成本与收益等经济活动中重大问题所进行的分析、判断和方案选择。

投资组合管理是指投资管理人按照投资组合理论对资产进行多元化管理,以实现分散风险、提高效率的投资目的。

2. 筹资活动

资金是企业生产活动的必要条件,通过一定的资金渠道,采取一定的筹资方式,组织资金的供应,保证企业生产活动的需要,是企业财富管理的一项重要内容。

筹资决策是指企业对各种筹资方式的资金代价进行比较分析,使企业资金达到最优结构的过程。其核心是在多渠道、多种筹资方式条件下,力求筹集到最经济、资金成本最低的资金来源。

自有资金的筹集可通过吸收直接投资、发行股票;借入资金的筹集包括向金融机构借款、发行债券和融资租赁等方式。

3. 营运资本管理

营运资本管理包括流动资产管理和流动负债管理。营运资本管理的目标是满足企业营运需求,提高营运资本使用效率,合理控制营动资本使用风险。

流动资产管理其一指企业应该投资多少在流动资产上,即资金运用的管理,主要包括现金管理、应收账款管理和存货管理。其二指企业应该怎样来进行流动资产的融资,即资金筹措的管理,包括银行短期借款的管理和商业信用的管理。

4. 品牌经营

品牌是市场竞争的强有力手段。在市场上,品牌往往被赋予一种象征意义,能够向消费者传递一种生活方式,强势品牌最终可以影响人们的态度和观点,从而为企业带来长久的效益。

(1)品牌的交易使品牌要素带来直接的财富效应。在一定条件下,品牌这种无形资产可以变为有形资产,从而扩大企业控制资本的能力。企业可以以品牌作为质押,增强企业的贷款能力;也可以通过转让品牌或者特许经营的形式获得资金或控制市场,如五粮液集团以转让其旗下子品牌而获得直接的经济效益。

(2)品牌的市场控制力使品牌要素创造间接的财富效应。市场总在变化,而企业开发新产品的速度却往往落后于市场的变化。企业若拥有强势的品牌,便拥有了累积的品牌忠诚度和依赖性,这有利于维持企业在市场上的影响力、生存力、市场份额,从而保证企业有相对稳定的收益。

5. 人力资本管理

人力资本是企业的一种隐形财富,是促进企业增值的源泉。

人力资本主要指两种人:一种是技术创新者,一种是职业经理人。企业拥有了核心技术,才能够提高竞争力,在激烈的市场竞争中处于不败之地。而核心技术正需要靠技术创新者创造出成果,由职业经理人推向市场。虽然企业的科技和知识是无形的,但代表企业知识、技能和能力水平的人力资本却是真实存在的,并且能加以管理培训和开发。优秀的人力资本可以不断使企业财富增值。

6. 战略联盟

战略联盟就是两个或两个以上的企业或跨国公司为了达到共同的战略目标而采取的相互合作、共担风险、共享利益的联合行动。

当企业根据发展战略要获取某种稀缺资源,而这种稀缺资源又难以获得时,企业往往需要与拥有这种资源的企业建立一定的合作关系来取得所需资源,也就是战略联盟。在企业进行战略联盟后,联盟企业在资源、文化、制度、知识等各方面进行协同和学习,整合各要素的同时,联盟企业可以获得持久竞争优势,从而带来高额利润。

7. 政府关系

企业政府关系是指企业与政府之间的公共关系,主要包括企业与上级政府、上级主管行政部门、政府各种职能部门以及各级党委的关系。实施有效的政府关系管理,从战略和策略层面推进政府关系,将成为企业发展强有力的助推剂。

企业维护好与政府的关系,及时掌握政策信息,对企业趋利避害十分有用。此外,对于一些政策,企业和政府理解不一定相同,此时与政府的沟通就可以有效地防止企业利润受损。

三、财富管理在实体经济发展过程中的作用

1. 做好财务相关的科学决策、有效管理

建立有序的资金循环机制,保证合理的资金占用结构;加强成本费用管理、控制工作;认真编制和执行财务预算,实现财务管理预算化;加强对外投资的管理,多方收集企业外部的有用信息,考虑货币时间价值和风险价值,准确比较项目的投资回报率和筹资成本率,追求投资效益最大化;寻找有效的融资途径,管控融资风险等。

2. 设立有效的企业治理机制,建立多元化的财富管理观念

建立适合企业发展的、多元化的财富管理目标,使股东、经营者、智力资本者等利益主体的利益得以最大化,充分调动其积极性和创造性。

正确处理财务部门与其他部门的关系,把企业财富的概念贯通到企业管理的每个过程,如品牌经营、人才培养、政府关系管理等,各职能部门相互配合和协调,以提高工作效率,获取经济效益。

3. 选择专业机构进行财富管理业务

银行作为中国最大的金融机构群体,财富管理所涉及的目标客户群体和产品的种类均在行业中遥遥领先,而其财富管理很多都集中在帮助目标客户提供大量不同期限的固定收益类产品和财务规划服务。

保险公司依托自身在保险产品方面的优势,在财富管理设计上更多是以保险产品作为基础,帮助其客户规划资产与投资的配置等,提供财富管理方案,帮助其客户享有保障的同时,能够实现资产在一定程度上保值与增值。

基金、信托、证券和期货集中在投资领域的资产配置,按照客户自身的投资偏好,帮助客户设计出一整套综合的财富管理方案,在帮助企业降低风险的同时,又能够真正实现财富的增值。

企业可根据自身需求选取银行、保险公司、信托公司等专业机构进行更为专业的财富管理。

四、财富管理影响实体经济的未来发展趋势

随着中国经济的快速发展、国民财富的不断增加、居民理财需求的不断增长,财富管

理市场的业务范围得到极大拓展,财富管理机构的重要性和价值正在凸显。当下,财富管理行业呈现出以下三大发展趋势。

1. 监管趋严

随着各项监管政策的落地与实施,财富管理进入强监管时代。财富管理经历了高速发展阶段,逐渐暴露出财富管理机构良莠不齐、行业业务缺乏统一标准、部分资金脱实向虚、空转套利等问题与风险。面对还不是很成熟的财富管理市场,监管趋严是必然的趋势。

2018年,人民银行、银保监会、证监会和外管局联合发布了统一资管监管标准的新规《关于规范金融机构资产管理业务的指导意见》,这一指导意见被认为是未来相当长时间内对大资管市场产生影响的纲领性文件。受监管趋严的影响,财富管理市场将迎来优胜劣汰、剩者为王的新阶段。强监管将倒逼财富管理机构在产品管理、销售、客户管理方面都更加规范化和透明化,并且提升自身免疫力,从而减少行业新进入机会及竞争对手。

2. 模式转变

随着市场环境的变化,财富管理行业逐渐从产品驱动向客户需求驱动转变。一方面是由于国内金融资产类型越来越多元化,但金融产品面临产品同质化、产品替代性较强等问题,导致财富管理行业以产品驱动的模式难以继续。而另一方面,中国数量庞大的高净值群体人数依然在不断增长,高净值客户的财富管理需求呈现出多样化、专业化的趋势。在这一趋势下,以客户为中心、充分地了解客户需求并据此进行合理的资产配置的财富管理机构将在未来发展中占据优势地位。

3. 智能投顾

随着人工智能行业的发展以及金融科技公司的快速变革,凭借现代信息技术的智能投顾正在改变财富管理行业。目前,中国智能投顾行业尚属起步,市场环境、政策法规、投资者心态三大方面尚待进一步健全,即便是在这样的市场环境下,中国的初创金融科技公司、互联网金融公司、BATJ(百度、阿里巴巴、腾讯、京东的简称)科技巨头、传统券商、银行等仍纷纷依靠自己的优势在智能投顾上进行布局。一方面智能投顾低门槛、低费率的特点将为更多的人提供精准的财富管理服务,从而逐步实现财富管理普惠化;另一方面智能投顾基于人工智能及大数据技术可研发出更多的资产配置组合,从而逐步实现财富管理多元化。

第六节　资产的全球配置

资产配置是指在满足各种投资约束的条件下,根据不同类别资产的风险、收益特征的不同,为其分配不同的投资比重,使投资收益最大化或组合风险最小化。而全球资产配置则是指资产在全球各主要国家或主要金融市场上进行的配置。

作为当前每个国家都追求的发展目标,经济与国民福利的可持续发展是很难实现的,特别是对于发展中国家来说,那些在特定历史阶段和经济条件下能够有利于其经济快速增长的产业政策和经济模式,却可能在不同程度上不利于其可持续发展。在当前,金融体系具有重要作用,是影响一个国家经济发展的重要因素。金融体系与产业经济二者之间相互作用和影响,不仅能够推动经济的快速健康发展,也有可能对经济造成重大的负面效应。

对各国而言,相较于实体经济,金融经济地位的日益提升既充满了各种风险,也带来了发展机遇。如果能够有效合理地把握金融经济对实体经济的作用,在全球金融一体化和实体经济一体化进程中实现均衡和谐发展,就能够使二者相互影响、相互促进,最终推动本国经济和国民福利的可持续稳定发展。同时,投资者对于分散投资风险、财富保值增值的需求越发强烈。高净值人群放眼全球市场,开始以"把鸡蛋放在不同篮子里"的投资理念布局全球,资产配置全球化已成大势所趋。

一、资产全球配置所面临的风险

由于国际环境复杂多变,在全球市场范围内进行组合投资,会面临更多的不确定性和不可预测性。因此,国际资本市场在为各国投资者提供多种多样的金融产品的同时,也使投资充满了巨大的风险。总体来说,全球资产配置所面临的风险主要包括以下几类。

(一)市场分割风险

全球金融市场与国内市场之间存在着很明显的结构上的区别。尽管随着世界经济和金融一体化进程的日益深入,全球各经济体之间的联系越来越紧密,但是这并不代表全球市场就变成了一个完整、统一的市场。当投资者在全球不同的市场进行资产配置时,他们所面临的往往是不同的法律体系、不同的税收制度、不同的政府信用以及不同的监管风格。这些因素是各国、各地区之间存在市场分割的主要原因。市场分割的存在一方面增加了投资者的交易成本,使投资者蒙受损失;另一方面也会降低交易量或交易频次,进而影响市场效率。

(二)系统性风险

对投资者而言,之所以要在全球进行资产配置,最主要的原因之一就是分散资产以控制风险。但是,全球市场也和其他任何一个市场类似,它也存在着系统性风险,即当某些重大的经济、金融事件发生时,全球金融市场均会受到影响。更值得注意的是,伴随着全球经济金融一体化程度的加深,市场与市场之间的联系日渐紧密,系统性风险对全球投资的影响力也会随之增强。与此同时,各个市场之间的相关性还会随着市场状况的变化而发生改变。这些因素给那些想借助全球市场投资来分散风险的投资者带来了极大的挑战。

(三)汇率风险

汇率风险又称外汇风险或外汇暴露,是指一定时期的国际经济交易当中,以外币计价的资产(或债权)与负债(或债务),由于汇率的波动而引起其价值涨跌的可能性。在当前的国际市场环境下,汇率风险会对投资者的绩效产生较大影响。只要是全球还未实现货币一体化,在全球市场进行资产配置就可能会面临汇率发生变动进而对投资绩效造成一定程度的影响。当国际债务危机和股市危机发生时,汇率风险表现得尤为猛烈。无论是

1980年的拉美债务危机、1997年的亚洲金融危机还是1998年的俄罗斯国债危机,最终都导致相应国家的货币急剧贬值,亚洲国家、俄罗斯和拉美国家以美元所表示的资产价格出现大幅缩水。

(四)国家信用风险

国家主权信用作为全球信用体系的重要组成部分,深刻影响着国际资本市场的运作。当信用关系链条中的某个环节出现重大违约时,就会引起部分甚至整体信用关系的瓦解,形成系统性的国际社会信用危机,严重的还会造成世界金融和经济秩序的崩溃。在国际化投资热情不断高涨的今天,资本市场化的运作使得投资国的主权风险值得引起高度重视。同时,由于投资国家在政治、经济、金融环境的巨大差异性,不同风险条件下的投资策略如何制定成为重要问题,使得基于国别的主权信用风险识别成为"资本走出去"的重要前提。在世界金融领域,投资者首先应该根据各个国家信用风险水平的高低来调整其资产配置策略,或者利用多元化投资来分散或对冲风险。

二、全球资产配置下的中国

随着经济进入"新常态",在国内货币政策持续宽松、利率水平不断走低及股市震荡剧烈等环境下,各类资产的收益率一直在走低,因此中国投资者开始把视野放宽,在全球范围内进行资产配置。与此同时,中国资本账户开放度的提高、人民币国际化进程的推进,这些都促进了国内与国外市场的大融合,极大地便利了中国投资者在全球寻找优质资产。

(一)中国私人财富市场保持高速增长

2016年,中国个人持有的可投资资产总量高达165万亿元人民币,2014—2016年年均复合增长率高达21%,继2008—2010年后再次超过20%。不仅中国可投资资产总量在快速增加,中国高净值人群的规模也在持续快速增长。2016年,可投资资产达到1000万元人民币以上的高净值人数为158万人,比2014年增加约50万人,年均复合增长率为23%。其中,可投资资产超过5000万元人民币以上人数约23万人,达到1亿元人民币以上的超高净值人数约12万人。可见,总体来看,中国私人财富市场一直在持续快速增长,具有巨大的市场价值。

(二)中国高净值人群的境外资产配置

随着经济全球化程度的加深,中国高净值人群的投资范围变得更为广泛,他们开始摩拳擦掌向境外市场投资。招商银行的私人财富报告显示,2017年中国的高净值人群中进行海外投资的人数占比约为56%。从境外资产配置的种类来看,高净值人士主要集中投资于股票、债券类等主流产品;从境外资产配置的地域来看,全球资产配置分散化更加明显,中国香港的重要性有所下降,而加拿大、澳大利亚和新加坡等经济体的投资热潮不断增加。

招商银行的调研数据显示,在众多境外投资的影响因素中,分散风险和投机动机是影响中国高净值人群海外配置资产的主因。受访人群中,82%的人是为了分散风险,51%的人是为了抓住投机机会。其他动因中,进行移民占32%,企业海外扩张占10%,企业股权海外架构安排占6%,其他因素占2%。

(三)"一带一路"与中国全球财富管理

"一带一路"建设的推进为世界各国经济社会发展提供了一个新的机遇,开辟了一个崭新的空间。中国企业通过"一带一路"实施"走出去"战略,一方面促进了国内投资效率的提升;另一方面也有利于沿线区域投资效率的提升,大大促进了资金的双向流动。当然,"一带一路"在为中国全球财富管理提供重大机遇的同时,也面临着不小的挑战。

1. "一带一路"倡议为财富管理带来机遇

"一带一路"建设是一个复杂工程,其实施会导致三种金融需求的增加:一是对长期投资资金需求的增加,"一带一路"沿线国家会涉及大量的交通和电力等基础设施和重大项目的建设,往往需要大规模的期限较长、稳定的资金。二是对贸易融资需求的增加,"一带一路"倡议实施以来,中国与沿线国家的联系越来越紧密,贸易往来越来越通畅,因此伴随着贸易规模的持续增加,将会大大增加贸易融资需求。三是对货币结算便利需求的增加。"一带一路"这一工程涉及多个国家、多种货币,只有通过这些沿线国家的货币金融体系相互合作,推动结算货币结算便利才能提高投资效率。当前,"一带一路"沿线国家对人民币的接受程度越来越高,跨境人民币结算比例稳步提升。

2. "一带一路"倡议为财富管理带来挑战

资本输出是资源配置的基本形式,之所以会进行资本输出主要是为了在一定风险水平下追求利益最大化,但是也可能由于某些风险的存在使资本遭受损失。这给"一带一路"下中国全球财富管理在资源配置、财富增值以及专业服务上带来了不小的压力和挑战。作为世界上跨度最长的经济大走廊,"一带一路"是一条最具有发展潜力的经济带,但是与此同时,由于"一带一路"处于欧亚两洲的"不稳定弧"上,众多因素都会对中国的资本输出造成影响,使得其面临地缘政治风险、金融风险、非传统安全风险与大国博弈挑战。由此引发的债务违约、投资收益率下降、外汇大幅波动、环境恶化等风险,都可能会使投资者蒙受巨大的经济损失。

针对上述可能存在的宏微观风险,中国需要与周边大国建立相互信任机制,不遗余力地继续推进对"一带一路"倡议的宣传,促进跨区域协调发展。中国"一带一路"建设的实施,将有利于促进区域化生产要素的有利流动和优化配置,为中国乃至亚洲财富管理提供新的增长点。

 　　　　数字货币钱包

数字货币钱包是我们与区块链系统上的数字货币进行互动的门户。数字货币钱包一般会提供钱包地址创建、数字货币转账、历史交易记录查询等功能。数字货币钱包依据密码学原理,可以创建一个或多个钱包地址,每个钱包地址对应一组密钥对:私钥和公钥。

一个常见的误解是认为数字货币就是储存在数字货币钱包之内的。事实上,数字货币钱包只储存用户的公钥与私钥组成的密钥对。每个账户对应的数字货币的金额是直接

记录在比特币、以太坊等区块链公链上的。用户通过钱包(密钥对)对每一笔转账交易进行数字签名,以这种方式去支配账户上的余额。

对于公钥和私钥的理解,可以打一个不完全准确但是却很形象的比方:公钥就是我们的银行卡号,而私钥就是该银行卡的密码。我们可以把银行卡号(公钥)公开,这样其他人就可以往这个卡号上打款,我们也可以用这个卡号给别人付款。在对外付款时,我们要使用密码(私钥)来进行身份验证。一个主要的不同在于,这里的"银行卡号"是由"密码"通过某种算法生成出来的,二者存在着不可改变的唯一对应关系,并且这个"密码"是不可以修改或者遗失的。

在数字加密资产的世界里,私钥是最重要的,它是数字资产所有权的唯一凭证,因为公钥和地址均能通过私钥推导出来。因此,私钥的生成和存储方式决定了数字加密资产的安全性,而数字货币钱包的主要作用就是帮助用户管理和使用私钥。另外,为了降低用户的使用门槛,助记词则成为明文私钥的另一种表现形式,它是为了帮助用户去记忆复杂的私钥,增加便捷性。

目前,数字货币钱包类型主要分为冷钱包和热钱包等。冷钱包就是不联网的钱包,也叫离线钱包;热钱包就是保持联网上线的钱包,也就是在线钱包。冷钱包不联网会比热钱包更安全,因为它能保证私钥不接触网络,从而防止私钥被黑客窃取。

本章术语

大数据　智能财富管理平台　区块链　数字货币

本章练习题

1. 大数据对财富管理方式的创新是什么?
2. 大数据下新的财富管理模式是什么?
3. 如何提高财富管理的风险管控能力?
4. 简述数字货币财富管理行业的发展机遇与潜在风险。
5. 什么是资产全球配置,它有何意义?
6. 在全球化进行资产配置的过程中,应该注意什么?
7. 影响全球化资产配置的因素有哪些?

即测即练

第十四章

财富管理风险与监管

【教学目标】

  1）了解非法集资内涵及特征、金融泡沫和金融危机分类以及加强财富管理政府监管的意义
  2）熟悉金融危机产生的原因理解
  3）掌握政府监管的基本原则，弄清政府监管重点及改进方向

【教学重点】

  1）非法集资的界定
  2）金融危机分类
  3）财富管理行业监管理念及其改进方向

【教学难点】

  1）金融泡沫的分类
  2）金融风险传导机制
  3）财富管理行业监管制度设计

  财富管理面临的首要问题，即风险管控问题。因此，财富管理监管与风险防范是财富管理者关注的重点对象。首先，规避非系统性风险。特别是在目前财富管理市场法律体系尚未健全、财富管理公司鱼龙混杂的环境下，如何明辨合法合规的财富管理公司、规避非法集资陷阱是本章要介绍的首要问题。其次，减少系统性风险。本章对金融危机等系统性风险的传导机制和影响进行了详细介绍，为财富管理者分析市场环境，正确区分经济发展与金融泡沫提供了具体思路。最后，本章指出财富管理行业现有缺陷，并为完善财富管理监管制度提出建议。

第一节 非法集资风险与管控

  非法集资是我国经济领域中长期存在的非法融资行为。在互联网应用技术泛化的新经济时代，非法集资衍生出很多新形态。新型的非法集资项目多冠以各种"高大上"的名目，与合法集资行为良莠混同，难以辨识。因此，规范和监管互联网创新条件下的各类融

资创新行为,成为我国防范系统性金融风险发生,保持经济稳定与可持续发展的关键。

一、非法集资内涵

集资是现代组织与生产性企业融通资金的行为方式之一,是现代企业有效地利用社会化分散资金,克服自身资本积累的局限,完成企业生产经营扩大目标的战略与策略手段之一。集资行为有合法与非法之分,合法集资指公司、企业或者团体、个人依照有关法律法规所规定的条件和程序,通过向社会公众发行有价证券,或者利用融资租赁、联营、合资、企业集资等方式,在资金市场上筹集所需资金的经济行为。

非法集资是指以法人、机构组织者或是个人形式出现的各类集资者,在未经国家有关部门批准的情况下,向社会公众募集资金的行为。集资作为融资行为的一种形式,它的合法性与非法性认定和甄别,需要依据国家权力机关与司法部门出台的有关法律规定及条款加以判定。

在中国,国家权威司法机关就非法集资行为的认定,主要依据的法律文件有如下两个:一是2010年12月颁发的《最高人民法院关于审理非法集资刑事案件具体应用法律若干问题的解释》(以下简称《非法集资司法解释》);二是2014年3月颁发的《关于办理非法集资刑事案件适用法律若干问题的意见》。基于上述两个文件,构成《中华人民共和国刑法》规定的非法集资经济活动的特征如下。

(1) 未经有关监管部门依法批准或者借用合法经营的形式吸收资金。
(2) 通过媒体、推介会、传单、手机短信等途径向社会公开宣传。
(3) 承诺在一定期限内给予出资人货币、实物、股权等形式的投资回报。
(4) 向社会公众,即社会不特定对象吸收资金。

二、互联网时代非法集资风险

依托互联网而生的网络集资,一方面为中小企业融通资金提供了新的可能与可行性通道,同时也扩大了政府对金融系统监管的范围,提高了控制系统性金融风险的难度。依附网络而生的P2P平台融资和集资现象,成为近年来非法集资者主要依托的融资载体。互联网经济时代,非法集资总体特征呈现出集合互联网、非法集资、传销行为三位一体的综合特征。

P2P网络借贷是"互联网+"金融时代创新的产物。互联网时代经济的主要特征是跨界融合,产业边界模糊,上述时代特征加剧了经济体系内部系统性金融风险发生的概率,互联网金融无序发展,加大了政府对互联网金融风险管控的难度,对传统的金融监管制度提出了新的挑战。

1. P2P借贷概念界定

P2P是person to person或peer to peer的缩写,意思是个人对个人的借贷,实践中表现为多个投资人将小额度的资金聚集起来,借贷给有资金需要的借款人。通常借款人为个人或者小微企业,借款的目的一般为个人消费需要或者小微企业的短期融资要求。

互联网经济时代,P2P借贷已经演变成为依托互联网技术而生的点对点网络借贷平台。其一般性的盈利模式是:通过发布借贷双方的信息,经过平台撮合,最终达成借贷双方协议,平台组织者从中收取中间费用的模式。平台集资作为金融创新的形式,弥补了传统金融服务机构的不足,实现了金融市场上供需平衡,为个体与小微企业融资提供了新渠道,对完善个人信用体系和提高社会闲散资金的利用率以及满足中小企业及个人资金需求的经济价值极其巨大。

2. P2P 借贷平台非法集资运作模式

互联网金融主要业务模式主要包括三类:取得支付许可的第三方公司提供的商业支付与服务业务,以 P2P 和众筹融资为外在形式的各类平台与网络融资,以比特币为代表的非实体虚拟货币的出现和商业经营业务。根据中国现实出现的各类平台非法集资的实际操作,将 P2P 网络借贷平台非法集资商业运作典型模式归纳为如下。

(1)专业放贷人+债权转让的运作模式。以宜信为代表的网贷平台,作为实际控制者在向社会公众让渡拆分的债权时,形成了"平台—N 个出借人"和"平台—N 个借款人"的"一对多"交易模式,提高了网贷平台的贷款效率的同时,使得平台面临非法集资风险。

(2)简单自融的运作模式。以钱海创投为代表的融资平台仅有一个账户,其余均为平台实际控制人的个人账户,平台短期内采取高息、拆标的方法大量放标,集中交易。平台融进来的资金,直接进入控制人持有账户,由控制人把握,运作进入需要资金的借款人或关联企业。

(3)多平台自融自担保的运作模式。为了达到自融的目的,平台间相互频繁对倒资金,独立地支付公司汇集资金,随后在相关账户运作,并入法人控制的账户,最后化整为零进入许多的私人账户里。

(4)短期诈骗平台的运作模式。平台对外公开的多为虚假的公司信息,P2P 网络借贷平台的控制人采用"秒标"、充值即返现等方式,利用投资人赚快钱的心理来运作,融进来的资金很快转移到平台控制人的账户,随后就卷款而逃。

(5)庞氏骗局平台的运作模式。庞氏骗局在许多领域都存在,如郁金香泡沫、麦道夫骗局,这些现象的盈利模式都存在"拆东墙补西墙"的做法,财富来源主要来自后续投资者的投资,本质上是一种财富转移。当这类的平台出现资金链断裂难以运营或平台控制人觉得达到足够收益以后,就会关闭平台携款而逃。庞氏骗局从设局到破局会经历如下步骤:庞氏设局、庞氏增信、高收益率示范、正反馈、庞氏变局、庞氏破局。庞氏财富骗局活动特征可归纳如下:①宣称投资收益呈现无限单向性增长;②收益增长建立在脱离现实的乐观预期上;③维持收益的持续增长需要依靠公众普遍存在的信心,而这些信心存在的基础并不可靠;④挪用后期投资人的钱支付前期投资人的收益;⑤庞氏破局时常常会出现的状况是预期收益难以按约定时期支付,新增参与者大幅减少,资金流呈现不可拆补状态。

上述 P2P 网络平台集资运营模式,具有"非法性、利诱性、公开性、社会性"的特点,构成刑事上的非法集资。

三、P2P 平台非法集资风险成因

我国经济发展的阶段性特点,行业制度监管不完善,导致集资诈骗、非法吸收公众存款等非法集资案件爆发,严重损害借款人的利益,危害我国的经济金融秩序。因此,分析 P2P 借贷平台非法集资风险成因有以下几方面。

(一)平台融资风险的理论解读

1. 道德风险

P2P 网络借贷道德风险就是借贷双方形成借贷关系后,由于信息不对称,借款人凭借信息优势,为了高收益不顾高风险而进行违规投资。如果借款人再以虚假的身份发布虚假的借款标的,还会导致虚假的借贷信息挤占具有真实借贷信息的借贷需求,出借资金没有得到合理分配,投资方向不确定和无法掌控,造成了整个市场的借贷效率很低、风险和不确定性很高,这就导致借贷氛围被严重破坏。

2. 信息不对称

依托互联网平台发布的信息,因其虚拟性太强,信息真实性不易考察,且我国信用体系不健全等因素,集中造成了借贷双方——平台与客户之间、客户与客户之间的信息不对称。由此引发了认知选择错误等系列性违约行为风险。

(二)国家制度层面的监管体系落后,监管制度出现真空

过去的金融监管基于行业的分业经营,采取分业监管。互联网创造了跨界融合的新融合业态发展的趋势,各种制度法规监管出现了业务监管领域空白,加上监管主体的缺位,从而出现了互联网金融领域中的平台集资"野蛮生长,无序竞争"的混乱格局。

(三)平台集资之市场风险因素

金融市场上的风险大致包括流动性风险、信用风险、期限错配风险。

(1)流动性风险。它的产生往往因平台集资者缺乏融资资质以及履行正规的金融担保与资信等因素,当面对投资者同时大量撤资时,发生即时流动性困难等现实问题。

(2)信用风险。它是指 P2P 网上借贷机构因缺乏违约处置和资本金约束、信用担保机制,造成投资方与管理方较低的违约成本,遇到风险就选择"闪人"规避。

(3)期限错配风险。P2P 集资平台往往模仿银行信贷业务,建立了"基金池"的业务。其所形成的理财产品时间分布周期较短——几周、几天,甚至以一天为周期。如果某些投资项目的资金周转遇到困难,到期无法偿还,就很容易造成短期投资产品长期化,如果严重到发生资金链断裂问题,就将以庞氏骗局的结果草草收场。

四、非法集资风险管控与建议

(一)宏观层面建立功能性金融监管体制

从宏观层面上,建立功能性金融监管机制,是适应我国互联网金融业的发展、改善传统金融监管无法适应互联网金融混业经营,以及跨行业金融创新产品需要更新监管的制度性需要。功能性金融监管,是立足金融体系基本功能,实施横跨产品、机构、市场的监管。完善功能性监管将有利于营造市场公平环境,避免重复监管,减少套利行为的发生。

(二)中观层面完善制度建设,规范平台企业集资行为,防止系统性金融风险

通过建立健全法令法规制度,规范 P2P 平台企业的经济行为,对平台企业获取暴利

的非法行为加以约束和限制,可以有效地降低平台企业因追逐超额利润而引发的金融风险。具体做法有以下几方面。

1. 健全行业准入制度

首先,建立从业资质审查制度。建立网络信用可追溯体系,对 P2P 平台企业的高管进行职业记录追踪,保证从业人员职业资格的专业性,以及职业道德无缺陷记录。其次,建立平台融资企业的风险与成本关联意识。提高 P2P 平台注册资本金门槛,对承担较大风险的融资平台予以更多的成本与风险控制,使风险与成本挂钩。最后,完善 P2P 网贷平台的经营条件,如建立风险控制与管理体系,加强 IT 基础设施建设等。

2. 完善行业退出机制

在退出机制的设立中,首先,对网贷平台创立和管理人员进行严格的登记注册,对创立和管理的人员进行调查,记录其信用等级和资产负债等情况,便于日后平台出现问题后进行经济赔偿。其次,进行 P2P 网贷平台的破产预案,让公司在监管部门的掌控下运行。特别是在遇到破产等违约经济行为时,有监管部门介入控制公司的运行与债务发展走向。

3. 以资金托管制度代替存管制度

以资金托管制度取代资金存款制度,加强对网贷平台"资金池"的监管。银行有着一套立体的监管流程,其资金流通受国家严格管理和监督,而资金又是网络借贷平台的交易对象,可以让银行成为"平台管撮合,银行管资金"的第三方保管账户。这样切断了网贷平台的"资金池",就能够杜绝网贷平台利用资金实施非法集资的犯罪行为。

(三) 微观层面,借助技术创新,完善信用制度

1. 大数据处理与信息技术创新,增加融资平台经营状况的信息透明度

依托云计算技术,采集 P2P 网贷平台相关数据,通过处理后再做信息披露,具体应披露平台基本信息数据、平台高管及内部信息、平台的经营状况等具体的信息。通过现代网络通信技术对相关数据进行采集抓取,并积极组建数据库,不断扩容数据信息资源,从而构建涵盖整个金融系统的机构、个人借贷消费行为及其他领域行为的信息平台,同时通过海量数据构建起活动轨迹,以此支撑 P2P 网贷平台的经营活动,为其提供数据参考。

2. 人脸识别技术对于信贷征信体系的辅助

低误识率和高通过率的动态互联网人脸识别技术,可以有效防范已进入黑名单的恶意违约或故意拖欠的客户和低信用客户参与 P2P 网络借贷的交易。在大数据信息环境下,P2P 网贷平台信息披露的成本会在一定程度上有所下降,同时也将 P2P 网贷平台的运营状况多角度地展示在投资者面前,创造一个更健康的金融服务环境。

第二节 金融泡沫

一、泡沫与金融泡沫的含义

"泡沫"这一词的英文"bubbles"在《牛津现代高级英汉双解辞典》中解释为:"浮于空气中的气泡或从液体中浮于水面的气泡",寓意为"幻想的计划;无法实现的意念、希望

等"。结合泡沫的本意以及"泡沫"这一名词作为经济学中用于描述经济现象的由来,通过考察历史上的一些典型的经济泡沫事件,董贵昕认为在经济学中泡沫概念至少应该包含以下四层含义。

(1) 生成泡沫必然要有载体。泡沫的载体通常是一种或一系列资产,这些资产一般来说是流通性强、易于交易的某种虚拟资本;或是具有稀缺性的某种资源如土地、房产和所谓"可收藏的东西"或"可保值的东西"以及某种特定的商品等。作为泡沫载体的这类资产尽管包括的范围很广泛,但是它们一般都具有交易成本低和供求关系不易达到均衡的特点。

(2) 形成泡沫时必然伴随资产价格偏离其基础价值的现象发生。资产的基础价值通常取决于基础要素的价值,这些基础要素一般包括资产的收益、长期利率、风险溢价、收益的预期增长率等。根据经济学理论,资产的基础价值应该等于该项资产预期未来收入流量的贴现和。然而,由于资产预期未来收入的不确定性,这种贴现多少是困难的。对于存在泡沫的资产来说,价格不会自动调整到均衡基础价值,从而泡沫资产的价格偏离其基础价值便成为一种常态。

(3) 泡沫形成的主要原因可能产生于投机性,也可能产生于对基础价值的高估。查尔斯·P. 金德尔伯格在《新帕尔格雷夫经济学大辞典》中是这样描述泡沫的:"泡沫状态这个名词,随便一点说,就是一种或一系列资产在一个连续过程中陡然升价,开始的价格上升会使人们产生还要涨价的预期,于是又吸引了新的买主——这些人一般只是想通过买卖牟取利润,而对这些资产本身的使用和产生盈利的能力是不感兴趣的。"金德尔伯格所定义的泡沫通常也被称为投机性泡沫。另外,由于市场的不确定性、市场不完全性以及信息不对称性等原因造成的投资者对资产基础价值的高估也会形成价格与基础价值偏离的泡沫。但在现实市场中很难对投机性泡沫和价值高估性泡沫进行严格区分。

(4) 金德尔伯格还指出:"随着涨价常常是预期的逆转,接着就是价格暴跌,最后以金融危机告终。通常'繁荣'的时间要比泡沫状态长些,价格、生产和利润的上升也比较温和一些,以后也许接着就是以暴跌(或恐慌)形式出现的危机,或者以繁荣的逐渐消退告终而不发生危机。"由于泡沫通常产生于人们对资产价值的过高预期,而预期往往随着各种随机性影响因素而发生变动,因而泡沫的形成与发展也具有某种不确定性。由于预期心理能够产生正反馈机制,所以泡沫经常表现出形成、膨胀、破灭或者逐渐收缩的运行状态。

因此所谓泡沫,是指某种或一系列资产的市场价格偏离其基础价值的一种经济现象,它可能产生于投机性,也可能产生于对基础价值的高估,并通常表现为泡沫的形成、膨胀、破灭或逐渐收缩的运行状态。[1]

金融泡沫是泡沫的一个分支,是发生在资金融通中的一类泡沫,特指在金融领域的资产价格偏离其真实价值的现象。对金融泡沫的描述有以下几种。

(1) 金融泡沫是指金融市场尤指股市、汇市过热,其价格急剧上升的虚假繁荣现象[2],是金融资产价格脱离其基础价值而膨胀的一种经济现象。张灿(2003)指出:"金融泡沫不是自古就有的,而是社会从简单商品经济发展到货币经济、信用经济的产物。"

---

[1] 董贵昕. 金融泡沫的形成、运行与控制研究[M]. 上海:复旦大学出版社,2005:2.
[2] 李伟民. 金融大辞典二[M]. 哈尔滨:黑龙江人民出版社,2002:1090.

（2）金融泡沫是发生在资金融通中的一类经济泡沫，是由金融资产（包括股票、债券、证券化资产和金融衍生工具等）的交易而产生的价格超常规上涨现象。[1]

（3）金融泡沫只是金融泡沫主要是金融资本超过现实资本的结果。李方（1998）认为："金融泡沫是指存在于融通资金活动中的一种泡沫。宏观地看，金融泡沫可以被认为是金融经济偏离实物经济而存在的一种泡沫，它是一种具有加速膨胀、收缩甚至破灭特性的经济泡沫。"李方（1998）进一步指出金融泡沫实质是生息资本积累超过现实资本积累而存在的虚假资本成分。在现代市场经济的资金融通中，金融资本超过现实资本是客观的，由此会形成虚假的社会价值成分，由此产生的经济现象便是金融泡沫。[2]

二、金融泡沫的分类

根据泡沫载体的不同，可以分为金融泡沫和非金融泡沫两大类。根据金融产品（或金融市场）的不同，金融泡沫可分为资本市场泡沫（包括股票泡沫、金融衍生产品等）、价格水平泡沫（恶性通货膨胀或恶性通货紧缩）以及外汇泡沫等。其中股市泡沫是较为常见的，是指股票价格严重背离其内在价值暴涨，然后再暴跌的过程，可以用股票价格与股票内在价值之差来衡量。

非金融泡沫一般包括房地产泡沫、艺术品泡沫以及某种特定的商品如郁金香泡沫等。

关于房地产泡沫，理论界有以下共识：一是房地产泡沫是以房地产为载体的一种资产泡沫；二是房地产泡沫是房地产价格急剧膨胀后又突然破灭的动态过程；三是房地产泡沫是房地产价格与其基础价值（或实体价值、使用价值）的脱离部分。因此，房地产泡沫作为以房地产资产为载体的一种泡沫，可以定义为，在投机机制的作用下，房地产市场价格非平稳性偏离其基础价值的一种经济现象。[3]

根据泡沫的运行特征，可以将泡沫分为确定性泡沫和随机性泡沫。随机性泡沫又可分为崩溃性泡沫和连续再生性泡沫（Hamilton，1986）；确定性泡沫一般总是按照利率大小增长，它只不过是理论研究上的一种特例，实际中的泡沫通常都是随机性泡沫。

根据泡沫运行、演变的过程，可以将泡沫分为永恒膨胀型、爆裂型、排除型三种类型（布兰查德和费希尔，1989）。永恒膨胀型通常可以用来描述泡沫相对平稳扩张的形成初期，实际中的泡沫通常很难永恒扩张，而是经常表现为泡沫膨胀、膨胀加速以至爆裂，或者表现为泡沫膨胀、收缩以至被排除。泡沫不断膨胀或逆转为不断收缩通常是由于正反馈的价格预期而自我实现的。外部突发事件的影响如政府的干预通常成为泡沫运行方向逆转的诱导因素。

根据泡沫的形成因素，可以将泡沫分为马尔可夫泡沫、内在泡沫和外在泡沫三种类型（Froot and Obstfeld，1991）。在泡沫形成过程中，马尔可夫泡沫是指依赖于其自身的前期观察值而形成的泡沫；内在泡沫是指那些只与泡沫资产的基础价值有关而与外部因素无关的泡沫；而外在泡沫则是指那些受到外部因素影响而产生的泡沫。内在泡沫的产生

---

[1] 董贵昕. 金融泡沫的形成、运行与控制研究. 上海：复旦大学出版社，2005：2.
[2] 尹海员. 行为金融学[M]. 西安：陕西师范大学出版总社，2015：215.
[3] 王雪峰. 房地产泡沫和金融不安全研究[M]. 北京：中国财政经济出版社，2008：22.

取决于对股票基础价值预期的偏离,而基础价值又取决于人们对未来收益的预期,这种预期显然是不会同外部环境绝对隔离的,这就造成了内在泡沫与外在泡沫二者之间的边界必然是模糊的。

根据泡沫形成时预期的不同,可以将泡沫分为理性泡沫和非理性泡沫。理性泡沫是以市场有效性为前提的,即假定投资者可以利用完全信息对市场作出理性预期。金融资产的实际价格除反映其市场基础价值之外,还包含着理性泡沫的成分。不论金融市场是否存在泡沫,资产价格的期望回报率是相同的,这是理性泡沫的显著特征。在现实生活中,信息对每个个体来说并非是完全和均衡的,个体对未来价格的预期也使得非理性泡沫往往成为常态,使得投资者的预期回报率受到影响,形成狂热泡沫。

根据泡沫对经济的影响程度,可以将泡沫分为适度性泡沫和过度性泡沫两种。我们认为,适度性泡沫在经济动态无效的情形下能够推动资源配置的帕累托改进,提高经济效率;而过度性泡沫则往往会扭曲资源配置,降低市场效率,并很可能带来泡沫经济,从而增加了泡沫爆裂引发金融危机的风险。可见,泡沫是现代经济中的一把双刃剑,关键在于如何将其控制在一个适度的范围之内。

根据形成泡沫时资产的市场价格偏离其基础价值的方向,还可以将泡沫分为正泡沫(市场价格大于基础价值)和负泡沫(市场价格低于基础价值)两种类型;另外,我们还可以把泡沫分为微观泡沫和宏观泡沫,即当泡沫是指市场上某种资产的泡沫时,我们通常称之为微观泡沫;而当泡沫是指整个市场一系列资产的泡沫时,我们通常称之为宏观泡沫。

三、金融泡沫的产生原因

(一) 制度性因素

1. 货币制度

现代货币都是不兑现的纸币,作为价值的表现形式,本身却没有价值。货币的这一矛盾决定了货币数量在现代银行制度下具有膨胀的可能性,若货币供给大于货币需求,则在流通领域导致通货膨胀。过剩的货币流入非生产性领域,造成虚拟资本膨胀,产生金融泡沫。正是现代货币的这种特征,为金融资产价格膨胀和金融泡沫的生发提供了可能性。因此,在以不兑现纸币为本位货币的现代货币制度下,蕴含着产生金融泡沫的可能性。

2. 银行制度

现代货币的虚拟性,蕴含着金融泡沫产生的可能性。但是,金融泡沫最终是否会产生,还需要一些外部条件,如货币供给过剩,大量资本游离于实体经济而进入金融市场,推动金融资产价格上涨。在现代银行制度下,货币都是由银行系统供给的。现代各国银行系统都是由中央银行、商业银行再加上其他各类存款性金融机构和非存款性金融机构以及其他专业信贷机构所构成的。在中央银行没有新增货币供给之前,商业银行吸收的存款一是实体经济领域暂时闲置的资本,二是从别的商业银行转移过来的存款。在中央银行增加货币供给后,一旦流入商业银行系统,在部分准备金制度下,整个商业银行系统便会创造出数倍于原始存款的派生存款,并发放贷款。新增加的货币供给如果不进入生产性领域,或从生产性领域流出,那么,这些货币则进入消费领域和金融市场,在消费领域引起通货膨胀,在金融市场推动金融资产价格膨胀并产生金融泡沫。

3. 信用制度

信用制度就是信用行为或信用活动的准则和规范,信用制度的核心内容是确定社会可接受的借贷行为或借贷活动。信用借助信用工具或金融工具,一方面,把闲置的资源引导到投资和生产上去;另一方面,在资金盈余单位和赤字单位之间调剂余缺。但是,由于缺乏现实的物质基础(商业信用除外),一方面,容易造成全社会的信用膨胀,使得全社会的信用规模远远超过实体经济的吸收能力,从而产生大量的游资;另一方面,因信用关系而产生的信用工具(金融工具),使得金融泡沫的表现有了载体,同时,金融工具的规模已经远远超过了实体经济系统的规模,逐渐形成了一个独立的经济系统——符号经济系统。进入符号经济领域的借贷资本则到处投机,冲击各个市场,造成资产价格波动,产生金融泡沫。因此,信用的产生、发展和运行,给金融泡沫的产生创造了基础条件。

(二) 投资行为因素

1. 不确定性与投资行为

所谓"不确定性",是指市场行为者面临的、直接或间接影响经济活动的那些难以完全和准确地加以观察、测定、分析和预见的各种内生因素和外生因素。

凯恩斯认为,企业家投资的目的在于谋求利润,而企业家是否进行投资则取决于预期收益。企业家对于未来的认识是模糊的、不确定的,预期缺乏合理和科学的基础,从而预期也就不完全可靠,据此所做的决策就会因为经济世界的不确定性和预期偏差发生突然而剧烈的变动,进而导致投资的波动。

此外,金融行为本身具有不确定性。金融行为的不确定性主要是指经济主体(亦即投资者)无法确切了解金融行为的未来结果的一种状态。金融行为的不确定性主要是由于金融工具(主要是指股票和债券)、金融市场的不确定性以及金融活动参与者的有限理性引起的。

2. 不完全信息与投资行为

人类认识的有限性和未来的无限性,决定了人类对信息的拥有永远是不完全的。在实际经济中,由于极其高昂的信息搜索成本的存在,不同经济主体获得信息和处理信息的能力不同,行为的最优化也依赖于其他经济主体的经济行为。因此,广泛存在着信息不对称问题。此外,证券市场处理信息的效率,对经济主体的经济行为也产生着重大影响。因此,在信息不对称情况下,极易导致经济主体的行为异化,引发资产价格的大幅度波动,产生金融泡沫。

3. 从众性投资行为

从众行为或跟风行为,也叫羊群行为,是常见的投资者的非理性行为之一。从众行为是个体在社会群体行为的示范下,为了寻求心理上的平衡,于是放弃自己的观点、改变自己的行为而采取与大多数人一致的行为。从众行为是个体对周围环境作出的一种适应性反应。心理因素在从众行为中起了重要作用,尤其是在那些不确定性较强、信息不对称的市场中,从众行为更容易发生。

由于信息不对称,投资者更加相信市场上绝大多数人的行为,也就更容易相信市场流言和传媒,形成从众行为。从众行为在股票市场上有一种极端倾向,股价越是上涨,投资者越要跟进;股价越是下跌,投资者越要抛售。投资者的这种从众行为导致了股价的暴涨、暴跌,导致金融泡沫过度膨胀或极度萎缩甚至破灭。可见,从众行为对金融泡沫的变化起着催化剂的作用。[①]

(三) 政策因素

一般来说,在实行"松"的货币政策和财政政策条件下,随着货币投放量的增加和投资需求的扩大,经济增长率将获得提高,这也会增强投资者对投资收益前景的预期,从而会促进金融市场整体价格指数的上扬,这在一定程度上促进了资产泡沫的膨胀,而经济增长和充足的货币供给又促使泡沫的膨胀。相反,如果实行"紧"的货币政策和财政政策,或者经济衰退的话,则泡沫收缩。

在不完善的金融市场上,经济政策因素通常具有较大的不确定性,对投资者的心理影响巨大,甚至能够左右市场的走势。例如在股票市场上,通常来说,一个政策性利好有可能会直接引发投机性狂潮,掀起股市泡沫泛滥;相反,一个政策性利空则可能会使过度性的股市泡沫瞬间破灭。我国股票市场和期货市场在建设初期都曾经出现过由于上述"政策市"而形成大量金融泡沫并快速膨胀直至破灭的情形。[②]

第三节 金融危机

一、金融危机的概念

金融危机在《新帕尔格雷夫经济学大辞典》中的定义是:"全部或大部分金融指标——短期利率、资产(证券、房地产、土地)价格、商业破产数和金融机构倒闭数——的急剧、短暂和超周期的恶化。"这一定义采用金融指标对金融领域的描述,说明了金融危机所具有的三层含义:第一,金融危机是金融状况的恶化;第二,金融危机时的金融恶化涵盖了全部或大部分金融领域;第三,金融危机时的金融恶化具有突发的性质,它是急剧、短暂和超周期的。

判断金融危机的标准,是这种恶化的严重性,即其在金融领域的表现程度,以及对物价体系、信用关系、资本市场、国际收支乃至整个国民经济所造成的影响。金融危机直接地表现为金融指标的急剧恶化和由于人们丧失信心而采取保值减损措施造成的金融领域的严重动荡及其对整个经济引起的一系列后果。金融危机伴随着金融业的发展而发展,它经历了经济危机—货币信用危机—货币危机—金融危机的演变过程。

二、金融危机的分类

(一) 按起因对金融危机分类

按照金融危机发生的起因,可以将金融危机划分为周期性金融危机、非周期性金融危

---

① 张灿. 金融泡沫理论研究[M]. 上海:上海财经大学出版社,2003:104.
② 董贵昕. 金融泡沫的形成、运行与控制研究[M]. 上海:复旦大学出版社,2005:37.

机、自发性金融危机和传导性金融危机。

周期性金融危机是由经济周期波动引发的金融危机。经济周期波动必然使经济出现高峰和低谷，从而循环往复地出现一定程度的经济危机。周期性金融危机是由经济周期波动引发的、伴随着经济危机的爆发而发生的金融危机。

非周期性金融危机是由金融体系内在脆弱性引发的金融危机。金融体系内在的脆弱性使金融体系中的稳定机制在运行中发生失衡倾向。于是，当金融领域中的某些均衡状态被破坏到一定程度时，便爆发金融危机。非周期性金融危机不受经济周期波动的制约，在不发生经济危机的情况下也会发生。

自发性金融危机是由本国自身经济金融运动引发的金融危机。它是一国经济金融运动导致本国金融领域失衡状态达到一定程度的表现。

传导性金融危机是别国爆发的金融危机通过金融危机传导机制传播到本国，并对本国经济金融造成类似影响的金融危机。

（二）按特点对金融危机分类

按照金融危机发生的特点，可以将金融危机划分为货币危机、信用危机、证券市场危机、债务危机和银行业危机。

货币危机是重心发生在货币流通、货币购买力和汇价等方面的金融危机。货币危机狭义的概念是指某种形式的固定汇率制度的突然崩溃，广义的概念则是指货币流通领域出现的混乱。从狭义的概念来看，货币危机源于国际货币体系以及汇率制度本身存在的固有缺陷受到冲击。这种冲击使一国的货币流通领域出现严重混乱，甚至使原有的汇率制度趋于崩溃。

信用危机是指社会的信用度迅速降低，过去的授信停止延展，新的授信急剧缩减，社会的信用量急剧萎缩，支付必须用现金来进行，信用因不再能充当支付手段而发生动摇。

证券市场危机表现为资本二级市场上的金融资产价格强烈波动，譬如股票市场、债券市场、基金市场以及与之相关的衍生金融产品市场的金融资产价格发生急剧、短暂和超周期的暴跌。它通常由投机活动或证券化金融资产泡沫破灭所引发。证券市场越繁荣，投机手段越灵活，金融资产价格膨胀得越大，泡沫破灭的机会和发生危机的可能性就越大。

债务危机是指一国由于无力偿还其外债而发生的金融危机。债务危机的爆发，一般伴随着资金外逃、汇率贬值和国际借贷条件恶化等现象。债务危机主要源于过度借入外债，特别是短期外债，偿债期限过于集中和自身经济结构失调等导致的对外支付手段枯竭。

银行业危机是指大量银行被挤兑或濒临破产引起严重金融恶化的金融危机。银行业危机由流动性不足而爆发。在现代商业银行制度下，银行业危机大多源于银行资产质量的恶化。

（三）按影响对金融危机分类

从影响的地域范围来看，可以将金融危机划分为国内金融危机、区域性金融危机和全球性金融危机。国内金融危机是指对一国的金融指标和经济、金融秩序产生破坏性影响的金融危机。区域性金融危机是指对多个国家的金融指标和经济、金融秩序产生破坏性影响的金融危机。全球性金融危机是指全部或绝大多数国家的金融指标在同一时期内同时或相继出现急剧、短暂和超周期的恶化,它具有最大的破坏性影响力。

从影响的市场来看,可以分为单个市场的危机和复合性金融危机。复合性金融危机是指多种危机并存,同时发生,相互影响、扩大和转化。

从影响的时间长短来看,也就是从危机爆发到复苏的时间长短来看,可以分为短期金融危机、中期金融危机和长期金融危机。影响时间为 20 个月以内的金融危机为短期金融危机;中期金融危机和长期金融危机的影响时间分别为 2~5 年和 5~25 年。

各种类型金融危机之间的界限是十分模糊的。这主要表现在三个方面:第一,各种类型金融危机的成因往往类似。第二,几种类型的金融危机有时会同时出现。第三,一种危机也会发展演化为另一种危机。

三、金融危机的爆发和传导

(一) 金融危机的引发条件

经济均衡状态的失衡表现为某种特色的泡沫经济。经济状态失衡到一定程度,就会爆发金融危机。

1. 国际收支失衡引发的金融危机

国际收支均衡维系着汇价的稳定和国际资金流动的稳定。当国际收支均衡被破坏到一定程度时,汇价就会发生较大波动,国家就会出现支付危机和资金外逃,从而引发全面性金融危机。

在固定汇率制下,一般都存在着某种程度的汇价扭曲。严重的汇价扭曲是导致国际收支失衡的重要因素。国际收支的失衡反过来又会造成汇价的大幅度波动,从而引发资本外逃、投资者信心崩溃和投机性攻击。因此,严重的国际收支失衡,经常是引发金融危机导火索。另外,外债负担过重也是导致国际收支失衡的重要原因之一。

2. 资本市场失衡引发的金融危机

资本市场均衡维系着金融资产价格的稳定。当资本市场均衡被破坏到一定程度时,就会引起市场恐慌,大量有价证券被抛售,发生资本市场崩溃从而引发全面性的金融危机。

资本市场的失衡,除了资本市场的内部因素外,还可能是因为实物经济和产业结构的失衡、经济增长速度的放慢或即将放慢、货币政策的调整、银行业危机、外汇市场危机和债务危机以及它们所带来的信心危机而导致。货币供求均衡、资金借贷均衡、资本市场均衡和国际收支均衡关系被破坏,都会或多或少地反映在资本市场上。

3. 资金借贷失衡引发的金融危机

资金借贷均衡维系着信用关系的稳定。当资金借贷均衡被破坏到一定程度时,市场上信用链条被割断,金融机构就会陷入困境,从而引发全面性金融危机。

资金借贷失衡导致金融机构不良资产增多和流动性风险加大,产生银行业危机。银行业危机也可能是因为受到外部债务危机和资本市场危机等事件的影响而爆发的。外部债务危机主要是通过引发企业的融资和偿债能力下降,破产倒闭数量增多,从而引起银行体系的呆账激增,抵御风险能力下降而传导到金融机构内部。资本市场危机和房地产市场危机,则是通过充当贷款抵押品的资本品价格的暴跌,以及投机的个人和机构的破产来增加金融机构的贷款损失而传导的。银行业危机造成存款人损失和社会公众信心的丧失,引起整个社会经济动荡并引发金融危机。

4. 货币供求失衡引发金融危机

货币供求均衡维系着币值的稳定。当货币供求均衡被破坏到一定程度时,币值就会发生较大波动,通货膨胀加剧,影响人们对货币的信心,货币制度和物价体系即濒临崩溃的边缘,也会引起整个社会经济剧烈动荡,引发全面性金融危机。货币供求失衡所引起的金融恶化可能是:金融资产价格的暴涨暴跌;汇率扭曲和国际收支失衡;金融机构提供过度融资出现了严重的道德风险问题;企业受损而发生倒闭造成社会信用链条被割断等。这些方面的金融恶化因素交织在一起,互为因果,相互推进,形成恶性循环。其中最突出的矛盾很可能成为引发全面性金融危机的导火索。

5. 政府政策影响

(1) 财政政策。政府的财政政策可能会引发金融危机,特别是在实行固定汇率制度的国家,财政赤字更加容易引发货币危机。克鲁格曼认为,如果一个固定汇率制国家存在着大量的财政赤字,那么为了弥补赤字,国内的货币供给必然会过度扩张,这会使得利率下降。过低的利率将诱使资本外流,产生本币贬值的预期,公众会在外汇市场上抛售本币,买入外币。中央政府为了维持固定汇率,会利用外汇储备在外汇市场进行干预,买入本币,卖出外币,以缓解本币贬值的压力。当政府的外汇储备降低到一定程度时,投机者预期政府将无法继续维持固定汇率,于是对该国货币进行更加猛烈的攻击。此时,政府无力干预,不得不放任本币贬值,从而形成货币危机。

(2) 货币政策。中央银行货币政策的失误极有可能引起金融危机特别是银行业危机。弗里德曼认为,货币政策失误是导致金融动荡的根本原因。由于决定货币需求的主要因素是持久性收入,而持久性收入是较为稳定的,因此货币需求也相对稳定。于是,货币供给就决定了物价和产出水平。货币供给由中央银行通过货币政策进行调节,所以金融动荡的根源在于货币政策。货币政策的失误可能会导致金融系统中的较小问题演化为金融危机。

布鲁纳尔和梅尔泽尔认为,货币存量增加的速度可能会导致金融危机。突发性的货币大幅度紧缩会迫使银行为了维持流动性所需储备而大量出售资产,造成资产价格下降、利率上升。利率的上升又增加了银行的融资成本,使银行的偿付能力进一步减弱,产生挤兑,降低银行体系的信用创造能力,引发全面的金融危机。

6. 其他因素

以上是从理论层面为金融危机的形成提供了解释,除了金融交易行为、金融系统内在脆弱性和政策性因素外,随着经济的快速发展,许多新的因素不断产生,它们都能够引发局部或全面的金融危机。

金融创新过度也会引发金融危机。现代金融创新以衍生金融工具为主,这些工具的诞生一方面便利了风险管理,另一方面也为投机者提供了操纵市场的手段。过度的金融创新使金融机构表外业务的份额增大,这些表外业务在给金融机构带来高收益的同时,也无形中增大了经营的风险。另一方面,衍生工具创造出大量的金融杠杆,使得市场更容易被操纵,资产价格波动更为剧烈,从而严重影响了金融市场的稳定。

另一个导致金融危机的重要因素是虚拟经济。金融的结构是一个"倒三角"的形式:最下层是实际物质产品,第二层是商品和服务,第三层是名义金融资产如债券、股票等,最上层则是金融衍生品和虚拟资本。在这个倒三角中,上一层的财富依靠下一层所提供的收入才能发展。因此,金融体系的稳定性最终就完全建立在对货币资产转变为实物是否具有信心的基础上。一旦下层的实物经济无力支持上层的虚拟经济,信心的丧失将使整个金融体系发生崩溃。①

(二) 推动金融危机传递和扩散的主要因素

1. 恐慌心理的传播是金融危机传递和扩散的重要动力

金融危机引发的恐慌心理,导致人们行为的极端盲目和过度反应,极大地加剧了金融危机的程度。随着社会高度信息化、世界经济一体化的加深,这种"多米诺骨牌"效应便更加明显,其推动金融危机蔓延和加深所起的作用也越来越大了。

2. 某些不同类型金融市场的关联性、互动性是金融危机传递和扩散的重要机理

从技术上看,伴随着世界金融市场一体化的进程,各种类型金融市场的关联性、互动性大大提高。一个市场的波动会引起其他市场的连锁反应。另外,投机资本往往也采取组合型炒作方式。在各金融市场上采取联手行动,环环相连,确保谋取暴利。

3. 经济结构的相似性是金融危机在不同国家和地域之间传递与扩散的重要媒介

某些国家和地区在经济特征、出口产品结构、汇率制度、金融体系和外债状况等方面有着很高的相似性。这种相似性正是金融危机蔓延的重要媒介。

4. 不同经济间关于过于密切形成金融危机在不同国家之间传递和扩散的纽带

某些国家和地区之间债权债务关系密切,甚至存在"一毁俱毁"的依附关系。以 1997 年亚洲金融危机为例,紧密的债权债务关系是日本在亚洲金融危机中备受打击的重要原因。

5. 国际金融协调与干预机制滞后为金融危机的传递和扩散提供了有利条件

面对国际金融业的高速发展、全球金融市场一体化的汹涌浪潮,国际金融协调与干预机制显得极为薄弱。发达国家和发展中国家均应为国际金融协调与合作机制的改革作出更多的努力。②

第四节 财富管理行业监管

一、财富管理行业监管的必要性

改革开放以来,我国经济的高速发展推动社会财富持续积累,特别是居民财富持续保持高速增长。而且,在经济进入"新常态"的一段时间,我国财富积累仍将保持较高的速度

---

① 万解秋. 货币银行学通论[M]. 3 版. 上海:复旦大学出版社,2015:517.
② 石俊志. 金融危机生成机理与防范[M]. 北京:中国金融出版社,2001:125.

增长,发展财富管理对于社会和经济发展具有重要的现实意义。

首先,加强财富管理对于提高我国经济效率、促进金融支持实体经济发展具有支持作用。其次,加强财富管理是助力国企改革、社保体制改革、利率和汇率市场化等深层次经济和社会改革的需要。最后,加强财富管理是改善金融体系结构和促进资本市场健康发展的需要。因此,需要从我国实际出发,实现居民储蓄、资本市场、企业和社会事业的良性互动和协调发展。

当前,财富管理在我国还处于初级发展阶段,加强财富管理监管必须处理好鼓励发展和加强监管的辩证关系。一方面,鼓励在财富管理发展领域进行大胆创新,不要扼杀财富管理发展的生命力,扶持财富管理事业尽快成长壮大起来。另一方面,鼓励和扶持发展不等于放任自流。通过建立和完善审慎监管制度体系,抑制财富管理发展中可能产生的金融泡沫,控制和降低可能产生的金融危机风险。

二、财富管理监管的原则

(一)坚持鼓励和扶持财富管理发展的原则

政府的监管体现了以市场机制为主导的发展思路,其基本原则是"非禁止即许可",政府介入市场的深度和范围取决于金融市场秩序的合理性,也取决于市场参与者尤其是公众利益以及金融安全维护的需要。而且主要通过间接的市场化手段调节市场,市场参与主体、经营范围以及所达成的市场规模主要受市场竞争机制调节,监管只是承担维护市场公平、公正和秩序的责任。

(二)采取宏观审慎和微观审慎的监管原则

有效防范风险和金融危机,是金融发展永恒主题。财富管理是复杂性更高的金融服务,风险也相对更大。尤其是在目前发展的初级阶段,在法律制度、人才、意识以及经验等方面有所欠缺,防范风险的任务更为艰巨。

(三)始终坚持财富管理监管创新的原则

当前,社会的财富管理需求极其旺盛,由简单的银行储蓄需求,发展到了多方面、全方位的需求;财富管理的供给也在满足各色市场需求中逐步成长、壮大起来。政府监管也必须追随财富管理市场需求和供给,在协调发展中及时、精准进行监管方式创新,对于过时的政策工具及时纠正,对于监管不足和空白之处及时推进到位,为财富管理行业的健康发展创造合宜的制度环境。

三、财富管理监管的改进方向与制度建设

实现财富管理的长期健康发展,必须依靠健全的制度体系,要从机构准入、从业资格、产品和服务登记备案、信息披露、资金托管、产品交易、风险防控、消费者和投资者权益保护等相关方面建立健全财富管理监管制度。当前政府监管改进的主要发力点有如下几点。

（一）从着重机构监管转向更加重视功能监管和行为监管

机构监管就是金融监管部门对金融机构的市场准入、持续的稳健经营、风险管控和风险处置、市场退出进行监管。仅靠以机构监管为主的行政监管，监管机构的成本太大，如果充分发挥市场参与主体的作用，让人们在接受金融服务和投资时能够理性地选择服务和产品，这样可以充分发挥市场约束作用，同时会降低金融监管成本。

行为监管是从财富管理机构服务对象的利益出发对金融机构进行监管，考虑到多元化参与主体的认知和风险承受能力不同，从而通过行为监管防范系统性风险。功能监管就是对相同功能、相同法律关系的金融产品按照同一规则由同一监管部门监管。就行为监管的监管目标而言，它是针对从事金融活动的机构和人实施行为监管，具体包括禁止误导销售及欺诈行为、充分信息披露、个人金融信息保护等。建立机构监管和功能监管、行为监管相结合的财富管理业务资格准入制度，并对后续业务实施功能监管和行为监管。

顺应经济社会发展和监管演进的形势，财富管理监管选择以行为监管为核心、以功能监管和审慎监管为辅的监管。行为监管建立的事前审慎监管、风险准备金、负面清单制度等，主要是为了保护金融消费者。财富管理消费者保护涉及事前、事中和事后三个环节，对于金融财富服务机构经营者应有特别管理制度，将其个人资产、信誉、行为全部纳入监管的"制度笼子"。通过完善的制度促使金融服务机构切实履行金融消费者投诉处理主体责任，建立多层级投诉处理机制，提高金融消费者投诉处理质量和效率，充分接受社会监督。

（二）实行以财富管理产品为主的功能监管

在欧美等成熟市场上，理财产品的分类一般是按照募集方式和产品投向两个维度进行划分。这两个属性也分别体现了产品在资金端和资产端的构成与功能。实际上运用最多的也就是最直观的投向二分法，是将投资方式分为传统证券类资产（也可称为"标准投资品"）与所谓的另类资产（也可称为"非标准投资品"）。为此，在借鉴国外实践经验基础上，结合我国财富管理发展的产品设计情况进行合理的产品归类，为提高监管绩效创造良好条件。

在明确产品大类划分的基础上，针对不同的产品类型，针对专营机构制度、资本计提、投资范围、投资比例限制、产品发行流程、投资者门槛、从业资格、销售管理、信息披露、资金投向的差异实施分类监管，推动建立分类业务统一产品标准、流程规范，构建统一的财富管理市场的监管体制。

（三）建立统一的投资者教育和保护机制

首先，积极推动投资者教育制度化。普及金融投资常识，将其纳入国民教育体系，深化投资者教育。强化投资者风险意识，巩固"自主决策、自担风险"投资理念，培育发展成熟、理性的投资者队伍。其次，建立统一的投资者分类管理制度。完善合格投资者标准体系，坚持产品销售适用性原则，按照投资者风险识别能力和风险承受能力进行分类管理，强化风险揭示。再次，加强投资者权益保护制度建设。搭建投资者权益保护系统平台，形成统一的信息监测查询发布机制,拓展多项投资者保护功能,保障其知情权、监督权。推动财富管理机构积极参与被投企业的公司治理,保护投资者权益,提高投资者回报。最后,还需完善对受托人的监督制衡机制。引导投资者树立法律意识、行权意识,积极发挥持有人大会制度作用,加强对财富管理机构、托管机构的监督制约。完善投资者投诉处理机制,确保各类投诉案件能够得到及时处理,提高行业公信力。

四、我国财富管理的监管历程

(一)监管机构的变革

从2003年银监会成立到2018年,中国"一行三会"[①]的金融监管格局走过了15个春秋。在行业壁垒逐渐消融的现状下,金融机构间跨行业合作频繁,行业乱象滋生,旧体制的弊端日益明显,如监管职责不清晰、交叉监管和监管空白等问题。2018年3月,国务院发布金融监管改革方案,合并银监会和保监会为银保监会。加上2017年新成立的国务院金融稳定发展委员会(以下简称"金融委"),"一行三会"成为历史,"一委一行两会"的新格局就此形成,也是我国从分业监管回归混业监管的标志。而对于此次监管框架的调整,业内普遍认为这能够在统一监管标准、减少沟通成本、杜绝监管套利等方面发挥积极作用。

银监会和保监会的合并,填补了旧的监管格局的不足。在这次改革中,央行虽在机构设置上没有变化,但承接了原属于银监会及保监会关于重要法律法规草案和监管基本制度的拟定权,由此央行统筹监管的职能愈发凸显。证监会在本次改革中也无明显变动,主要是由于证监会的监管对象更为繁杂,除金融机构外,还有上市公司和投资者。证监会主要负责信息披露的真实性,更偏重对投资者和消费者的保护。这次银监会和保监会的合并,从短期看,符合防范风险、服务实体经济的主基调;从中长期来看,也为我国金融业真正走向市场化、国际化打下了坚实基础。

(二)对基金业的监管

面对财富管理、资产管理行业乱象,监管层不断加大整顿力度。2015年,证监会组织对140余家私募基金管理人和私募基金销售机构的现场检查;2016年2月,基金业协会颁布《关于进一步规范私募基金管理人登记若干事项的公告》,对私募基金管理人登记备案进行了多方面的规范;2016年4月15日,基金业协会发布《私募投资基金募集行为管理办法》(简称"私募新规"),并于2016年7月15日正式实施。该新规规定:"私募基金管理人委托未取得基金销售业务资格的机构募集私募基金的,中国基金业协会不予办理私募基金备案业务。"私募新规的出台旨在规范私募机构募集行为,虽然在短期内可能会给私募行业及财富管理行业带来阵痛,但从长期来看监管趋严对于私募行业和财富管理行业规范、健康发展是有利的,于是,2016年被业内人士称为财富管理的"规范元年",财富管理行业在经历了较长时间的"野蛮生长期"后,在2016年时也出现了转折。

2017年12月,基金业协会对非标债权的投资范围进行了限定,不再将其划分在其他

---

① "一行"指人民银行,"三会"主要指银监会、证监会、保监会。

类私募基金的投资范围。2017年12月,洪磊(基金业协会会长)在第四届私募投资基金峰会上发表讲话,指出"一些机构充当信贷资金通道,通过单一资产对接或结构化设计等方式发行'名股实债'、'明基实贷'产品,变相保底保收益"①;基金业协会"对违法违规开展金融机构持牌专营业务或者不符合协会自律规则的产品,如进行直接借贷、民间借贷、P2P、众筹投资等,或直接购买商品房出售获取差价等的,不予备案"。

2018年1月12日,基金业协会发布《私募投资基金备案须知》,要求私募基金的投资不应该是借贷活动,明确三类行为为不符合"投资"本质的经营活动,不属于私募基金范围,自2018年2月12日起,对存在下述情形的私募基金不予备案:

(1)底层标的为民间借贷、小额贷款、保理资产等《私募基金登记备案相关问题解答(七)》所提及的属于借贷性质的资产或其收(受)益权;

(2)通过委托贷款、信托贷款等方式直接或间接从事借贷活动的;

(3)通过特殊目的载体、投资类企业等方式变相从事上述活动的。

2019年12月23日基金业协会又发布了《私募投资基金备案新规须知》,进一步明确细化私募基金的外延边界、重申合格投资者要求、明确募集完毕概念、细化投资运作要求,并针对不同类型基金提出差异化备案要求,强调私募不能以借贷为主业,规范封闭运作和存续期,对从事不符合"基金"本质活动的"伪私募"业务,为避免"一刀切"造成集中兑付风险,过渡期到2020年9月1日。

从以上相关监管政策以及相关部门的引导性文件可以看出,监管层对于财富管理领域的监管逐步规范,对业务风险控制更加严格合理,对投资者的合法权益保护更加充分。

(三)对银行、保险业的监管

为了守住不发生系统性金融风险的底线,促进银行理财、保险业的持续稳健发展,监管部门加强了协调监管。2017年初,中国人民银行牵头银监会、证监会、保监会制定了《关于规范金融机构资产管理业务的指导意见(内部审核稿)》,2018年4月《关于规范金融机构资产管理业务的指导意见》(银发〔2018〕106号文)正式发布实施,以下简称"资管新规"。该新规的主要目的是统一同类资产管理产品的监管标准,杜绝监管套利,有效防控金融风险。2018年9月,中国银保监会发布并施行《商业银行理财业务监督管理办法》(以下简称《办法》),《办法》与资管新规充分衔接,共同构成银行开展理财业务需要遵循的监管要求。发布实施《办法》,既是落实资管新规的重要举措,也有利于细化银行理财监管要求,消除市场不确定性,稳定市场预期,加快新产品研发,引导理财资金以合法、规范形式进入实体经济和金融市场;促进同类资管产品监管标准统一,更好保护投资者合法权益,逐步有序打破刚性兑付,有效防控金融风险。

此后,银保监会于2019年7月出台了《关于做好2019年银行业保险业服务乡村振兴和助力脱贫攻坚工作的通知》,2020年3月出台了《银行业保险业消费投诉处理管理办法》(2020年第3号),2020年4月出台了《商业银行小微企业金融服务监管评价暂行办法

---

① 《防范利益冲突完善内部治理推动私募基金行业专业化发展》——洪磊会长在第四届中国(宁波)私募投资基金峰会上的发言。

(试行)》(征求意见稿)等文件。从以上相关监管政策以及相关部门的引导性文件可以看出,监管层对于财富管理领域的监管逐步规范,对业务风险控制更加严格合理,对投资者的合法权益保护更加充分。

2020年是全面建成小康社会和"十三五"规划收官之年,也是打好防范化解金融风险攻坚战收官之年。2020年,银保监会召开了全国银行业保险业监督管理工作会议,会议指出,防范化解金融风险攻坚战取得关键进展。2019年共处置不良贷款约2万亿元,商业银行逾期90天以上贷款全部纳入不良资产管理。影子银行和交叉金融风险持续收敛,3年来影子银行规模较历史峰值压降16万亿元。问题金融机构得到有序处置,保险领域重点风险得到缓解。网络借贷风险大幅下降,机构数量、借贷余额及参与人数连续18个月下降。房地产金融化泡沫化倾向趋缓,地方政府隐性债务风险逐步化解。市场乱象存量问题持续减少,增量问题得到遏制,一批重大非法集资案件得到严厉查处。加快补齐监管制度短板,2019年全年发布40项规章制度。圆满完成机构改革任务,实现从"物理融合"到"化学反应",充分释放改革动能。

2020年将全面加强资产和负债质量监管,在现有五级分类基础上,细化分类规则,提高资产分类准确性。尽快制定负债质量监管办法,提高银行保险机构,特别是中小机构负债的稳定性和匹配性。探索完善银行保险机构恢复与处置机制,会同相关部门抓紧研究确定国内系统重要性金融机构名单。区分系统重要性与非系统重要性机构,实施差异化监管。完善处置程序,压实处置责任,健全损失分担机制,形成健康有序的金融治理体系。

未来的财富管理监管方向,要坚决打赢防范化解金融风险攻坚战。稳妥处置高风险机构,压实各方责任,全力做好协调、配合和政策指导。继续拆解影子银行,特别要大力压降高风险影子银行业务,防止死灰复燃。严格执行授信集中度等监管规则,严防信贷资金违规流入房地产领域。对违法违规搭建的金融集团,要在稳定大局的前提下,严肃查处违法违规行为,全力做好资产清理,追赃挽损,改革重组。深入推进网络借贷专项整治,加大互联网保险规范力度。继续努力配合地方政府深化国有企业改革重组,加快经济结构调整,化解隐性债务风险。有效防范化解外部冲击风险,做好银行保险机构压力测试,完善应对预案,稳定市场预期。

五、财富管理的国际合作规范

全球金融治理的牵头机构金融稳定理事会(FSB)认为,对于资产管理业务而言,以往所强调的投资者适当性管理的行为监管已经远远不能够及时有效地防控风险,应当更加关注各类资产管理产品的杠杆运作、流动性错配等引起的脆弱性及其对金融市场及金融体系稳定运行的隐藏性影响,并加强相应的审慎监管措施。

2015年3月,FSB开启针对资产管理业务的监管改革研究,并于2017年1月12日正式发布《应对资产管理业务结构脆弱性的政策建议(征求意见稿)》,针对资产管理业务中所存在的流动性错配风险、证券借贷行为等提出了相关监管建议。

(一)对基金投资和基金组合的回购条款与条件流动性错配的建议

做好信息透明度工作。首先,监管当局应当从维护金融稳定的角度出发,在其管辖范围内收集有关开放式基金流动性方面的材料或信息。审查并适当提高现有信息报告的要求,以便确保报告的充分、足够和频繁。其次,针对信息披露的需求,监管当局应当予以审查并提高,同时确定额外信息披露的要求。该信息披露应当被用于满足投资者对开放式基金流动性相关材料的需求,并从金融稳定的角度保证适度的流动性风险资金。同时,监管当局应当强化对投资者的信息披露需求,以便确保信息披露的充分和频繁。

(二) 流动性风险管理工具在设计和实践阶段的差距

开放式基金可能会引发流动性错配,为了能够有效降低这种可能性,监管当局应当出台相关要求或者指引。规定不管是在基金的成立阶段还是运行阶段,该基金的资产和投资策略都应当与所管理资金组合的赎回条款和条件相一致。

在适当情况下,监管当局应当不断加强开放式基金的流动性风险管理工具的可用性,并且适度地减少这些工具在使用中的障碍,不断增加压力市场条件下赎回的可能性。

监管当局应当使流动性风险管理工具应用于开放式基金,以便减少可能存在的先发优势。这些工具可能包含摆动定价、回赎费用其他反稀释的方法。

监管当局应当要求或提供压力测试的指引,该指引应当被用于个别开放式基金,并通过支持流动性风险管理来缓释金融风险。这种要求或指引应当满足压力测试和具体程序的需求。

(三) 解决特殊情况的流动性风险管理工具的充足性

通过监管要求或指引,监管当局应当进一步明确决策过程,进而能够有效地保证流动性风险管理工具的特殊性,同时使投资者和相关监管当局获取决策流程的相关信息。

监管当局应当提供适当和必需的指引,以便明确开放式基金使用特殊的流动性风险管理工具的发展方向。

(四) 解决基金杠杆作用的建议

国际证监会组织(IOSCO)应当制定简单而一致的方法,以充分地考虑到适合的净收益以及套期保值的假设。这将有利于强化监管当局对基金杠杆带来的风险的认识,便于更为有效地对杠杆开展监测,同时也可以实现对全球范围内基金之间的直接比较。国际证监会组织还可以考虑开发更多风险方法的措施或方法,作为初步措施的必要补充,其可以有效地提升全球基金杠杆的监测效果。

监管当局应当收集基金杠杆的数据,确保对基金杠杆使用的监测不受杠杆作用的限制,同时不对金融体系造成显著的相关的杠杆风险,并在合适的时候采取有效的措施。

国际证监会组织应当基于其开发的简单而一致的方法,在其成员国管辖范围内收集有关杠杆方面的国家与区域的汇总数据。

(五) 解决投资或授权客户账户转移中的操作风险和挑战的建议

监管当局应制定相关要求或者指引,使其主要针对那些大型、复杂或有综合和稳健的风险管理框架和实践,特别是存在连续业务和转换计划并能提供关键服务的风险管理公司,确保该类风险管理公司可以有效促进压力条件下的客户账户和投资任务的转移。

(六) 解决资产管理公司和基金证券借贷活动的建议

监管当局应当监测代理贷款人和资产管理公司提供给客户的相关证券借贷活动的赔偿金。如果监测工作的材料风险或监管套利可能对金融稳定产生影响,那么监管当局应当核实和确认资产管理公司提供给客户的赔偿金额,确保其可以有效覆盖潜在的信贷损失。

  本章术语

非法集资 P2P借贷 金融危机 功能监管 行为监管

  本章练习题

1. 简述非法集资和庞氏骗局的特征。
2. 简述金融泡沫产生的原因。
3. 推动金融危机传递和扩散的主要因素是什么?
4. 简述我国财富管理行业监管的历程。
5. 试说明金融危机形成的机制。
6. 简述财富管理国际合作的主要内容。

  即测即练

第十五章

财富管理中心

【教学目标】

1）掌握财富管理中心和国际金融中心的含义
2）掌握财富管理中心建设的主要模式
3）理解我国财富管理中心建设现状

【教学重点】

1）财富管理中心的分类
2）主要财富管理中心的对比
3）我国财富管理中心建设举措

【教学难点】

1）全球财富管理中心建设的一般规律及特殊性
2）我国财富管理中心建设面临的机遇和挑战
3）我国财富管理中心建设的主要措施

财富管理业务起源于15世纪的意大利银行,随后以资产管理为主并通过财富管理机构等资源的集聚形成的财富管理中心日益涌现。世界上比较著名的财富管理中心有瑞士、美国、新加坡和中国香港等,2014年,中国青岛被批准成立财富管理金融综合改革试验区,成为全国唯一一个以财富管理为金融改革主题的城市。每个国家或地区的财富管理中心都具有自己的特点,本章首先介绍财富管理中心的概念及分类,并总结财富管理中心建设的国际经验,在此基础上介绍我国具有中国特色的财富管理中心。

第一节 全球主要财富管理中心

一、财富管理中心概念界定

财富管理中心,是指以财富管理为核心的特殊类型的金融中心城市。在这类金融中心城市中聚集了大量的财富管理机构、人才及资产,财富管理行业统领整个金融业,并引领高端服务业的发展方向,发挥着服务当地金融、经济活动的重要作用,占据支柱性地位。

财富管理中心和金融中心两个概念之间既相互联系又有所差异。一方面,二者是一种从属关系,金融中心包含财富管理中心,财富管理中心是金融中心的一种类型;另一方面,并非所有的金融中心都是财富管理中心,只有那些财富管理功能特别突出和完善的金融中心才能称为财富管理中心。下面从国际上不同金融中心的功能差异来阐释财富管理中心和金融中心的联系与区别。

根据功能侧重点的不同,可以把国际金融中心分为全能型金融中心、金融资产交易中心和财富管理中心。全能型金融中心一般具有较长的金融中心建设发展历史,在长期的发展过程中逐步形成了一套互补而又竞争的完整的金融体系,包括各类金融机构、专业的金融市场、广泛的国际联系和深厚的国际金融传统。大部分全能型金融中心兼具财富管理中心的功能,可以对财富进行保值增值和风险管理。世界上典型的全能型金融中心有伦敦、纽约、中国香港等。金融资产交易中心一般具有典型的市场主导的特点,一般在某个金融领域独占鳌头。例如美国乃至世界最发达的金融衍生品交易市场——芝加哥,便是一个金融资产交易城市;欧洲中央银行和德意志联邦银行总部所在地法兰克福是欧洲货币政策中心,其外汇交易和资金交易市场高度发达;我国上海也具有突出的资本市场优势,正处于金融资产交易中心向全能型金融中心发展阶段。财富管理中心是发挥财富管理功能中枢作用的城市。当地财富管理机构大量集聚,并具备广阔的资金腹地。国际上专业型的财富管理中心通常在地域上会紧挨着一个全能型金融中心或者金融资产交易中心,客观上达到服务深化、优势互补的目的。如纽约旁边的波士顿、苏黎世附近的日内瓦等,都是典型的世界财富管理中心。

财富管理中心与已建成金融中心的异同如表 15-1 所示。

表 15-1　财富管理中心与已建成金融中心的异同

国际金融中心	财富管理中心	金融中心
含义	以资产管理为主,通过财富管理机构等资源的集聚形成的中心枢纽	以经济为基础形成的资金集散和融通的枢纽,货币金融业务的聚集和转出地
功能	有效实现财富资源的优配,金融服务实体经济	货币结算功能、筹融资与投资、资产重组、信息传递、集群功能、规模效益功能
竞争力分析	契约精神先行型、政策引导型、优势演变型	自然演变型、政府引导型
形成条件	有较强的信用体系、经济实力雄厚、区位优势、高端专业金融人才	区位优势、经济实力雄厚的城市依托、完善的基础设施、金融核心人才

二、全球主要财富管理中心概况

从城市层面来看,全球财富管理中心主要有以下几种类型:私人银行中心型财富管理中心、多元化专业财富管理中心、基金型财富管理中心、群岛离岸财富管理中心、综合性国际金融中心和一般金融中心。

(一)私人银行中心型财富管理中心

瑞士私人银行极其发达,是典型的以私人银行为主的财富管理中心,与世界其他金融中心并驾齐驱。长期以来,瑞士一直管理着全球近1/3的个人财产,这些财产来自世界各地。瑞士作为一个国家,几乎每个城市都有不凡的金融服务。但其中更具代表性的有苏黎世、日内瓦和巴塞尔。

1. 苏黎世

苏黎世是瑞士最大的城市及主要的商业和文化中心,也是瑞士第一金融中心。这里是瑞士著名金融机构总部集中地,不仅有瑞士中央银行(SNB,也称为瑞士国家银行),也有瑞银集团(USB)和瑞士信贷(Credit Suisse AG)。瑞银和瑞信是当今世界最大也是最著名的两家综合性私人银行。苏黎世金融服务集团(Zurich Financial Services),是以保险为核心业务的金融服务机构,是瑞士第一家跨国性的保险公司。瑞士证券交易所,是目前世界唯一具有全自动交易和清算系统的交易所。在一座城市内,形成了完整的金融产业链,资金的积累、募集、投资、回收、资本市场交易等,都可以在此顺畅地完成,构成了苏黎世财富管理中心的独特优势。

2. 日内瓦

日内瓦是瑞士第二大城市,聚集着众多私人银行和资产管理公司。此外,日内瓦还是一个国际性城市,集中了像联合国日内瓦总部、国际红十字会等国际机构。

3. 巴塞尔

巴塞尔是瑞士第三大城市,面积37平方千米,人口16.6万(2003年),这里有在国际金融方面举足轻重的国际结算银行。巴塞尔是个和日内瓦一样的国际性城市,著名的《巴塞尔协议》也得名于此。

(二)多元化专业财富管理中心

多元化专业财富管理中心有两个突出特点:一是多元化,相对于瑞士以私人银行为主,这类财富管理中心除了私人银行外,其他如投资银行、证券、保险、基金等也较为发达,各种业态难分伯仲。二是专业化,相对于纽约、伦敦等综合性全能金融中心,这类财富管理中心是比较专业的以财富管理为主的金融中心,聚集的金融机构主要是从事财富管理。

1. 卢森堡

作为全球著名的金融中心之一,卢森堡是欧元区最重要的私人银行中心。欧洲的一些重要金融机构,如欧洲货币基金组织、欧洲投资银行等的总部设在此地。卢森堡的银行业很发达,人均银行数居世界首位。保险业自20世纪80年代以来发展迅速,成为卢森堡金融的支柱之一,目前,卢森堡拥有各类保险和再保险公司300余家。卢森堡的证券业也业绩不凡,在国际证券和投资基金领域确立了不可替代的地位。卢森堡是欧盟第一个通过国家立法支持发展离岸基金业务的成员国,其投资基金享受低费率和低税收等优惠政策,使其成为继美国之后的世界第二大投资基金业务管理中心,有65%的全球跨国基金属于卢森堡,并且全球顶级前50名跨国基金公司中的80%利用卢森堡这个平台来开展业务。同时,还吸引了很多外国资产管理公司来这里发行基金。这里还是另类投资基金的天堂,全球领先的对冲基金服务公司和对冲基金经理,都聚集在卢森堡。因此,卢森堡也可以称为基金中心型的财富管理中心。

2. 慕尼黑

作为巴伐利亚州首府,德国第二大银行中心,慕尼黑拥有 50 多家银行总部和几十家私人银行。与此同时,慕尼黑还是德国第一大保险中心,第一大资产管理中心以及最好的私募股权投资基金、风险投资、租赁中心,保理行业也占据领导地位。因此,慕尼黑其实是真正意义上的多元财富管理中心。大约有 80 个保险公司把它们的总部设在了慕尼黑和周围的一些小镇。慕尼黑还是全球最著名的租赁中心,有 120 多家租赁公司,其中有 48 家总部。

3. 新加坡

新加坡于 1965 年独立,人口 543 万(2013 年)。20 世纪 60 年代开始,西方跨国公司的投资重点逐步向东南亚转移,美国银行业为了规避政府实施的限制资金外流措施,积极筹划在亚太地区设立离岸金融中心。新加坡政府抓住了这个历史机遇,开始积极引进一些国外大型银行。自 1998 年以来,为了应对亚洲金融危机,扭转经济发展过重依靠电子制造业的局面,新加坡开始着力打造财富管理中心,努力成为私人银行业、投资银行业、基金业的聚集地。通过实施银行改革计划,吸引外国证券进入,鼓励金融创新等一系列措施,新加坡的银行、保险、证券等各种业态都得到了快速发展。通过降低准入门槛和开放国内市场等措施,2003 年开始,新加坡的基金业得到了快速发展。2006 年起,新加坡即成为亚洲私人银行资产最集中的国家,全世界主要的私人银行机构都在新加坡设立了亚太区总部或者区域总部,国际性资产管理公司有 300 多家。

4. 香港

香港是中华人民共和国的一个特别行政区。20 世纪 30 年代开始,金融业逐渐成为香港的主导产业,进入 90 年代以后,香港的银行业基本上呈现稳定的发展局面。近年来,香港在已经确立国际金融中心地位之后,日益明确地把发展目标锁定在私人银行中心上面。2008 年以来,欧美受国际金融危机的影响,私人银行业受到重创,也为香港打造国际私人银行中心创造了极佳的时机;同时,欧美开始提高富人税,瑞士等"避税天堂"不得不向美国政府提供美国公民在其机构的资产信息;中国内地富人数量迅速扩大。这三大因素都为香港提供了不可多得的历史机遇。

(三) 基金型财富管理中心

基金型财富管理中心往往汇聚了许多基金公司和基金管理公司,基金业十分发达。同时,与基金相关的其他金融业和其他服务业也较为发达。

1. 爱丁堡

爱丁堡金融中心以基金见长。作为世界著名的基金业中心,爱丁堡形成了自己独特的投资模式——长期投资。爱丁堡的基金经理在全球金融界也有着极高的口碑,他们是与苏格兰威士忌、格子裙一样出名的苏格兰"特产"。爱丁堡集中了全球最多的基金公司和最庞大的基金经理群。

2. 格林尼治小镇

格林尼治小镇具有 300 多年历史,面积仅 174 平方千米,40 多年来逐步成为一座隐秘的"对冲基金之都",也被誉为"对冲基金大本营"。这里大约有 380 家对冲基金总部,管理的资产总额超过 1 500 亿美元。全球 350 多只管理着 10 亿美元以上资产的对冲基金中,近半数公司都把总部设在这里。该镇毗邻纽约,自然环境优美,是这里得天独厚的条件。同时,个人所得税税率低,金融基础设施完备,支持系统健全,人才聚集,使这里成为对冲基金及其经理人的强大磁石。

3. 波士顿

波士顿是美国东北部金融中心,是美国最大的基金管理中心。波士顿基金业是全球基金行业的鼻祖。1681 年,新英格兰的波士顿基金成立。1893 年,波士顿个人资产信托基金(Boston Personal Property Trust)诞生,是美国股票市场的第一只封闭式基金。1915 年,波士顿基金会成立,是世界上最大、最古老的基金会之一。1920 年,全球第一家投资咨询公司在波士顿成立,证券投资咨询业也开始发展起来。1924 年,世界上第一只开放式基金——马萨诸塞投资信托(Massachusetts Investment Trust, MIT)在波士顿成立,掀开了共同基金业在美国迅速发展的序幕。1946 年,富达集团(Fidelity Investment)成立了有"基金帝王"之称的富达基金。1946 年,被称为"创业投资基金之父"的美国哈佛大学商学院教授 George Doriot 和波士顿联邦储备银行行长 Ralph Flanders 等人共同设立了"美国研究与发展公司"(American Research & Development),该公司的创立成为私募股权基金行业的开端。1963 年,波士顿咨询公司成立,现今已成为世界知名的综合性咨询公司。1984 年,贝恩资本股权投资公司在波士顿成立,目前已经成为国际私募基金中的大牌。1972 年,道富银行(State Street Bank)在波士顿成立,其主要业务是资金托管和资产管理,后成为全球最大的资产管理机构之一。

4. 旧金山

旧金山是美国西海岸的金融中心,是以风险投资基金著称的专业性科技金融中心。1848 年,这里发现了金矿,并逐渐发展成为美国西海岸的金融中心。今天,位于旧金山金融区的蒙哥马利街道,被人们形象地称为美国"西部的华尔街"。旧金山联邦储备银行、富国银行的总部就在这一街道上。以硅谷银行(Silicon Valley Bank)为代表的湾区科技银行,以及大型商业银行的科技银行业务,通过与风险投资机构建立紧密的合作关系,科技银行业务得到快速发展,因此,旧金山湾区成为美国科技金融体系最为发达和科技金融资源最为集中的区域。2009 年,总部位于旧金山湾区的风险投资机构为 366 家,管理风险投资资本 798 亿美元。

5. 阿姆斯特丹

作为荷兰的首都和第一大城市,阿姆斯特丹在 17 世纪曾经成为欧洲第一大港口和世界第一融资中心。凭借在商业上的优势和世界贸易中的主导地位,阿姆斯特丹积累了巨额商业资本,然后又转化为金融领域的优势,将银行、股票交易所、信用、保险及有限责任公司有机统一成一个互相贯通的金融体系,由此带来了财富的爆炸性增长,成为欧洲及世界的金融中心和财富管理中心。阿姆斯特丹作为财富管理中心,其养老基金特色明显。最早的养老基金于 1881 年在阿姆斯特丹成立,今天,荷兰养老基金大部分都在阿姆斯特丹进行管理。

（四）群岛离岸财富管理中心

开曼群岛、英属维尔京群岛和百慕大群岛，都是英国的海外领土。这些群岛都有着得天独厚的自然条件，是独特的旅游胜地。同时，有着相似的免税政策和公司法，并且都采用和美国相同的英美法系。税收政策极其优惠，比如基本只实行唯一税项——印花税，而不收取所得税、收益税。无外汇限制，并严格遵守保密法等。因此，吸引了众多全球著名的大型离岸公司、银行机构、保险机构、信托机构和其他离岸机构，以及律师事务所、会计师事务所等，前来岛上从事业务，集聚了全球大量财富，使其成为著名的离岸财富管理中心。

1. 开曼群岛

开曼群岛是英国在西加勒比群岛的一块海外属地，由大开曼、小开曼和开曼布拉克3个岛屿组成。20世纪60年代是开曼奠定离岸金融业务政治与法律基础的时期。到1972年，已有3 000多个注册公司及300多个信托公司入驻开曼群岛。

2. 英属维尔京群岛

英属维尔京群岛位于加勒比海地区，主要由托土拉岛、维尔京戈达岛、阿内加达岛和约斯特·范·大克岛四大岛屿组成，同时还包括50多座细小的岛屿和岩礁。从20世纪60年代开始，这里由过去以农业为主导，逐渐转向经济多元化，以金融服务和旅游为主导，成为加勒比海区域内最富有的地区之一。1998年，离岸金融业收入占政府直接收入的50%以上。2000年年底在此注册的外国公司超过35万家。

3. 百慕大群岛

百慕大位于北大西洋，由7个主岛及150个小岛和礁群组成。与其他离岸金融中心相比，在百慕大的企业注册成本不是最低，在吸引基金公司与金融机构方面，百慕大也不具备优势。然而，百慕大的核心优势之一，是世界最大的离岸保险产业所在地，保险和再保险资产规模仅次于伦敦和纽约，能够提供独特的再保险产品、财富增值管理。相较于其他加勒比区的金融中心，百慕大距离美国最近，纽约等重要城市可以在1.5小时内到达。所以，百慕大也成为投资美国的最佳平台。

（五）综合性国际金融中心

综合性国际金融中心，各类机构齐聚，大型机构众多，财富管理主要依托大型金融机构内部设立的专业机构进行。

1. 伦敦

伦敦被誉为"世界金融业的心脏"，银行、保险、证券、外汇、期货、金属、商品和衍生品的经销商十分密集。世界500强企业有75%在伦敦金融城设立分公司或办事处。外资银行数量居世界首位，跨境银行贷款业务量位居世界榜首，是世界最大的保险市场、外汇市场、衍生品市场、金属交易市场、黄金市场和黄金交割中心、碳交易市场，最大的海事服务中心，第二大的基金管理中心，最国际化的股票和债券市场，领先的伊斯兰金融服务中心，主要的法律、会计、审计服务中心，金融教育培训中心。

2. 纽约

纽约是美国的金融首都,也是美国的全球金融中心。纽约早期贸易的迅速发展,带动了当时与之密切相关的金融业的发展。独立战争期间,华尔街成为美国战争融资的重要场所。到19世纪中叶,纽约逐渐赶超费城成为美国第一大集金融、贸易、旅游及文化于一身的国际大都会。南北战争之后,纽约金融行业的创新,促进了金融行业的迅速发展,并使得纽约实际上已经成为美国的金融中心。20世纪30年代,金融危机之后的金融改革建立了严格的监管体系,开始了美国银行业、证券业和保险业分业经营的历史。第二次世界大战之后,美国经济实力远远超过其他国家,并一度成为世界上最大的债权国。凭借其强大的经济和金融实力,以国际协议的方式建立了以美元为中心的"布雷顿森林体系",直接将纽约推向了国际金融中心的位置。20世纪70年代,布雷顿森林体系自身无法克服的缺点,最终导致了布雷顿森林体系的解体,并削弱了纽约国际金融中心的竞争力,减缓了其发展速度。20世纪80年代,外国投资者开始大量购买美国股票,快速推进了纽约作为国际金融中心的形成。20世纪90年代,美国汇率上升和股价上升的相互推进,使得纽约股市成为全球第一大股票市场。同时,纽约是全球最大的财富管理中心,基金数量以及资产规模均位列全球第一。然而,加强监管在有效防范风险的同时,也降低了金融业的效率,进一步削弱了纽约金融服务的竞争力。2008年爆发于华尔街的金融危机,进一步削弱了纽约的金融中心地位,使竞争力的天平又一次倾向了伦敦。

3. 法兰克福

法兰克福是德国第五大城市,是欧洲大陆第一大金融中心,在整个欧洲是仅次于伦敦的第二大金融中心。欧洲中央银行,以及德意志银行、法兰克福证券交易所都坐落于此。法兰克福被称为"银行之城"和德国的曼哈顿。

4. 迪拜

迪拜位于中东地区的中央,是阿联酋人口最多的城市,是中东地区的经济金融中心,也是中东地区旅客和货物的主要运输枢纽。据《阿拉伯商业周刊》(*Arabian Business*)2019年9月22日报道,迪拜国际金融中心(DIFC)目前排名全球金融中心指数(GFCI)第8位,成为中东、非洲和南亚地区(MEASA)唯一进入全球前十的金融中心。

此外,法国的巴黎、日本的东京和我国的上海、北京等城市,也是这种类型的财富管理中心。

(六)一般金融中心

全世界有许多地方金融业都比较发达,往往被称为金融中心,所有的金融中心都同时自然地是财富管理中心。

1. 华盛顿

华盛顿是美国首都,同时也是美国的一个金融中心。世界银行(World Bank)、国际货币基金组织(International Monetary Fund,IMF)、美洲开发银行(Inter-American Development Bank),以及美国联邦储备委员会(Federal Reserve,简称"美联储")都坐落于此。华盛顿是美国的基金决策中心、管理中心、信息中心。这里的一举一动,不仅对美国的金融发展具有决定性的影响,而且对整个世界的金融形势也起着风向标的作用。特别是2008年国际金融危机以来,围绕着危机的治理,华盛顿的金融地位更加突出。

2. 夏洛特

从银行资产规模而言,夏洛特是仅次于纽约的美国第二大金融中心。美国的12家银行,其中包括5家最大的银行,在夏洛特市经营银行金融业务。夏洛特市现有就业人口2.56万人,其中1.2万从事金融业,银行资产总额达到460亿美元。实力雄厚的金融业为夏洛特市的经济发展奠定了牢固基础。美国最大商业银行美国银行就诞生于此,总部也设在这里。2008年前,这里也曾是美联银行(Wachovia)的诞生地和总部所在地,之后美联银行被旧金山的富国银行(Well Fargo)收购,并于2011年完成全面合并。于是,夏洛特也成为富国银行在美国东海岸的区域总部所在地。不仅如此,夏洛特还是富国银行资本市场业务的总部,包括营销、股权研究以及投资银行。20世纪七八十年代,这座城市的现代银行业十分繁荣,也正于此时在这里诞生了今天的美国银行。

3. 迈阿密

迈阿密是美国东南部的金融中心,辐射整个拉丁美洲,号称"拉丁美洲的首都"。迈阿密市中心和南佛罗里达,是美国国际银行最为集中的地方。2008年,《福布斯》杂志评选迈阿密是美国最干净的城市,因为它有优质的空气、广阔的绿色空间、洁净的饮用水、整洁的街道和全城范围的回收项目。2009年,UBS(瑞银集团)对世界73个城市进行比较研究,认为以购买力衡量,迈阿密是美国最富裕的城市,世界排名第五。20多年来,迈阿密港一直被认为是"世界邮轮之都",拥有世界最大的邮轮和邮轮公司,是最繁忙的邮轮母港。

国际上众多可称得上金融中心的城市,以及中国国内许多金融中心城市,都是这类财富管理中心。

第二节 财富管理中心建设的国际经验

本节首先介绍全球财富管理中心的发展变迁历史,然后介绍财富管理中心的主要发展模式,接下来说明财富管理中心形成的主要驱动因素和形成条件,最后介绍财富管理中心建设的规律。

一、全球财富管理中心发展历程

1. 欧洲早期财富管理的发展

公元15世纪,意大利佛罗伦萨的美蒂奇家族设立的银行已经开展了财富管理,主要是为当时的欧洲贵族提供财产打理和世代传承服务。16世纪,随着基督教加尔文教派的兴起,大量受迫害的新教徒从法国和意大利逃到日内瓦,并将随身携带的大量金钱交给当地的银行家保管。16世纪末,英国随着在世界上霸主地位的建立,脱胎于伦敦"金匠业"的银行业迅速发展起来。成立于1672年的Hoare&Co银行,是英国历史最悠久的私人银行,历经十多代人继承发展,开创了私人银行业务的王朝。17世纪,由于欧洲大陆贵族之间彼此征伐混战,家中财产则由留守的贵族代为管理,久而久之,这些留守贵族就成了私人银行家。

2. 瑞士作为世界著名财富管理中心地位的逐步确立

公元18世纪中叶,日内瓦的经济由于长期商业贸易的发展而空前繁荣,银行业也随之有了较大的发展,银行家这时也已声名鹊起。随着货币兑换商的业务逐渐由货币兑换向资金融通及资产管理转移,出现了专门为高端个人客户及其家庭提供金融服务的私人银行,这是近代私人银行的起源。18世纪末,瑞士的私人银行已经在主要的外国金融市场上扮演着重要的角色,私人银行的数目一度多达200多家。20世纪的两次世界大战,更是极大地促进了瑞士整个金融业的发展。第一次世界大战期间,欧洲的王公贵族、富商世贾和银行管理人员,为了躲避战火,纷纷云集瑞士,给瑞士带来了庞大的资金和先进的金融管理技术、大量的金融人才。第二次世界大战期间,纳粹大量迫害犹太人,在德国和欧洲其他国家难以生存的犹太人又纷纷秘密地向国外转移资金,由于瑞士的中立国特殊地位,大多数犹太人都将钱存入瑞士的银行。进入20世纪90年代,瑞士银行业发生了持续的大并购,银行数量锐减。然而,与此形成鲜明对比的是私人银行业的国内员工数量大幅增加。在此期间,传统上主要靠向瑞士境外的客户提供离岸金融服务的瑞士私人银行,也开始向欧洲及世界其他国家大力拓展在岸业务。

3. 美国作为全球金融霸主财富管理的综合发展

财富管理行业虽然起源于欧洲,但其真正发展壮大还是在美国,美国也是当今世界财富管理市场最大、最成熟、竞争也最激烈的地方。美国的财富管理起步于20世纪30年代,最早从保险业开始,保险产品包括投资计划、收益分析、代办手续等。第二次世界大战之后,随着美国经济霸主和金融霸主地位的逐步确立,一方面是国民理财需求不断扩大,另一方面是金融服务日益丰富,金融机构如商业银行、投资银行等开始开展理财服务,并逐渐发展成为规范的经常性业务。80年代之后,美国经济的快速发展,进一步推动了全社会财富的强劲增长,而财富管理也日益规范并不断突破,逐步成为一项主流业务。90年代中后期,美国金融监管制度改革,极大地促进了金融创新和混业经营的迅速发展,私人股权基金、风险投资、对冲基金、结构性金融产品成为财富管理的主要产品。财富管理的地位日益提高,成为各金融机构塑造品牌价值、培养客户忠诚度、增加业务收入的重要支柱。

4. 中国香港、新加坡的崛起

中国香港在20世纪初金融业已经成为主要产业,但其发展成为全球以财富管理为特色的重要金融中心,主要还是得益于亚洲特别是中国内地的经济发展。新加坡于20世纪60年代独立,当初并没有把金融作为发展的战略重点。经过多年的发展,特别是经历了1987年、1997年两次金融危机之后,新加坡的金融体系已经完全成熟。世纪之交以来,中国香港和新加坡都是由政府强力推动,以瑞士为榜样,大力发展财富管理行业,并确立了在世界上的特殊地位。中国香港财富管理的客户,主要来自中国内地。新加坡财富管理的客户,相当大部分来自东南亚的华人华侨。

5. 群岛离岸金融中心的兴起

开曼群岛、维尔京群岛、百慕大群岛、列支敦群岛等,大都是 20 世纪 60 年代以来逐渐发展起来的离岸金融中心。它们以"避税天堂"著称,主要通过极其优惠的税收制度安排,吸引全世界大量的财富。同时,它们还以健全的法律制度、完善的基础设施、发达的旅游等促进了财富管理的发展。

二、全球财富管理中心主要发展模式

从国家层面来看,全球财富管理中心的发展主要有瑞士模式和美国模式两种。同时,群岛模式可以算作半个模式。

1. 瑞士模式

瑞士模式是小国模式,卢森堡、中国香港、新加坡等国家和地区都属于此类模式。该模式的突出特点在于:从服务主体看,私人银行是主导力量;从服务方式看,离岸业务是主要方面;从服务市场看,其一直是面向全球;从服务对象看,传统上以服务贵族和皇室为主,后来逐步扩大到各类富裕人士。瑞士的财富管理主要依托私人银行,瑞士的私人银行在全球最为发达,既有瑞银和瑞信这样的综合性大型集团,也有众多的小型私人银行以及家庭办公室。同时,瑞士的多个城市都是世界著名的财富管理中心,如苏黎世、日内瓦、巴塞尔等。但这些财富管理中心从根本上都具有相同的特点。瑞士的财富客户主要来自国外,这就决定了瑞士的财富管理一直以离岸业务为主。离岸业务的一个突出特点就是所谓的"避税天堂"。同时,由于瑞士是一个小国,市场容量十分有限,几乎从一开始,瑞士的财富管理即把重心放在了国外,并逐步走向世界。瑞士模式属于特殊的现象,其发展道路是极不寻常的。作为一个小国,瑞士的财富管理行业发展到今天,是由种种特殊的历史因素促成的,特别是宗教迫害、战争等。

2. 美国模式

美国模式是大国模式,包括英国、德国、法国、俄罗斯等都属于此类模式。该模式的突出特点在于:财富管理的服务机构以大型金融集团的专业财富管理机构为主,如花旗银行的私人银行、高盛集团的资产管理公司等。财富管理以在岸业务为主。相对于瑞士等离岸金融中心,美国的税收优惠并不明显。虽然以国内市场为主,但美国的财富管理早已随着其大型金融集团的全球化经营而走向全球,这既是为了占领财富管理市场,也是为了帮助客户进行全球资源配置。但是,美国的大型金融集团大多在瑞士设有专门的财富管理机构,这样设置并不是为了分享瑞士的财富管理市场,而是为了借助瑞士在财富管理其他方面的综合优势。这也从一个侧面证明了瑞士在全球财富管理领域的独特地位。纽约是美国的财富管理中心之一,是全球的金融中心。除纽约外,美国还有许多各具特色的金融中心,如芝加哥、旧金山、迈阿密、波士顿等,这些城市作为财富管理中心具有极强的功能互补作用。

3. 群岛模式

开曼群岛、维尔京群岛、百慕大群岛、列支敦群岛等,相对于瑞士等国而言,其离岸金融中心的情况是极其特殊的,多数国家无法学习和仿效。其主要特点在于具有离岸中心的政策优惠,群岛主要起到注册的功能,运营还需要在其他地方完成。

　　　　　　　　　　"避税天堂"的衰落

　　"避税天堂",又名"避税港","避税港"一词源于英文"tax haven","haven"解作港口或避难所,部分传媒将 haven 误作 heaven,因而误译为"避税天堂"。"避税天堂"是指这样一些国家或地区,它们为吸引外国资本流入,繁荣本国或本地区经济,在本国或本地区确定一定范围,允许境外人士在此投资和从事各种经济、贸易与服务活动,获取收入或拥有财产而又不对其征直接税,或者实行低直接税税率,或者实行特别税收优惠。开曼群岛、维尔京群岛、百慕大群岛、列支敦群岛等群岛离岸财富管理中心,以"避税天堂"著称,靠一些特殊的政策,吸引了全球的目光,聚集了许多财富管理机构和财富资源。据国际经济合作组织的统计,在全球"避税天堂"一共藏匿着21万亿~32万亿美元的海外资产,由此导致全世界国家税收损失年均高达2550亿美元。

　　虽然"避税天堂"逃税或避税的目的是相同的,但其运行模式却有差异,大致可以分成以下三种:①存款模式,主要通过信息保密、减免税收、便利的银行服务等来吸引外国资金流入。如欧洲的安道尔吸纳了大量的法国存款,列支敦士登吸纳了巨额的德国富人存款。②服务模式,以便捷的公司注册手续和免税的吸引力,吸引全球公司在当地注册,并赚取管理费和服务费的模式。比较典型的有马绍尔、英属维尔京群岛、萨摩亚等。③移民模式,这种避税形式比较特殊,如摩纳哥、荷兰等,大量的税收优惠吸引了世界各地的富豪避税移民。

　　"避税天堂"的负面影响主要有:①损害国家税收主权,包括破坏税收秩序、侵蚀税收税基,以及有损税收公平等。②损害被投资国的商业环境。为逃避税收,跨国纳税人经常采取各种手段转移利润,一方面会产生被投资国投资环境差、投资回报率低的误导效应,影响外商投资的积极性;另一方面会导致国际资本流动秩序混乱,进而影响到被投资国的国际收支平衡,妨害正常的国际经济合作与交往,各国难以依靠单边行动和双边协调予以解决。③损害国际经济的稳定。税收一般应在利润产生地收取,而通过各种税收逃避手段,将利润转移到其他国家,会导致国际的利润分配不公,成为国际经济的不稳定因素之一。④导致国际洗钱犯罪。由于全球那些免除或减轻税负的国家及地区都有非常严格的银行保密制度,这就为犯罪分子进行藏钱、洗钱、恐怖交易、毒品交易,甚至贪污贿赂等各种犯罪活动提供了温床。每年全世界有5000亿美元到1.5万亿美元的违法犯罪所得在这里"华丽转身"。由于其违法所得有了"合法化"的包装,这在一定程度上纵容了世界各国的犯罪行为。

　　2009年4月,二十国集团伦敦峰会呼吁要坚决打击跨境逃税避税行为。2010年5月,OECD(经济合作与发展组织)与欧洲委员会一同修订了《多边税收征管互助公约》。2013年9月6日,二十国集团领导人在俄罗斯圣彼得堡通过了《二十国集团圣彼得堡峰会领导人宣言》,同意在2015年底前开始执行国际税收情报交换新标准。2014年5月,在OECD年度部长理事会议上,40多个国家和地区又共同签署了《税务事项信息自动交换宣言》,承诺执行银行间信息自动交换全球新标准即共同申报准则(Common Reporting

Standard，CRS)，以打击逃税避税。共同申报准则CRS是指为了共同打击纳税人利用跨境个人信息不透明的特点而进行的避税及洗钱等犯罪行为，各国政府通力合作，相互通报对方公民在本国国内财产信息的标准，目的在于各国之间税务信息实现自动交换。签署《金融账户涉税信息自动交换多边主管当局间协议》的国家，都应该严格遵循CRS的标准，与其他国家共享相应纳税人的涉税信息。

随着加入税收情报交换的国家及地区越来越多，原来的"避税天堂"逐渐丧失了税收上的优势，吸引力不再。2018年10月5日，瑞士联邦税务管理局表示，按照金融账户涉税信息自动交换(AEOI)标准，该机构已于9月底同其他国家税务机关交换了金融账户信息，包括账户持有者的姓名、住址、国籍、纳税识别信息、税务申报机构、账户余额以及资本收益等，为史上首次。这标志着瑞士"避税天堂"的终结。

对于中国而言，2014年9月，中国承诺将实施共同申报准则CRS，自2018年9月开始，中国首次与其他部分国家交换CRS信息，中国税务机关会清晰地掌握个人的境外资产信息，一旦被列为高风险的纳税人，不仅要面临资金来源不明的审查，还可能需要补缴大额的个人所得税。此外，值得注意的是，修改后的个人所得税法首次设立了反避税条款，为中国税务机关提供了坚实的法律依据。由此可见，中国打击跨境逃税避税的大网正式拉起，避税富豪和贪官将无处可逃。

随着全球经济一体化、税收透明化的加速，"避税天堂"的避税能力会变得越来越弱。在此趋势下，"避税天堂"利用金融信息及税收体制不透明来为逃税避税行为提供方便也就越来越难以实现。

三、财富管理中心形成的驱动因素

财富管理中心是以财富管理为主题的金融中心，要形成一个财富管理中心需要多种因素共同推动，在其发展的不同阶段驱动因素也是不同的，驱动因素主要有以下几种。

1. 区位经济作为产生阶段的主要驱动因素

区位是指经济主体的所在位置，区位经济理论分微观和宏观两方面内容。微观区位理论是指对具体生产部门或经济设施分布地点的优化选择；宏观区位理论是对一国在总体生产布局和地区综合布局的优化方案。在本书中区位经济指的是某一区域的人口、市场、资源、交通、环境等状况。不同的地区有很大的差异，所以区位优势会给经济主体带来额外的经济效益。此外，政治环境和生产力发展水平在产生阶段也发挥着一定的作用。

2. 规模经济在财富管理中心的发展阶段起着重要的驱动作用

企业内部的规模经济和企业外部的规模经济都在一定程度上推动了财富管理中心的建设。具体来讲，财富管理是金融的一部分，具有金融行业的特点和性质，财富管理机构的规模扩大能够降低劳动成本、营销成本、管理成本，同时还能吸引更多的专业技术人才，提高财富管理机构的产品创新力。当财富管理中心发展到一定规模后，相关行业由于空间上的接近，提高了业务的便利性，从而有更多的人愿意提供相关的配套服务，这些配套服务的发展进一步推动财富管理中心的形成。

3. 信息溢出对财富管理中心的形成有一定的驱动作用

金融业离不开信息，信息影响金融机构的发展方向和决策，关系到金融机构的风险控制。财富管理中心金融机构之间的信息传递和共享能够从中获得信息溢出效应。

4. 政府推动了财富管理中心的形成

政府会加大对特定区域内金融财富管理产业基础设施和相关服务设施的建设,政府的扶持会给本地区创造一个健康合理的金融环境,会在本地区产生一定的金融产业规模效应。

四、财富管理中心形成的条件

1. 财富管理中心依托于金融中心的发展形成,是金融中心的辅助形式

财富管理中心最显著的特点在于财富管理机构的集聚效应,财富管理机构实质上属于金融机构,财富管理也属于金融活动的一种类型。金融中心是金融信息集聚和扩散的中心,历史上地理区域的差异是影响金融信息传递的重要因素,财富管理中心依托于金融中心是历史客观事实。当前,虽然电子信息技术的发展使得金融系统的信息地理区域弱化,但市场信息的地理差异和时滞仍然明显,靠近金融中心的机构获取信息的优势依然明显。

财富管理是金融活动发展到高级阶段后的一项重要的衍生形式和辅助功能。当然,几乎所有金融中心发展到一定阶段后,都会具备财富管理的功能,但财富管理中心所提供的金融管理活动与普通金融中心所提供的金融服务是有所区别的,金融中心能否发展成为财富管理中心与其所在城市的经济硬实力、文化软实力甚至与地域条件和资产方向都有很大关系。

当今发达国家与地区中建设完备的财富管理中心大多数都紧挨着某个大型的金融中心,大型金融中心完备的资本市场能够为财富管理中心资本的沉淀提供源源不断的资本洪流,与财富管理中心形成一个互补的关系。财富管理中心能够丰富大型金融中心辐射区域的投资方式。

2. 财富管理中心需要依托于广阔的经济腹地和先天的地理优势

财富管理中心的形成需要足够的经济规模和腹地。只有繁荣和广阔的经济腹地才能够有较大规模的交易主体,为财富管理中心的发展注入活力和可持续性,是财富产生的基础。财富管理中心的国际化程度越高,其辐射的经济区域就越广,聚集的金融机构和工商企业就越多。例如新加坡,虽然其国土面积很小,但其以高国际化程度成为东南亚的经济中心和金融中心。中国香港则不但有东亚地区,同时还有内地华南地区作为其经济腹地。财富管理中心在形成之前往往是航运和贸易中心,具有先天的地理优势,如伦敦、纽约、东京、香港和新加坡都是先有了航运贸易中心的条件后,再发展为金融中心的,从而才有可能成为财富管理中心。

3. 财富管理中心必须集聚足够数量的财富管理机构

一个城市要成为财富管理中心,必须聚集足够数量的财富管理机构,能够同时满足政府、企业和个人不同的财富管理需求,这些财富管理机构包括银行、第三方财富管理公司、基金公司、理财咨询公司、证券公司、保险公司等各种具有财富管理能力的金融机构。同时,与财富管理活动相关的产业或支持性产业必须得到相应的发展以支撑起当地金融行业的运作。财富管理中心还需要提供比普通地区更为完善的服务种类和水平,政府也通过积极的政策支持财富管理行业的发展,为财富的流动提供良好的环境和氛围,对财富的保值增值提供重要的基础和保障,这些有利条件可以增加财富管理中心对实体经济的拉动作用,并扩大财富管理中心对所在地区金融体系的辐射范围。

4. 财富管理中心需要良好的资本市场作为基础

随着金融市场的发展,现代资本市场不仅是长期资金的融通市场,而且已经扩展成为社会资源配置及各类经济交易的综合市场体系。在发达的市场经济中,资本市场至少具有三方面的功能:资金融通、资源配置和产权中介。其中资金融通是资本市场的本源职能,与货币市场相对应,特指长期资本融通;资源配置是对资金的引导作用,具有鲜明的趋利性,引导资金向收益高的部门流动;产权中介是资本市场发挥约束市场主体和充当交易中介的功能。通过资本市场,一方面可以优化资金融通,另一方面能够为企业的资金调整和配置提供重要支持,有效吸引产业和资本集聚,是财富管理中心建设的重要条件。

5. 财富管理中心需要较强的经济基础、完备的基础设施、完善的人才环境

大中城市的经济基础较好,且通常具有一定数量的金融机构,各方面配套产业发展也相对完善,基础设备完善,医疗教育等资源相对集中,因此具备更高的经济发展程度和较高的生活水平。这一方面是高净值人群产生的丰富土壤,从而增大财富管理的需求;另一方面则使得人力资源在这些城市更为丰富,金融相关人才的数量和质量得到了保证,为城市财富管理相关产业的发展提供源源不断的生机和活力,带来创新意识,为地区金融行业的发展起到重要的推动作用。此外,高等教育和科研能够推动地区高新科技的发展,为风险投资和财富管理打下良好的实体经济基础。

6. 财富管理中心需要良好的财富管理环境、法律法规及政策保障

如果说齐全的基础设施是财富管理中心产生的硬保障,那么完善的法律法规和稳定、透明的政策环境就是财富管理中心产生的软保障。金融业与其他行业不同,是一种特殊的服务业,其发展需要更加严谨的法制架构和信息架构。服务业,尤其是金融业,更大程度上是契约密集产业,其生产和交易所涉及的是更为密集和复杂的契约安排,本质上是金融契约合作的运行,交易双方所掌握的信息很少,如果没有一个维护契约执行的好的环境,就会增大人们从事这个高端服务业交易的风险,导致人们交易意愿下降。

法治和政府规模是金融制度基础的主要体现。法治是对产权的保护和契约的执行,政府规模体现为政府对金融业的干预程度,具体表现为调控金融企业的所有权以及税收水平等。一个独立的司法体系和合意的政府行为及政策对金融业的发展至关重要。

五、财富管理中心建设的一般规律

总结美国等世界各国金融中心建设经验,一般有以下五个主要方面,可称为"五个加规律"。

1. "经济+金融"规律

经济决定金融,金融反作用于经济,两者互为因果,互相促进。考察当今美国及其他国家各个金融中心的历史发展过程可以看到,许多金融中心都得天独厚地占据着地理优势,它们要么是重要的海陆空交通枢纽,要么是首都,要么是金矿的产区,要么是重要的国际口岸。这些优势促进了这些地方经济的繁荣,从贸易到加工制造,进而到其他服务业。

经济的发展需要金融的支持,而金融的支持又进一步促进了当地经济的发展。

2."全面＋特色"规律

作为金融中心,首先一定要具备金融中心的一般特点,这是矛盾的普遍性。每一个金融中心都需要有各类金融机构的聚集、金融规模的庞大、金融市场的活跃、金融人才的集中等。与此同时,一个金融中心也往往是商业、旅游、会展等中心,是国际国内大企业总部的聚集区。另外,每一个金融中心也需要有自己独特的服务优势,如波士顿的基金管理,芝加哥的金融衍生品,旧金山的风险投资和科技金融等。

3."特色＋机构"规律

作为金融中心的第一个表现是金融市场规模较大,第二个表现是带动较大市场规模的不同于其他地方的特色优势服务,第三个表现则是实现特色优势服务的强大金融机构,如波士顿的道富银行和富达基金公司,芝加哥的芝加哥交易所、证券交易所、期权交易所,旧金山的硅谷科技银行、富国银行等。金融中心的特色金融服务及其提供特色金融服务的金融机构之间,也是相辅相成的关系:富有特色的金融服务需要一定的金融机构来承担,金融机构也正是因为提供了富有特色的金融服务才造就了自身。

4."市场＋政府"规律

作为金融中心,一定是客观的市场经济规律和人的主观能动性共同发挥作用的结果。没有经济发展的基础,没有金融市场的繁荣,很难成为金融中心。另外,经济中心并不都会自然而然地成为金融中心,一定要有政府的引导、培育、支持、推动。芝加哥市政府推出了三大城市复兴规划,紧紧围绕产业发展和升级换代,同时配套以财政和税收优惠政策,刺激和鼓励金融业发展,使城市发生了脱胎换骨的变化。20世纪50年代,波士顿市政府提出了城市复兴计划,充分发挥政府、企业和科研机构等多方面的力量,实现了古老城市的复兴,从而也实现了金融中心的振兴。纽约的发展也不是自然而然的事,背后凝结了联邦政府和纽约州政府、纽约市政府的不懈努力。

5."人才＋创新"规律

金融中心的竞争最终还是人才的竞争。每一个金融中心都毫不例外地聚集了相当数量的金融人才,金融机构的运营、金融服务的供给、金融产品的研发最终都落在了人的身上。金融中心的金融人才,首先要具备一定的规模,没有一定的数量无以支撑金融中心的发展。更重要的是金融人才的结构要合理。美国各金融中心的金融人才,不仅需要通才,更需要专才,因为各个金融中心都具有各自鲜明的特色。不仅要有高、中、低的层级结构,还要有银行、保险、证券等专业结构。不仅金融机构从业人员要有足够数量,在政府、企业、中介机构等相关部门,也要有足够的金融人才,才能形成金融中心的整体优势。与金融人才紧密相关的是金融创新。金融中心要保持旺盛的生命力,必须具有持续创新的能力。不仅需要金融机构与时俱进地创新产品和服务,还需要政府及时地创新体制机制,从法律法规到具体政策,从城市规划到监管制度。

金融人才短缺是一个普遍现象,也是长期现象。纽约和伦敦也同样面临金融人才不足的问题,而且时刻面临金融人才流失的挑战。金融中心城市的自然环境,往往是金融人才最为关心的要素,宜居的生活环境对金融人才有着特殊的吸引力。政策环境也是十分重要的因素,特别是有关个人所得税、遗产税、房屋价格等方面,优惠的政策会对金融人才产生巨大的吸引力。只有创造良好的金融发展环境,才能吸引更多的金融人才来金融中心创业发展。同时,还要积极建设创新型城市,使金融人才真正发挥作用,使金融中心永远充满生机与活力。

六、财富管理中心建设的特殊规律

财富管理中心建设,除了上述一般规律外,还有以下几个特殊规律。

1. 市场的自由

财富管理中心的金融市场必须是自由开放的,资金特别是外汇的进出有着最少的限制,既便利又节约,成本较低。因此,财富管理中心也往往是移民国家或地区,是多种语言、多元文化的交汇地。市场的自由化不仅促进了资金的流通,也促进了信息、人才、文化等各方面的交流。

2. 监管的适度

金融市场的自由化与科学审慎的监管是相辅相成的。鼓励自由和创新,不等于完全放任不管。恰恰相反,当今世界任何一个成功的财富管理中心,在金融监管和金融风险防范方面,都有着特别的经验,在监管的原则性上是严格而苛刻的。

3. 政策的优惠

财富管理中心的优惠政策,最突出的往往表现在税收方面,尤其是企业和个人的所得税方面。与此同时,其他许多方面往往也需要体贴周到、细致入微的优惠。例如,在企业落户的准入方面,在加入国籍和地区籍方面,在住房、子女就学、就业方面,等等。任何一个财富管理中心的发展,除却自然条件之外,政府的推动都是不可或缺的。而政府的最大资源,就是出台各类相关优惠政策。优惠政策是吸引资金、人才、机构的强大动力。

4. 政治的稳定

政治和社会稳定与否,往往是财富管理最大的风险因素,稳定的环境是财富管理的重要前提。政治的稳定决定了社会的总体稳定,从而决定了币值的稳定,这是财富管理至关重要的条件。一个政治社会动荡不安、币值波动较大的国家或地区,不可能成为财富管理的理想场所。

5. 法制的健全

安全是财富管理需要考量的极其重要的因素,往往是第一因素,甚至比财富的保值增值还重要。财富管理的根本保障,来自法制的健全。财富管理中心法制的健全,是财富流向那里的最大信心。健全的法制,可以保障财富不会被随意剥夺、流失和曝光,是财富管理的坚实基础。

第三节 中国财富管理中心建设

2014年2月10日,青岛市财富管理金融综合改革试验区获得国家批复,青岛成为中国唯一以财富管理为主题的金融综合改革试验区。自此,青岛市开始将财富管理作为其发展战略之一,发展势头强劲,金融机构及专业财富管理机构加速聚集,各种财富管理要素市场相继建设并运营,各种财富论坛等高端活动相继开展,带来广泛的影响力。作为财富管理改革试验区的核心区青岛金家岭金融区建设迅速,为金融发展搭建了良好的载体、平台和环境。以财富管理为特色的青岛财富管理中心的金融产业不断壮大,财富管理试验区在推动金融业发展和支持实体经济转型升级上产生的引擎作用逐渐显现。

一、青岛财富管理中心的总体框架

1. 打造财富管理机构聚集中心

培育引进商业银行、证券投资基金公司、资产管理公司、信托公司、保险公司、证券公司、期货公司、私人银行服务机构、第三方理财机构、金融顾问公司、私募基金机构等各类财富管理机构,以及与财富管理紧密相关的会计师事务所、审计师事务所、律师事务所、资产评估机构、投资咨询、资金和保险经纪等专业中介服务机构。

2. 打造财富管理市场功能中心

完善财富管理市场功能,探索理财产品交易机制,加快建设区域性股权交易市场和贵金属交易市场等专业财富管理市场。培育高端消费品和艺术品、收藏品交易市场,大力推动另类投资发展。提升专业化财富管理服务水平,充分运用金融市场实现社会财富保值增值。

3. 打造财富管理产品与服务创新中心

推动财富管理监管改革,探索对财富管理进行综合性金融监管。探索开展跨境财富管理业务,扩大人民币在跨境财富管理中的使用,开展外汇管理改革创新试点。鼓励金融机构创新财富管理产品和服务,通过财富管理改革收入结构和盈利模式,实现经营模式转型升级。积极稳妥开展综合经营试点。

4. 打造财富管理教育科研中心

推动各类高端财富管理人才培训机构聚集发展,建立国际通行的财富管理人才考核评价认证体系。建设金融人才市场,加大对财富管理高端人才的引进和培育力度。探索建立财富管理业务统计体系。鼓励研究机构发布财富管理发展报告及相关指数,强化数据分析和信息监测。

5. 打造财富管理高端商务活动中心

促进财富管理与相关产业协同发展,大力发展养老、养生、旅游、会展等高端服务业,成立国家和地区性财富管理民间组织,开展丰富多样的行业论坛研讨活动,扩大青岛市与国内外金融中心、金融机构的交流合作。

二、青岛市建设财富管理中心的优势

1. 具备优越的自然条件

青岛拥有得天独厚的自然条件,交通便利,环境优美,气候宜人,港口优势突出,旅游业发达,与境外财富管理中心瑞士、新加坡、中国香港等地在资源禀赋上有相似之处,有着发展财富管理业务的良好条件,是富裕人士的首选之地。同时,作为孔孟之乡、礼仪之邦,青岛深受传统文化的影响,人文环境、政务环境闻名全国。

2. 具备坚实的经济基础

近年来,在中共青岛市委、市政府的正确领导下,在全市上下的共同努力下,全市经济社会取得了平稳较快发展,经济实力和竞争实力不断上升,地区生产总值总量连续多年稳居全国所有城市前十位。青岛还造就了海尔、海信、青岛啤酒等一大批名牌大企业。

3. 具备深厚的文化底蕴

青岛市有繁荣发达的商业文明,也深受齐鲁文化的熏陶。在青岛能够产生海尔、海信、青岛啤酒等一大批名牌企业,其背后有着市场经济和儒家文化完美结合的深层原因。财富管理既是金融发展的高端,讲求市场在金融资源配置中的决定性作用,同时也特别重视受人之托、代人理财的忠诚精神和守信理念。而重"义"正是孔孟儒家文化的精髓,青岛大批企业家、金融家所共同营造的儒商氛围,是发展财富管理所特有的优势,为财富管理营造了国内城市少有的、良好的商业文化软环境。

4. 具备一定的金融基础

作为计划单列城市,青岛拥有"一行两局"等金融管理机构。青岛金融机构总数达到了230多家(2016年底),全国性银行、保险、证券等经营性金融机构在青岛大都设有分支机构,外资金融机构也较齐全,全市外资金融机构总数达到34家(2016年底)。金融业增加值占全市地区生产总值比重为6.7%(2016年底)。

5. 具备良好的基础设施

作为全国重要的经济中心城市,青岛的交通、通信等城市基础设施条件良好,特别是2008年成功举办了奥帆赛,青岛的城市基础设施建设又取得了长足的发展。在城市道路交通还没有十分拥挤的情况下,地铁建设已进入实质性阶段。中美海底光缆从青岛登陆,使得青岛的数字信息港地位无与伦比。

6. 具备特殊的发展机遇

2008年,青岛作为北京的奥运会伙伴城市,成功举办了奥运会帆船比赛,青岛已经无可争议地成为中国的帆船之都。作为奥帆城市,青岛具有发展帆船、帆板、游艇等相关产业的综合优势。发达国家的经验表明,这些产业对富裕人士具有特别的吸引力,而且是可以逐步普及的产业,是中国未来服务业发展的一个重要方面。与这些产业紧密相关的商务机、邮轮、奢侈品等产业及其会展业,都是财富管理发展的重要因素,青岛在这些方面都具备了国内领先的实力。

7. 具备扎实的工作基础

青岛市已经把打造全国财富管理中心列入重要议事日程,成为国内率先把加强财富管理作为发展战略的城市。出台了一系列相关优惠政策,与国内著名研究机构合作制定了财富管理中心推进规划。在规划调研、政策引导、机构设立、人才培训等方面,加大推进力度,积累了一些初步的经验。

8. 具备相对的比较优势

同北京、上海、深圳等城市相比,青岛的金融规模相对较小,开展财富管理试验对全国整体金融系统可能造成的冲击会弱得多。同时,作为像中国这样的大国,按功能确定多个金融中心更符合金融安全的需要,这也是美国等国家的普遍做法。在全国金融业发展整体布局中,北京作为决策监管中心,上海作为市场运营中心,青岛则可以成为财富管理中心。

三、青岛财富管理中心发展成果

在国家政策的大力支持下,青岛财富管理中心建设取得众多实质性进展,获得了较多财富管理改革的创新成果(表15-2)。

表15-2 青岛财富管理中心发展成果(截至2016年底)

功　能	发　展　成　果
具有示范意义的机构加速聚集	首家外商独资财富管理中心落户青岛;数家市级资产管理公司设立;多家传统银行资产托管青岛中心设立;地方大型企业集团布局金融板块,多家财务公司获批设立;德意志银行、星展银行等全球知名金融机构进驻
多功能财富管理市场体系全面建立	形成了包含区域股权、海洋产权、金融资产、信用资产、场外市场清算、软件和信息服务等各个领域在内的财富管理特色要素市场。2016年末,全市实现直接融资1 463.5亿元,形成了全国资本市场的青岛板块
创新政策红利充分显现	发挥"一事一报"政策优势,分两批次向国家申请财富管理先行先试政策,合格境内有限合伙人(QDLP)、合格境外有限合伙人(QFLP)、扩大跨国公司外汇资金集中运营试点、设立全牌照合资证券公司和外资控股基金管理公司等60项政策获得突破并实施
人才培养基础进一步夯实	成立青岛四十人研究院和基金会、中国金融风险量化研究协同创新中心、青岛协同创新金融研究院、山东大学青岛金融与财富管理研究院、山东财富管理研究院;上海财大青岛财富管理研究院与美国加州大学伯克利分校在青岛共建国际人才培养基地;与剑桥大学、联办集团签署合作备忘录,共建剑桥大学青岛联办财富管理中心;与英国证券与投资协会、美国沃顿商学院、澳大利亚阿德莱德大学等达成国际化财富管理人才培养合作意向;举办卢森堡财富管理专题培训班,搭建财富管理人才培养国际化平台
规划研究引领行业前沿	编制完成"十三五"财富管理试验区建设推进方案,建设面向国际的财富管理中心城市被列入全市"十三五"规划;启动中国财富管理发展指数编制工作;与中国人民大学合作发布《中国财富管理发展报告》
国内外开放合作空间活跃	与16家金融机构总部签署战略合作备忘录,达成100余项合作意向,涉及资金支持6 000亿元;举办中外活动,面向全球18个国家和地区建立财富管理合作关系,与多个国家的合作率实现突破
品牌影响力扩大	承接央行金融改革座谈会,密集举办各种财富论坛研讨活动以及财富管理普惠活动,发布我国第一部城市财富管理发展蓝皮书,构建境内外各种知名媒体的"财富青岛"立体传播体系,被纳入全球金融中心榜单
金融监管到位	市级层面成立试验区发展委员会、成立青岛金家岭金融集聚管委会,设立金融法庭和金融仲裁院,成立青岛市财富管理基金业协会

"十二五"末,青岛金融业增加值、法人金融机构数量、外资金融机构数量、上市企业数量、直接融资规模、保费收入等主要金融指标较"十一五"末均翻番增长,青岛金融业实现了倍增式跨越发展。2017年末举行"中国财富管理发展指数"发布会中,在四大直辖市和15个副省级城市中,青岛的财富管理总指数为8.97,在全国排名第四,比北京、深圳及上海略低,相比较于其他城市具有明显的优势。总的来看,青岛市的综合得分已达到一线城市的水平。

四、其他城市财富管理中心建设

1. 上海财富管理中心建设

位于开放前沿的上海,早早抢占了金融产业发展先机,凭借密集的金融企业集群和雄厚的金融贸易基础,成为金融企业的"必争之地",在我国稳居国际金融中心之位。上海市财富管理中心建设属于国际金融中心建设的组成部分。上海市围绕服务实体经济发展,以人民币产品市场建设为核心,以自贸试验区金融改革创新为突破口,加快推进国际金融中心建设。

(1) 加快人民币产品市场建设。以打造全球人民币基准价格形成中心、资产定价中心和支付清算中心为目标,提升人民币产品市场规模和影响力。基本建成功能完备、实时高效、风险可控的全球人民币跨境支付清算体系。扩大跨境人民币融资渠道和规模,拓宽境外人民币投资回流渠道,促进人民币资金跨境双向流动。探索开展人民币衍生品业务和大宗商品服务创新。

(2) 拓展金融市场开放度。建设面向国际的金融市场平台,拓宽境外投资者参与境内市场的渠道,促进与境外金融市场互联互通,提升上海金融市场资产定价能力。增强股票、债券、期货、货币、外汇、黄金、保险等多层次金融市场服务功能,完善不同层次市场间的转板机制和退出机制,稳步扩大债券市场规模,提升期货和衍生品市场价格发现与风险管理功能,提高外汇业务平台服务的竞争力和包容性,加快上海保险交易所建设,提升保险和再保险市场的规模与国际竞争力。支持上海证券交易所改革创新,交易所主要指标排名继续保持全球前列。大力发展新兴金融市场,促进股权托管交易市场、贷款转让市场、票据市场等发展。丰富金融市场产品和工具,加快推出商品指数期货、商品期货期权、碳排放衍生品等交易。加强金融市场基础设施建设,完善金融市场基准利率体系。

(3) 提升金融机构体系活力。以金砖国家新开发银行落户为契机,吸引更多具有国际影响力的金融机构和多边国际金融组织来沪发展。积极培育资金与财富管理机构,打造上海财富管理中心。鼓励和引导私募股权投资基金、私募证券投资基金、创业投资基金等规范发展。提升互联网金融发展的质量和层次,鼓励有条件企业发起设立与互联网相关的各类持牌金融机构,支持持牌金融机构向互联网金融领域拓展转型,鼓励券商、基金等设立股权众筹平台,加快发展普惠金融。

(4) 优化金融中心发展环境。加强陆家嘴金融城和沿黄浦江金融集聚区联动发展,建设国际一流的现代金融服务区。鼓励区县积极发展科技金融、并购金融、文化金融等特色金融。吸引国家金融管理部门和国内外金融机构在上海建设信息服务中心、金融综合服务平台。不断完善金融法治、税收、会计、信用、监管等制度体系。完善金融监管,有效防范区域性、系统性金融风险,健全跨行业、跨市场、跨境金融风险监测评估机制和风险防范处置制度。健全互联网金融风险防控与安全保障机制。

2. 北京财富管理中心建设

北京是中国的首都,也是中国的金融中心和财富管理中心。2016年北京增加值超过4 000亿元,占GDP的比重超过17%,对经济增长的贡献率达23.8%,是北京最重要的支持产业之一。北京财富管理中心建设具有两个鲜明的特色:一是全国金融监管中心特色,二是全国金融科技中心特色。

北京作为中国的政治中心,在金融监管方面拥有绝对优势,成为事实上的中国金融监管中心。中国金融监管的主体机关——"一委一行两会",全国性金融行业协会,中国前五大金融机构,中国四大资产管理公司,中国20%的世界500强企业总部,高盛、摩根大通,新三板市场,"亚投行"总部,均驻扎在北京。北京集中了全国金融业的优质资源,聚集了国家金融决策和监管机构,还聚集了中国银行业协会、中国证券业协会、全国性金融行业协会、中国上市公司协会等10家国家级金融行业协会和组织,形成了中国金融决策、政策信息发布中心。

北京致力于打造中国的金融科技中心。结合金融科技产业发展基础和重点区资源禀赋,北京市规划打造"一区一核、多点支撑"的空间布局,支持金融科技企业在特定区域和楼宇聚集,加强全面监管,形成"各具特色、互动协同"的北京市金融科技发展格局。其中"一区一核"是指建设北京金融科技与专业服务创新示范区及核心区(西城区、海淀区);"多点支撑"是指打造各具特色的金融科技创新与产业集群,包括金融科技底层技术创新集群(海淀区)、银行保险科技产业集群(石景山区)、金融科技安全产业集群(房山区)、财富管理产业集群(通州区)。2018年12月,位于通州运河商务区的"北京国际财富中心"正式命名启用,作为北京及副中心财富管理指定承载区,聚拢国内外知名金融科技、财富管理企业及智库,助力共创首都金融产业发展新的"增长极"。

3. 杭州财富管理中心建设

杭州是长三角地区仅次于上海的金融中心城市,金融业总量与发展质量位于全国各城市前列,金融机构数量占浙江省近六成,金融服务业已发展成为支柱产业之一。2010年5月,国务院《长江三角洲地区区域规划》明确杭州金融业的定位是区域性金融服务中心,浙江省"十二五"金融业发展规划要求杭州在建设"中小企业金融服务中心"和"民间财富管理中心"方面发挥重要作用,杭州市"十二五"金融业发展规划确定了建设"中小金融机构总部集聚区、资产(财富)管理投资机构集聚区"的目标。

(1)总体目标。以私募金融服务为核心和龙头,以场外交易市场、财富管理中介为两翼,构建独具优势的杭州财富管理产业"金三角",形成符合自身优势和特质、具备核心竞争能力的财富管理标志性和核心业态。在此基础上,进一步推动大众理财、公募理财和资产管理市场的发展,构建高效的资本转化机制和财富管理体系,形成具有全国影响力、有鲜明优势和特色、与上海国际金融中心良性互动的国内一流财富管理中心,推动杭州从"金融大市"向"金融强市"迈进,促进杭州及浙江省经济社会的协调发展。

(2)发展重点。杭州财富管理中心建设的发展重点有三个:私募金融服务,包括私募理财、私募证券、私募股权基金等;场外交易市场,包括区域性股权交易市场、金融资产交易市场、产权交易市场、大宗商品交易市场、文化艺术品交易市场等;财富管理中介,包括资本中介、担保增信、投资和财务顾问、第三方销售和支付、会计、法律、资产评估和托管、财经信息和研究、数据分析和处理、风险管理与监控、信息安全服务等。

 本章术语

财富管理中心　　国际金融中心　　瑞士模式　　青岛财富管理金融综合改革试验区

本章练习题

1. 简述财富管理中心和一般金融中心区别与联系。
2. 如何认识财富管理中心形成的历程和主要模式?
3. 如何理解财富管理中心建设的一般规律和特殊规律?
4. 谈谈你对我国财富管理中心建设的认识。

 即测即练

参考文献

[1] 白光昭.财富纵横谈[J].大众理财顾问,2015(4):45-46.
[2] 白光昭.财商宣言[J].山东工商学院学报,2019,33(1):1-2.
[3] 白光昭.努力打造财富管理中心[J].中国金融,2010(22):53-54.
[4] 白光昭.世界财富管理中心的变迁[J].大众理财顾问,2015(4):49-50.
[5] 白光昭.我国财富管理发展的总体框架研究——基于青岛财富管理金融综合改革试验区的经验[J].山东工商学院学报,2019,33(1):3-16.
[6] 白光昭.新时代财富管理十项原则[J].山东工商学院学报,2020,34(1):1-3.
[7] 曾狄.马克思主义财富观教育与健康的社会心态培育研究[J].学校党建与思想教育,2013(9):7-10.
[8] 常春梅,李彦君.当代大学生炫富现象探析[J].中国青年社会科学,2015,34(3):78-82.
[9] 陈杨.别了,瑞士避税天堂[J].中国金融家,2014(6):69-71.
[10] 程璞.新形势下反洗钱跨国合作的国际比较及启示[J].区域金融研究,2018(10):63-66.
[11] 楚香香."仇富"心理背后的深层原因探讨[J].法制与社会,2011(13):183-184.
[12] 樊颖,张晓营,杨赟.中国城镇老年消费特征及财富效应的微观实证研究[J].消费经济,2015,31(3):32,39-42.
[13] 范华.科技将带成为财富管理的信任基石[J].银行家,2018(6):34-35.
[14] 巩勋洲,尹振涛.人口红利、财富积累与经济增长[J].中国人口科学,2008(6):33-39,95.
[15] 韩文龙,陈航.我国转型期居民间财富差距问题的主要矛盾及新型财富分配制度构建[J].政治经济学评论,2018,9(2):84-105.
[16] 何玉长,宗素娟.我国居民财富集中趋势与调控对策[J].毛泽东邓小平理论研究,2016(10):40-46,91.
[17] 靳卫萍.从收入分配改革到现代国民财富分配体系的建立[J].经济学动态,2013(10):29-35.
[18] 李涛,陈斌开.家庭固定资产、财富效应与居民消费:来自中国城镇家庭的经验证据[J].经济研究,2014,49(3):62-75.
[19] 李维安,黄郑州.金融风险还是治理风险?——麦道夫骗局带给我们的反思[J].资本市场,2009(3):114-117.
[20] 林国生.大学生马克思主义财富观教育初探[J].太原师范学院学报(社会科学版),2014,13(3):114-116.
[21] 栾贵勤,冀伟,周雯瑜.第三方财富管理机构的发展及比较研究——以中国为例[J].科技与管理,2012,14(4):1-3,11.
[22] 施蓓莉.大数据在财富管理中的创新应用探讨[J].电脑知识与技术,2016,12(21):226-228.
[23] 孙芙蓉.走向金融与科技相互赋能时代——访宜信创始人、总裁唐宁[J].中国金融,2018(5):36-38.
[24] 孙国锋.土地作为基础财富的积聚效应与产业演进中原始积累的显性向隐性转化分析[J].当代经济研究,2007(3):7-10.
[25] 王和,周运涛.区块链技术与互联网保险[J].中国金融,2016(10):74-76.

[26] 王增武.财富传承风口下的家族办公室时代[J].中国外汇,2018(2):67-69.
[27] 肖璐.美国个人理财教育及对我国的借鉴意义[J].金融与经济,2006(4):32-33.
[28] 杨峻.科技赋能财富管理业务[J].中国金融,2018(17):92-93.
[29] 杨望,周钰筠.区块链在资产证券化中的应用[J].中国金融,2018(21):67-69.
[30] 喻湘.改革开放40年看社会财富心态的演变与发展[J].学习月刊,2018(10):48-50.
[31] 袁岳.为什么富不过三代[J].财会月刊,2005(4):61.
[32] 言梓瑞.中美高校教育基金会比较研究及启示[J].世界教育信息,2007(10):53-56.
[33] 张传勇,王丰龙.住房财富与旅游消费——兼论高房价背景下提升新兴消费可行吗[J].财贸经济,2017,38(3):83-98.
[34] 张浩,易行健,周聪.房产价值变动、城镇居民消费与财富效应异质性——来自微观家庭调查数据的分析[J].金融研究,2017(8):50-66.
[35] 张丽华,王硕.《联合国反腐败公约》视角下国际反腐合作机制分析[J].理论探讨,2018(2):48-53.
[36] 张鸣,郭思永.大股东控制下的定向增发和财富转移——来自中国上市公司的经验证据[J].会计研究,2009(5):78-86,97.
[37] 张小平.首富的时代影响力[J].企业观察家,2012(5):86-88.
[38] 赵骏.论当代大学生的健康财富观[J].黑龙江高教研究,2007(5):76-78.
[39] 周超.社会财富逆转移路径分析及规模测度[J].科技与经济,2016,29(1):96-100.
[40] 朱松梅,雷晓康.财富分配问题新论[J].理论导刊,2016(2):46-49.
[41] 张伟.美国大学捐赠基金管理实践及经验研究[J].中国人民大学教育学刊,2011(4):67-80.
[42] 赵红梅.耶鲁大学捐赠基金发展与运作模式研究[J].华北金融,2014(12):29-31.
[43] 阿德勒.自卑与超越[M].杨蔚,译.北京:作家出版社,1986.
[44] 马歇尔.经济学原理[M].北京:商务印书馆,1965.
[45] 埃尔顿.现代投资组合理论与投资分析[M].北京:机械工业出版社,2017.
[46] 白光昭.财富管理概论[M].青岛:青岛出版社,2014.
[47] 班固.汉书[M].北京:中华书局,1962.
[48] 陈超.经济波动与资产配置[M].北京:中国金融出版社,2016.
[49] 陈彦斌,陈小亮.理解贫富差距:基于财产不平等的视角[M].北京:科学出版社,2017.
[50] 李嘉图.政治经济学及赋税原理[M].北京:商务印书馆,1962.
[51] 董贵昕.金融泡沫的形成、运行与控制研究[M].上海:复旦大学出版社,2005.
[52] 魁奈.魁奈经济著作选集[M].北京:商务印书馆,1987.
[53] 埃文斯基.财富管理[M].北京:中信出版社,2013.
[54] 金李,袁慰.中国式财富管理[M].北京:中信出版集团,2018.
[55] 克劳塞维茨.战争论[M].北京:解放军出版社,2005.
[56] 门格尔.国民经济学原理[M].上海:上海人民出版社,1958.
[57] 刘斌,金劲彪.成才的阶梯:幸福成功方法论[M].杭州:浙江大学出版社,2017.
[58] 刘秋雁.房地产投资分析[M].大连:东北财经大学出版社,2017.
[59] 刘双舟.艺术品金融与投资[M].北京:经济管理出版社,2016.
[60] 马克思,恩格斯.马克思恩格斯全集:第26卷[M].北京:人民出版社,1973.
[61] 马克思,恩格斯.马克思恩格斯全集:第46卷[M].北京:人民出版社,1979.
[62] 马克思,恩格斯.马克思恩格斯全集:第23卷[M].北京:人民出版社,1972.
[63] 马克思.资本论:第1卷[M].北京:人民出版社,1975.
[64] 毛泽东.毛泽东选集[M].北京:人民出版社,1991.

[65] 费雪.利息理论[M].北京:商务印书馆,2013.

[66] 庞巴维克.资本与利息[M].北京:商务印书馆,1948.

[67] 曲延庆.财富的规则[M].北京:人民日报出版社,2013.

[68] 司马迁.史记[M].北京:中华书局,1982.

[69] 孙祁祥.保险学[M].6版.北京:北京大学出版社,2017.

[70] 滕泰.民富论[M].北京:东方出版社,2013.

[71] 滕泰.新财富论[M].上海:上海财经大学出版社,2006.

[72] 孟.英国得自对外贸易的财富[M].北京:商务印书馆,1978.

[73] 凡勃伦.有闲阶级论[M].北京:商务印书馆,1983.

[74] 汪昌云.金融衍生工具[M].3版.北京:中国人民大学出版社,2017.

[75] 王雪峰.房地产泡沫和金融不安全研究[M].北京:中国财政经济出版社,2008.

[76] 配第.配第经济著作选集[M].北京:商务印书馆,1981.

[77] 魏俊,朱福娟.经济法概论[M].北京:法律出版社,2015.

[78] 吴忠观.人口科学辞典[M].成都:西南财经大学出版社,1997.

[79] 徐滇庆,李昕.看懂中国贫富差距[M].北京:机械工业出版社,2011.

[80] 赫尔.期权、期货及其他衍生产品[M].10版.北京:机械工业出版社,2018.

[81] 克拉克.财富的分配[M].海口:南海出版公司,2007.

[82] 郑木清.证券投资资产配置决策[M].北京:中国金融出版社,2003.

[83] 郑振龙,陈蓉.金融工程[M].3版.北京:高等教育出版社,2016.

[84] 钟茂初.庞氏经济学与全球经济危机[M].北京:经济科学出版社,2009.

[85] 周华薇.美国少儿的理财教育[M].北京:中国法制出版社,1998.

[86] 周其仁,陈志武,贺铿,等.失衡的财富天平——中国贫富分化的困境与出路[M].北京:中国言实出版社,2016.

[87] 朱大旗.金融法[M].北京:中国人民大学出版社,2015.

[88] BAUER M D, RUDEBUSCH G D. Why are long-term interest rates so low?[R]. FRBSF Economic Letter, 2016-36 (December 5).

[89] BERGE, T J, JORDA O. Evaluating the classification of economic activity into recessions and expansions[J]. American economic journal: macroeconomics,2011,3(2):246-277.

[90] BRENNAN M J. Aspects of insurance, intermediation and finance[J]. Insurance mathematics & economics,1993(18).

[91] Technavio. Emergence of advanced customer analytics to significantly drive the global wealth management market until 2019[R]. Business Wire, Mar. 17, 2016.

[92] ESTRELLA A, MISHKIN S F. The predictive power of the term structure of interest rates in europe and the united states: implications for the european central bank[J]. European economic review,1997,41(7):1375-1401.

[93] FROOT K, SCHARFSTEIN D, STEIN J. Risk management: coordinating corporate investment and financing policies[J]. Journal of finance,1993(18).

[94] Global wealth management platform market forecast to 2022[R]. NASDAQ OMX's News Release Distribution Channel, Apr. 4, 2018.

[95] HABBERSHON T G, PISTRUI J. Enterprising families domain: family-influenced ownership groups in pursuit of transgenerational wealth[J]. Family business review,2002,15(3):223-237.

[96] KEYNES J M. The general theory of employment interest and money[M]. Beijing: China Social

Sciences Publishing House,1999.
[97] MAUG E. Corporate control and the market for managerial labour: on the decision to go public[J]. European economic review,1996(40).
[98] MERTENS T,SHULTZ P,TUBBS M. Valuation ratios for households and businesses[R]. FRBSF Economic Letter, 2018-01 (January 8).
[99] MIAN A,SUFI A. House prices,home equity-based borrowing,and the U.S. household leverage crisis[J]. American economic review,2011,101 (5):2132-2156.
[100] RUDEBUSCH G D,WILLIAMS J C. Forecasting recessions: the puzzle of the enduring power of the yield curve[J]. Journal of business and economic statistics,2009,27(4):492-503.
[101] SCHERVISH P G,HAVENS J J. Money and magnanimity: new findings on the distribution of income,wealth,and philanthropy[J]. Nonprofit management & leadership,1998,8(4):421-434.
[102] SCHERVISH P G,HAVENS J J. The Boston area diary study and the moral citizenship of care [J]. Voluntas,2002,13(1):47-71.
[103] WILLIAMS J C. Interest rates and the "new normal"[R]. FRBSF Economic Letter,2017-29 (October 10).

后　　记

本书编写过程中，全校各学科、各专业老师积极参与，提供资料、参与组织和初稿编写的老师包括 15 个学院和单位的多名教师，在此表示衷心感谢！具体致谢名单如下（排名不分先后）：

管理科学与工程学院：李海霞　周胜林

工商管理学院：李东升　高建丽　李婵娟　王宁　刘丹　李伟　徐娜　田露露　辛德强　刘建基

会计学院：韩存　周煜皓　王可瑜　杨硕　王亚平　陈智

公共管理学院：王鑫　赵书亮

经济学院：崔焕金　刘甲朋　何天立　隋鹏飞　王冰心

法学院：朱福娟　张建

人文与传播学院：葛涛　刘佳

外国语学院：刘白玉　刘夏青　张杰　顿小慧

数学与信息科学学院：乔小燕　张学清　张梅　代金辉　孔凡秋

计算机科学与技术学院：窦全胜　张晓

马克思主义学院：柴秀波　吕秀莲　李晓燕　李海红　张博

国际商学院：高琴　王义立　王淑婧　王克研　房德东　孙妩

中科创业学院：李晋江

学报编辑部：刘晓东

金融学院：刘光彦　辛波　马宇　周健　解其昌　宋英杰　徐新宇　火颖　朱智强　黄燕　朱跃序　刘忠璐　董华平　郭园园　李思龙　崔文芳　栾志乾　李连伟　李新　孙菲　姜大伟

编写组

2020 年 6 月

教师服务

感谢您选用清华大学出版社的教材！为了更好地服务教学，我们为授课教师提供本书的教学辅助资源，以及本学科重点教材信息。请您扫码获取。

▶ 教辅获取

本书教辅资源，授课教师扫码获取

▶ 样书赠送

财政与金融类重点教材，教师扫码获取样书

 清华大学出版社

E-mail: tupfuwu@163.com
电话：010-83470332 / 83470142
地址：北京市海淀区双清路学研大厦 B 座 509

网址：https://www.tup.com.cn/
传真：8610-83470107
邮编：100084